100名状元零距离

分豆教育"状元计划"项目组 编

理科

首都师范大学出版社

CAPITAL NORMAL UNIVERSITY PRESS

图书在版编目（CIP）数据

100 名状元零距离．理科/分豆教育"状元计划"项目组编．
—北京：首都师范大学出版社，2016.3
ISBN 978-7-5656-2837-5

Ⅰ．①1…　Ⅱ．①分…　Ⅲ．①理科（教育）—课程—高中
—教学参考资料　Ⅳ．①G634

中国版本图书馆 CIP 数据核字（2016）第 052018 号

100MING ZHUANGYUAN LINGJULI
100 名状元零距离（理科）
分豆教育"状元计划"项目组　编

责任编辑　来晓宇
首都师范大学出版社出版发行
地　址　北京西三环北路 105 号
邮　编　100048
电　话　68418523（总编室）　68982468（发行部）
网　址　www.cnupn.com.cn
印　刷　三河市博文印刷有限公司
经　销　全国新华书店
版　次　2016 年 3 月第 1 版
印　次　2016 年 3 月第 2 次印刷
开　本　710mm×1000mm　1/16
印　张　28.25
字　数　455 千
定　价　48.00 元

序

北京分豆教育科技股份有限公司 CEO　张金荣

　　这是一本学生写给学生的书，书的作者是一群考入清华、北大的高考状元们。

　　作为考入清华、北大的高考状元，他们对自己的高中生活有很多的总结和感悟，不管在学习上还是生活中。在这本书中，各位状元都毫无保留地把自己最真实的想法分享出来，目的就是想给正在经历高中生活的学弟、学妹一些帮助和启发。

　　书中的高考状元分别来自全国各地，他们基本上展现了全国绝大部分地区高中生的学习生活图景，相信只要你是一名高中生，就能从中看到一些你正在经历的生活，并且产生强烈的共鸣，最重要的是会产生一种积极的力量。

　　书中的每位作者基本上都是从三方面介绍了自己的高中学习生活。

　　在"作者小传"部分，每位同学都把自己最真实的一面展现给大家，不管是自己的兴趣爱好，还是自己的优势特长，让你完全走进状元的世界。你会发现，他们的高中生活跟你一样，他们也是一群追梦的孩子，每个人都靠着自己的勤奋和努力，用汗水浇灌着属于自己梦想的种子，最终开出一朵绚烂的花朵。

　　他们可以，你也可以。

　　在"学习心得"和"学习方法"部分，每个同学都用自己最擅长的学科作为例子，分享了很多学习方法和学习技巧，这些方法和技巧都是这些同学用三年的学习实践总结归纳出来的"干货"，所以不管你现在正经历哪些学科的折磨，相信从中你都可以获得一些攻克难关的"秘籍"，而这些才是真正对同学们现阶段的学习最有价值的地方，也是这本书的初衷。

　　前人栽树，后人乘凉。

　　最后，相信通过这本书，各位同学都能从中产生一些共鸣，学习一些经验，获得一些启发，开启一段旅程，那种只属于自己记忆的青春旅程。

编者寄语

"状元计划"项目总监　李　娟

"状元计划"项目组从 2014 级、2015 级各省市高考总分状元、单科状元、奥赛金牌获得者中选拔了 100 名同学（其中北京大学 58 名，清华大学 42 名）跟北京分豆教育科技股份有限公司签署"状元计划"合作项目。作为 100 名状元的面试官，我从他们身上感受到学习没有捷径，但一定有方法。"学霸"也不是天生的。

我愿点亮一盏灯，照亮每一个孩子学习的征程。

——题记

一千多个日夜的拼搏，是每一个高中生通向高考的万级宝塔。很多同学都在时间的无声流逝和学习的点滴消磨中，渐渐蹉跎了年轻的心智、失去了前进的动力、模糊了奋斗的目标。父母的殷切期望和教师的谆谆教诲，在此时，也只如寺院的禅音佛号，虽有渡人之心，却无摄魂之力！

此时，同学们最需要的就是这样一盏灯。

这盏灯的火焰能够温暖你们前行之路上的冰寒，这盏灯的光芒能够引导你们跨越征途上的坎坷，这盏灯的力量能够帮你们照亮一条通向顶级名校的通衢大道。

这盏灯，不是存在于《天方夜谭》中的阿拉丁神灯，而是分豆教育联合清华大学、北京大学的百名高考状元，倾情为广大的高中生量身打造的一盏梦幻之灯——《100 名状元零距离》。

莎士比亚曾经说：经验是一颗宝石，因为它常常是付出极大的代价得来的。这部《100 名状元零距离》，囊括了来自清华大学、北京大学一百名高考状元的宝贵经验。每一位状元都有自己对学习独特的方法、独有的理论，以及独到的感悟。而当你捧起这本书时，你会如同潜入了埋藏宝藏的深海，珠贝绚烂，任君采撷。

我们相信，总有一些珍宝般的经验，会是启发你的心头珍宝；总有一些明珠般的语言，会是适合你的掌上明珠。

帕特里克曾说：我有个引导我脚步的唯一油灯，那油灯叫作经验。

《100 名状元零距离》这部书是分豆教育全体同仁送给那些身处高考征途中的莘莘学子的礼物。我们希望这样的一盏灯，能够帮助你更坚定地迈进胜利的每一步。

请相信，你们的进步，是我们最大的喜悦和成功。

漫看人生千百种，最是少年勤用功。在此，希望我们这部《100 名状元零距离》，能够为您点亮学习之路上的星星之火，为您的学习征途带来一路光明。

目 录
contents

● 第二部分　语文学科

第一章　教师篇
第二章　学生篇

● 第三部分　英语学科

第一章　教师篇
第二章　学生篇

第四部分　物理学科

第一章　教师篇

第二章　学生篇

第五部分　化学学科

第一章　教师篇

第二章　学生篇

● 第六部分　　生物学科

第一章　教师篇

第二章　学生篇

第一部分 数学学科

第一章
·教师篇·

韩秀波教师

作者简介

韩秀波，中学高级教师，1996 年 7 月在山东省莱芜市第一中学参加工作至今。工作 19 年来，一直奋斗在教育教学一线，把教育当成一项事业，全身心投入、爱岗敬业、无私奉献；把教育当成一门科学，坚持终身学习的观点，不断完善自己；注重理论联系实际，创造性开展工作，一路耕耘，一路汗水，一路收获，2004 年被评为莱芜市学科带头人，其中《运用现代教育技术优化高中数学教学的实践与思考》于 2004 年 6 月荣获山东省教育科研优秀成果一等奖，2008 年被评为莱芜市青年岗位能手，2009 年被评为全国优秀教师、全国优秀班主任，2012 年被评为莱芜市教育教学管理先进个人，2014 年被评为首届山东省教育科研十大名师，2015 年被评为莱芜市中小学教学工作先进个人。

另外，积极参与了山东省教育科学"十一五"规划课题"新课程背景下学生问题意识培养策略的研究"，并于 2012 年 1 月结题；2011 年 11 月作为课题主持人承担了山东省教育科学"十二五"规划课题"新课程背景下提高高中数学探究式教学实效性的教学策略研究"，并于 2014 年 2 月结题。

关于高中数学学习的几点看法

　　数学在高考中占有举足轻重的地位，学好数学、考取一个好的数学成绩是无数学生和家长的愿望。怎样才能学好高中数学呢？在我看来，学好高中数学，需要努力做到四个字："趣""练""思""悟"；在此基础上，养成"趣""练""思""悟"数学学习好习惯。

　　在进行具体阐述之前，我们需要明确的一点是"没有不努力就能学好的方法"。不仅数学是这样，其他科目也是这样，而数学尤其如此。相对于初中数学，高中数学具有知识量大、难度高、综合性强等特点，学好数学不是一日之功，需要大量的知识积累和技能训练。诚然，对于极少数同学来说，学好数学很轻松，但这与天赋有关，对于绝大多数的同学来说，踏踏实实地学习数学、多练习、多思考、多总结才是正道。接下来，我分别向大家说明一下"趣""练""思""悟"四个字，掌握好这四个字，融会贯通，养成良好的"趣""练""思""悟"好习惯，相信你的数学成绩一定会取得大的进步。

　　"趣"是指培养兴趣、唤醒内在自觉力、达到"乐此不疲"的境界。怎样才能做到"趣"呢？首先要尽力克服对数学的畏惧，数学不过是一门课，没有什么可怕的，不要谈"数"色变，可以适当给自己一些心理暗示，鼓励自己积极面对数学。其次，要努力把握机会培养对数学的兴趣，数学是有趣的，数学是逻辑性最强的学科，当你遵循着一定的逻辑将一道数学题目解出的时候，难道不是有趣的吗？此外，给自己设定适当的目标，也是激励对数学的兴趣的重要方法之一，什么样的目标算作是适当呢？所谓适当，就是不要太高、也不要太低，通过自己的努力学习可以达到，但是努力程度不够就达不到。这样的目标，可以凭借自己的学习经验和对自身具体情况的了解去制定，也可以通过寻求老师的帮助来制定。

　　"练"是指在预习、听课、整理错题、复习等方面多"练"。"练"不仅仅是指课下多练习、做练习题，实际上，"练"融入数学学习的各个环节、方方面面。预习是练习的过程，预习并不是"水过地皮湿"式的轻松浏览，在预习的时候，要勤做勤练，在时间允许的基础上争取弄明白每一个知识点，并将配套的预习习题尽量解出来，不会的地方做好标记，上课格外注意；这个过程中，一定要动笔做题、动笔练习。听课同样是"练"的过程，听课过程中，要尽量跟着老师的思路走，去理解知识点、去理解例题，对于预习过程中自己不明白或是不确定的知识点，则要格外注意。"练"的时候，一是要注意速度，慢悠悠地练习效果甚微；二是要注意题目难易程度，"练"可分为知识巩固与能力提升两部分，对于知识巩固，难度不必太高，对于能力提升，难度可以适当高一些；三是要注意章节选择，多练的目的是固强呢，还是补弱呢？二者都做固然最好，但是如果时间不允许，优先补弱。

"思"是指通过做题，从不同的角度理解知识的内涵和外延、总结规律方法。思考是极为重要的，"学而不思则罔，思而不学则殆""业精于勤荒于嬉，行成于思毁于随"，通过思考，可以让学到的知识更牢固地印在自己的大脑里；通过思考，可以将学到的知识融会贯通。思考是无处不在的，课上听课时循着老师的思路思考，课下做练习题时独立自主地用心去解题，吃饭的时候、走路的时候、躺在床上尚未入眠的时候，都可以思考。

"悟"是指通过错题，反思自己理解的偏差、进一步总结、"咀嚼""吸收""达悟"。"悟"与"思"关系密切，可以说是"思"的一部分，但是之所以把它单独列出来，是因为"悟"比"思"要更深一层。"思"侧重于思考的过程，而"悟"则是对思考的总结与升华。悟出来的方法，往往印象更为深刻、应用起来也会更加灵活。怎样才能"悟"呢？面对一道好题、错题，静心细思，不仅思考题目的解题思路，还要推敲出题人的出题意图、思索题目的改进与引申。

在日常学习中，就要努力做到"趣""练""思""悟"。"趣""练""思""悟"是一种习惯，这种习惯越早养成，对高中数学学习的益处就越大。

最后，我再谈谈"对待考试"。从小学到高中，大家经历的大大小小的考试可谓是数不胜数；尤其是在高中，考试更是频繁，有的学校月月考，甚至还有学校周周考。同学们应该如何对待考试呢？对待考试可以分为考试准备、考试总结、考试心态三方面。

考试准备。并不是考试前几天时间叫考试准备，实际上考试准备是时刻存在的。高考的准备，就是高中三年；期末考试的准备，就是这一个学期；月考的准备，就是这一个月。准备又可以分为日常准备和考前准备两方面。日常准备，就是遵循"趣""练""思""悟"去对待日常的学习；考前准备，则主要是复习重点知识，梳理解题思路，这个时候不要去做难度较大的新题。

考试总结。每一次考试都是对一阶段学习成果的检验，考试中暴露的问题，大家一定要重视，认真分析，用心总结。做错了的题目、侥幸做对的题目、非常典型的题目，都要总结。

考试心态。心态是很重要的，我跟不少考上清华北大的学生聊天，谈到高考，他们大都表示好的心态可能比单纯的知识储备还要重要一些。考试是对自己一个阶段的学习成果的检验，考试的目的是为了使学生查缺补漏、更好地学习，并不是为了为难大家。面对考试，大家不要有太大的心理压力，压力大了，反而不利于考试。考试的过程中，不要着急，注意把控速度，注意时间的效率，以拿到更高的分为首要目的，不要在一道难题上浪费太多时间。考试结束，不论成绩好坏，尽快调整心态、去查缺补漏、去准备接下来的学习才是最关键的，不到高考，任何人决定不了你的成绩，胜不可骄傲，败不必气馁。而对于高考，则要努力做到平时像高考、高考像平时，平时准备的充分、扎实，高考成绩自然不会差；平时不努力，临阵抱佛脚，想要高考超常发挥，也基本是不可能的。

最后，祝大家学好数学，考取一个好成绩；也祝大家学习进步，考上理想的大学。

第二章
·学生篇·

第 1 篇
吉林省——范祺

高中学校：吉林省延边二中

就读院系：北京大学医学部临床医学专业

年　　级：2015 级

高考分数：678 分

荣　　誉：2015 年延吉市状元；全国中学生生物竞
　　　　　赛二等奖；全国中学生物理竞赛二等奖

作者小传

大家好，我是来自吉林省的范祺。现在回想高中生活虽有些辛苦，但还是乐在其中的。即使是在冲刺的高三阶段，留在脑海中的也是一段美好的回忆。高二那年，参加清华大学的暑期学校项目，有幸听得清华生命科学学院院长，现已升任清华大学副校长的施一公教授的讲座。其间，听闻这样一句话"洋东盼有鸿鹄继，不负君开取舍先"。当时目标还不明确的我深有感触，于是暗下决心，经过高三一年的奋斗之后，一定要考到清北，学习和生物相关的专业。到了高三，我将施一公教授的此句诗稍加改动，变作"洋东自有鸿鹄继，不负君开取舍先"，我将它当作自己高三阶段的座右铭，贴到课桌上、卧室里，每每有所松懈或者感到迷茫时，便抬头看一眼这句诗，自然就斗志昂扬，兴致勃勃。

要想做一只继往开来的鸿鹄，第一步就是要拿下高考，登上一个更大的平台，一个足以让自己施展拳脚的平台。希望学弟学妹们能够早日树立目标，充实、勤奋地度过自己的高中生活。

学习心得

毋庸置疑，高中的课业负担是繁重艰辛的。甚至有人说中国的高三学生是这个世界上知识最渊博、基础最扎实的一群人。因此，掌握一些适合自己的学习方法或技巧，摆正一个良好的学习心态是至关重要的，不单会帮助你提高学习的效率，同时也会让你节省出更多的时间，在学习之余拥有一个丰富多彩的生活。在这里，我很乐意也很荣幸分享一些我高中三年的心得体会。

第一点，也是我认为最重要的一点，是专注。学习的时候心无旁骛，将所有的精力放在对相关知识的思考、记忆上。这是提高效率最行之有效的方法。同样的任务，有人会用一个小时来完成，有人可能只需要二十分钟，这其中起作用的因素就是专注程度。专心是效率的保证。人不容易像计算机一样高效率地执行多线程任务，不专心往往会使你的学习效率不高。也许学习并不是你一天之中最愿意做的事，但为了你的理想，你需要学习。每个人都有自己想做的事情，但你应

7

该暂时将它们放在一边，先不让它们分散你学习时的注意力。注意力不是很集中时，你的学习效率会降低，出错率会上升。这样，你的学习效果就不会很明显，辛苦付出的努力也很难得到回报。假如你以前学习有时不是很专心，我建议你试着强迫自己专心一些。你会发现这样做会使你的学习效率提高，效果变得明显起来。而且这不仅仅对高中阶段的学习有帮助，升入大学之后变得更为重要。大学生活中各方面的事情更加繁杂，更加丰富，唯有专心对待每一件事，提高效率，才能有条不紊地处理好自己的生活。

第二点，要拥有一份良好的心态，正确地看待学习，理性地面对自己犯的一些错误，面对考试也要尽量避免紧张。归纳起来，主要包括两个方面：（1）自信：相信自己能做到，自己才能做到。相信自己能做到，自己才会有动力去拼搏，去迫使自己全力以赴。从小阶段小板块的成功开始做起，不断积累自己的自信。此外，自信还意味着不会轻易放弃。一次考试的失利不意味着什么，不要因此而质疑自己的能力，安心地总结经验，找出原因，为下一次的奋起做准备。（2）激情：一天刷十几套英语单选题、过五百个单词，很大程度上不是靠毅力，而是靠激情。有了激情，学习不再乏味，就像熬夜玩游戏不会觉得困一样。三分钟热情的人，每三分钟点燃一次自己的激情吧。自己的梦想是最好的点燃方法。为了梦想，你，值得燃烧。

第三点，要列出翔实的学习计划。列计划时要结合自身的实际能力，每天的任务量不宜过多，也不宜过少。最好在不浪费时间的前提下能正好完成，还能留出一些总结归纳的时间。不单要有每天的计划，还要有每周、每月，甚至每学期的计划。按部就班地一件一件地完成。这样既能对自己的时间有一个规划，还能在完成课业的同时收获一定的成就感。当然，计划没有完成也没必要自责。要明确制订学习计划的目的是督促自己提高效率，拒绝拖延症。只要目的达到了，学习计划的完成情况有缺憾也无可厚非。

最后，希望大家能够确立一个明确的目标，包括高考时想要拿到的分数，自己想要去的大学，想要学习的专业。有了目标，也就有了动力。确立目标时，同样要结合自身的兴趣和实际情况。"奋力一跃后恰巧能够到的"是最好。无论最后的结果如何，它一定会鞭策你把这个过程做得更加充实，更加有意义。对我而言，高三时立下考入清华大学生命科学学院的目标，我所做的一切也都是为了实现这个目标。想象着梦想实现后的美好生活，在每天众多的学习任务当中也就不会觉得累，反而会更加主动地巩固知识，多做习题。虽然最终我没有如愿，而是来到了北京大学医学部。但回过头来想，是因为树立了目标才会有动力度过艰苦而充实的高三生活，而这样一段全身心投入的经历才是有意义，最值得纪念的。

希望学弟学妹们能够有所收获。拒绝懒散，拒绝拖延，充满信心，充满斗志地投入到高中的学习当中！

学习方法

虽然距高考已经有几个月的时间了，但高三那段挑战与机遇并存，汗水和欢笑同在的日子依旧历历在目，我所做的每一件事，付出的每一分努力，可以说都得到了回报。数学一直以来就是我的强势科目。在高三的备考阶段当中我没有在数学上花费太多的精力，而模拟考试的数学成绩始终能够保持在 140 分左右，在高考当中，有幸取得了 149 分这样一个接近满分的成绩，我也非常满意。下面让我给大家介绍一下我在数学这门学科上的一些学习经验及学习方法，希望对大家能够有所帮助。

数学是一门应用性相对较差的学科，不像物理化学，每一道题都是以实际生活为背景，而且它的知识点也更多更繁杂，内容则更多，这是它的难点所在。不过数学也是有规律可循的，它的每一道题都是紧扣在知识点和几条数学思维上。因此，我的经验是在数学学科的学习上应该把重心放在对教材上知识点的熟练掌握和对数学思维的训练上，而不是盲目地刷大量的练习题。高三阶段，我每天花在数学学科上的时间并不是很多，但会每天坚持过一遍教材，练几道相关的典型例题。我建议大家做到这两点就可以，剩下的完全可以跟着老师一轮复习的节奏往前推进。看教材时，注意不能囫囵吞枣，而应该注意每一个细节，连其中的思考题和练习题等也不要放过，虽然简单，但它们都是和当节知识点联系最紧密的，这样既能加深对知识的掌握，同时这些书后题也很有可能是考试题的原型，做过自然有优势。在阅读教材梳理知识点的过程当中，也要注意知识点之间的联系，真正做到举一反三，这就需要我们多加思考。比如数列知识和导数的知识，在书上并不能看出它们的联系，但在做题的过程当中它们常常是结合起来的，这就需要我们自己思考，自己总结，自己归纳整理。再比如不等式、方程、函数互化的思想，课本上虽有涉及但没有明确指出，但确是做题过程当中很常用的一样思维方式，这就同样需要我们自行归纳，自行训练。有一句话是我在阅读教材过程当中一直秉持着的，现在分享给大家：要把书从薄变厚，再从厚变薄。所谓从薄变厚，就是在阅读过程当中不断总结不断思考，在枯燥的知识点的基础上加以整合、拓展，并标注上每个知识点的常见考题题型，让书中的内容尽可能地充实，尽可能地与考试相关联。所谓从厚变薄，就是在反复的复习、阅读教材之后，把书上的内容牢记于心，让书上的内容从字面上转移到脑子里，最后逐渐脱离开教材。

再说习题的训练。首先大家要明确的是做题的意义是训练数学思维，巩固知识点，所以盲目的题海战术是无意义的。只需要选择典型题反复做，做透，最好能准备一本习题本，把错题、典型题整理上，随时翻阅。有一本习题书我当时觉得不错，上面的题型归纳得很合理，可以给大家推荐一下：《一本》。多做一些这种练习题，多锻炼一下自己的思维，提高能力，这才是最关键的。

最后带大家分析一下我们的试卷。首先我们应该庆幸处在新课标二卷考区。新课标二卷是全国十几套数学试题当中题型最规范，难度最小的一套题，每年的考题结构完全一样，而且几道有难度的题所考查的知识点也基本一致。而江浙、广东福建等地区的高考数学试题的难度远远在我们之上，所以我们应该利用好这样一个先天的优势，要对自己充满信心，我们的题的难度并不算太大，只要我们对它足够用心，就一定会有所进步的。高考数学试卷上会有 12 道单项选择题，4 道填空题以及 5 道必答题的解答题和一道三选一的选修题。先说单项选择题。单选题的前 4 到 6 题的难度还是非常小的，几乎不需要思考，只要基础知识过关，瞬间秒杀也是完全可能的。中间的几道题会需要稍加思考和计算，但难度也不会太大，绝大部分同学不失误都能够做出来。所以大家在处理这几道题的时候一定要绝对的认真细致，往往这些中档题才是拉开分差的关键。而选择题的最后两道题则会有一定的难度，同学们不必对这两道题强求，做不出来就不要和它死磕，可以采取适当的方法猜出一个答案，或者干脆空在那等最后再算它。之后是填空题。填空题的难度比例和单项选择题大致相同。前三道题的难度都不会特别大，而最后一道题则会设置一定的障碍。一般来说填空题的最后一题的难度和选择题最后两题的难度大致持平，略低于解答题的压轴题，而它的考点基本确定，为数列知识、函数知识或者立体几何的知识。大家可以适当训练一下这些板块比较有难度的填空题，当然在考试当中和选择题的最后两题的处理方法一样，随缘就好，不要强求。再说五道解答题。我们的高考试卷上的五道解答题的考点几乎从来没有过改变，第一题会考查三角函数或者解三角形的知识，第二道题会考查数列的知识，第三道题会考查统计或概率方面的知识。第四题考查解析几何，第五题考查导数。其中前三题的难度都不大，基本上不会有障碍，大家要想拿到比较不错的分数这三道题是不允许出错的，所以一定一定一定不能出现马虎的情况。而第四题和第五题则是全卷的区分度所在，会有较大的难度，大部分同学都不会做对。第四题解析几何考查的是大家的计算能力，一般来说它的思维量不会太多，主要是计算的过程比较烦琐，所以要想解决这道题就要在平时注意提高自己的计算能力。而最后一道导数压轴题则是真正考查大家的数学思维、数学思想。首先它的思路多种多样，很难找到正确的方向，其次就算方向正确在计算的过程当中也会非常烦琐，往往会求到三阶导甚至四阶导。建议大家如果对自己的能力没有把握不要在这道题，尤其是最后一到两个问题上浪费时间，它的性价比不高。就算你花费五分钟甚至十分钟最终做出来了，也很难拿到全分，而且就算拿到全分也不过是和别人四分的差距而已。所以大家最好把这些时间省出来检查前面做过的题或者算一算那些没有把握的题。

　　以上就是我在数学方面的一些学习方法。数学这门学科最重要的就是信心的培养。有了自信心越做题越有成就感，越做题越有进步；而如果缺乏自信心一见到数学题就知难而退，即使你花费大量的时间在这门学科上，也可能是南辕北辙，相去甚远。所以希望大家对自己充满信心，以饱满的精神状态面对数学这门学科，面对高三一年艰苦而充实的生活，面对距你们不再遥远的高考！加油！

第 2 篇
海南省——朱旭

高中学校： 湖南师大附中海口中学

就读院系： 北京大学数学科学学院

年　　级： 2015 级

高考分数： 927 分（含会考成绩和竞赛加分，海南省
高考满分 900 分）

荣　　誉： 2015 年海口市数学单科状元、物理单科
状元；第 28 届 CMO 三等奖

作者小传

我是朱旭，这次很荣幸成为分豆教育百名状元项目数学组的一员。高中尽管经历了那么多的曲折，最终我还是到达了北京大学。只要真正努力过了，那么我们留给自己的一定不会是谎言。我相信：不输给雨，不输给风，也不输给暴风雨，无论何时都笑容不断，我想变得那样美丽而坚强！

学习心得

"你的负担将变成礼物，你受的苦将照亮你的路。"高三一年很是辛苦，做不完的题目，一次接着一次的考试，名次变化带来的失落，感觉自己在原地踏步所产生的焦虑……但是我们要相信，这一切的付出都会在高考的那一刻证明它的价值，付出与回报是正相关的。经过高三一年的磨炼，我们会发现自己在高考的考场中不慌不忙，因为只要万事俱备，就能一直保持冷静，无论发生什么事，都不会感到畏惧。

"燕雀才成群结伴，雄鹰向来都是独自飞翔"，我们要耐得住寂寞，才能够静下心来专注学业。要学会独立思考，不轻易地向他人问问题。只有经过自己的思考，才能够留下深刻的印象。当然，我并不反对问同学问题，而是反对不经过长时间的思考就问同学问题的行为。因为考场上我们只能靠自己，养成依赖他人的习惯很不好。

我认为最重要的一点就是提前自学老师要讲的内容，在上高中之前我就已经看完了高中数理化的大部分内容，这样理科的课程就很容易学好了。当然，自己学的时候难免会遇到一些问题，我自学的时候也经常会遇到看不懂的。我会想一下，如果想不出就先往后看，说不定到时候回过头来看会发现自己不知不觉就会了。当然，还是有一些搞不懂的就可以问老师。

至于错题本，我反正是没能坚持下来，当时试着做了一段时间，最后本子都找不到了。不过我会整理好试卷（特别是高三的，自己薄弱学科的试卷）定期地回顾一下，主要是看错题并分析错误的原因。比如说，这道题是概念不清楚，还是没有找到思路，或者是马虎了。概念不清楚的话翻一下书或问老师就解决了；如果是没有思路的话就看题目解析，然后找一些方法相似的题目多做就好了；如果是马虎了（我一直在与之做斗争，特别是简单的题），我也没有特别有效的办法。这样坚持回顾错题，反复几次（比如在每次月考之前）慢慢就有了印象，所以我个人认为错题本并不重要，重要的是通过自己做错的题发现自己的漏洞并进行补救。

要经常向老师求教，我的语文一直不好，特别是作文总是写不好还要写很久。高三的时候，我就坚持每写完一篇作文就要找老师面批，考完一张试卷也要去找老师问清楚扣分的原因。每次老师评点完了我的作文，我一定会进行修改直至满意。

其实高三一年非常快，感觉就是一次考试接着一次考试，考完六次月考和各种模拟就要上高考的战场了。每次考试都有排名，越到最后临近高考，因为排名而产生的焦虑感便越强烈。高三一年，我有两次考了第二名。当时知道成绩，我对自己产生了怀疑，心情也很低落，我并没有自己振作起来，我就去找老师倾诉，然后我才振作起来并更加努力地投入到了复习备考当中。其实，名次的变动本来就很正常，不必因为一次偶然的失误就否定自己，相反的，应该借此机会，发现自己知识上的漏洞，这次错了，下次不错，这就是进步。而且，偶尔考得不理想也能够激励自己更加努力地学习，提醒自己如果不加倍努力的话就会被别人超越了，从这种意义上说，考试名次偶有波动未尝不是一件坏事。相反的，有一些同学会因为一次考试的失利而难过许久，甚至一段时间都不能平复自己的心情。这样就不好了，因为难过并不能提高我们的成绩，提高我们成绩的是因为难过而激发出的斗志。

还有一点就是有时会发现自己的分数停留在某个地方不变，就会产生自己一直没有进步的感觉。当然，有可能你真的没有进步。不过，也可能是复习的过程中考到了不同的内容或者说是发现了新的漏洞，特别是生物、英语这样的学科，总会发现这次考试这个概念不记得了，那个单词不认识。其实只要想着我这次没做对，以后就不会错了，经过一段时间的积累，我们就会发现自己的漏洞越来越少，会有一天我们突然发现自己的分数又有了突破。

在临近高考的时候，就不要多做新的题目了，特别是不要再做难的题目了，以免挫伤自己的自信心。再回顾一下做过的题目，发现自己果然越来越厉害了，题目见一道会一道，考前睡好觉，就可以雄赳赳气昂昂地上考场了。

学习方法

做题！做题！做题！我认为这是学好数学不可或缺的一个方法。要做足够数量的题目我们才能掌握一个知识点，熟悉各种题型，这样到考场上才能够不慌不忙。我已经不记得当时刷了多少套《天利38套》。当然，这里说的多做题并不等于盲目地追求数量而不加思考，这样不就成了做题的机器吗？"学而不思则罔，思而不学则殆"，只有边做题边思考，才能够达到理想的效果。每做完一套题，要及时地对照答案并改正，每做完5套题就及时地回顾一下错题，弄清楚题目的思路，达到自己也能够独立想到的程度。

另外，要掌握一些课本上并没有要求掌握的知识，这样做题时往往能节约大量的时间。比如说柯西不等式是选修的内容，但是一些用基本不等式展开后才能做的题用柯西不等式就会很简单。还有洛必达法则虽然高中没有讲，但是很简单，在解一些导数大题目的时候可以很简单地得到答案。还有有关圆锥曲线的一些二级结论（可以在参考书上找到），在做选择填空题的时候也能够为我们省下大量的时间。

下面我来说说应试技巧吧！首先，数学考试的时间还是比较紧张的，一定要合理安排时间。我考的是全国卷，2个小时要完成22道题目。而且在高考的考场上平时一遍就过的题目有时要算两遍。所以，为了给后面的大题争取足够的时间，选择和填空题应该尽量控制在40分钟左右。三角函数或数列、统计和概率、立体几何和选做题比较简单，一道题10分钟大概都可以做完。剩下了一道解析几何和一道导数大题还有40分钟。

其次，做题的顺序也很重要。由易到难，先做选择填空中你认为好做的题目（较难的后面再考虑），然后再做三角函数或数列、统计和概率、立体几何和选做题，然后就做解析几何和导数中简单的小问，最后看剩下的题目中哪些题目能够用更少的时间得到更多的分。

第三，简单的题目不出错，过程一定要严谨。一道选择题5分，后面的导数最后一问做对恐怕也没有5分，所以说简单的题目不出错，才能够把你的优势发挥出来。过程一定要严谨，不跳步，题目中的关键条件要在使用的地方罗列出来。比如说，已知一个角的余弦值，要交代这个角的范围。在做解析几何的题目时，要考虑斜率不存在的情况等等。这样，该得的分数都得到，才不会留下遗憾。

　　最重要的一点，考试时一定不要紧张，要做到心无旁骛，不要患得患失，胡思乱想只会使情况变得更糟。我的数学老师王树国经常教育我们要尽最大努力，做最坏打算，让我受益匪浅。正如艾弗列德·德索萨所说："跳舞吧，就像没有人注视一样；去爱吧，就像没有受过伤一样；歌唱吧，就像没有人聆听一样；工作吧，就像不需要金钱一样；生活吧，就像今日是末日一样。"高考时，我就把这段话写在草稿纸上，时刻提醒自己，不要去想我要是做错了怎么办，我要是考不好怎么办。我想说的是，"尽人事以待天命"，无论结果如何，我付出了，我努力了，我可以说我无悔。

第 3 篇
山东省——王宏浩

高中学校：山东省文登第一中学

就读院系：北京大学光华管理学院工商管理专业

年　　级：2015 级

高考分数：712 分

荣　　誉：2015 年威海市理科状元

作者小传

我是王宏浩，来自山东文登。作为一名彻头彻尾的理科生，我不太善于言辞，对于比较需要感性的问题常常表示苦恼。也许是小时候喜欢冥想，常常会在一条小路上来回徘徊去编造自己的世界的缘故，我很喜欢纯粹的逻辑，去钻研一些似是非是、半虚半实的问题，然后对着一个小小的结论暗自得意很久。因而，当有机会接触到可谓诡谲多姿的数学世界之后，我便深深陷入其中。远非如鱼得水的畅快淋漓，数学对于没有太多天分的我来说，反倒是一种步履维艰的苦行。我常常一个人坐在床上，盯着那一堆卷子待着，或者前后胡乱翻着，要理出其中的头绪。可以说，如果自己攻克了数学上的某个阵地，那也一定是拼尽全力，一点一点耗出来的。然而，数学的美妙就在于这些枯燥乏味的东西，越是琢磨体会，也就越像那反复咀嚼的馒头一样，被催化得甜了起来。慢慢地，我得以看见冗长的公式之后简单的逻辑，就像一片密林之后的月光下静谧的空地，微风吹得人欲醉。那种一步一步攀上去所见的风光，给我带来的除了愉悦，也有成就感。在浅阅这数学世界的"沧桑"之后，性子也磨去了不少。这种踏实，在不断地学习之中，也是裨益良多。对待每件事，拿出慢慢咀嚼的态度，也总是能从中得到提升，进而把事做好。我常常会记起高中同桌对我说过的一句话："自己选择的路，跪着也要走完。"是啊，若不如此，又何以苦行。

学习心得

谈起自己学习过程中的成长，我想可以集中在高三这个点进行讨论。对于高三的老师和孩子家长来说，高三是个十分关键的时期。对于我，这也是个习惯得到挺大调整、心态反复起伏的时期。并不像那句话说的，这既不是个最好的时期，也不是个最坏的时期。高三，是个供以改变的时期。

刚上高三，就是一个磨合期。在一个新的集体之中，遇到一群新的老师，和一个新的班主任。我开始是行为蛮散漫的一个，上课早放弃认真听讲的习惯，做完卷子也不懂得珍惜时间，笔记错题也不整理。然而，这一切，都不入班主任的法眼。于是，她频繁提醒我，找我谈话，督促我改正。起初并不在意的我，在班主任的谆谆教导之下也终于屈服，开始做一个听话的学生。有些事，只有改变了，尝试了，才知道这件事的好坏。在——这算是——屈从之后，我才意识到，养成一个良好的学习习惯，对于一个学生，尤其是一个即将面临高考的学生，是多么的重要。在认真的听讲过程中，我能够跟着老师的节奏慢慢地梳理已学过的知识的脉络，高一高二那些纷杂的知识，在高三的重新整理串连之下变得清晰而富有条理起来；那些琐碎难以记忆的知识点，也在反复的强调下，变得了然于胸。而有效利用每一个细小的时间段，可以把一些本来就是碎片的知识，例如文言字词、英语单词加以巩固强调，碎片化时间的管理使得他们的记忆不再累积如山，令人生畏。整理笔记、错题这种被不屑于从事的"小事"，当我真正下手去做的时候，才发现它们会让你事半功倍。着手点很小，便于操作，一天一天的反复积累有了很显著的效果，那些易错点、重难点在加以思考重组的整理之下变得不易错、不重难。因而，我要感谢我的班主任，是她让我在高三伊始就养成了良好的习惯，为高三一年扎实的积累打下了良好的基础。

而随着倒计时的不断进行，桌子上的试卷厚度不断增加，临考的压力终于暴露出来。面对那所谓的高原反应期，心态也变得脆弱难以控制，常常会面对卷子上成片的红叉不知所措，于是开始怀疑自己的能力，开始质疑自己是否真的努力，或者是自己的努力是否真的有效，如此这般的自我否定让我那一阵子常常无所适从，甚至有些自暴自弃。这种心态上的不稳也最终作用在成绩上，形成了一个恶性的闭合圆环，像是一个不断向前滚动的庞大的、沉重的车轮，压得我喘不过气来，也逃不出来。那时的脆弱，也算到了无以复加的地步。终于有一天，我主动找到了班主任，跟她讲明我现在的情况。班主任听完之后，耐心地开导我说，其实这种现象很常见，不仅在我身上，在别的学生身上也会存在，让我不要担心，不要给自己太大压力，试着去抱着轻松的态度对待这些，没什么大不了的。在老师的指导下，我开始调整自己的心态，去寻找一种更适合自己的节奏，不松不紧，尽自己的努力去完成一个任务，做一套练习，而对于结果，更多的是去分析，但是不会过分地关注其本身优劣。谁都有失误的时候，谁也都有偶然成功的时候，一两次的得失说明不了什么。眼光放长，心态放宽，六月的那最后一次才是关键，这之前的坑洼，只是为了给前进寻找到更佳的方式。慢慢地，那一段艰苦的时期终于过去，我的成绩回到了正轨，我的心态也调整了不少，这对于之后的学习是一件好事。

可以说，学习习惯的重新培养和心态的进一步调整对于我的高三意义非凡。保持着这两个基本点，直到高三末期，那所谓的黎明前的黑暗笼罩着大地，引得学生一片惶恐的时候，我依然能够相信自己的能力，坚信自己最后会有很好的结果。这份自信一方面来源于良好的学习习惯带来的牢固的知识基础，另一方面更是正确的心态对我的指引和帮助，这二者缺一不可。如果当时的我少了任何一条，都会使自己面对高考的准备处于或多或少的劣势之中。如果那样，最后的结果如何，谁又知道呢。

学习方法

至于学习方法，我想结合数学谈谈。毕竟数学是我最为喜欢的学科，自己对于它的体悟也最为深刻，或能说出点什么有用的，也不算空讲了一通废话。

数学是一个重定义的学科。从源头开始理解一个概念往往比掌握其后的那些衍生的技巧更为基础和重要。对概念的理解是一切数学的母体，是老子所讲"无"的概念，而其后的那些技巧只是子体的"有"，是门路，可以带着领略风光，却终究不是景色本身。而对概念的理解正是依靠定义。如果太过沉迷于那些繁杂的技巧，却忘了最为淳朴的定义，那可就是本末倒置之举。对于定义，或者说对概念的理解的考查，是融会于整篇试卷之中的，很难将其单独剖出，故此处不予举例。然而，绝不能因此而目光短浅，轻视了基础概念的地位。

数学是一个重方法、重技巧的学科。这是自然。固然出题人十分在意考生是否真的懂得那些概念的含义，但是单单从概念入手是出不了试卷的，难不成能要求默写定义？显然不是，出题人要看学生对于概念的运用，那么这里就涉及对这个过程中涉及的方法、技巧的考查。此处说的方法和技巧是不同的。所谓方法，在于对一类题的整体思路，是概括的、普遍的做法；而技巧是只针对某一个题的独特思路，是具体的、特殊的做法。在做题、整理题目的过程中，一定要区分清楚方法和技巧。对于方法，是务必熟稔于心的：一类题的方法就那么几种，没什么掌握不了的。而对于技巧，则是不可强求，又多多益善的，最好的结果就是能够触类旁通地解决更多的问题。下面分别谈谈两者如何掌握。

方法从哪来？答：从老师的总结，从自己的笔记中来。这工作在进入高三的时候就要跟上步调，稳稳做好。高三是面向高考的，老师会在讲解的时候总结出很多题型，每种题型都会带上适合这类题的普遍方法。例如求值域这种十分普遍的题，说到底也只有十几种方法。这算是高中数学中最为复杂的方法体系了，也不过如此；而且常用的只有三四种。要完全掌握它们，只要下不大的功夫就可以达到目的。在做整理的时候，题型不宜分得过为琐碎，几种看似有所差距又本质相同的只要整理在一个体系中就好。太多的名目，反而会给自己的巩固造成非常大的麻烦。与整理方法同等重要的是应用方法。确实有同学对于求值域的方法记得十分牢固，说是倒背如流也毫不夸张。但是一拿到试卷上去，就不知道如何下笔，纸上谈兵时运筹帷幄，可路到脚下却是寸步难行。这是方法掌握不彻底。还有一种，"穿上马甲"就不认识了，明明求值域、求最值、求参数范围、求恒成立、求存在等等大都是一个方法体系，只是开头的转换有些许的差别，可同学偏偏就不懂得在其后的解题中灵活套用求值域的方法，往往卡壳儿。这些应用过程中容易出的差错，也是值得警惕的。

技巧又从何来？答：做题中来，领悟中来。有些技巧很浅显易懂，什么拆分，或是有理化，用上一次两次就明白了，下次看见也是驾轻就熟毫不犹豫。可有些技巧就显得十分困难。例如在涉及导数的题目中，需要构造一个新函数去解决问题，这倒成了绝对的难点，往往让人丈二和尚摸不着头脑。这种技巧要想掌握也不是不可能，其中也是有门路可循的，只是需要我们在理解上、练习上下很大的工夫，这种时间成本，对于大多数学生是负担不起的。对于第一种技巧，只是表面功夫，是居家旅行必备的。而至于第二种技巧，涉及本质，则是领悟一个是一个，明白一个赚一个，不必强求，也不能强求。

除了这些大的方面之外，学好数学的基本方法还是多练习，多思考，多整理。成功的路途没有捷径，唯有不断进取、不懈奋斗的人才会取得理想的结果。如果说，有没有一种方法对于所有学科都适用，我想那是有的，就是勤奋。学习方法终究是因人而异的，而勤奋却是亘古不变的。因而，每一个在前进路途上的孩子，抓紧时间勤奋起来，奋斗吧！

第 4 篇
甘肃省——韩储银

高中学校： 甘肃省静宁一中

就读院系： 清华大学热能系能源与动力工程专业

年　　级： 2015 级

高考分数： 674 分

荣　　誉： 2015 年平凉市理科状元

作者小传

我是韩储银，我的家乡在黄土高原上的一个小县城里，那里虽然比较贫困落后，但是教育却很发达，一代又一代的人通过教育走出了大山，去追求更美好的未来。在清华大学 2015 年本科生开学典礼上，邱勇校长在演讲中讲了我从农村考入清华自强不息的故事，我十分自豪。就像校长所说，"做一名有理想主义的行动者"，我将以梦为马，不懈奋斗！

我兴趣广泛，平时喜欢打篮球、跑步，在比赛中懂得坚持的意义；我也喜好读书，在书海中寻找心灵的栖息地；我热心公益志愿工作，高考后就为母校的学子们办长达一周的系列讲座，上大学后加入了紫荆志愿服务总队，参加过国庆校园讲解、上地小学支教、张家口一中宣讲等活动，在志愿活动中感悟人间真情。

我一直坚信这样一句话："梦想还是要有的，万一实现了呢！"是的，梦想是发动机，梦想是指路灯，只有心中有梦想，人生之路才能走的充实而有意义。我现在的梦想是通过努力，造出中国自己的航空发动机，使我国成为真正的大国、强国。

上了清华，人生跨上了一个新的高度。新起点，新征程，我会利用清华的资源全面提高自己的能力，为了梦想不懈奋斗！

学习心得

我认为自己能够在高考中取得好的成绩，很重要的一个原因就是心态好。

可以这样说，大家高考备考的效果，很大程度上取决于你的心态。有些同学过于骄傲，在备考时会出现松懈的状况；有的同学成绩一直不好，于是破罐子破摔，放任自己，不思进取；但更多的同学由于压力过大，变得过度焦虑，吃不好饭，睡不好觉，自然地，也学不好。还要告诉大家，高考取得的最终成绩，很大程度是由心态决定的。在大家知识掌握差不多的情况下，临场发挥就是决定你的分数的关键因素。所以我说：良好的心态是成功的一半。

我先讲一个我的故事，这是一个励志的故事。我高中的时候，成绩一直不错，但不是我们学校最好的，每次考试就在全年级五六名左右，这样子考清华是很困难的。但说实话，我还是一直想要考清华的。我在高三第一学期还算比较稳定，但是到了第二学期，全面复习的时候，我的学习成绩却开始直线下滑。六模的时候，我考了全年级第九，当时很崩溃，感觉离清华越来越远了，每天都在想着如何考清华，考不上清华怎么办，学校领导、父母也找我谈话，压力相当大，每天真是吃也吃不好，睡也睡不好，不喜欢跟人打交道，感觉自己太失败了，逐渐变得孤僻，这样根本不能静下心来学习，害怕做题，害怕老师，害怕考试。七模的时候，考了全年级第三十一名，我当时的内心真的是崩溃的！那天晚上，我一夜没睡，翻来覆去想自己到底失误在了哪里。我对知识掌握的很牢靠呀，也一直在努力学习，没有偷懒呀……最后只有一种可能：压力太大，心态没有调整好。找到了问题，我就积极地去想办法解决。我主动找到老师，去跟老师交谈；我逐渐把清华抛在了脑后，每天按照日程表，好好吃，好好上课，好好玩，好好睡。没有了清华这个包袱，我忽然发现自己轻松了许多。当时的心态是：反正自己该学的都学了，只要在高考时能发挥出正常的水平，就算很不错了。不要想太多，清华，是我的谁也夺不去，不是我的抢也抢不来。这次转变过后，一个很明显的感受是自己轻松了，学习效率一下子提高了，自信心也有了，每天过得充实快乐。时间过得很快，到了八模，高考前的最后一次大型考试，我信心满满地去做每一道题，只想把自己的所学展示出来。不再想考不好怎么办，不去想即将到来的高考，不去想清华。结果是，那次我考了全年级第一。当时震惊了不少人，我自然很高兴，但是并没有激动。因为我知道这才是我的水平。一周后是高考，没什么大不了，一点紧张都没有，就像平常的测试，发挥出自己的水平就好。最后，结果出来，全省第三，全市第一，我也没有什么激动，因为这就是我的水平嘛。清华，我最终还是来了。

值得一提的是我的一个同学，每次都考全年级第一，是百分百的准清华，但是在高考中发挥失误，没有考好，太可惜了。她的学习一直好，但在高考这样大型的考试中却发挥不出来，主要还是心理素质不行。由此看来拥有一颗强大的内心是多么重要啊！

这就是我的故事。我想有不少学生像我一样，过去或者现在或者将来会进入学习的低谷期，但是，这真的没关系。你看，我不照样上了清华吗？我的转变对大家应该也有所启发吧！

学习方法

　　数学作为一门基础科学，以其高度的抽象性、严密的逻辑性和广泛的实用性受到大家的极度重视。数学王子高斯曾说：数学是科学之王。伽利略也说过：给我空间、时间和对数，我就能创造一个宇宙。由此可见，数学凝聚着人类的最高智慧，是推动一切科学进步的动力。而数学又与我们的生活息息相关，小到买东西算账，大到宇宙飞船的设计，都离不开数学。因此，学好数学十分重要。

　　然而，我们身边常常有高中生埋怨道："我很喜欢学习数学，也想学好数学，小学、初中时成绩都很不错，为什么上了高中后成绩一直上不去，甚至不断退步呢？"作为一名刚刚经历过高考的大一新生，我对于学弟学妹们在学习数学时遇到的困惑十分关心，也十分乐意把自己学习数学的一些经验与方法传授给他们，以帮助他们尽快走出困惑。

　　这篇文章不只是枯燥的说教，而是我与学弟学妹们的一场对话。你会看到，我曾经也是"学渣"一枚，也有过痛苦的挣扎，我把它称为"我与数学的一场战斗"。最后，在高考中，我数学取得了 145 分的理想成绩，在这场战斗中，我最终取得了胜利。我是如何从"学渣"逆袭为"学霸"的？数学学习有哪些方法与技巧？这就是我在这篇文章中将与大家交流的内容。

　　接下来，文章将从高中数学学习的误区以及如何快速提高成绩这两个方面来展开。

一、高中数学学习的误区

1. 学习被动

　　许多学生进入高中后，还像初中那样，有很强的依赖心理，以为所有的知识点、所有的考试题型老师都会讲到，遇到不会做的题自己也不去想办法解决，只是等老师来讲解；自己不主动预习，以为上课听老师讲就能听懂，谁知道听得迷迷糊糊；作业不及时完成，等到课代表来收作业才记起作业没做……总之，感觉学习十分被动，总是别人在后面推着自己往前走，还十分累。

　　这样的情况在高一很常见。我在高一时就是这样，有一段时间感觉学习特别吃力，后来我去找老师，他跟我说："你这还是初中的学习方法啊。高中数学要求学生勤于思考，善于思考，掌握数学思想方法，善于归纳总结规律，在思维的灵活性、可延伸性、创造性方面提出了较高的要求。一定要转变观念，积极主动地去思考，去做题目，要充分发挥自己的勤奋，不能过分依赖老师。"我很庆幸听了老师的教导，慢慢地转变学习观念，适应高中数学学习规律，才使自己的成绩没有下滑。

2. 基础重视不够

老师经常说：知识是能力的基础，要切实抓好基础知识的学习。然而，一些自以为学得很好的同学，常轻视基本知识、基本技能和基本方法的学习与训练，经常是知道怎么做就算了，而不去认真演算书写。但对于难题很感兴趣，经常花大量时间去钻研一些高考压轴题，并且陷入题海，重"量"轻"质"。我想说，这样的学生，可能一两次考试会考得很好，也会因为会做难题而受到老师的表扬甚至同学的膜拜，但他的好成绩不可能一直保持下去，终有一天他会发现自己面临着很大的危机，基础知识不扎实，难题最后也不会做了。

为什么会出现这种情况呢？因为所有的能力都是建立在基础之上的，基础没打好，能力又从何而来呢？仔细研究最近几年的高考试题就会发现，考查基础知识的题目越来越多，而一些偏题、怪题越来越少，这就是高考的新趋势：回归基础。我本人是有相当大的感触的，我解答难题的能力不强，但我十分重视基础知识、定义、定理、甚至书上的例题我都记得很清楚，达到了可以背诵的熟悉程度。在高考时我尝到了甜头，有许多题目就是书上例题的变形，最后压轴题的解题思路在课本上都有体现，于是我做得得心应手。我有一个同学，平时做了大量的数学压轴题，每次考试如果试题一难他准比我考得好，然而到了高考，他就不行了，最后他考了127分。压轴题倒是做出来了，可是错了三道选择题，后悔不已。这就是活生生的例子啊！我希望学弟学妹们能吸取教训，不要走进误区。

3. 学不得法

老师上课一般都讲清知识的来龙去脉，剖析概念的内涵，分析重点难点，突出思想方法。而一部分同学上课不专心听讲，对要点没听明白，一知半解，笔记整整齐齐记了一大片，最后真正的知识却没有掌握。我的看法是，对于课本上的定理、公式一定要自己推导一遍，知道它们是怎么来的。还要学会如何去应用知识，不能只停留在识记的层面。学好数学一定是有方法的，这些方法要靠自己摸索、向老师同学请教来积累获取。

二、如何快速提高数学成绩

相信对于大多数学生，尤其是高三学生来说，如何快速提高数学成绩是一个非常重要的问题。下面，我将结合自己的一些经验来谈谈这个问题。

1. 回归课本

课本上的重要概念、定义一定要记牢，最好达到脱口而出的水平；书中的公式、定理一定要自己推演一番，并掌握其中的思想方法；书中的例题一定要仔细研读。许多同学质疑，说这样既花了宝贵的时间，效果可能也不好，我想说的是，不试试怎么知道这个方法不好？实际上，这个方法真的很好，不仅让你对数学知识点了如指掌，并且加深对知识的理解，例题的解题思路是非常经典的，真正做会一道例题比毫无目的地做十道题还有好处。这样我们在做题时会感到逻辑清晰，思路明确，事半功倍。在高三复习时一定要把课本过一遍，这是获取高分最有效的方法之一。

2. 制订切实可行的计划

首先说如何制订计划。制订计划的标准应当是切实可行、适合自己。可以以周为单位，在周末便把下周的学习安排好，每一天应当学习哪些知识、做哪些习题、重点突破哪些难点……计划越详细越好，最好列在一个表格里，时间安排一目了然。计划列出后，最重要的是要执行，坚决地执行。有句话叫作"只说不做假把式"，的确如此，真正的成功者一定是最执着的人。学习有好的方法，但学习没有捷径，一切都要靠自己的勤奋与付出。

3. 明确不足，重点突破

举个例子，你三角函数这一块学得不好，做题时老出错，那么便可以确定三角函数就是你的弱点。这时候可以集中时间精力去突破，我推荐买一本专题集，每天抽出一个小时或两个小时，集中做三角函数的题，做完之后看答案，给自己评分，找出错误的地方，重点标记，确保下次不再犯同样的错误。经过最多两周这样的练习，三角函数这一块肯定不会有大的问题了，还有可能成为你的优势。在高三，我就是通过集中攻破的方法把数学从 120 分提到了 145 分。此法效果明显，强烈推荐一试。

4. 研究高考题

经常有人讲，高考题就是十年一个轮回，这话不无道理。仔细把近五年的高考题做一遍，你会发现有好多题目都是由一道"母题"变化而来的，解题思路完全一样。慢慢地，你就会发现高考试题的规律，找到它、适应它，这样就能把高考完全掌控，不论试题怎么变，我们总能以不变应万变，稳操胜券。达到这样的水平就说明你的境界已经很高了。

5. 建立错题集

一本好的错题集是自己真正的法宝。我强调收集有价值的错题。比如，有些错题是因为自己的粗心马虎等造成的，那么就不是有价值的错题，只要提醒自己以后细心就好。所谓有价值的错题，指的是蕴含了一种解题思路，或者是数学思想的题目，自己由于没有掌握这种思路或思想而做错了，这样的错题应该记录。在每周末翻翻自己记录的错题，温故知新，告诫自己同样的错误不要犯两次。我本人在高考前一个月的时候几乎没有做什么题目，每天就是看看错题，由于我的错题集记录详细，含金量很高，所以对于巩固知识、防止出错特别有帮助。一本错题集就是一本秘籍，说它的价值有多高都不为过。

学弟学妹们，作为亲身经历过高考的师兄，我明白高考的残酷性。然而我们没有办法选择，为了心中的梦想，为了家人的期盼，我们必须走过高考这条道。这个过程很残酷，会有失败，会有泪水，但我们一定要坚持。就算是跪着，也要走完自己选择的路。你一定要记着，所有的付出都会有回报，明天的你一定会感谢今天拼命奋斗的自己！

第 5 篇
北京市——韦祎

高中学校：北京市第五中学

就读院系：清华大学信息学院电子工程系

年　　级：2015 级

高考分数：699 分

荣　　誉：2015 年北京市数学单科状元；第二届丘
　　　　　成桐物理奖铜奖；第 29 届全国青少年科
　　　　　技创新大赛一等奖

作者小传

我叫韦祎，来自北京，从偌大京城中某无名小学起步，一路走来，步步坚定，现在稳稳跨入清华大学的校门，回望来时路，只觉时光飞逝若白驹过隙，万事皆在弹指一挥间——那些由不谙世事蜕变为成熟稳重的流金岁月，那些为了理想而奋斗白昼黑夜激战案前的记忆碎片，那些获得的科技比赛、学科竞赛大奖以及鲜红的考试成绩……历历在目，却渐行渐远。

我想我一直都是个纯粹的人，我的大学生活像瓷碗里的水一般平静简单，微积分、线性代数、程序设计，我们形影不离，我也继承了它们的优点——逻辑性强，简约至上，黑白分明。我像很多男孩一样，喜欢篮球、音乐，没什么特别的。我很普通，但我是我自己。

我信奉这样一句话，"人是一支有思想的芦苇"。这个由主系表构成的简单句颇符合我本人的风格，而又寓意深刻，所以我很喜欢它。人很脆弱，也很强大，脆弱的是肉体，强大的是无时无地不奔涌而出的无穷无尽的思想浪潮，没有实体却有千钧之重的思想推动着脆弱如芦苇的人类在这浩渺宇宙中生存下去、进化下去，再没有比这更令人心潮澎湃、下定决心在有生之年在这世上做出一番成就的话语了！

学习心得

在高考这场声势浩大耗时耗力的大战中，我已然被锻造成了一个应试高手，可是在我心里，学习和应试不是互不相关的两件事。我学习知识，也学习应试的策略和技巧，并且坚信，只有先做到了心无旁骛地学习知识，才有可能学会应试技巧并将其作用最大化发挥。

我之所以把追求成绩放在追求知识后面，是有科学理论依据的：在探究动机的心理学中，根据尼科尔斯和德韦克的成就目标理论，如果以掌握为目标，人们一般会选择具有挑战性的任务、自己跟自己比、把错误看作成长过程的一部分、采取主动积极的行为，然而，如果以成绩为目标，我们则会不敢接受任务性的挑战、与他人比较、把错误看作缺乏能力和价值的证据、使自己内心感到焦虑。

所以我将从掌握知识本身和应考经验技巧这两大方面阐释我这十余年求学生涯的感悟。

学习本来应该是一件快乐的、值得追求的事。很多人都这么说，但很多人都做不到将学习当作快乐，这是天性的问题，我们无能为力，但是我们至少可以人为地尽可能从学习中挖掘乐趣，寻求学习的动机。于我而言，我不以解题是否正确作为衡量自己学习程度的标准，我更喜欢反思自己是否在这门课上掌握了新鲜的知识，我更喜欢对于那些概念、定律、公式本身打破砂锅问到底，更喜欢跳出知识本身，把它和实际生活联系起来。当我感觉自己已经掌握了那些在人类历史上曾撼动世界的知识时，我觉得自己就充满了力量。

在专注于知识本身、全身心投入学习这个过程中，我养成了一些自认为很有效果的学习习惯。我初中同学都知道一个典故，初二下了物理课（午饭前最后一节课），物理老师必然抱着书本学案赶紧跑，如果被我拦住，她这午饭就吃不成了。我也因此获得了一个绰号——"问题少年"。我的第一个习惯就是缠着老师问问题，这个习惯并不只是表面看上去那么简单，很多人压根儿都不知道自己应该去问老师什么，有些人碍于面子也不愿去问老师，其实这个习惯的本质是对一切事物保持好奇心和探究欲。第二个习惯是该认真听课的时候打起十二分的精神吸收听到的每一个字。第二个习惯的要点在于，要知道什么时候该认真听课，有些时候是可以走神的，有些时候是可以小憩的，但是当老师讲到你脑子中模糊的概念或者新鲜的知识的时候，一定要像猛兽闻到血腥味一样兴奋起来，专注起来，狼吞虎咽掉那些知识。第三个习惯是保持运动。劳逸结合的话我们听得不厌其烦了，可是在繁忙的学习中要想每天抽出锻炼的时间也着实不易。对我来说，不论工作学习忙与不忙，每天中午都要出去打球或者健身，一来身体是革命的本钱，坚持锻炼有个好身体才能学更多的知识；二来锻炼时可以释放压力，发泄出所有的不快。

下面谈一谈关于备战考试的一些经验。

我曾经也对高考这种形式感到不满，对高三复习感到抵触，但后来在《不跪着教书》一书中读到这样一段话，颇有收益："其实，用相对集中的一段时间对高中三年所学的内容作一次系统的梳理，并不是一件很难的事，况且这种付出还是有价值的。人生有时候不得不做些当时看不到希望，却在以后岁月中能起作用的事——如果退一步这样思考，也能轻松一些。"是啊，换种心态，换个角度，一切都能豁然开朗。所以想要战胜考试的第一步，就是战胜心理上的障碍，拥有一个良好的应考心态。

由于高一高二打下了比较扎实的基础，我的知识体系基本是完整的，只需要高三进行夯实补充就可以了。尽管如此，我也没有放松对自己的要求，因为我清晰地认识到了高三大家都努力起来，即使你是"学霸"，要是不努力，也会很快被他人反超。我不放过每个模棱两可的概念，我不放过每一处可考可不考的知识点，我不敷衍每一次考查自己复习情况的测验。我坚持每天做理科题目保持手感，坚持每天背英语单词美文好句，坚持在操场上跑步在篮球场上打球。所以这第二步，叫自制力与毅力。

当然，我也经历了让人心焦的低谷。二模的时候我的成绩一度掉出年级前二十，那时候想必老师家长都替我捏了一把汗，但好在我很坚强，我有信念，我仍然按部就班地按着自己的作息规律过着高考前最后的日子。高考的那两天，我像千万考生一样辗转反侧不能安眠，但是我依然有信心，我相信人的意志力能战胜一切恐惧倦怠。这就是第三步，信心与信念，神圣的清华带给我的信念与我对自己的信心就是我隐形的翅膀，带我高飞，让我不再拘泥于狭隘的视野，让我看到蓝天的湛蓝与原野的辽阔。

学习方法

数学是一门很基础的学科，它培养人的思维能力与创造能力，在我看来，数学是个奇妙的学科，在数学中我找到了属于自己的一片天地。我认为想要学好数学，拿到一个可观的数学成绩，要做到如下几点：

一、建立完整的知识体系

想必很多同学初高中学了六年数学，连数学书有几本、封面长什么样子都不知道吧？没错，我们的数学老师们更习惯于按着自己的授课顺序与偏好来印讲义教课，不过我们没看过数学书并不是老师的错，而是学生不懂怎么学数学。

这就跟盖楼装修一样，老师今天教你怎么用夯，明天教你怎么添砖，后天教你怎么刷漆，可是最后这楼还是由我们自己亲手盖起来啊。如果在脑海中没有一套经历了阅读书籍、上课听讲、课下做题之后归纳总结整理出的数学知识体系，遇到什么数学问题心里总是虚的，空无可依。我们要把学到的数学概念、定理、公式像串糖葫芦一样串起来，让它们成为一个有机的整体，要做到融会贯通。

二、培养严谨的逻辑思维

为什么有时候做稍微复杂的题目，做着做着就好像陷入了一团剪不断理还乱的乱麻？为什么做高考最后一道大题会感觉毫无头绪不知从何下手？就是因为我们的逻辑思维不够强大。

逻辑思维是现在的学生最欠缺的一个能力，而数学恰恰最需要这一点。在数学中运用逻辑，其实就是能够有条不紊、依据一定的规律和顺序去解决一个问题。这个要想速成很困难，不过我们还是有办法弥补。

每次做到推导步骤繁复的题目，或者毫无思路的题目，我都会着重研究给出的标准解析，依循其给出的答案条分缕析，一步一步搞清楚标准解析是按着怎样的逻辑解决问题得到答案的。我每抽象出一种逻辑思维方式，就会把它记下来，总结成册，以后再遇到类似情况，就类比寻求解决途径。反复下来，不断弥补逻辑上的漏洞，完善思维链条，最终就培养出了一套严谨的逻辑思维模式。

三、提高准确率与精确度

包括我在内，很多人考完数学很短时间内就会恍然大悟地发现一些由于粗心而做错的题目。随着高考的改革、难易题目比例的调整，提高做题的正确率和精确度越来越成为困扰考生的难题。

我想我们不能单纯地将一切不应该发生的错误归结于"粗心"，想要提高正确率也绝非告诉自己"下次不要粗心"这么轻而易举就能解决的。首先我们要正视数学中出现计算错误，连计算机都有可能出错，这世上没有任何人能做到在数学计算中永远百分之百正确。

但是我们要尽量避免，尤其是在重大考试中出现计算的错误，这就需要一个良好的心态和专注的注意力了。如果你在数学考试中总在潜意识里担心着自己是否会出计算错误，那你就一定会出错。要把全部的注意力都放在每一个简单的计算上，而非放在担心自己是否会出错上。而且我们一定要养成良好的计算习惯，像我，我自认为自己的计算能力不是很强，但我为什么正确率高？是因为我算每一道题时都要在草稿纸上演算一遍，而不是凭着自己的聪明空想，而且在计算的时候我从来不跳步，有人可能会认为这么做浪费时间，但其实不然，多写几步能浪费几秒钟？最重要的是它能保证你计算的正确率，在考场上，这比什么都重要。

还有我要说我们要重视检查。我觉得计算能力再强的人也很难避免计算出错。既然谁都不能避免计算错误，那就应该依靠检验来弥补。

第 6 篇
天津市——张昕阳

高中学校：天津市杨村一中

就读院系：北京大学临床医学院临床医学专业

年　　级：2015 级

高考分数：679 分

荣　　誉：2015 年天津市生物单科状元；天津市数
　　　　　学竞赛三等奖

作者小传

说实话，我并不是所谓的"学霸"，的确，大多数的"学霸"都来到了清北，而我只是认为自己是一个普通人，没有什么可以炫耀还有自夸的东西。至于为什么来到这里与大家相聚，我想，运气使然。网上总是说天津盛产"学渣"，到了大学就是被虐。首先呢，我想说，根据天津卷的难度这样理解并不是毫无道理，但是，那样的卷子并不能看出真正的实力。况且，天津人向来心态好，作为一个从小听相声长大的人来说，似乎没有什么过不去。我们所表现的只是一种乐观，实力的话，智商都是差不多的，只不过差了一些训练而已。然而，哪一个来到这里的人不是做遍了全国的高考题呢？相比来说，我认为我的高三便是比较轻松的，之所以这么说，是因为从来没有过如同其他同学那样熬夜写作业或者刷题之类的事情。高中三年，应该是高三的作息是最有规律的了。说实话，我很喜欢睡觉，甚至是嗜睡，然而，高三并不能做到想睡就睡的地步……所以自己会抓住大部分时间来睡觉。其他呢，额，就是虽然第一印象会很高冷，但是相处起来你会发现我很好相处，而且很开朗，很乐意和大家交朋友。

学习心得

关于自己的学习心得，首先是高三需要规律的作息时间，起码晚上睡觉不能超过十一点半，中午也需要睡一觉。不建议只在最后的一周强行改变作息时间，而最好是保持半年到一年。虽然高三需要很多很多的时间，但是如果头脑不清醒的话，多少的时间也都是没用的，想必大家一定有类似的感受。同时，只有睡眠充足，课上才能保持头脑清醒，跟得上老师的思路，才能更好地理解高考的题型，获得更好的效果。事半功倍和事倍功半想必不是很难取舍吧。

其次是，我认为高三最重要的事情就是坚持，唯有坚持才能成功。没有人能够一直保持成功，除非处在一群猪中间。当然，每一个人周围的同学都一定有一技之长，都非普通之辈，因此起起伏伏是很正常的事情。所以我们就应该对于这种情况习惯，要做的就是根据起伏来分析自己的情况，根据试卷来分析自己的弱项，而不是把名次看得过高过重，压得人喘不过气来。起起伏伏在所难免，不要因为一次的跌落而心灰意冷，把自己打入十八层地狱，而是坚持自己的方法。可以有小小的改善，但是临时换一种方法是绝对不提倡的。不同的方法对于不同的人有不同程度的作用，所以，不必担心自己的努力没有成效，不是做得不好，而是时候没有成熟，到时候，你自然能体会到量变到质变的快感。

第三，我认为高三需要静心。大家都知道自己的心情对于自己的行为影响有多大，同时浮躁的心情和平静的心情做事情是完全不同的。因此我们要努力地将自己的心情调整到最平和的状态，可以因为做不出来一道题而着急，但是不能因此而焦躁。着急指的是做不出来而寻求不同的方法或者询问不同的同学来帮助解答的心情，而焦躁是指因为一道题而不想做题，做不下去，甚至是想撕了卷子的心情。想必大家都能区分这两种心情。对付这样的心情，我能想到的做法就是换一科不是动脑子的科目（我指的是语文或者英语，不要求头脑运算之类的科目。或者是自己比较擅长的科目，一般是选择生物或者化学，因为两者的计算题相对较少，而且选择题可以只用读就可以做出来。当然，不同的人有不同的情况，选择的时候应当根据自己的能力），或者到了下课的时候去楼道里遛遛，吹吹冷风，让自己强制地冷静下来，或者看看外面，放空自己。相对来说，我比较喜欢沉思，或者叫作冥想。就是看看窗外的景物，想一些其他的事情，不说话，想想自己一天发生的事情，放空自己的同时，也能够反思一下自己，有助于自己的进步。当然了，这种事情是无法强制完成的，即使是自己也不行，最好的心静的方法就是让自己回归自己的最自然的状态。还有其他的一些人喜欢通过大吼大叫或者和同学打打闹闹来转移注意力，发泄一下自己焦虑的情绪，这样固然有用，但是请照顾周围的同学。

第四，我认为高三需要一定的课外活动。运动就可以很好地转移自己的注意力，让自己的焦虑以及压抑和压力得到很好的释放。同时也可以强身健体，为自己的健康打下良好的基础。适度的锻炼并不会让人感到虚脱或者困乏，相反，只要得当，运动是可以让人更加精神、更加兴奋的。在这样的状态下，做事情是事半功倍的，而且也是非常有助于集中注意力，同时也可以增加和同学的凝聚力。相信大家都认为高中同学的情谊是最无法替代的，因为那时候我们能够长时间地在一起，哭过笑过闹过，一起生活了三年，对于彼此都有很好的了解，与这样的同学合作是最有感觉的，讨论问题也是最有成果的。高三所需要的不是压力的堆积，更何况我们也很难承担这份压力，所以释放压力是很有效的事情。当然，我在高三的时候经常会去买一些小说和杂志来看，当然大多时候是在看杂志，因为文章短小，可以用很短的时间看完。不过什么样的文章，看完都会有一种感触，当然，对于我们的压力释放也有一定的好处。

第五，就是关于时间的安排和管理问题。高中的自习时间一般是不够用的，作业是绝对写不完的，然而自习对于高中尤其是高三的学生是非常重要的，而且多做题也是非常重要的。因此，我会选择在课上利用空闲时间来完成那科的作业，注意，我说的是空闲时间，比如两道题之间的间隙，或者自己完全理解的题。这个需要自己控制，而且不能完成时间需要很长或者很费脑子的题目，想必慢慢地就能理解并且掌握。

学习方法

我说一下关于数学的一些学习方法：对于学习数学来说，除了上课认真听讲、跟着老师思路走。刷题也是重要的。当然不是盲目刷遍所有的题，而是有选择地刷题，比如自己不熟悉或者不会的题。当然，刷题要由简及难，先用简单的题来巩固知识点。每个人都不可能刚刚学习的时候就能直接写出来高考题，谁也没有把握说刚接触的时候就能把所有的知识点融会贯通。所以，比如在学习解析几何的时候，开始是学直线，后来是圆。因为可以明显看出这两个的计算量和难度都比椭圆小好多，通过简单的部分来熟悉解析几何的运算和思想，对于以后的学习也是有准备的。数学的知识点，比如公式，不能靠死记硬背记住，那样即使记住了，也不会用。比如，你刚刚学会的椭圆的第二定义，将它死记硬背下来，但是遇到题的时候，如果没有提示，会很难想到第二定义之类的东西。对于数学来说，这样和不会是一样的。所以，对于这种东西，学习之后一定要用题目自己检测一遍，那样才有收获。利用简单的题来巩固基础的知识点，利用类型题来练习使用拓展的知识点。刷题切不可心急，要用有限的题，一两道就足够了，认认真真地做完，要保证自己明白这道题的每一个步骤，那么就能掌握这个知识点，继续地刷题了。有时候刷十道题还不如自己认认真真地做完一道题来得实在。

其次，对于自己会的题，可以选择其他的方法来让自己的思维更加灵活，把能用特立独行的方法做出来一道题看作是一件自豪的事，的确，这样很虚荣，不过要的就是这种效果。比如，在解析几何中，一般题目都可以用韦达定理，但是那样的计算量很大，而且很容易算错。如果在计算之前将图画出来，长度基本一样，就可以通过自己学过的几何知识，来找出题目所需的关系，甚至可以避免庞大的计算量。当然，这些都是应该在课下做的功夫，考试时候还是用自己最顺手的方法。

最后，每学会一种方法之后，一定要独立用那个方法做一遍，只有那样，自己才能掌握那种方法，那样才叫真的会了。切忌懒惰，看过程觉得自己明白就不算了。经常会有人说，自己明明看懂了，但是还是不会做。因为自己没有亲自去做过，所以一般看懂，只是你能理解思路，并不代表你遇到这样的习题之后可以顺利解决，所以自己动手真的很重要。

祝大家调整好心态，迎接自己的考试。

第 7 篇
山西省——乔逸凡

高中学校： 山西大学附属中学

就读院系： 清华大学软件学院软件工程专业

年　　级： 2015 级

高考分数： 663 分

荣　　誉： 2015 年太原市物理单科状元

作者小传

在高一高二我拿更多的时间参加了计算机竞赛，而没有在文化课上投入太大的功夫。高三时我通过较大程度的自学掌握了应有的知识，在高考中考取了较为不错的成绩。因此我认为自己具有较好的自学能力以及对知识的领悟能力。我有短时间内辅导过学校低年级同学进行信息竞赛的学习，平时的日常生活中也擅于为同学答疑解惑，因此我具有足够的把自习所学到的东西完整准确地表述出来的能力。

格言："人生苦短，及时行乐，当然也不能浪过头。"人生的美好在于沿途的风景，而并非终点的虚幻。我崇尚一种不太劳累，有趣并且充实的生活状态。毕竟，哪怕是成功，也是一场接力赛，而非百米赛跑。但话说回来，凡事有度，随性而不能任性。否则人生将在碌碌无为中虚度，到头来遗憾无穷。

学习心得

我大概从四个方面说一说吧。

第一点，时间。

大家可能会觉得自己基础差，剩下的时间不多了。但我想说：哪怕从现在开始努力，也为时不晚。我是一名竞赛生，学的是计算机竞赛。计算机竞赛是五大学科中唯一不参与高考的科目，我高一高二的大部分时间也都在机房中度过。在最后的全国决赛中我并未取得理想的成绩，所以高三便回到了久违的课堂。当时我的基础差到了什么程度呢——语文老师课上叫我起来回答问题，问的是一个实词的意思，我想了想，说，不会。她换了一个问，我还是不会。她又换了一个，我还是不会。最后老师就特别无奈地跟我说："这都高三了，你不着急吗，坐下吧。"我也特别无奈啊，但也只能从基础一点一滴学起。可能是因为方法比较合适吧，经过半年的"苦学"，我终于把知识性的东西补了个大概。什么叫大概呢？这个我之后会说。大家都听过一句话吧：种一棵树最好的时间是什么时候呢？一是十年前，二是现在。哪怕之前再没有好好学习，基础再怎么差，努力学习都是现在能做的改善自己最有效的方法。只要大家真正做到从现在开始，每一刻认真学习，到时候你们一定都可以收获属于自己的精彩。

当然，所谓的每一刻认真学习也不是真的意味着你需要无时无刻不停地学，劳逸结合肯定是必要的。那对于大家的休息时间，我有一些建议：大家可以多了解了解大学的专业知识，不要在高考后短短的几天时间里就草率地决定自己未来的道路。很多人说专业不重要，这当然是不对的。并且高考后分数超出自己预期或低于预期都是非常正常的事，用我们同学的话说便是那两天很多人的世界观会发生天翻地覆的变化。所以关于志愿专业的事，我建议大家早做准备。

第二点，细节。

我刚刚说到我知识性的东西补了个大概，这个大概便是缺了细节。其实说起来细节是个很玄乎的东西，就比如我每次考试都认为我会考好，可实际却是因为所谓的细节问题一次次受挫：$12+8=18$，直径当半径，或者物理中漏掉重力，漏掉加速度等等。这种错误我会在每一次考试的每一门科目中大量出现，最严重的一次甚至到了一次物理考试中选择题我全部做对了，但是除了选择以外一道都没有做对。为什么会出现细节问题呢？我认为最根本的原因是知识掌握不完整，不全面。有时候你认为你完全掌握了，但事实并不是如此。就好比化学中，你看到亚铁离子而忘了它的还原性，然后你说你粗心了——可亚铁离子的强还原性是高中化学的主干知识。再好比数学中等式两边同除的数不能为零，这在小学就不断强调，可是大家真正不犯这个错误的人又有多少？难道我们真的可以简简单单归结为粗心？如果一道题是这样——判断 $ac=bc$，$c=0$，则 $a=b$，想必这时大家都不会犯错了吧。当题目难度上升，你的注意力会被题目吸引到相关地方而忽略其他一些点，而当你把题目想要吸引你注意力的地方玩得游刃有余，那所谓的细节问题自然就迎刃而解了。

第三点，氛围。

学校有学校的氛围，家中有家中的氛围，咖啡厅也有咖啡厅的氛围。我和我的很多同学在周末都会选择出来到咖啡厅或者快餐店里学习，从我的角度来说我认为这是一个比家里更好的学习氛围。学弟学妹们，你们在家中学习的时候是否有过想要放松一下却荒废了整个下午的经历？拖延症谁都有，关键是如何克制。咖啡厅有着丰富的白噪声，更能帮助大家长时间地集中注意力。下面我再说说家中的氛围。高三是一个非常时期，父母也会比平时紧张得多，甚至比孩子还要紧张。但是父母切不可给孩子增添压力，把自己的紧张情绪向孩子转移。比如说吧，当家长一而再再而三地在考前叮嘱孩子说不要紧张不要紧张时，孩子是不是反而会更加紧张？就像电影《盗梦空间》中为了阐述意念植入的时候说，当别人告诉你不要想到大象的时候，你首先想到的是什么？就是大象。所以父母若是真想"为了孩子好"，就不能"只求心安"，而应该站在孩子的角度考虑，做那些孩子自己认为需要的事情。

第四点，心态。

高考考查的，30%是知识，70%是心态。刚刚我提到的粗心问题，也同样有很大原因是心态不好。这次高考，我们班平时模拟考能考 670 分、680 分的非常优秀的同学们全都没能正常发挥，反倒是竞赛中已经签约的同学们没有那么大的压力，发挥出了真实水平甚至超常发挥。我就是超常发挥的例子。这说明了心态对于高考具有决定性的作用。那考场上平和的心态又该如何打造呢？我想问一个问题，大家会不会因为遇到不会做的题而惊慌失措呢？我考试中从来不会遇到这样的问题，当然并不是因为我全都会做。我做题的时候通常会做两遍。第一遍我会顺着题目顺序把那些简单的，看一眼就知道怎么做的用很快的速度写完，但凡是麻烦的，不会做的我全部跳过。第二遍我就开始抓着那些跳过的题仔细思考。这样有一个好处，就是在规定的时间内一定能把会做的题目做完。不知道大家以前怎么样，但是高三的考试包括高考，时间都是非常紧的。用我们老师的话说，你认认真真学了三年，结果最后却没有时间把你知道的答案写在卷子上，这不遗憾吗？所以千万不要和题目过不去，遇到不会的赶紧跳过，不要想太多。

学习方法

关于学习方法，数学其实是一门技巧性远多于知识性的学科。也就是说，对于高中数学来说，你并不需要掌握特别多的知识，而更多的时间是花在掌握一个个技巧，并将其不断熟练的过程。而这其中，特别难的技巧主要集中在导数及解析几何问题，也就是最后两道大题上。哪怕学习时完全放弃这些最难的东西，稳稳拿比较简单的技巧用较高完成度、准确度做一份高考试卷，仍可取得 120 甚至 130 分的令人满意的高考分数。

接下来我从一个例题说起，谈一谈具体的数学应试技巧。

例 若实数 a,b,c,d 满足 $|b+a^2-3\ln a|+(c-d+2)^2=0$，则 $(a-c)^2+$

$(b-d)^2$ 的最小值是 _____.

这已算是高考中较难的一类题目。首先我们知道：

$|b+a^2-3\ln a|+(c-d+2)^2=0$

$b+a^2-3\ln a=0$

$c-d+2=0$

这一步应该是基本功的体现。那这道题的难度又是如何产生的呢？我们发现所给条件以及所求的表达式的关系并不容易从代数的角度考虑，因此我们想到了使用数形结合的思想。数形结合是面对难题时非常有效的工具。

令 $b=f(a),d=g(c)$ ，则 $f(a)+a^2-3\ln a=0$, $c-g(c)+2=0$ 。

整理，得 $f(a)=3\ln a-a^2$, $g(c)=c+2$

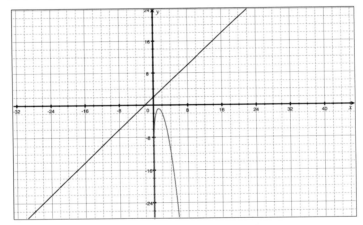

如你所见，我们已将四元函数最值问题转化为了曲线上一点到直线的最短距离。接下来的做法就比较常规了：点 (x_0,y_0) 到直线（ $ax+by+c=0$ ）的距离公式 $d=\dfrac{|ax_0+by_0+c|}{\sqrt{a^2+b^2}}$

故

$$\sqrt{(a-c)^2+(b-d)^2}_{\min}=\frac{|a-(3\ln a-a^2)+2|}{\sqrt{1+1}}=2\sqrt{2}$$

故

$$(a-c)^2+(b-d)^2{}_{\min}=8$$

正所谓"横看成岭侧成峰"，遇到不会做的题目，尝试换个角度思考，可能它便会有完全不同的样子了。

第 8 篇
吉林省——李佳奇

高中学校： 东北师大附中

就读院系： 北京大学光华管理学院工商管理专业

年　级： 2014 级

高考分数： 707 分

荣　誉： 2014 年长春市数学单科状元；校长实名
推荐；北京大学三好学生标兵

作者小传

自信，阳光，开朗，一个爱笑的女孩，这就是我，我是李佳奇。

现任北大光华管理学院团委编辑部主编。

对于工作我认真负责，积极肯干。

对待学习我勤奋刻苦，坚定踏实。

玩转学习学工，multitasking 的能力必备。

爱好广泛，热爱唱歌，参与比赛屡获名次。

喜欢 Jazz 舞蹈，再忙也必须周周练习。

游泳能手，体育锻炼必不可少。

喜欢辛弃疾，栏杆拍遍，激荡一腔热忱。

喜欢苏东坡，人之为人，一蓑烟雨任平生。

喜欢唐诗，包容。喜欢宋词，温润。

我是理科生，喜欢数学的理性，爱着文艺。

一直寻找更棒的自己。

学习心得

高考之后的那个假期，我玩得很嗨。旅游，游泳，聚会，跳舞，购物，把一切因高考压抑了整个高三所没有做的事情，统统做了个遍。肆意地笑着，和朋友一起声嘶力竭地唱着，毫无节操地吐槽高中的生活。青春就应该这样轰轰烈烈地过着，让精彩的世界展现在我们面前，让我们真正感受，远比在学校生活中热烈丰富得多的华丽。

真是很开心，因为我和我的双胞胎姐姐都考到了自己理想中的大学，也都去了自己最想要学习的专业。爸爸妈妈在我们俩的升学宴上，听着周围叔叔阿姨们不停的夸奖，笑得合不拢嘴。有什么比看着两个孩子考上最好的大学还要开心的呢？

却是最感谢我的高中生活了吧，用了倒叙的方式，仿佛这样就可以给一切安上自己想要的因果关系，可是，生活，我却永远都猜不到它的心。

蛰伏。

这是我对于高三最想说的话。老师说过，如果把高一和高二都当成高三来过，那你的高三必然是最顺利的。于是，高一高二，甚至是高三的第一个学期，留给我的只剩下高三最后一个学期的荒芜。

其实我心中的期许从没有这样高，还记得初中时老师让我们班级的同学填下最想去的高中和大学，我找了很久看起来知名度很高而且我能考得上的大学，小心翼翼地写在那张纸上，好像我写得越小心，我就越可以去这所大学。复旦大学，多么响亮又诗意的名字，我永远都记得班主任老师看着我写的字条对我说，你要加油，以你的努力肯定没有问题。我就笑呵呵的，走上了中考的考场，来到了省内最好的高中，读着实验班，继续践行着我当时的坚定。

可是渐渐地，我开始发现，我似乎能够触及比我在心中与自己约定好的更高的目标。高二的暑假，我凭借全校第五名的成绩拿到了去到清华大学暑期夏令营学习的机会。我和我的双胞胎姐姐，一起，用同样小心翼翼的方式，去触摸，我们从没有想象过的梦想。清华园的美丽，已经定格在我的心中，我用了无数虔诚到神圣的文字书写我对于她的向往，这或许是我在高三那段无聊黑暗的日子一直坚定的支撑。

高三的第一个学期，我过得很开心，不知道是我运气好，还是老天故意要让我用最自信的心态去接受我的小小成功。不曾有过像某些"学霸"一样每天刷题到一两点钟的努力，不曾有过某些"学霸"整理的非常厚非常认真的错题本，不曾像某些"学霸"一下课就找老师问各种问题的刻苦，我，就用一种非常平淡的姿态，过着我的第一段高三生活，每天按照之前的两年早已形成的快要印在灵魂中的生活作息来依旧快乐地生活，唱唱歌，做做题，吃吃饭，调戏下后桌小正太，吐槽下老师永远不变的口头禅，有时甚至无聊地和大家一起起哄，开一开某个奇葩同学的玩笑，聊一聊爱看的动漫。生活，就是如此简单而纯粹，明媚而快乐。有时我甚至在想，这真的是高三吗？这真的是暗无天日、暗流涌动的高三吗？在我眼中，这样的生活与之前没什么差别，只是作业又多了点，考试又多了点。心情好得难以置信。

一直到各类校长实名制推荐和自主招生，依旧凭借着一直以来稳居在前十名的成绩，顺利拿到北京大学校长实名制推荐的资格，去了北京，拿到了福利政策，可是我，好像并没有别人想象中的那样快乐。

其实，这段日子留给我的回忆很少，因为，只剩下了漫无边际的习题集和改错本，只剩下了无数的理综卷子、语文作文、数学证明，以及英文单词。真正单纯的日子，或许，就是它了吧。现在每一个人都在拼命地往前跑，没有人会顾及你怎么样，顾及你曾经有什么辉煌，因为，最后的高考才是最好的证明，高分选手马失前蹄，黑马荣登宝座的事情层出不穷，每一个人都在马不停蹄。

这段日子，昏天黑地，整理了无数的错题，又开始发现无数道错题，周而复始，飞快地过着。我的世界里，只剩下了我和姐姐两个人，没有那些纷乱的思绪，没有那些闲言碎语，我就这样不断追赶着那个在我前面的人，单纯地快要淹没我所有的心。

终于，高考来临，我，证明给所有人，我的存在。

我的高中，离我而去。

学习方法

一、打牢基础

1. 数学是思维的学科

数学包括很多思想，如集合与对应思想、分类讨论思想、数形结合思想、运动思想、转化思想、变换思想。

有了数学思想以后，还要掌握具体的方法，比如：换元、待定系数、数学归纳法、分析法、综合法、反证法等等。在具体的方法中，常用的有：观察与实验、联想与类比、比较与分类、分析与综合、归纳与演绎、一般与特殊、有限与无限、抽象与概括等。

解数学题时，也要注意解题思维策略问题，经常要思考：选择什么角度来进入，应遵循什么原则性的东西。高中数学中经常用到的数学思维策略有：以简驭繁、数形结合、进退互用、化生为熟、正难则反、倒顺相还、动静转换、分合相辅等。

2. 数学是运算的学科

遇到解析几何、立体几何的题目是要去算的，能够准确地解题非常关键。光有思维能力，没有强大的运算，最终的效果未必理想。不要认为计算错误无关紧要，所以，多算题目，多刷题解题。两大几何问题没有捷径，就一个字：算；两个字：算算；三个字：算算算。

3. 函数是贯穿初等数学的基础

高中函数是一块很重要的内容，想学好这一部分，其他的数学知识也要跟得上。

在学习这一部分知识时，要做好心理准备，就是要通过多做题进行锻炼，积累经验，但也要注意在做题过程中进行总结，不能只是一味地做题，那样就没多大意义了。

学习二次函数时，可以和二元一次方程进行对比学习，这样可以起到很好的效果；二次函数与 x 轴的交点与二元一次方程根的情况进行对比记忆；二次函数的对称轴，最大值最小值这些问题都需要多下些功夫。

函数中还有一部分是关于对称的问题，这个要多看一些书上的例题，学习其方法，活学活用。再者就是找一些好的辅导书进行学习，会有很大的帮助。

4. 培养空间想象能力

第一，三视图开始，为空间想象能力的养成打基础。很多题目画个图解能解出来。第二，向量的运用。大部分的空间角都可以建立坐标系用向量工具求解，运算能力在这里也显得很重要。

5. 数学的共同性质

掌握一种类型的解题技巧，就是大框架，如解析几何解答题不用看也知道至少应该联立圆锥曲线方程和直线方程，然后用韦达定理。向量的客观题要想到几何意义，这些应该成为和吃喝拉撒一样的本能，条件反射一样。节省时间，同时成果显著。

二、及时复习

1. 复习概念，理解概念

数学≠做题，千万不要忽视最基本的概念、公理、定理和公式，特别是"不定项选择题"就要靠清晰的概念来明辨对错，如果概念不清就会感觉模棱两可，最终造成误选。因此，要把已经学过的概念整理出来，通过读一读、抄一抄加深印象，特别是容易混淆的概念更要彻底搞清，不留隐患。

2. 复习易错点

每个人都有自己的"弱点"，如果试题中涉及你的薄弱环节，一定会成为你的痛处。因此一定要通过短时间的专题学习，集中优势兵力，打一场漂亮的歼灭战，避免变成"瘸腿"。

3. 看错题本（一本就够）

学生常会一次又一次地掉入相似甚至相同的"陷阱"里。因此，我建议大家在平时的做题中就要及时记录错题，还要想一想为什么会错、以后要特别注意哪些地方，这样就能避免不必要的失分。毕竟，高考当中是"分分必争"，一分也失不得。

4. 前后联系，纵横贯通

在做题中要注重发现题与题之间的内在联系，绝不能"傻做"。在做一道与以前相似的题目时，要会通过比较，发现规律，穿透实质，以达到"触类旁通"的效果。特别是几何题中的辅助线添法很有规律性，在做题中要特别记牢。

5. 适当做题，巧做为主

埋头题海苦苦挣扎，辅导书做掉一大堆却鲜有提高，这就是陷入了做题的误区。数学需要实践，需要大量做题，但要"埋下头去做题，抬起头来想题"，在做题中关注思路、方法、技巧，要"苦做"更要"巧做"。考试中时间最宝贵，掌握了好的思路、方法、技巧，不仅解题速度快，而且也不容易犯错。

三、错题本

做好错题本，是一项技术活。

错题本，切记，是记题型而不是记错题的。

比如说，某三棱锥内，求 A 到面 BCD 的距离，可是我做题的时候死活找不到 A 与面 BCD 的垂线。结果翻答案，人家是先求棱锥体积，再结合面 BCD 面积，以求高的方式"曲线救国"，真乃闻所未闻，妙哉妙哉。于是，我就会把这道题记下来，末了，用红笔批一句：以体积转底方式求点面距。红笔批的话才最关键。考试之前，拿着本子哗啦啦地翻，只看这批的一句话，看这一句话，想起记下来的题，又忘掉这道题，只保留若干批语在脑海里翻滚，每条都是你的弱点，每积累一条，你的知识大网就更完整。

对于压轴题的终极小问和选填压轴题也是这样，不断积累题型，不断翻看反思，积累到后来，你会发现压轴题也与前面的常规题无异，但是其题型更多，变通更多一点罢了。

一句话总结，省时省力。

第 9 篇
山西省——赵旺

高中学校： 山西大学附属中学

就读院系： 清华大学电子工程系电子工程专业

年　　级： 2015 级

高考分数： 684 分

荣　　誉： 2015 年太原市数学单科状元；山西大学附
　　　　　　属中学 2015 届优秀毕业生

作者小传

沉稳不失活泼，热情而又冷静。相貌平平，心却不平。喜欢交朋友，最爱打篮球。没事常看书，爱问为什么。开朗是一种性格，阳光是一种状态，爱笑是一种美德。静能奋发学习当"学霸"，动能篮球足球样样行。热爱生活，向往远方，不会停下前进的脚步，不会丧失心中的路。即使千难万险，自有千方百计。志存高远，追求卓越。我希望，有一天能用自己的力量为人类的伟大事业做出贡献，能用自己的光芒去照亮更多的人，能用自己的行动诠释"自强不息，厚德载物"。总而言之，肥肉不多，身高不少；颜值不高，性格挺好；爱好不少，精通不多；朋友很多，哥们不少；学识不多，想学不少；志向很高，行动不少；缺点很多，优点不少。宝剑锋从磨砺出，梅花香自苦寒来。高中的努力学习让我在高考中取得了全省第三的成绩，也得以顺利升入清华大学电子工程系。但高考的成功已是过往，现在的努力才是王道。我愿意与你一道，在学习的路上奋发前行。我相信，山高我为峰，努力定成功！我是赵旺，期待与你相逢。

学习心得

古哲云：上善若水，无际惟山。山无言而壁立千仞，是为无际自高，无欲则刚也。水无形，其至柔而克刚，其性至灵至坚。当我们蒙受尘埃的心灵在世俗和物欲中迷失方向时，不妨以山水为师、为友、为鉴、为勉，在跋山涉水中领略并学习山水的智慧。

高中三年说短不短，说长却又过得很快。想要让高中生活丰富多彩绚丽辉煌，就要在不断的挫折失败中总结学习，不断提升自己。

山水·学习篇

高中的学习任务不算轻松，我们需要山一般的坚韧刻苦和水一样的聪慧灵巧。正所谓天才是99%的汗水加1%的灵感。知识的学习和能力的提升是一个循序渐进的过程，任何一个环节都不要轻视，要有踏实严谨的精神。例如语文、英语的学习，就要坚持不懈，日积月累，在不断的听说读写中培养语言的能力。再如数理化的学习,既要勤奋刻苦、扎扎实实,领悟每个重要的概念和掌握基本方法模型,又要懂得灵活变通、举一反三,有水一样的灵性。然而这灵活并非完全天生,所谓熟能生巧,巧的基础是熟,只要勤加练习,仔细琢磨,肯思考,敢尝试,既不轻视常规方法,又不拘泥惯性思维,善于从好题中发掘新的技巧,不断地扩展思维广度,同时注重知识的内在贯通和体系的构建,就一定能达到行云流水的境界。高中三年,学习之路漫漫而修远,每个人都会遇到一段甚至几段不如意的时光,或者学习上的瓶颈期。这时候不要忧伤,不要心急,因为几乎每个人都会有这样的情况,要有山一般的坚忍顽强,无惧风雨,绝不丧失前行的勇气;更要有水一般的善于变通:面对险阻,能过则过,不能过则绕,用曲线的方式到达目的地,实在不能绕就积蓄力量,等待冲破障碍的滚滚洪流。这对我们学习也有一定启示。在遇到瓶颈期时,要去积极寻找解决问题的办法而不是嗟叹不幸。俗话说有志者自有千方百计,困难面前一定有解决的办法。在某一学科上遇到的瓶颈,建议和代课老师多沟通,向他们寻求帮助。老师们最熟悉你的情况,也有很多年的教学经验,会给你一些很有用的建议,毕竟学习方法因人而异,通过老师的建议和自己琢磨并以他人经验做适当参考,量身定做才是最好。另外,建立错题本是很有用的一种方式,你可以在错题本上进行自己的一个归纳整理,积累好题、新题、错题,温故知新。总的来说,学习理科,融会贯通很重要,基本方法不能少,适当做题有必要,求快贪多不能搞,踏踏实实一步一个脚印才是最好的。最后,凡事贵在坚持,无论遇到什么难题一定要坚持,不言放弃,慎终如始。

山水·生活篇

高中生活不只有书山题海,不只有数理化生,还有各种有趣的班级活动、校园文化节,还有朋友之间深厚的同窗情谊,师生之间的互敬互爱,这一切都将成为你宝贵的回忆。在丰富多彩的校园生活面前,你又有没有一点困惑呢?然而只要秉持山水一样的品性,就能收获美妙的高中生活。在与朋友相处时,要有山一样的坦诚可靠、山一样的敦厚儒雅,也要有水一样的柔和、水一样的包容谦和,这样才能有长久的友情。朋友之间需要互相帮助,在他困难时伸出援助之手,在他失意时给予安慰,在他成功时分享他的喜悦。在高中这个阶段,朋友之间难免会有竞争,但我们应该做的是互相合作,取长补短,形成学习小集体,避免嫉妒和恶性竞争,在学习的同时收获牢固的友情。而对传道授业解惑的老师,我们要尊敬和学习。俗话说,一日为师,终身为父。对老师要尊敬,但不是畏惧和远

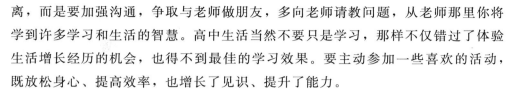

离，而是要加强沟通，争取与老师做朋友，多向老师请教问题，从老师那里你将学到许多学习和生活的智慧。高中生活当然不要只是学习，那样不仅错过了体验生活增长经历的机会，也得不到最佳的学习效果。要主动参加一些喜欢的活动，既放松身心、提高效率，也增长了见识、提升了能力。

山水·心态篇

古之勇士泰山崩于前而面不改色；杨利伟身肩重任，在全国人民的注视下不乱阵脚，从容镇定，出色完成任务。好的心态是成功的保证，有一个积极乐观的心态会让你少走很多弯路。这里的心态可以分为平时的心态和考场上的心态。在平时，要有山一样的平实无华，不追求空洞华丽、不切实际的东西，多干实事少说空话，同时要给自己一定的压力，适当的压力可以激发人的潜能，让你不断提升自己。另外，要有生于忧患死于安乐的意识，不可过度放松，要时刻保持勤奋进取的心态，绝不可大意懈怠。而在受到挫折时，又不能灰心丧气，应该有阳光乐观的心态。因为消极的心情往往会让事情更糟，从而使我们陷入恶性循环，而积极的心态则像一束暖阳，可以驱散阴霾，让我们笑对失败。而在考场上，更是要有好的心态。常言道人易我易我不大意，人难我难我不畏难。既要有山一样的沉稳冷静，又要有水一样的灵动积极。在拿到试题后，可以用一种战略上藐视的态度先扫视一下；在做题过程中，如果遇到不会的题，一定不要心慌着急、自乱阵脚，不必想别人会不会做，你应该静下心来去思考，断绝一切与这道题无关的杂念，尝试着喜欢上这道题，全身心去投入。不过这样是有一个时间限度的，如果一段时间后仍然没有头绪，就应该战术性地先放下这道题，接着做后面的题，等全部做完有时间了再回来做这道题。这样的方法经常被提到，但有些同学总是不以为然。其实在高考中也很有可能遇到这样的情况，敢于舍弃的人往往能得到更理想的分数，这其实是用一定量的时间来争取到了更多的分数。即使某一门考试没有做完也没有关系，因为做不完其实是一个很正常的事情，只要尽力就好。考完一门就不要再想这一门考得怎么样，彻底忘掉它。总之，你自己一定要及时调整自己的心态，来适应当时的状况，这是一种能力的体现。

山水·考试篇

考试是对平时学习成果的一个检验，可以从平时考试和高考两个角度来讨论。我们先来找二者的共同点。无论什么考试，想要取得好成绩，都要有一个良好的心态，这个已经提过；无论什么考试，都不要考完一门就对答案，以免影响后来的考试，当然如果心理素质极好那就随意啦。无论什么考试，都是对你水平的测试，因此实力才是保证，不要指望运气，也不要有实力而不相信自己。另外，高考说白了就是一场考试，不需要过度紧张，平常心对待就好，而二者的不同点显而易见。作为选拔性的考试，高考的目的是为大学选拔人才；而平时的考试，则是为了让你查漏补缺，提高水平。所以，在平时每次考完试，不必过分纠结于分数排名，而应该将重点放在纠错上。把考试中暴露出的不熟练的地方再集中练一练，把考试中暴露出的做题方法或时间安排上的问题再想一想，把考试中的好题好方法易错题积累下来。每次考试的目标都应该是超越自己，通过考试来进步。如果只是看重分数，考完了事，就忽略了考试最重要的作用。长此以往，在数十次考试中，便会产生差距。因此，正确理解考试用意和从考试中吸取教训十分必要。

高中是我们成长的摇篮，是我们梦想初生的地方。作为新一代青年，我们理应志存高远，脚踏实地，怀揣远大的梦想，通过自己的努力体现自己的价值，成为一个胸怀开阔、厚德博学的合格毕业生，为母校，为祖国，为全人类做出自己的贡献。

学习方法

高中数学在高中学科中有着举足轻重的地位，学好数学，不仅可以让你在高考中获得极大的优势，还能带动其他学科的进步，如物理、化学等。那么，如何在高中阶段学好数学呢？这个问题见仁见智，每个人都有自己的学习方法，也都有自己学习数学的体会。我这里说一说我的一些心得，仅供大家参考。

首先，高中数学要把基础概念理解透彻。方法往往是从最基本的概念入手，通过一些技巧，如整理的技巧、转化的技巧、讨论的技巧、结合的技巧等等来形成一个好的方法。如果概念不清的话，即使你一时记住了这个方法，由于不了解它的来源去路，过一段时间也就忘了。所以，在掌握方法前，一定先要把概念搞清楚。

其次，高中数学要求掌握通式通法，也要求有一定的变化的能力。这告诉我们通式通法是必须要掌握的，拿到一道题，就应该首先想到这一类题一般使用什么样的方法来做，一般要注意哪些地方，这是高考对我们提出的要求。通式通法有很多，比如求数列通项的裂项、化为等差等比、递推迭代等等。绝大多数的题是在考查对通式通法的掌握，而通式通法是一定能通过训练而熟练掌握的。也就是说，我们每一个人，都是可以通过训练，达到能解决绝大多数题的水平的。这个训练，不仅仅是多做题，更是要学会总结归纳、学会思考。总结就是在做完一道题后，想一想这种方法自己掌握没有，如果还不熟练，就请把它记录到你的错题本上；归纳是你自己对某一类问题、对某一种题型所做的整理：比如整理常用方法、整理易错点等等。另外，错题本远不是仅仅记录你的错题，一些思路很妙、题型很新或者对你有很大启发的好题，都应该摘抄到你的错题本上。在摘抄的过程中，有一点要注意，就是不要完全抄一遍上去，应该把题干概述抄上去或者剪下来粘上去，然后在下面自己独立地再做一遍，加深印象。再来说比较特殊的解法。这些方法一般没有定型，但有比较大的划分：转化法、数形结合法、特殊值法、分类讨论法等等。对于这种方法，我们要做的是：搞清楚它的来源去路。所谓来源，就是说这个方法是怎么想到的，是怎么出发的，是基于怎样的一个目的；而去路，就是说，这样一种方法它适用于哪种情况，什么时候能用，又能变什么样的形，这都是我们应该想的，也是我们可以记录下来的东西。

然后，厘清了概念、掌握了方法，接下来就是应对考试了。考试是有一些应试技巧的。比如，对于数学来说，一个大家熟知的技巧就是如果一道题想了很久想不出来，就先把它放下，做后面的题。其实在考场上，时间的把握、难易的取舍、平和的心态、冷静的思维都是很重要的。这些是需要你在考试中根据自己的实际情况来确定的。考试时，首先浏览一遍试卷，对试卷有一个宏观把握，做到心中有数。遇到不会的题目，不要着急，自己不会的别人也不一定会，要静下心来，心无旁骛地去钻研它，这样集中思路才能发挥出自己的最好水平。

另外，在高中数学学习中还有几个需要注意的事项。

第一，要有自学能力。数学很重视自学能力，有很多东西都是自己探索出来的，别人讲解经常达不到效果。做题非常关键，在题目中去领悟才能真正学到东西。

第二，要会独立思考，也要学会看答案。不要以独立思考的理由坚决不看答案，在一道题上浪费大量的时间。看答案，是一种学习的过程。学习他人优秀的解法，比自己毫无头绪地空想十几个小时要有效率得多。当然一定要有自己的思考。

第三，重视计算能力。不要等到你什么都会但什么都算错的时候才去后悔。

以上是我自己的一点点想法，才疏学浅，希望对大家有所帮助。

第 10 篇
安徽省——王佳豪

高中学校：合肥市第八中学

就读院系：清华大学工程物理系工程物理专业

年　级：2015 级

高考分数：682 分

荣　誉：2015 年合肥市物理单科状元

作者小传

　　我是王佳豪，高中三年过得很坎坷，但是到头来还是幸福。记得中考结束成绩下来的时候家里就沸腾了，大家都很高兴，全县第 16 名，但是随即又陷入纠结之中。妈妈接到班主任的电话，说我的成绩可以送到合肥八中去读书，并且八中年年高考成绩都十分突出，教学质量很好，就是需要一笔很大的费用。首先借读费就需要一万四千块钱，合肥的消费水平又很高，每个月生活费又比家里的费用要多。虽然近来人们日子都越来越好了，可是对一个小小的农村家庭，这仍然是一笔巨款。父母在家务农，以种植果树为生，爷爷又有高血压、心脏病，这一切在这个小家庭身上是多么的不幸。而当时我又是那么坚决，因为我心中有着一个自己儿时以来从未变过的梦想：做一名科学家。我想去接受更好的教育，去感受外面的气息。对于一个 15 岁的少年，出去从来就是一种奢望。可是有这样一个机会又要付出很大的代价。好在我爸妈很开明，他们十分尊重我的想法。至今我还记得当年我和爸爸一起去交钱时的情景，因为我是第一次看到那么多钱。从那以后，我便暗下决心，一定不能辜负父母的一片心血。

　　来到八中之后，那是一个大世界，集结了很多地方的精英。而他们的能力又不仅仅在于学习，其他的业余爱好也十分丰富。我顿时感觉压力挺大的，曾经有一段时间处于一种极度的迷茫状态。好在在那里我认识了一生中最好的朋友，是他一直支持我，一直开导我，不管我遇到什么艰难抑或是低落的时候，他总会在第一时间去帮助我。当我有什么坏习惯的时候，他会及时地指出，他就是我的一面镜子，让我真正看清了自己。他是我人生中一个不可或缺的人，虽然现在大学不在同一个地方，我想如果有一天我们再见面的话，我一定会十分高兴。

　　在高中的三年，我还遇到很多好老师、好同学。他们开朗活泼，打开了我这个农村少年的心扉。三年来，我的成绩一度有过下落，努力了，却也毫无起色。三年来，我一度受到过各种质疑：你这种死学的方法不会有丝毫效果。可我始终坚定着信念。因为我还记得初三时候自己的那种拼劲，我想把它在我的高中继续延续。在高三那些刷题的无数日日夜夜，我为了激励自己早起，在床头写下了自己高考时的目标：我要去浙大。高三一年我没有遗憾，如果说遗憾的话，那就是我没有实现去浙大的理想，而去了清华。对我来说，高三最重要的莫过于坚持，一路走来，我学到的不仅仅是知识，还有一种在困难面前永不低头的信念。我想这一定会激励我在以后的追梦路上继续走下去。

学习心得

回想起我的高中生活，最大的快乐非高三那段时光莫属，虽苦犹乐。高三犹如一座山，山路固然崎岖难行，可沿途的风景却告慰了你曾经的努力。那段时光让我明白了很多东西，高考路上的相互攀扶，彼此耳边仍萦绕着当初鼓励的话语，让我明白了最亲切的友情，迷茫时的安慰，父母总不会给你太大压力，感恩或许就是我当时最大的动力，让我意识到了自己的不足，让我学会了不断总结，继续坚持，直到最后一刻。

我支持勤奋，但我不支持一味地学习而没有思考。学习和任何事物一样都有它特有的门道，我们需要做的便是在合适的时间去做合适的事情，并且做出效率。

总结，是一个大部分人都忽略的阶段，而又是相当重要的一个阶段，总结的内容当然是根据自己的弱项来决定，只要你觉得这个题目不错，那便可以记录下来，遇到的次数多了，那便是一种题型，见得答案解析多了，便可不断完善自己的解题过程，那变成了一种模板。对高考题的研究是一种应试技巧，可以让你轻松上考场，在这里，我也要提到轻松这两个字的重要性，当然，高三的学习并不轻松，但是考试时的轻松也是一种应试技巧，我当时就是以一种十分轻松的方式去面对，说白了就是一种平常心，可平常心在高考面前又哪是那么容易练成，但只要平时做好自己，不违本心，高考也就可坦荡面对。听几首自己喜欢的歌曲，看几则令人开怀大笑的笑话，欣赏清晨考场路上的风景，吃几道平时最爱的菜肴，高考也变成了一种享受，而不是一种负担。身上的负担卸了，对待高考也就多了几分淡然。

学习的方法其实还有很多很多，关键就看你平时如何总结。善于发现自己的不足，让方法变得富有针对性，那么便成了考试时一种做题策略。上述这些方法也并非仅用于一朝一夕之间，那么就涉及了高三的一个重要问题——坚持。高三伊始，我便下定决心，众人醉时我已醒，众人睡时我独明。高三对我而言也就没有了周末，唯一的乐趣便是每天晚上和同学一起去操场上跑步，当然也有我们最敬爱的巴老师。巴老师很亲切，但也很严厉，他对我们这一届抱有很大的希望，我想当他知道我在高考中取得这么好的成绩时也会感到非常欣慰吧。也正是跑步给了我充足的时间去思考，去想一想当天自己做了些什么，每每看到那一张张笔记和记录之后，心中总是满满的幸福。坚持是我高三最大的收获，那无数个坚持的夜晚，那无数次早起的清晨，那无数次灯光下的奋斗，还有那无数次试卷上的总结。

高三这一年是痛苦与喜悦交织的，忙碌而又充实的一年。每当我们走过高三这一艰险的"独木桥"后，回首望去有人是遗憾的，而有人却是欣慰而怀念的，因为那里充满了我们辛勤的汗水。高三也是一场磨砺的过程，在经历过高三以后，相信会给你带来不一样的感触和收获。

学习方法

关于数学的学习方法，我主要有三点建议。

第一是题型化。进入高三，各种高考题、模考题便迎面扑来，各省市出了这么多模考题却鲜有重复，而高考中要考的要点却是固定的，命题专家们于是想出了一个办法，新瓶装旧酒，新瓶自然是指题目中一个新的情境，旧酒便是考试大纲上的知识点，我们在面对纷繁试题的时候要学会有所感应。感应如何而来？不仅在平时做题要认真，更要学会总结。整个高三我只做了三套试卷：专题卷、全国卷、安徽卷。复习资料也都是专题的。专题卷的优势就在于编者早已把同一类型的题目放在一起，所以在高三前期我总结了大量专题方面的试题，其中包括在面临各个专题时压轴题的固有思路。不要认为压轴题很难，其实在平时我们就已经做过多次，只是很少有人发现而已，所以在考试的时候，我第一眼就是找题目中的关键词和符号，因为这些决定你思考的方向。我在数学方面，尤其是在压轴题上面，曾经绞尽脑汁地去总结。或许大多数同学认为每天都在刷题便是很充实的，可我不这样认为，刷题后的总结也很重要，因为这可以让你掌握一类题的解法。可是具体的总结我们又应该怎么去做呢？那便是对照，找类似的题目，例如一些关于椭圆和双曲线的同焦点问题、数列的不动点问题、圆锥曲线的定点定值问题、分参后换元减少求导复杂性方法等等一系列问题都有固定的思考方向，关键就在你愿不愿意去做，想不想去做。

第二是模板化。或许很多同学在考试的时候都会遇到这样的困惑，为什么这一题我的答案正确，却被阅卷老师扣分了？这个时候不要去责怪老师没有认真看你的试卷，多找一下自己答题时出了哪些毛病，自己一定在某个地方还有漏洞，答案还有一定欠缺。我的方法就是抠答案，一字一句对照，逐条逐行去分析，不懂就问，问懂为止。这也要求我们在平时做题的时候不仅仅是对个答案，改个结果就草草了事，事后对题型答案模板化的总结也是十分必要的。

规律化是我推崇的第三个学习方法，这个并不是指你的学习生活要规律，早睡早起，当然高三也做不到早睡，这个是需要你去寻找高考试卷的规律。我当时在高考的最后一个月，把近五年的安徽高考试卷和近三年的全国大纲卷，新课标1、新课标2反复做了很多遍，只是为了能够把高考题做透。遍数多了，自然也就摸清楚了其中的规律，出卷人始终是那些高中数学界的元老级人物，摸清了出卷人的出题方向，在应对安徽卷的时候自然也就多了一番淡定，并且我们省明年要采用全国卷，所以一定会和全国卷有一定接轨，2017年以前大部分省市都要采用全国卷，所以在高考前对全国卷的研究也是十分必要的。我在高考卷的试题选项设置上似乎也参透了一些规律，当然虽然是有点要小聪明，但是在高考这种千军万马过独木桥的人才选拔方式下也不失为一种方式，但这不能当作一种做题方式，只是一种检查试卷的标准而已。

第 11 篇
河南省——吴家乐

高中学校： 河南省郸城县第一高级中学

就读院系： 清华大学电子工程系电子工程专业

年　　级： 2015 级

高考分数： 678 分

荣　　誉： 2015 年周口市数学单科状元；河南省数
学联赛二等奖

作者小传

我叫吴家乐，在我刚进入高中时，我的成绩并不理想，排在一百四十多名，第二次周测时更是考了班里六十多名。那个时候，开始去想再这样下去，什么梦想都是虚谈。在接下来的班会中，老师让我作为中等退步生发言，真心感谢这个老师，自尊心较强的我以之为耻，开始摸索着一步一步地走下去。我从自己最擅长的数学做起，新买了两本资料，强迫自己跟上老师的步伐。在数学有所起色后，我又开始加强物理、化学，就这样逐一击破。在这样的过程中，排名也开始渐渐靠前，100 名、50 名、20 名、10 名……我从高一开始进步，在高二下、高三上达到顶峰。高三时多次取得年级第一，并在一次 23 个名校举行的"天一联考"中取得第一名。

高中生活起起伏伏、跌跌宕宕的我喜欢思索人生，喜欢去读关于大家对人生思考的书。"我们曾如此渴望命运的波澜，到最后才发现：人生最曼妙的风景，竟是内心的淡定与从容……我们曾如此期盼外界的认可，到最后才知道：世界是自己的，与他人毫无关系。"杨绛先生这句话陪伴我走过了整个"黑色"高三。还记得在考试之前会用"既然我已经付出了这么多，他(指上帝)至少应该给我点吧"、"无为、无我、无欲；居下、清新、自然"来平静心情。

学习心得

在高考这场声势浩大、耗时耗力的大战中，我们已然被锻造成了一个个应试高手，可是在我们心里，学习和应试是两件事，或者说，我们学习知识，也学习应试的策略和技巧。下面按照自以为的重要顺序，为大家分享一些学习的技巧与方法。

首先是心态调节。当心情不舒畅时，我喜欢写文章、与朋友交流发泄。有时候我也会进行心理暗示，比如我遭受了一次失败，我会说："伟人一生中都会有很多失败，我现在失败又能算什么呢？就好像更接近了伟人一点。这些挫折我现在遭受了，以后可能就不会有了。"有时我会把这个问题类比成一个商战中的问题，然后一想现在犯错比以后付出的代价要小得多，心理就会平衡很多。

第二是要有野心，有梦想，自信，但不能自负。（梦想、自信的重要性不言而喻，我就不说了。）还要强调一点，就是大目标和小目标冲突时舍小取大，也就是说放长线钓大鱼。就是在你高三复习的过程中，有时会有联考，你可能会暂时放弃一、二轮复习去回过头对付联考，有些时候两者不可兼得，我建议舍小取大，好好复习对付高考。

第三要勤奋。我就仅举一些事例、数据吧。甲君每天 10：30 放学，回家之后顾不上洗脚刷牙（不提倡）开始学到 11：30—12：00 睡觉。每天 5：50 又开始上课。他课间从不休息，不上体育课，吃饭中午 15 分钟早上 10 分钟，晚上让奶奶送饭（即使家很近），然后花一分钟上厕所，而后拿饭回班边吃边看书。他刷完了所有金考卷以及学校书店能买到的理综数学试卷，甚至连两语卷子也刷了一百多套。当然该君是多人合为一体，但至少是一面旗帜。

第四要有一个好同桌，一个好的氛围。排座位时尽量往中间前排挑，实在不行可以挑第一排。近朱者赤，近墨者黑，出淤泥而不染的毕竟是少数。好同桌对于我的进步作用非常大，因为我比较活泼，所以经常找一个沉默的同桌。我和他说话，他不说，过不几天我就不说了。

第五要能接受他人，包括言论，但不言听计从。就是说对于别人的建议，能虚心接受。敢于、乐于向别人问问题，作用非常大。但是，要有主见，不能别人让你干什么自己就干什么。因自己的掌握程度调整，把有限的精力用在有意义的事上。

第六要善于计划。其一，大考之前两周左右开始规划。先厘清各科需要做哪些事，然后每天干什么，什么时间干，一一列出。其二，平常学习时可制定一张表，一天过完后，对每天的学习进行简单评价（划等级），要求一天比一天充实，感觉无愧于心就行，这也相当于对每天学习的总结。当连续多天状态不好时及时调整。

没有一个人能决定你自己的命运，除了你自己。我的话再多，也不可能塑造出一个和我一样的人。我劝告过很多人，下了很多功夫，但无一成功，我总结下来就是：当时他们可能热血沸腾，但自身的惰性决定他们不会成功。我不承认人智商的差距，但我承认人骨子里"气"的差异，有骨气的人能一直坚持，而另一类人骨子里的惰性决定他们不会成功。有一句话是这样说的："懒、傲这两件事最可能使人失败。"

学习方法

    大家都知道数学学习的精髓是刷题、总结，因此呢，这里不过分展开。我仅以解析几何为例，谈谈数学学习的方法。

    解析几何一度是我头疼的题，我是这样解决的：在一轮复习解析几何部分时，做老师课上发的作业、我们的复习资料、自己买的资料，然后做"五三"、题典，把所有你能找到的题都做完。

    也就是说，首先要有目的性地刷题，当你在做自己的资料中的解析几何题时，要对每道题留下些印象，当你连续做题之后发现有些知识点和考点连续出现了几次，那么，回头翻看这些题并总结，这样一段时间总结一次能省下很多时间，而且更有针对性，更容易通过一道题联系做出来的其他题，构建成知识网络。对于数学这个综合性特别强的学科而言，一旦建立起了自己的知识网络，就能举一反三，可以通过一道题反复巩固自己的知识，更轻松地解决综合性难题，这样数学能力能有很大提高。

    其次要向别人请教、讨论。我高中所在的是一个水平比较高的班，对于问题每个人都有独特的见解。有时把题做完后觉得自己一个人的想法并不充分，这时很重要的一个方法是和别人（尤其是比你水平稍高或一个水平的同学）讨论这道题中得到了什么，哪些点需要注意，哪些步骤能简化……不仅仅在问题不能解决时才讨论，有时候即使解决了也要讨论。你觉得自己的方法比老师的好多了，然后告诉同桌，同桌一听，哎，我也有一种方法，比你的又简单了一点，这才是真正的提高！甚至有时解一个二次函数用的方法稍微先进些就能减少用时，要知道，考场上一秒的价值多么巨大！一定要学会从老师、同学身上吸收高效学习的好方法为我所用，讨论是思想火花的激发！

    然后总结解析几何的结论以及自己总结的方法。解析几何有很多结论，有时候题目难得变态，难得也真是一点办法都没有，这个时候特殊方法就隆重出场！有些题（尤其是选择和填空压轴题），看起来十分庞大，然而可以寥寥几笔得出答案。所以做题时有意识地运用一些课上讲到的结论，比如在抛物线一章，一看遇到和结论相似的问题，主动去想能不能用结论（建议放在做题后思考，因为要做到看到解析几何第一感觉要十分想做）。这样做一方面可以熟悉结论以备解析几何小题使用，尤其对于选择题中的压轴第 11 题和 12 题，结论可以帮助你快速得出答案，避开烦琐的计算；另一方面可以快速得出大题答案，要知道，根据老师改卷的习惯，解析几何大题做出答案相当于能拿到 10 分以上了，过程相对不重要（我的高中数学老师所言，曾参与高考评卷）。

另外，对于自己的弱项，别给自己留退路。凡是你错的，没有你不该错的。考过试后不要抱怨：哎呀这道题我是粗心了，这道题我是计算错了，我没看清楚题。粗心的题当作错误题来对待，给自己一个教训，高考考场上粗心可不是什么好的理由，所以必须有意识地改正。对于计算错误，在数学中更是致命的，计算是数学的基本功，十分重要，不可松懈，必须过关！前面我说过，对于解析计算，没有算对结果后果是十分严重的，要达到"一做就对"。

相信同学们在听了这么多学长学姐的方法后，有很大收益。但是，两种思想之间碰撞，必有冲突，不可能完全嫁接，有所用有所不用才是正道。最后祝学弟学妹们在高考中取得优异成绩，清华见！

第 12 篇
山西省——宋凯宏

高中学校：山西省实验中学

就读院系：北京大学生命科学学院生物科学专业

年　　级：2015 级

高考分数：652 分

荣　　誉：2015 年大同市数学单科状元；全国数学
　　　　　　联赛一等奖；全国中学生物理竞赛一等奖

作者小传

我是北京大学生命科学学院一名 2015 级本科新生。来到学校不久就收到何老师代表分豆教育的"状元计划"项目的邀请,很荣幸能够加入分豆教育的大家庭中。我是以一个竞赛生的身份加入分豆教育状元计划中的,我在 2014 年举办的全国中学生数学联赛和全国中学生物理竞赛中都获得山西省一等奖,参加了北京大学生物金秋营并获得了全营第 13 名。

我比较健谈,乐于分享,所以暑假中我自己开设了一个小型的数学辅导班,为家乡的准高三学生进行小班的数学辅导,并且随着我的跟进交流,这些同学的数学成绩有了明显的提高。另外在太原学习驾照期间我又为一位准高三学生做了为期 20 天的家教,对她的数学和物理进行了辅导,同样取得了较为满意的收获。所以这次参加分豆教育的状元计划,我很有信心做好这个项目,为公司的项目添砖加瓦。

生活中的我比较活跃,常常参加一些体育活动,篮球、羽毛球、乒乓球等都有涉猎,但是广而不精,只有台球上面还算有一点点小小的成果,现在在生命科学学院院台球队,如果有感兴趣的同学,我们可以抽时间约着一起去打球。

学习心得

关于学习心得,每个人都有不同见解,我就简单谈谈自己的一些感受吧。对于高一的小朋友们来说,如果你不是一个从小养成的"学霸",其实高一高二的成绩并没有什么大的影响,所以呢,趁着年轻(怎么有一种沧桑感?),赶!快!玩!——当然不是让你们真的不顾学习随便玩,是在保证成绩不会太难看的前提下(太难看这个概念不太好定义,我的定义呢,就是家长老师不给脸色看就好),尽力扩展自己的兴趣爱好。升学的途径不止高考一条,还有其他的艺术特长、竞赛加分等,而这些是在学校的日常教学中不可能学到的,所以呢,一定要趁着高一时间宽裕,充分发展自己的爱好和特长,这样你就比别人多了一项技能,在擂台上你就有了更多的制胜法宝。以我个人为例,我就是在高一时趁着时间充裕接触竞赛，虽然没有学得十分深入，但是还是取得了一些成绩。说到竞赛，对于高一的小朋友们来说，真的是不可不学。首先竞赛这个东西，没有你想象中那么难，真的是一般人都能学会的。竞赛的知识只是比高考深入，但是总体来说难度和思辨性没有上到很深的程度（也许是我个人学得不很好，所以这么感觉吧）。所以如果你学过了竞赛，回过头来再看高考的试题，你就会像用了点读机一样，简直就是 so easy。而且很多东西竞赛和高考是相同的，所以你学习竞赛就相当于预习课本，一些东西老师讲了两遍，你还害怕自己学不会吗？所以，一定要学！竞！赛！

对于高二的同学们呢，你们已经过了高中的三分之一（其实应该说是二分之一，高三的境界不是高中所能简单概括的），所以就少玩一会儿吧。不过这时候正是竞赛生发力的时候，很多竞赛大神在这时候已经到处参加培训了，所以如果你是有志于走竞赛的道路呢，学校里面的东西你可以暂时放下一点了，记住，是放下一点不是都扔下！不是都扔下！不是都扔下！重要的事情说三遍。首先，你得给自己留条后路啊少年，不能太决绝。其次，如果你看竞赛看得心烦了，这时候刷刷求导，多爽呢，对吧？这时候竞赛生的成绩一般都会下降（不排除你们会有大神出现），没关系，还有高三呢。竞赛能学好的学生一般高考都不会差的，我身边很多高考全省前几名的学生都是竞赛金牌，所以不要怕，放心去拿你的金牌吧。其他非竞赛生呢，还是继续跟进自己的兴趣，另外要开始积累一些人文语言类的素材资料，要为高三的文科做准备（针对理科生），语文和英语这种学科，高二准备好了，高三你就可以省出很多时间来刷数理化的题目。

高三的同学们估计已经等得不耐烦了，好吧，说说给你们的建议吧。首先，你们已经不是高中生了（毕业会考结束其实你们就已经毕业了），所以高中的浪漫时光你们已经不能再享受了（除非你已经保送或者是大神），这时候你们要做好两件事，一是要想方设法地超过你前面的同学，另一件事就是想方设法不被你后面的同学超过。很难是吧，确实是的。那么我教你们怎么做到第一条吧。首先，刷题！刷题！刷题！老师说让你们跳出题海是对的，因为题目确实是做不完的。但是你们往往会忽略老师的另外一句话：要做好题。那么什么是好题呢？让你学到新知识的就是好题。好题因人而异，所以你要确定什么是好题，就得建立在你对各类题目有了一定的把握的基础上。归根结底就是需要你刷很多的题来知道什么题对于你来说是刷手感的，什么是用来获取知识的。另外在做题时一定要跳出考生的角度，站在出题者的角度来看，这道题目要考什么知识点，为什么要这么考，还能怎么换着考，有没有一般意义上的规律等等，都是你在做题的时候需要考虑的东西。其次呢，前二十年估计只有这么一次奋不顾身的机会，更准确来说，也就这几个月罢了，所以呢，熬夜什么的是必需的，如果你和我一样不是大神的话。熬夜必然会对身体造成一定的损伤，这是难免的，不过在前二十年你也就这一次，在平时多注意营养加上高考完一个暑假的休养就不会有什么影响了。学习方法在后面我还会介绍，更重要的一点是心态！每个人都会有成绩波动的时候，平时成绩除了指导你复习的方向之外没有什么决定性的意义，最后高考才是结局，才是答案。所以别因为考试成绩难过太久。高三的考试是家常便饭，你这次的伤心时间太久，你下一次考试的成绩可能会更渣。所以就难受一下释放了自己的压抑就好了，但是不要沉浸于此，抓紧时间分析问题准备下一次考试吧。

学习方法

很多人对于学习方法存在比较大的误区，认为各个学科之间的差距比较大，最起码文理科之间的差距很大。其实这种看法有失偏颇，最起码作为一个理科生，在我看来，这些学科在学习方法上面并没有多大的差别。我就来谈谈对于数学这门学科学习方法的一些个人见解，希望对你们有用。

首先，还是老话，"量变导致质变"。尽管老师们一再告诉我们要从题海中跳出来，但是事实上如果要从题海中跳出来，必须先在题海中游一遍才知道怎样从里面跳出来。先从基础开始，比如我们的课外练习册一般都用《五年高考三年模拟》B 版，一般人都很难坚持做完，但是我却做了两遍。另外在高考前一个月，我是每天两份卷子的刷题量。其实如果没有刷题量，所有的方法都是纸上谈兵。你在大量练习之后，才能在后期区分出来哪些题目需要做而哪些题目其实是没有必要的。

其次是规律的总结。有时候你会感慨别人做数学卷子的时间比你快很多，这其中比较重要的一点就是别人掌握的技巧比你多。以圆锥曲线为例，一般的题目都是圆锥曲线解析规律的特殊化，尤其是在给定了半长轴和半短轴之后，规律就会更加特殊化。而你要做的就是把这个特殊化的规律总结成一般规律，即以数字 a、b、c 代替的一般性规律。这样在做前面的选择和填空这些对于计算步骤不作要求的题目时，你可以直接代入数据解答，省下了考场上面推倒公式的时间。而且在一些题目的阅卷标准中，答案会占比较大的比重，所以可用你所总结的一般规律来得出答案，即使是过程中有一些问题，也不会有太大影响。

再者就是知识的扩展。据山西某知名数学老师说，现在的高考数学已经处于一个"没有题目"的尴尬状态，这么多年以来题目已经趋于被出尽的趋势，但是还要考，所以没有办法命题者只能下放高等数学中的一些知识来增加区分度。而这些知识其实是可以用初等数学推导出来的，但是比较有难度。所以我建议学有余力的同学可以参阅一下高等数学的一些知识以及竞赛中的一些知识，尤其是一些基础性的公式，最好可以记住。以我自己的经历为例，有一次模拟考试难度加大，在填空题中出现了用数列方法求 e^x 的展开式，这从初等数学的方法看来是一件思维量很大的事情，但是如果有高等数学的一些基础的话，用泰勒展开式即可迅速解答。在这种有区分度的题目上，谁知道得多，谁就显得有优势。

最后我纠正一个关于数学的误区，就是很多人以为数学是不需要背的。实际上数学是要背的，当然背的东西不只是老师布置的公式那么简单，还有你自己做的题目，还有自己总结的规律。某道题你不会做时，你把答案背下来，在背下来的过程中，你就会慢慢理解解答过程。这里尤其推荐背解析几何的过程，这种推导量极大的题目，答题纸是不够写的，而且得分点有限，你必须在背答案的过程中学会精简自己的答案。另外你还得背一些自己总结的规律，人总有记忆周期，如果不进行强化记忆，自己花费大量时间总结出来的一般规律就没有用处。很多老师反感同学们背答案或者记一些题目中给出的规律，认为是浪费时间，不如现场推导。其实有时候在紧张条件下很容易推导过程卡顿，而且即使你能推导出来，但是你会花费一定的时间，所以你不如在平时多下点功夫背，以节省考试时的时间。

"做题、总结、背"，这就是我自己总结的数学的适合于考试的学习方法，其实对于其他的科目来说，这些学习方法也是适合的，当然我所说的这种学习方法是针对高考的学习方法。语文大阅读理解总有固定题型，英语的完型填空有相应的解答策略，理综也有自己的答题特点，而这些都需要你做题，总结，背，并且进行拓展。以上就是一些我的考试学习经验，希望对你们有所启发。

**第 13 篇
山东省——赵炜**

高中学校：山东省沂水县第一中学

就读院系：北京大学数学科学学院

年　　级：2014 级

高考分数：701 分

荣　　誉：2014 年临沂市数学单科状元；英语国家
级竞赛一等奖；数学省级竞赛一等奖

作者小传

我是赵炜。从小学到高中我就热爱数学，一直担任数学课代表的职务，在大学中依然毫不犹豫地选择了这个专业。

在高中三年的数学学习中，我已经熟练地掌握了数学课本上的基础知识并且开始广泛学习各个方面的数学知识，但是我发现高考数学考查的知识用高中的课本知识完全可以解决，只是学习的深度的问题，于是我就走上了不停地总结与分析错题的道路。经过高三的积累，我已经形成了自己的高中数学知识架构和丰富的题型题目积累。

之前，一身本事无处施展，或者只能通过家教方式教授少数学生，现在我成为分豆教育百名状元计划的一员，终于可以把自己的知识和方法传播给全国的同学们，希望在以后的共同学习中，我可以对同学们的数学学习有所帮助。

学习心得

成就一个高考的优胜者、一个状元的原因有很多：知识、头脑、总结、思考、坚持、信念。每个走过来的成功者总能说出自己成功的几点因素。但是，我相信，每个状元成功的背后一定有这么一个原因：心态。我对心态的重要性认识得尤其深刻，既然要谈学习心得，那我就跟同学们谈一下心态的重要性以及我高中阶段处理心态的方法吧。

高三，没完没了地做题、没完没了地考试，还有家长和老师没完没了地唠叨，加上自己给自己的压力，很容易有急躁、郁闷、迷茫、懈怠等情绪。这个时候如果能够及时调整，让心态回归到正确轨道上，就是往高考成功的道路上前进了巨大的一步；但若任这种心态蔓延，它就会成为你高考成功路上难以逾越的障碍。

我的高三就是很艰难地走过来的，经历过无数的挫折，无数的起起伏伏，对自己也产生过怀疑，但我一直都没有放弃，没有放弃学习，也没有放弃会让自己开心的爱好，尽量快乐对待每一天，驱散心头的一切阴云，相信阴霾过后必将阳光灿烂。把别人对你的不信任和猜疑、自己的不自信抛到九霄云外。请相信，顺其自然，不必刻意去夸大高三的可怕，以一颗平常心对待自己，任何人都会取得自己想要的成绩。

那么到底我们应该怎样调整高三的心态呢？我给大家提这三点建议：

第一点：树立信心不畏惧

信心对高三的学生来说是非常重要的，信心来自于了解和信任，首先要了解和信任自己——积极、愉快、充满信心地去不断暗示自己一定能做得更好；其次要了解和信任老师，对老师的复习安排要了解，以便于制订自己的复习计划，相信老师对高考的把握，尽量与老师的安排同步而行。随着高三考试频率的增加，遭遇失败和困难也是常见的事，所以，既要对自己有信心，也要时时有表达自己信心的行动，无论遇到什么情况都要一如既往地坚持学习和努力，不要因为某次失败而否定自己。一定不能把高三视为畏途，患得患失，不要总是担心自己不能顺利地走下去，或是担心自己高考考不好怎么办。怕字当头，百事难做，容易做成的事也要做不成了。虽然太多的失败对我们的伤害太深，但如果没有失败就很难体会成功的喜悦。学习过程是不断地克服困难、体验挫折、实现成功的过程。

第二点：善于交流会减压

在高三的学习生活中，好的环境和好的人际关系也是至关重要的。高三的同学们在学习之余也要注意搞好团结。同学间既竞争，又友好，互相帮助，共同进步。要提高学习效率，可以在独自钻研之余请教师友，共同探讨。在阐述自己见解的过程中，你可进一步厘清思路，修补漏洞；在倾听别人的过程中，不仅可学到"死"的方法，还可启发"活"的思路，想出更高明的招儿。不要怕同学超过自己，你帮助了同学，也会得到同学的帮助，并会赢得同学的友谊。在一种宽松友爱的氛围中复习，会收到更好的效果，高考中也会发挥出自己的最高水平。并且如此一来会给孤军奋进的学习生活带来很多乐趣！

第三点：学会享受和宽容

在高三生活中，同学们收获的不仅是丰厚的知识，最重要的是难能可贵的成长经历。同学们可以把吸取知识和学会成长都当作自己的乐趣，而不是负担，这样心态就自然而然有所调整，学习效率也会随之提高。与此同时，高三学习压力比较大，很容易产生焦虑、烦恼、郁闷、孤独以及烦躁的心绪，在这些心绪的影响下很容易因一些小事导致同学之间的矛盾和冲突。如果遇到同学之间的小矛盾、小隔阂、小冲突，要用同理、共情、换位以及宽容的心态去对待，确保大家同舟共济，共克堡垒。

虽然从小一直都向往考上北大，但当自己真正踏入北大校园的时候，我也觉得有些不可思议。回想走过的 12 个年头，似乎真的太过一帆风顺，但并不是平淡无味。我一直都为了自己的梦想而奋斗着，直到得到了我想要的结果。也许我也放弃过一些，只是那也许是我不经意间做出的决定。我爱我喜欢的一切，无论何时，我的心都和他们在一起，也许看起来有些傻，但当你成功的时候，你更会无比珍惜周围的一切，是他们给了我希望，给了我勇气，给了我继续拼搏的动力……

到现在，我一直觉得，顺其自然是人生旅行的一种形式，也许它并不适合每一个人，但至少，它让我懂得要珍惜和你心爱的一切在一起的日子。其实，人生就是这么的复杂，我们都在走着自己的路，做着自己的梦，但在梦想交汇的那一点，我们会相逢，一起走过一段路程，那想必是最为美好的旅程吧……

学习方法

现如今，高考的重要性已经不言而喻，每位家长和同学都在为了同一个目标——考上一所好的学校而努力着。两年前我也是其中的一员，从高一高二就想着为高考拼一把。但是走了很多弯路，做了很多无用功，总是把时间和精力用在了错误的地方。现在，作为一名学长，我可以把经验传授给学弟学妹，用我的"血泪史"来帮帮同学们少走弯路。

数学在整个高中的学习中地位十分重要，一直霸占着课程表的三分之一以上的自习时间，而且无论是理科还是文科，都免不了学习数学。有的同学甚至喊出"得数学者得天下"的口号。确实，数学知识点繁多，高考时分值高，错一个细节就会出现 6 分以上的失分。但是，如果数学的水平高，很容易就能成为优势的学科。这样一个让人又爱又恨的学科，又该如何学习呢？

认真仔细，不漏知识点。

这是一道高考数学题，共轭复数，可能就是字母上的一条小小的杠，如果高二学习的时候没有深刻的记忆，这 5 分可能就丢了。

例：若 z 为虚数，则 z^2、$|z^2|$、$|z|^2$ 的下列关系中，恒成立的是（　　）

A．互不相等

B．$z^2 \neq |z^2| = |z|^2$

C．$z^2 = |z|^2 \neq |z^2|$

D．$z^2 = |z^2| \neq |z|^2$

其实在高中数学的学习中，还有很多这种容易被忽略的知识点，比如说线性回归，以及统计与概率里的方均差等概念。这些知识点在讲解的时候可能就是一笔带过，但是如果在高考中出现，无论是不是重点，最少就是 5 分，因此不能忽视。还有课本上作为课外知识介绍的部分也经常被人忽视，比如说杨辉三角的内容，在高考中就曾经以探究题的形式出现，如果之前你仔细阅读了课本的相关内容，本来区分度高的问题就会变得十分简单。

一、做学习的主人，明确正学习的东西在高中整体中的定位

高中课本的设定非常科学，但是并不是按照知识点来讲的，比如说函数，就分了好多本必修，五章来讲解，而且每一章地位也不同，明确这些东西，会让你的学习事半功倍。下面我们以导数为例来进行一下梳理：

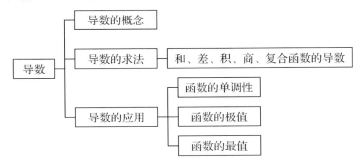

这是导数的单独的知识体系，它在函数中扮演的又是什么角色呢？在高考题中又会出现在什么位置呢？当你真正明确了这些问题，你学习的时候就不会迷茫，你就能清楚地知道自己现在学习的到底是哪一部分，学习效率自然会提高。

二、整理错题，学习效率事半功倍

有同学会问，错题本有用吗？凡是这样问的同学，要么是从没用过错题本，要么是用过错题本，但是没有感觉出来错题本的效果。在这里，本人可以很明确地告诉大家，错题本非常有用。如果能够利用好错题本的话，自己的成绩提升是很快的。

那么，该如何建立错题本呢？

首先，错题本是对自身错误的系统汇总。可能很多同学会说，这些错误就让它放在卷子上不也一样吗？将来看卷子就是了。其实，这是一个关于统计的问题，现实生活中统计的效用是相当重要的。当我们把错误汇总在一起的时候，就会很容易看出其中的规律性，尤其是当我们对错误进行了总结之后。比如：我们将错题本上的问题总揽一下，可能很容易就发现，一遇到数形结合，多种情况的问题，自己就很容易出错，那么，我们在这部分的基础方面就需要下点功夫了！

其次，错题本是为了加强对于错题的理解和记忆。有时，即使让你马上重新做一遍原来的题目，可能还是拿不到满分，其关键是步骤和过程。这时，建立错题本，将错题抄录下来，并重新分步解出就显得很有检验效果了，而且很有巩固作用。

再次，错题本不是简单地将题目和答案抄录下来，更重要的是要分析出现错误的原因和预防类似错误出现的方法。这是一个自身逐渐学习和修正的过程，会让自己对这一类错题的认识逐步加深。同时，对于一些题目很长的错误，大家可以采取一些简单有效的做法，比如：将有关试卷复印，然后把错误的题目剪切下来，粘贴在错题本上等等，以节省宝贵的时间。

数学算是高中比较抽象的学科了，在学习上可能会有些迷茫，但不用担心，当你掌握了整个高中的知识架构以后，对之前学过的知识就会豁然开朗了。按照我上面总结的几条来做，相信你们定能游刃有余，最终在高考中取得好成绩。

第 14 篇
重庆市——罗汉

高中学校：重庆市南开中学

就读院系：清华大学经管学院经济与金融专业

年　　级：2015 级

高考分数：710 分

荣　　誉：2015 年重庆市物理单科状元；全国高中
数学联赛一等奖

作者小传

我从小在一个偏僻的县城里长大，初中的时候独自离开家到重庆主城区的一所学校去上学。那个时候我才十一岁，刚开始离开父母的生活很不习惯，不光要面临学习的压力，还要面对突然的生活环境的转变，饮食起居都需要自理。不过后来慢慢地习惯了一个人的生活，也懂得了如何照顾好自己。可能是出身县城，我学习非常用功，也深知知识改变命运的真谛。我成绩比较优秀，最后中考也成功地考入知名的南开中学，开始高中的学习。由于习惯了独自生活，我比其他高中才离开父母的同学更有优势。高一高二的学习我并没有做太多的题，而是跟着老师走，重在掌握知识，题练得少而精。高三复习的时候做的题目要稍微多一些，通过做题得以巩固知识点。借助良好的学习习惯，我在 2015 年的高考中成功考取了清华大学，开启梦想的新征程。

我信奉的人生格言是"优秀是一种习惯"。回望自己的求学历程，习惯的确扮演了很重要的角色。我至今仍然清晰地记得小学老师给我们讲的好习惯就像存钱，它会让你终身受益。有了良好的学习习惯和学习方法，学习起来就要高效和省力很多。大学是一个新的开始，我也将保持原来的好习惯，并且不断养成新的好习惯，在逐梦的路上越走越远。

学习心得

现在，当我已经步入大学之时，回首自己从小学到初中再到高中这十二年来的求学经历，我觉得最重要的便是习惯和心态。习惯可以说是一个贯穿始终的东西，我记得小的时候看过一本书叫《好习惯决定孩子的一生》，自打那时起习惯的重要性便在我心底深深地扎根了。不过习惯的养成确实是不容易的事情，有人说21 天是一个周期，即养成一个好习惯需要 21 天不断地重复。在我看来，岂止是21 天，好习惯应当是长期坚持才能养成的一个事情，不过一旦养成，你便会受益终生。同样，坏习惯也是在不经意间积累起来的，所谓积习难改，大概就是说一旦养成坏习惯它也很可能缠着你不放。

　　在习惯养成的过程中父母和老师的作用比较关键。我刚上学的时候母亲对我的要求非常严格，我至今还记得有一次不好好写字，结果导致一篇小字被母亲撕掉全部重写。当时可能会觉得很委屈，心里会有很多怨言，但在现在看来，如果不是母亲的严格要求我可能也就不会养成凡事认真和尽力做到最好的这样一种习惯，可能在后来遇到困难时更多会选择退缩和将就而不是迎难而上努力争取改变与进步。

　　你或许会问，什么样的学习习惯才算好习惯？我想说，其实每个人都有自己不同的学习习惯，适合自己的才是最好的。所以我能做的不是说让你完全复制我的习惯，而是把我的习惯讲给你听，希望你能博采众家之长，在聆听了不同人的不同的学习习惯之后不断摸索出最适合自己的一套学习习惯。

　　我认为学习习惯中最重要的就是认真听课的习惯。课堂 40 分钟的时间其实是十分宝贵的。老师毕竟是比我们经验多得多的人，十几年的从教经验让他们清楚地知道这部分内容的高频考点、易错点、易混点在哪些地方。所以他的课堂内容往往不是知识的平铺直叙，而会更有针对性。如果把课堂 40 分钟的时间用好，跟随老师的节奏主动去思考而不是被动地去接受，那样你会得到很大提升。这远远比你上课做其他事情，课下再拿多一倍左右的时间来补习相关内容的效率要高得多。

　　然后就是有针对性地进行课后练习并总结的习惯。要不断学会总结，到最后善于总结。总结的不光是知识性的提纲挈领，还包括每个考点所对应的题型以及每一类题型对应的答题方法、易混易错点。总结的能力在高三复习的时候显得尤为重要。我不是一个刷很多题、搞题海战术的人，我并不是说刷题没用，身边的同学也有刷题并且成绩得到很大提升的，正如我前面所说，每个人有自己不同的学习方法，只是看哪种方法更适合你而已。我记得高三复习的时候主要就是跟着老师的复习思路走，并没有自己额外地再去刷题，而是对每一部分注重总结，练的题目少而精，每道题目都是一种不同的题型，如果相同的已经掌握的题型还反复练，那也只是无效率地机械重复而已。不过，一旦发现自己有薄弱环节，某一种题老是不会或者老是出错，那就得引起重视并且有针对性地进行高强度练习，以此来得到强化和提升。

　　有了良好的学习习惯，那才只是成功的第一步，除此之外，面对高考，还需要有良好的心态。我周围的同学中也不乏这样的例子，平时的成绩一直名列前茅，可高考的时候偏偏发挥失误，前功尽弃。在现行高考这样一锤定音的现实下，心态调整就显得极其重要。高中的生活压力很大，老师、父母，甚至有时候自己都会给自己施加压力。在高三这样一个充斥着考试与成绩的环境下，如何保持一颗平常心呢？我想谈谈自己的一点看法。我觉得有的时候可以站在一个更高的角度看高考，不要把它看成决定你人生命运的一次考试，而只是对于你人生的某个阶段的一种阶段性成果检验。人生路还长着呢，高考失利不代表你整个人生的灰暗，高考得志亦不代表你今后就会一帆风顺。当你站在一种更高的角度来看高考的时候，你就会没那么急躁，而是以一种更为平和的心态来对待它。另外，除了积极的心理暗示，时不时地放松对于调整心态来说也是有益的。如果一直处于一种紧绷的状态恐怕会适得其反，时不时将自己从繁忙的生活中解脱出来，看看电影，听听歌，做点喜欢的事情，你会发现生活原来还有这么多乐趣。张弛有度，劳逸结合，你会发挥得更好。

最后，关于心态的调整。我想送给大家几句话："得之淡然，失之坦然；争其必然，顺其自然。"

学习方法

关于高中数学的学习，正如"一千个读者眼里有一千个哈姆雷特"，不同的人也有着不同的方法。有的人注重数学知识，有的人则偏重数学思想。注重思想的人可能会去呵责只重知识的人忽略了数学的真谛，但在高考的这套评判标准下，掌握了知识，能做对题能拿高分，在某种意义上也是一种成功。我的建议是，根据自身情况，把掌握数学知识并熟练运用作为基础，在此基础上提升，能参透其中的数学思想当然更好。如果你对数学很感兴趣，当然就不会在学习中感到枯燥乏味，自然能对数学思想有一个比较好的掌控。但如果你并不是很喜欢数学，那么你可能就该主动降低标准，并不需要对数学思想有很好的把握，而是针对每种题型进行总结，争取掌握每种题型的方法，并采取强化训练加以巩固，这当然就比较偏向应试一点，但在中国现行教育体制下也是不得已的办法。

下面我就结合自己的实际来谈谈对高中数学学习的一点体会。初入高中，数学学习的变化可能会让你很不适应。因为在初中的时候大多是讲什么考什么，不需要太动脑筋，只要多练就一定能有所提升，这也是为什么有的同学初三一年就可飞跃的原因。而进入高中，所学的知识更加繁杂，难度也有所提升，对灵活运用所学知识举一反三的能力要求也更高，有的时候你会发现练很多题可能一到考试还是不会做。这诸多的变化可能会让刚进入高中的你感到沮丧。我想说，不要怕，因为大家几乎都会经历这个阶段。我刚进入高中的时候，学起数学来也比较吃力，上课老师讲得很快的时候有的概念也跟不上。而我采取的主要方法则是课上认真做好笔记，课下及时复习巩固。这做笔记也是一门学问。刚开始的时候你可能会很不熟练，在老师讲这个知识点的时候你尝试把他讲的知识记录下来，但可能在你做笔记的工夫他又讲到下一个知识点去了。这就要求你能够高效地做笔记。其实，你应该认识到笔记是用来帮助你课后复习的东西，所以不用把老师讲的所有东西都记下来，而是要挑重点记。你可能就会问了，什么是重点呢？我觉得重点是根据你自身的需求而定的。你没弄懂的，或者老师特别强调的易考点、易错点、易混点，这些就应当是重点，课下的时候应该特别关注这些东西，而对于那些比较基础性的概念，或者你已经很好地掌握了的东西，就可以略记。记笔记的时候详略得当，这样一方面可以提高上课的效率，另一方面你课下复习的时候也不会摸不着头脑，也不至于撒大网，复习的效率也就随之提高了。

课上专心听讲，认真做笔记，那么课下呢？课下其实就是对所学知识的一个消化吸收的过程，真正把老师的东西转化为自己的东西。我觉得最重要的就是要做到"当日事，当日毕"。根据人的遗忘曲线，当天所学的知识应该是记忆比较深刻的，如果当天不加以复习巩固，很快便会遗忘。所以每天的时间分配一定要合理，每个学科都要兼顾。就数学而言，你每天都应该在脑海里回想一下今天学了哪些内容，老师讲了哪些例题，有哪些是我还没有完全弄懂的？通过这样简单的回顾，你在复习的时候会更有方向。在做作业之前一定要先复习，在做作业过程中一定不能看书。因为作业的过程其实就是一个对所学知识运用的过程，如果你对概念或公式不熟悉，做作业的过程时刻都想着去翻书或看公式，作业的意义也就丧失了。另外，一定要认真对待每一次作业，用考试的要求来规范自己的书写答题规范。把平时作业当成考试，把考试当成平时作业，这样你才能在考试的时候比较平稳地发挥，也不会过于紧张。

再者就是及时总结回顾。在一次大考之后，或者一章的知识学习告一段落之后，及时地做好总结。这个总结并不只是知识性的总结，而是方法、题型多方面的总结。比如函数部分，你就应该先结合考纲回顾一下函数部分的知识点有哪些，每个知识点对应的题型有哪些，其中有哪些是你已经熟练掌握的，哪些还有待提升。同时还可以结合平时作业的错题整理，把每一部分的错题整理到相应的知识点上，分析自己当时为什么错，是概念没理解到位，还是粗心，或者是这类题的方法没掌握。这样及时归纳整理，你会对自己的学习状况有一个比较好的把握，在下一阶段的学习中你就能尽量避免这阶段所犯的错误，同时在总复习的时候你也会更加从容。

在高三总复习的时候呢，我觉得重要的就是跟着老师做一个整体性的梳理，对高中所学有一个全局性的把握。一轮复习有了大概的数学知识框架体系之后，再在二三轮复习中针对薄弱环节进行强化训练。一定要注重复习的效率，不要机械地重复做同一类型的题。这个时候对于题型的总结归纳就显得比较重要了。题可以练得少而精，但每种题背后的解题思想和对应的考点一定要熟练。要学会不断地揣摩命题人的意图：他出这个题是想考什么知识点，大概会涉及哪些方法，具体细节怎么处理，这些都是需要花工夫认真思考的问题。

至于考试技巧，我觉得比较重要的就是抓大放小吧。考试其实最重要的就是如何在有限的时间里做到总分最大化。这就必然涉及取舍与选择的问题。遇到太难的题应该学会主动放弃，把时间先留给简单的题，最后有时间再来攻克难题。有的同学可能会有强迫症，就是必须按照题目顺序来做，遇到一道比较难的填空题可能花上 20 分钟也不愿意舍弃。这样往往会得不偿失。我的经验是一般某道题思考超过 5 分钟还没有思路的话就应该跳过它，先去做后面的题。这样一来会节省时间，二来当你做出后面比较容易的题目时也是在给自己一个积极的心理暗示，做难题的时候会更有信心。另外对于压轴题，我的建议是当你能保证前面的题都能做对的时候再去挑战它。一般压轴题的第一问会比较容易，那个分当然不能放弃，但对于压轴的那问，你就应该权衡取舍一下了。是在这最后一问上死磕，还是去检查前面的基础？这或许是很多人都会面临的问题。我个人觉得基础还是比较重要。最后的压轴题能做出来的人本来就不多，而且你花了时间也不一定能做出来，何不保证自己会做的题一定不失分呢？并且现在的考试越来越偏重基础的考查，难题的分值在逐步缩小，所以更应该把握好基础。

以上就是我个人的一点经验，并不一定对所有人都适用，但希望它能给你带来一点启发。

第 15 篇
山西省——宋锴

高中学校：山西省实验中学

就读院系：北京大学环境科学与工程学院

年　　级：2015 级

高考分数：635 分

荣　　誉：2015 年吕梁市数学单科状元；全国希望
　　　　　杯数学竞赛铜牌；全国高中生数学竞赛二
　　　　　等奖

作者小传

我叫宋锴，是北京大学环境科学与工程学院 2015 级本科生。今天能站在分豆这个大舞台上，我感到十分荣幸。

我除了学习成绩优异之外，在性格方面，也是一个活泼开朗、积极向上的在校大学生，我和同学们相处愉快和谐，生活开心幸福。

此外在语言表达层面，我也有特殊优势。我参加过河南卫视"汉字英雄"节目，在"汉字英雄"第二季中谈吐不凡，取得卓越成绩。

回首高中的时光，那是一段人生中最简单的岁月。只要付出就会有回报！最后，用我高中读到的一句名言，来自张爱玲，作为"小传"的结语："在这个光怪陆离的人间，没有人能够过得行云流水，走过平湖烟雨，岁月山河，那些历经沧桑，尝遍百味的人，会更加生动而干净。时间永远都是旁观者，所有的过程和结果，都需要自己去承担。"我们现在，刚刚步入成年，感受到了自己肩膀上的责任，大学更多的教给我们的也正是如此，而正是这一个一个脚印，才构成了我们人生的光辉大道！

学习心得

高中生活对很多同学来说或许既是噩梦，也是圆梦。对笔者而言，高中既是一段黑暗时光，更是今天大学生活的基石。笔者就在这里浅谈一点高中学习的心得，不足之处敬请指正。

高中生活中笔者体会最深的一点就是时间的利用。就数学学科而言，高中数学本身具有一定难度，但也不是无章可循。高一高二主要侧重于知识的积累和沉淀，跟上老师一步一步走是关键，作业一定要完成，课外的东西没有时间可以先不做，笔者在这里就不加赘述。关键时期是高三总复习阶段，大量知识涌入，好多平时没有关注的细节一下子成为成绩提高的桎梏，高一高二的薄弱环节一下暴露出来，很多同学措手不及，一下感觉到很不适应，这很正常。但是与此同时，笔者建议同学们更要积极地去寻找出路。笔者在高三没有熬过夜，准时 11 点睡觉，早晨 6：30 起床，严寒酷暑，从未间歇。学习时间并不会比其他同学多，甚至还会少上很多，然而学习成绩却始终名列前茅。化学稳居 95 以上（100 分满分），数学稳居 140 以上（满分 150 分）。原因何在？关键就是时间！一开始，笔者学得很吃力，要么是题目不会做，要么是做完了要好长时间，笔者也曾灰心过。但是，高三就是一个不断战胜自己的过程。在别人早早做完数学题之后，笔者还在那里写题，也曾被嘲笑过，也曾被轻视。但是，笔者做一道题就会花比做题本身还多的时间去思考，想出题人还能怎么考，这道题还能怎么做。于是，在月考中，类型题笔者几乎没有错过。同时，笔者加大了对选择填空题的重视力度，错过的小题记住错法，以后绝不再错。对大题，比如解析几何题，笔者进行了全面总结，分了大概有 12 大类。就这样，一步一个脚印，做题速度开始越来越快，到高考（高三）时，笔者一个小时就写完了除最后一道题以外的所有题目，扣的 3 分也是在最后一题中（高考数学 147 分）。就这样，不怕嘲笑，勇往直前，耐心细致使笔者高考数学取得佳绩。

此外，笔者想对高考前夕可能出现的成绩波动以及瓶颈期谈一下自己的看法。笔者亲身经历过痛苦的瓶颈期，同时也感受过波动极其剧烈的成绩带来的巨大心理落差。所谓瓶颈期是指，在高中学习生活中，特别是高考前夕，出现的大量知识积累而导致短期的不适应，具体反应在做题的速度，正确率和心态上。可能有部分同学会发现，自己原本可以轻松秒杀的题现在怎么连个思路也没有？其实这很正常。笔者也曾有过类似的情况，具体的做法应该是不放弃，该怎么做就怎么做，就算不会，记下来，多看几次，相同的错误保证不会再犯，这样就够了。慢慢地，瓶颈期过后，成绩一般都会有质的飞跃。而对于很痛苦的成绩波动，基本上每个人都应该经历过。笔者当然也不例外，在第二次太原市模拟考降到学校 30 名的时候，笔者曾经一度怀疑自己能否考上北大，而事实证明这种想法完全不靠谱。所以说，成绩波动十分正常，没有人可以保证自己能适应所有的题目以及所有的考法。同样，对高考题而言，没有人可以保证自己一定能够考到省状元，他所能做的仅仅是增大这个概率而已，而这种心态和想法正是每一个高中学子所应当采取的。

最后，笔者想以冰心奶奶的一句话结尾："成功的花，人们只惊艳它现时的明艳。然而当初它的芽儿，浸透了奋斗的泪泉，洒遍了牺牲的血雨。"在高中生活中，只要不懈付出就一定会有回报，在此先预祝各位考生考入自己理想的学府！

学习方法

高中数学是一门让很多同学都头昏脑涨,不知所云的科目;当然也是很多同学用来拔高整体分数的科目。笔者想从高中数学学习方法汇总角度谈一谈个人的理解,希望对读者能够有所帮助。

高中数学整体可以分为代数和几何两个部分。代数部分主要有:集合与函数、三角函数、不等式、数列、复数、排列、组合、二项式定理、导数等;而几何可以分为立体几何、平面几何、解析几何。其中解析几何体现了几何和代数的通性,属于二者的交叉。笔者想先以解析几何为例,简要谈一下高中解析几何的学习思想和方法。

高考题对解析几何的考核主要在选择题和填空题方面,二者解题思路和方法不尽相同。就选择题而言,出题人喜欢将解析几何出在很前面(如第 4、5 题)或者最后面(第 11、12 题),二者解题方法存在差异。

就很前面的解析几何题而言,出题人侧重于考查基础知识和概念的掌握程度,需要同学们对椭圆、双曲线和抛物线基本概念很好掌握,如椭圆中对 a、b、c 大小关系的考核(有的时候一不小心就会出错,这种错误很可惜),以及所有圆锥曲线的离心率以及双曲线渐近线方程等都是历年高考的重点。这种位置的小题是人人都要拿分的,即只要看看课本,掌握一些基础概念,多做几个题,一般都能万无一失,对学习成绩好的同学而言,这部分一定不能麻痹大意,不能在不该丢分的地方失了分!

对于位置在 11~12 小题左右的解析几何题,情况往往不尽相同。这部分题侧重于对解析几何计算和思想方面的考核,但要谨记,这部分计算绝不可能很过分,小题小做的观念一定要把握。强大的解决这部分题的策略在于积累,即平常解析几何中的小结论一定要记住,很多时候,差之毫厘,谬之千里。如果想又快又对地做好这些题,大量地刷题是不可避免的。

就解析几何大题而言,如果分为两问,第一问十分基础且至关重要。它侧重于对基础知识的考查,同时又为第二问打下基础。做完一定要回头看一看是否符合题中的要求,磨刀不误砍柴工,这一点很重要。第二问大致分为两种情况:一是对曲线轨迹(或直线的方程)求解,二是对圆锥曲线性质的探究。二者其实可以细分为很多类,笔者这里就不再赘述。

第一点：注重基础

圆锥曲线中近半数的题都在考查定义，其中所有的题基本上都与定义有关，掌握定义不仅是圆锥曲线的要求，更是贯穿全部高中数学知识最最基础的思想。

第二点：注重积累

圆锥曲线中有相当大的一部分题都有其母题，即很多题都会有借鉴或者是交叉，甚至直接抄了某个题的小结论，这部分题对很多小题都有很强的借鉴意义，并且并不仅仅局限于解析几何，具有很强的扩展性，数学题中适当的记忆十分关键。

第三点：加强计算能力

解析几何大题中相当大的权重在于对计算能力的考查，计算能力是每个必须学数学的高中生所不能避开的问题，这一点尤为重要，如果只有技巧而没有强大的计算能力作为后盾，解析几何题照样还是做不出来。

第四点：抓住课本

对于某些学习解析几何实在很吃力的同学而言，课本也许是最好的选择，很多高考题或多或少可以从课本中找到影子，如果课本知识还不过关就去想攻克难题，无疑自找麻烦。建议从头到尾看一遍课本，刷一遍课本上的题目，很有可能会在短时间内得到明显的提高！

高中解析几何是较为容易的几个中上题之一，想要学通学透并不是太难，与其花很大工夫去做导数等难题，不如拿好手头几个容易的中上题。这是对于中上等同学最基本的要求。预祝各位同学在高考中攻克解析几何这个"顽固敌人"，考入自己理想的学府！

——祝每位高三学子金榜题名，我在北京大学等着你们！

第 16 篇
福建省——卢志

高中学校：福建省龙岩第一中学

就读院系：清华大学信息学院自动化专业

年　　级：2014 级

高考分数：671 分

荣　　誉：2014 年龙岩市数学单科状元；福建省三
　　　　　　好学生

作者小传

我是卢志，来自福建省龙岩市永定县，2014 年高考以 671 分考上清华大学自动化专业，曾获得中学生生物学竞赛龙岩市三等奖、第二十四届希望杯全国数学邀请赛龙岩赛区一等奖、第二十四届希望杯全国数学邀请赛高二年级组三等奖，2013 年 12 月入选"清华大学领军人才选拔计划"，也曾获得福建省三好学生。大学期间，积极参加校内外实践活动，曾参加自动化系"吾土吾名"寒假实践调研，清华大学情系母校志愿活动等，凭着优秀的表现获得自动化系 HAGE 励学金、国家奖学金、清华大学社会工作奖学金、清华大学社会实践奖学金、清华大学学业优秀奖学金。

学习心得

下面是我认为在学习方面比较重要的一些经验，分成几点，分享给大家，希望对大家有所帮助。

一、相信自己

不需过度自卑自己现在的成绩，当然也不能骄傲。在高一的时候我成绩不大好，也就考五六十名，在我那个学校，每年清北加起来不超过 10 个，学毛毛不懂，但还是每天开心地写作业，没有很忧愁。自信是学习的基础，不要觉得哪个人很厉害啦自己很差啦（以前考五六十名的时候，我的高中班主任说我有考班级前十名的潜力，之后一直考第一名）。

二、目标意识

一开始目标可以很小，比如下次考试数学要考到 70 分（当年连我们数学老师出考卷，我的平均分都五六十的，当然这种模式也有助于上升层次），下次要进入前三十名。慢慢地，像蜗牛一样一步一步向上爬……

或者超过某某人。

进了高三后，可以有个目标中的理想大学，或者能和谁谁谁考一个大学。

三、自主学习

要有斗志，不是被老师逼迫，而是自己主动去理解学习知识；能够结合自己的弱势科目进行补缺，一些参考书的方法可能更易自己理解；对自己已会的内容可以少做点作业，留出时间给弱科；会对题目有自己的一套，而且竞赛的学习还是要靠自主，老师能说到的只是凤毛麟角；当然还要注重上课效率，语文课刷数学题的事最好少干点。

四、开心地刷题

适当地刷题是必需的，比如英语完型阅读需要一定的手感；数学在学有余力的情况下可以看看竞赛一试的书，对拓展思维帮助很大，有利于解高考难题；下课时间可以多动几下，而不是做题啊或者趴着睡，比如高二高三后面空地还是挺大的，记得高二二班电脑里有个叫生活的文件夹，基本都是我拍的，记录的就是一些烦躁学习生活中的趣事。

五、处理好阶段的过渡

高二一开始物理、化学、数学开始教选修内容，与必修内容差距较大，努力学，成绩可以进步很大（我就是高二的时候开始考第一的）；还有高三竞赛完很多人往往高考科目跟不上，这时候主要针对漏洞，而非自己很懂了还做很多作业，浪费时间；有时候学习会陷入低迷期，好朋友之间你懂的……

六、适当放松

我参加清华暑期学校的时候，里面辅导员有句话说死读书是考不上清华的，我觉得劳逸结合才是最好；平时跑步，听歌，玩玩游戏，最好多了解了解每日热点新闻（对自招面试也有用），高中真的不只是天天坐在教室里刷题自习，三年最好的青春时光需要有运动，玩耍，交际，这样你回首的时候才觉得你的高中是丰富而饱满的，而不是在考试压力里诚惶诚恐小心翼翼一丝不敢放松地活着。

七、自招准备

有学数理奥赛的只用学另一科就好，这很有优势，建议拼拼自招；平常学习成绩优异而不是数理奥赛的也可花一定精力在自招上；当然自招名额有限，为了得到校荐名额，需要在平常考试中保持名次（比如"领军计划"）；当你为是否自招犹豫不决的时候，特别是高三学生，我认为只要数理基础还行，都可以去试试，考不上清北的那还有其他的，加个分为高考上个保险。而且对于正常的高考内容是影响不大的，甚至有促进作用，开拓思维。不要怕影响高考而直接放弃一些东西，考试这东西时好时坏而已，当之前成绩差不多的小伙伴们都拿到了自招分数后考试成绩和你依然差不多，你会有些心酸的。不要留下遗憾。

八、考试时

经常第一天考完数学那叫一个昏天黑地，鬼哭狼嚎，然而第二天又必须忘记伤痛，抖擞精神去搞理综，真的很难，但必须做到。我觉得这种调整能力才是应试教育给我们最好的历练。

九、每天过得充实点，开心学习

晚自习下课会觉得今天做了很多事；回家可以安心刷刷微博聊聊微信吃吃水果，然后睡觉，有个人互发下晚安就更好了。

学习方法

我曾经也是百万高考大军中的一员。现在在清华大学自动化系读本科，也获得过国家奖学金，还算混得不赖。在我高考结束之后，有很多学弟学妹来问我高中的学习方法，对于这些问题，我其实并不知道如何说起，毕竟不是三两句话能够说清的。而如今，我也想借着分豆教育"状元计划"这个机会，把自己这些年对学习的一些看法和心得通过录制视频的形式和大家分享，也算是不枉小半辈子的学习了。

在我求学的岁月里最喜欢也是最擅长的科目便是数学了。当然不能和一些国际金牌的同学相提并论，但我的一些想法还是具有一定的借鉴价值的，更适合大多数天赋不太出众的同学。以下是我对高考数学的一些想法，个人愚见，如有偏颇，还请海涵。

数学是一门基础学科，它涉及生活的方方面面。学好数学是 21 世纪人们所必须完成的任务。在这种形势下，如何学好数学就显得非常重要。数学的学习从幼儿时期就已开始，儿童认识数字，学习加减法，然后到小学时打下数学基础。这一阶段学习的都是非常基础的、日常生活中常用的实用数学。从初中开始，数学的学习就进入了一个崭新的阶段，我们才真正步入数学的大门。

如何学好数学？有些人可能会说天赋很重要，这有点道理。但是如今的教育考试还不是需要拼天赋的时候，我认为天赋并不能决定一个人在学习阶段（小，初，高）时的数学成绩。学习方法才是决定因素。

与初中相比，高中数学的难度就更大了，为什么呢？初中数学只要掌握了课本上的知识和基本方法，题目就迎刃而解了。而高中数学你自学完了课本感觉自己可以做题了，但题目真来了你却发现自己好像都不会做。用一句话概括初高中数学的差距：初中重知识，高中重方法。

关于数学，我有以下几点建议：

一、培养对数学的兴趣，保持良好的心态

对我来说，从小学到高中，我一直是热爱数学的。因为是数学，让我看到了数字的奥秘，是数学题，给我带来了解决它所独有的成就感。兴趣是最好的老师，如果你说你对数学毫无兴趣，我觉得这是不可能的。这仅仅是个借口，不要怀疑自己的能力，数学这东西是美的，如果你爱上了它，它也会爱上你的。从此，它与你形影不离。数学的一切问题，都需要这种爱，你爱得越深，题解得也越快越好！始终相信自己，信心是前进的动力。身边有许多同学愁眉苦脸地学数学，当然学得一般般，而我始终自信满满，相信自己，考差了分析原因，考好了还是分析原因。做这些事说白了都是为了那最后一次高考，平常学习和重要考试需要的都是自己对自己的信任，自己都认为自己没用了，那有谁还能救你呢？足够的信心也是我们所必须具有的。所以，我们应该保持正常心态，不要敌视数学，只要自己想学好数学，那数学一定不会亏待你。

二、自学

虽然相对初中来说高中自学的效果不是很明显，但也不是可有可无的。高中自主学习也是很重要的，因为课时紧，任务重，老师上课也不能像初中老师那样一个知识点可以重复好几遍，还有很多复习课。高中的复习基本上都是学生自己完成。提前自学主要看课本，理解书中写的一些公式之类的推导，课本的设计还是比较人性化的，它会一步步引导你发现新问题，从而引出新的知识，看看课本上的例题，做做课本上的习题。预习基本这样就够了。至于如何复习这个问题，我觉得还是基础吧，看看基础知识也不错，当然平时也可以记录一些典型题型的解题方法，方便复习时查看。复习时做适量的题，有些同学靠做题来复习我个人是不赞成的，因为这样你不能保证自己复习得全面。

三、课堂

课堂非常重要，你大部分的做题方法与习惯都是从课堂上得到的，所以尽量不要开小差，多做笔记，好记性不如烂笔头。上课爱睡觉的同学一定要强迫自己在数学课上保持清醒，你的打盹儿可能就会让你错过某些题目的解题关键。紧跟老师的步伐，当然有时会有些东西突然间听不懂，这时你可以选择打断老师（不建议这样），也可以记录下来下课问老师或同学，千万不要就开始想刚刚老师讲的那是为什么，因为你这样一想老师后面讲的内容你就会有些没听到。课堂专心这真是要保证的，是必须的。

养成正确的学习习惯，如每节数学课前看一下书本，领略它的魅力，为防看不懂，请买一本配套辅导书。这就叫作预习，课前解决知识层面的基本问题，对下节课有了底，这是对听课有极大帮助的。课上，认真是必须的，相信我们的老师，不要自干自的或是不认真。每节课都包含着老师多年来对解题的独到经验和对记忆知识或是应用知识的独到建议，这是老师长久以来教学的积淀。我们认真汲取，才能事半功倍。

四、作业和考试

数学作为主科，作业自然是非常多的，做作业是必要的，既是对老师所讲授方法的练习，也是对自己所学的巩固，但做作业不仅仅是这样，最好要限时训练，不断提高自己的做题速度。当然，题海无边，我们也要学会选择，一些本来就非常熟练的题不能重复做太多，要挑一些能开拓思维的题目，锻炼一下脑细胞。总之，数学要多练，但练习的同时也要多总结。解题方法和套路也要通过做题和老师讲课多积累，成绩的提升是一个渐进的过程，只要掌握了良好的学习方法，数学成绩提升那只是时间的问题。

而考试又是另一方面。数学水平再高，禁不起一次高考的检验，到头来只是一场空。历年都有许多例子，平时考得都不错，一到高考就掉链子，这就是心态的问题，这个就要求我们珍惜每一次考试的机会，看淡考试，享受考试。每次考试后要做好总结，知识缺漏是一方面，心态历程更是一方面。我们只有先战胜了自己，才有可能战胜考试。这一点，想必同学们一定很明白。现在还有时间，强大自己的内心，这绝对有助于同学们考出好成绩。

五、如何提升

高中知识很灵活，出题也很灵活，这就要求学生做题也要很灵活。如何让自己的思维变得灵活呢？推荐大家去参加数学竞赛之类的选修课。我是学数学竞赛的，对这方面深有体会。大家不要看到竞赛就头痛，我的意思是学一点，不用往很深的地方去钻研，只要了解高中内容中的竞赛题，尝试着去做一下，不懂了看答案的解法，你就会感觉到答案怎么那么聪明，渐渐地，这种题目看多了你做题的感觉就不一样了，做高考题就有种居高临下的感觉。放心，这样做不仅不会浪费时间，反而会加快你能力的提升，帮助自己更好地攻克难题，同时也能促进基础知识的学习。

最后，总结一下，学数学是个快乐的过程，只有自己快乐地迈出每一步，走过了，才有所得。不要太在乎结果，也不要太看淡了结果，始终不能放弃、松懈，在学数学方面，不要找太多的外因，自己才是学习的主角，更多地需要我们反省自己。学好数学，这是每一个人都能做到的，这我敢保证。但同学们是否都想去学好，敢于去学好，这我就不敢说了。数学如此，其他科目何尝不是如此，学习这条路，人人都要走，怎样才走得好、走得快乐，只有自己知道。

我路过了高中，感悟了许多，很多东西只有自己感悟了，才算自己的。许多事，诸如考前干什么、考试如何安排时间等问题因人而异，这些都等待你们自己去感悟。说了这么多，希望能对学弟学妹们有所启迪，奉劝一句，"学海无涯，总结是岸"。高中只有一次，走好高中路，走好人生路！

第 17 篇
吉林省——李佳欣

高中学校：东北师大附中

就读院系：清华大学生命科学（协和）临床医学专业

年　　级：2014 级

高考分数：698 分

荣　　誉：2014 年长春市数学单科状元

作者小传

望启原宥

一个喜欢做梦的少女

巨蟹座，比起出去浪更享受窝在家里慢慢腐烂

害怕孤单却总是感到寂寞

偷偷在家里按照教程做甜点自己吃

偶尔心血来潮拿起琴锤，轻拨，轮音

让从小练习却中途放弃的扬琴再次发出叮叮咚咚清脆的声音

遗传妈妈更多的文艺风

喜欢唱歌，画画

在网上找漂亮的图，人像，或者是卡通

用铅笔慢慢临摹

最近爱上了秘密花园

用彩色铅笔慢慢地填涂

童话

追了好多年的东方神起

有一个全是他们帅气照片和视频综艺的 MP4

哦，还存储着几个 G 的同人小说

默默蜷缩在角落里

犒劳自己泡一杯茶，绿茶，花茶

讨厌甜得发腻的饮料

然后戴上耳机

一边听在网上搜集的小清新歌谣

一边阅读

史铁生，余秋雨，梁衡
或是读亦舒，张爱玲，安妮宝贝
甚至有一段时间痴迷东野圭吾的推理
在 lofter 码字
记录心绪抑或是情节简单的小说
奢侈的生活

从大学开始喜欢上跳舞
爵士，poping，甚至是 breaking
崇拜每一个跳舞深入灵魂的人
也因为跳舞认识了好多新的伙伴
laptop 上的视频几乎全是各种舞蹈练习室
也喜欢用视频记录自己跳舞的点滴
不知不觉
舞蹈已经成了必不可缺的记号
身体上，记忆里

想做一个流浪汉
全国各地去流浪
拍照
剪下世界赋予生命最美的画面
人像，风景
抓拍光影轻吻画面的
一瞬间的温柔
不喜欢嘈杂
像鱼一样，没有声音的流浪

学习心得

　　一直都清醒自己不是所谓的"学霸"，没有过目不忘的能力，没有出众的领悟力。

或许高中最大的诀窍就是每天固定的生物钟，还有可以养成的习惯。

还记得高一下学期，突然对每天抱着几本书的好友中午定时回来感到好奇，交谈后，发现了隐藏在学校另一个楼的图书馆。

喜欢那里宽敞的阅览桌和四面明亮通透的格局，哦，还有角落书架上各种杂志。开始天天中午泡在图书馆，也多了很多的时间自习。开始养成这个习惯，一下课，飞奔到食堂快速消化掉吞下去的食物，然后飞奔到图书馆去写作业。每一天像一个机器人一样，连设定的时间都几乎固定。成绩也开始变好。开始学着怎么安排一天的空闲时间来完成作业，以挤出周末上市图书馆借书看。

不得不承认，这个习惯会在生命轨迹里成为惯性，就像高中物理题里那个总会落到地面上的小球，重力是它逃不开的命运。而这个习惯，将是我一生的珍贵之物。

哦，虽然我不想这么说，比起新学习什么知识，我更喜欢或者说更擅长归纳总结。我想是女孩子的天赋，喜欢将听到的东西记下来，按照线索，分门别类。每一次做笔记，几乎花掉我做作业时间的一半。尤其是生物课，每一节下课，我都会把知识整理成我心中喜欢的样子，按照某种线索梳理得整整齐齐，就像把零散的钥匙用一根漂亮的线穿在一起。还喜欢用一种鲜艳的颜色标记我从未听说的，或是不熟悉的知识点。关键词的提取，排版设计，色彩的运用，用线索勾连记忆，这些技能完全是在记笔记中得到的。

好像当年心理课上也教过类似的方法，用色彩加深记忆。

虽然没有很好的记忆力，但是一遍又一遍的回顾，反复，加深记忆，总会让一个磨不烂的知识点咀嚼消化，形成突触，每次神经反射时，都必经的突触结构。

备考心态的调整，没有刻意地去在意这个方面。好像每次提到心态，总是个大问题，在每个老师嘴里，都仿佛洪水猛兽。往往不好的心态都是自己强加给自己的。

我只想说，难过，伤心，痛苦，绝望。这些人都可以扛住的，而且最开始的难挨，到慢慢接受，习惯，只要自己对得起自己，没有放弃过自己的步调，最后伤痛被时间发酵，成为香醇的美酒。

学习方法

我擅长的科目是数学。

或许因为我们省数学科目相对简单。从进入高三，我的数学每次周考、月考、大考都没下过 140。我也不觉得自己有什么出众的学习技巧。应该就是一个好的习惯吧。

回想高中数学，最关键的就是上课听讲，下课及时复习。预习、学习、复习、及时巩固。这四者，预习这个环节有用但不必要。首先没有足够的时间，高中科目众多，每一项都预习时间成本太大。但可以有针对性地预习难点。

然后就是最关键的上课阶段。老师的经验丰富，他教授的线索都是方便你以后回忆复习最好的线索，他选择的方法、例题也往往是考试必考的重点。我认为，掌握了课堂，你就掌握了百分之七十的知识。而且上课听讲最大的好处是你可以用老师的思路重新梳理自己学到的内容，利用老师提供的思路和线索自己进行复习。

而复习，在我的眼中，可以通过看一遍书加深印象，更重要的是找一本好的练习册，做题。不要一边对着答案一边做，自己先做完全部，再对答案，把不会的题目根据答案，先弄会，然后再重新做一遍不会做的题目。第二天再巩固一遍，如果还有错的题第三天接着做。复习是及时消化知识点，促进记忆的最好手段。

及时巩固的话，学校一般会完成这个步骤，利用阶段性测验，月考期中考等等，利用考试督促自己复习。如果对某一部分的知识掌握的不算好，可以再找题目自己做。

总之我认为数学学科，就是不断地做题，加深对知识点的印象。熟能生巧，有些所谓突破性的思路，在做题当中积累，记忆，就已经能保证很高的分数了。

第 18 篇
吉林省——周思尧

高中学校：东北师大附中

就读院系：北京大学光华管理学院

年　级：2015 级

高考分数：700 分

荣　誉：2015 年长春市数学单科状元

作者小传

大家好，我叫周思尧，虽然我的高考成绩还不错，但我并不是一个每天只坐在桌前学习的人。即便在高三那段岁月里，我的生活也不仅仅是刷题。我是一个不折不扣的体育迷，但是又是一个比较另类的体育迷。在高三的岁月里，我依然每天必须了解 NBA 的最新赛况，至少要看当天的 NBA 集锦，随着每一个绝杀心潮澎湃，随着每一次扣篮欢呼雀跃，为喜爱的球员的每一次受伤而扼腕叹息，伤心难过。尽管我那么热爱 NBA 的每分每秒，生活里我却最喜欢和小伙伴们在绿茵场上驰骋。可能是因为身高不足，也或许是因为初中以来班级就拥有的优良的足球传统，所以在绿茵场上自己才会获得更多的满足感。谈到满足感，就又想起了高考。我个人觉得自己是一个能够坚持，并为了一个终极目标会认真努力得甚至不惜一定代价的人，而高考，就是我在高中阶段的终极目标，想要考好不仅仅是为了一个更光明的未来，也是想获得比在绿茵场上进球更大的满足感和自豪感。但是其实高考也并不是生活的全部，我喜欢乔布斯一次演讲里说的一句话，原话记得不那么清晰了，大致意思就是你现在做的每一件可能看不见效用的事情，在将来的某个时间，某个地点，都会发挥它的隐藏的效用而对你有所裨益。我相信你在生活中做的每件事都不会是毫无作用，认真地做每一件事情，总有一天你会在积累里获得自己的成功。

学习心得

高考是我们十二年学习生涯中最重要的一役，我们辛辛苦苦准备十二年，就是为了最后的那几张考卷。这也是为什么高考结束之后，那么多人感慨自己的青春结束。这也是为什么上了大学之后，那么多人留恋高中的时光。当你真正远离了那段付出最多努力的时光，你自然愿意回头去品味它，重新感受你所付出的汗水落在地面上那种厚重的感觉。而之所以说这些，是为了凸显出高考的重要，以及高考的意义并不仅仅是身处其中的人所感受到的压抑、痛苦与枯燥乏味的生活，它也是过来人珍贵的回忆，是一段痛并快乐着的时光。所谓的成长或许就是能够用正确的心态面对那些让自己感到困难，让自己感到无力，让自己感到手足无措、抓耳挠腮的事情，并且能够冷静平和地面对和一点点地解决这一切。

关于学习的感悟，或许没有那么深刻，但我愿意分享自己的一些经历。希望能够引起大家的共鸣。学习是一个需要自己的努力和外界激励的过程。这些激励可能是正向的，也有可能是负向的。想起自己高二下学期的时候，期中考试物理考砸了，考得很差很差，甚至都没有及格。那对我而言是一次比较大的打击，在这么差的成绩带给我的负的效用的激励下，或者是这种羞耻感让我感到不适的程度过于剧烈，我下定了决心一定要让物理这一弱势学科有所提高。我买了一本大家耳熟能详的练习册《五年高考·三年模拟》，我希望能通过刷题弥补自己的不足。希望通过每天刷固定数量的题目，制订计划督促自己来实现物理的提高。但刷题的过程是没那么简单的，我每天晚上写完作业就拿出《五三》，找到自己的薄弱章节，一道一道题地做，但却经常会遇到今天作业太多了，写完作业已经很晚了这种情况，精神已经处于一种疲倦的状态，并不想做物理题了，这样就会面临计划不能完成的情况，如果持续一两天，整个计划的意义可能也就荡然无存了吧。最后我做出的选择是部分完成当天的计划，给自己打个折，比如完成任务的百分之五十，然后利用第二天相对空闲的时间，比如午休的时间完成自己欠下的本应前一天完成的任务。这样还可以保持相对比较好的连续性，不会让我自己因为前一天未完成任务而第二天再花大量时间补上欠下的账导致第二天的计划不能按时完成，一定程度上避免了恶性循环的发生。当你一点点坚持下去，就会看到自己努力的效用，会驾轻就熟地解决更多以前感到头疼的冗长的题目。最让人开心的是努力和坚持过后带来的好结果，期末的物理考试当看到自己是年级第一名的时候，还是有很大满足感和成就感的。其实中心观点还是学习是一个需要坚持的要花慢功夫的过程，只要持之以恒，一定能够获得一个美好的结果。

对于还有几个月就要高考的高三学弟学妹来说，心态的调整在临近高考的最后阶段是最重要的，其重要程度超过你能获得的新知识，超过你刷的新题数量。在临近高考的时候每个人都避免不了紧张，我觉得适度紧张有益但过度的紧张是有害的，过度的紧张会让自己忘记曾经背过的滚瓜烂熟的古诗词，让你忘记本已再熟悉不过的数学运算。适度的紧张会让你在答卷子的时候加快自己的速度，我觉得适当提高神经系统兴奋性，会让你交出一份结果更好的考卷。在高考前大家一定会经历各种模拟题的轮番轰炸，渐渐地，足够多的模拟考试已经让你对考试略感麻木。所以我觉得面对高考试卷的时候，最好的策略就是把它当作一张模拟卷，用答模拟卷的心态去答高考卷，只不过还需要更多一些的耐心和细心，更认真的审题，忘记这张试卷背后可能决定自己人生的作用，它仅仅是几张纸，而你要做的就是像平时答模拟卷一样认真地完成这张试卷，然后期待最好的结果降临。只有这样，才会最大限度地避免考试失常，让自己十二年的努力不会付之东流。

学习方法

数学，是研究数量、结构、变化、空间以及信息等概念的一门学科，数学还是研究集合上各种结构关系的学科，可见，数学是一门抽象的学科，而严谨的过程是数学抽象的关键。

数学在人类历史发展和社会生活中发挥着不可替代的作用，也是学习和研究现代科学技术必不可少的基本工具。当然也是我们高考的重中之重。

下面我向大家谈一下我对数学学习与考试的心得体会。

第一，我的理解中数学是一门锻炼思维逻辑的学科，要用已经学过的知识去解决问题。但是仅仅掌握已经学过的分散的知识点是不够的，最重要的是能够融会贯通，将学过的知识有机地组合。如何去组合利用学过的知识，是学好数学的一个关键。也就是在数学里思路是最重要的，看到 A 就想到与其看起来相关程度比较低的 B 知识，抓住解题的关键。对每一章的知识良好的掌握是做好数学题目的基础，在打好基础的情况下才更有可能获得进阶的提升。所以在做题听课时，要注意思路的积累。

第二，高考数学也考验你的熟练程度。考试的时间是有限的，想要精确地计算完每一道题目是有一定困难的。想要冲刺到更高的分数，就要做好考试时间的分配。尽量多分配给大题一些时间，而小题，送分题就不能占用很多的时间，这就要求对小题要足够熟悉。我们总说学数学要刷好多好多的题，在我的理解中，刷数学题的目的主要是提高自己对每种问题解题思路的熟练程度，最好能做到所谓的拿来题目看一眼就能得知解题思路，其次才是查缺补漏。

第三，要细心准确，仔细审题，认真对待每一道题目，小心出题人设下的陷阱。想要冲刺很高的分数，就要尽可能减少在小题上的丢分。这对计算能力有一定的要求。

说了一些理解性的东西，再来说一说自己对于具体题目细节的一些拙见。

第一，划分时间。把试卷上的题分成几个部分，规划自己每部分要使用的时间。在自己做题时，每个模块尽可能严格按照时间限制。如划分不合理，也要及时调整。我记得去年我的时间划分方法是：选择填空 16 道题 40 分钟，大题 17、18、19 加上选修 40 分钟，最后两道压轴题 40 分钟，就是一定要保证每道题目的质量，不要图快。建议大家尽量把选修放在最后两道压轴题前面进行，这样可以让这些相对比较好得到的分数有把握地攥在自己的手里。（不太清楚现在高考的形势是否有所变动。）

第二，压轴题积累。高考前夕我是用一张空白的 A4 纸对折，每天左面一道导数题，右面一道解析几何大题。控制在 40 分钟，即使答不完也尽量停笔，控制时间。一直坚持到高考前一周，看自己写了好多题目，也有一定的成就感。对于这些难题，要积累总结思路，即使开始的时候很艰难，计算很繁杂也要坚持下去，计算量偏大一些也要自信地把它算下去，在尝试过程中，积累越来越多，在熟练的过程中，掌握方法，最后获得质的飞跃。

第三，选择填空。选择填空的分值很大，错了的话非常可惜，这一部分一定要把自己的追求定在全部做对。开始的时候多做题积累，尽量用常规解法熟练地解出题目的答案，等到基础扎实一些了，再去想一想巧妙的方法，或者也可以称之为投机取巧的方法吧，比如排除法、赋值、特殊图形、带入选项检验等等，其中赋值法和把选项代入检验我个人认为是比较好用的两种方法，这样好多时候可以节省大量的时间。前提是你已经基本掌握常规方法，对于高考而言，只要是能让自己提升分数的方法都是好方法。

还有一点就是相信学校的老师，毕竟老师在高考一线有更丰富的经验，他们的一些经验技巧会更好地帮助你获得更高的分数，提升对学科的理解。在学弟学妹充分认识到数学的重要性的情况下，认真地跟紧老师步伐，也要注意找好自己独特的节奏。

总之，数学要刷题，但要有目的有计划地刷，重点是注意思路技巧的积累。相信自己，只要坚持，就一定会收获一个好的结果。

最后预祝所有考生能够金榜题名，能够得到一个不让自己后悔，对得起自己的付出和努力的好结果。

第 19 篇
山东省——王鹭

高中学校：山东省章丘市第四中学

就读院系：北京大学城市与环境学院人文地理与城乡
规划专业

年　　级：2015 级

高考分数：692 分

荣　　誉：2015 年章丘市数学单科状元；全国中学
生数学竞赛二等奖；全国中学生物理竞赛
二等奖；全国化学奥林匹克竞赛三等奖；
山东省优秀学生及三好学生

作者小传

王鹭，品德优良，学习成绩优异，高中时期学习成绩始终名列前茅。平时热爱运动，尤其擅长乒乓球。闲暇时喜欢阅读武侠小说和国内外名著，有良好的文学素养。最信奉的一句格言是韩愈的"业精于勤而荒于嬉，行成于思而毁于随"。并把这句话当作自己的座右铭，时时刻刻激励自己不要辜负美好时光，奋发向上，向着自己的梦想付出不懈的努力。

学习心得

一、学习需要目标和计划，一个有理想的人一定会有自己的奋斗目标，并为此而努力

想使理想最终得以实现，需要不断为自己设定具体的目标。每日审视自己，找出与目标间的差距，你会从中获得动力。

制订适当的计划是必要的，它能提醒你下一个目标是什么，此刻应做些什么。它能使你有紧迫感，每当你有些倦怠时，看一眼你的计划书，提醒自己：此刻付出的一切努力，都是为了自己的将来，辛苦定会有回报。

有些人的计划会制订得相当具体，例如可以具体到某一个知识点等。但也许你并不习惯于制订过于具体的计划，这也没有关系，你可以根据自己的需要做。计划应该是个性化的。

计划要具有可操作性。应尽量将计划制订得适合自己，并且应该务实。

二、学习需要兴趣

老师能在教学中提起学生的兴趣，使学习显得不枯燥，同时也使学习显得更容易。这个过程也需要学生自己的积极参与，学生不应该基于自己对人的喜恶而排斥某位教师的课程或教师本人。试着使自己有一点耐心，也许你会有新的发现。

如果你对自己所必须学习的东西不感兴趣，那么你将会极为痛苦。与其天天生活在苦闷中，倒不如主动地对自己所学的东西培养兴趣。这样做，你会渐渐感到学习变得轻松了。

三、学习要专心

专心是效率的保证。人不容易像计算机一样高效率地执行多线程任务，不专心往往会使你的学习效率不高。

也许学习并不是你一天之中最愿意做的事，但为了你的理想，你需要学习。每个人都有自己想做的事情，但你应该暂时将它们放在一边，先不让它们分散你学习时的注意力。注意力不很集中时，你的学习效率会降低，出错率会上升。这样，你的学习效果就不会很明显，辛苦付出的努力也很难得到回报。

假如你以前学习有时不是很专心，我建议你试着强迫自己专心一些。你会发现这样做会使你的学习效率提高，效果变得明显起来。

四、学习要刻苦

"学习要刻苦。"可能你曾听过无数人讲这句话，可能你并不喜欢这句话。但从很多人的经验来看，你需要这句话。刻苦会使你的学习成果很扎实。也许在有些人眼里，刻苦读书的人是书呆子，但刻苦学习的人脚踏实地，这样做的好处会慢慢显现出来。它会带来成绩的稳定，并继而带来较好的心理素质。总之，耐心地再听一遍这句老话，对你应该是有好处的。

五、学习需要适当的方法

学习的方法每个人都有，并且每个人都需要认真地去考虑和研究它。某种学习方法对于一个人来说也许是优秀的，但没有被推广普及的必要。因为学习的方法因人而异，方法的奏效是它与这个人相适应的结果。方法，也是个性化的。借鉴他人的学习方法并不是不可以，但找寻适用于自己的学习方法才是最重要的。

六、高中阶段的学习需要老师的指引

有些处于高中年龄段的人可能会表现出与长辈的相处障碍，他们不愿意或不屑于听从长辈的建议或要求，这种抵触有时是毫无原因的。这种现象反映到学校中，就显得有些尴尬。学生习惯性地不理睬老师给出的建议，老师有时会因此而变得十分愤怒，于是，学生更加不理睬老师给出的建议，老师会更加感到一种莫名的愤怒……在这个过程中，老师最多是感到愤怒，而学生则忽略了大量本应注意的东西。若学生能放弃偏见，耐心地听课，那么，课堂的气氛会变得轻松一些，而更重要的是，学生能从课堂中获取足够的知识。

在高中阶段，老师会较多地帮助或代替学生做一些事。这时，学生应该信任老师，并耐心地从中学习，而不是过早地在这些方面表现出自己多少显得有些危险的独立。

学习方法

　　对于数学这门学科来说，其自身的学科特点决定了我们不能通过死记硬背来学。对于大多数同学来说，可能会遇到这么一个普遍的问题，就是老师讲的时候听得很明白，但是每当自己去做的时候，却又想不出明确的思路来。这个问题的根源就是老师在讲题的时候只是把这个题怎么做从头到尾告诉你，老师说的又是中国话，所以同学们当然觉得听得很明白。但是，为什么一段时间之后再遇到这个题我们却又不知道怎么做了呢？有些同学可能会说，这道题时间太长了，我忘记怎么做了。可是，是不是有一些题即使过上好几年你依然会做呢？这就是真会做和假会做的区别。

　　当一道题你只是知道这么一步步做下去就能够把它解决掉的时候，其实你只完成了第一步，也就是所谓的"假会做"。这样的话，过不了多长时间，你再遇到类似的题，还是不会做。要想做到"真会做"，除了知道怎么做之外，还需要知道的就是"这道题为什么这么做"，也只有真正弄懂这道题为什么要这么做时，遇到类似的题才不会毫无思路。而弄懂这个问题的关键，就在于四种数学思想的运用。

　　所谓数学思想，就是解题时所需要的方法的来源，当我们碰到一个问题时，我们要学会在数学思想的指导下解决问题，这样就不会出现碰到题目却无从下手的状况。

一、函数与方程思想

　　我们常常会碰到这样类型的题目：求某个变量的值或最大（小）值。这时候我们脑子中要有函数与方程的思想。求值，就是要列方程；求哪个数的值，就列关于哪个数的方程。如果是求最值，则需要通过函数式或者不等式来求解。这样，每当我们遇到这类问题时，第一反应就是函数与方程的思想，迅速就能找到解题的突破口。

二、数形结合思想

　　数形结合的思想，其实质是将抽象的数学语言与直观的图像结合起来，关键是代数问题与图形之间的相互转化，它可以使代数问题几何化，几何问题代数化。在运用数形结合思想分析和解决问题时，要注意三点：第一要彻底明白一些概念和运算的几何意义以及曲线的代数特征，对数学题目中的条件和结论既分析其几何意义又分析其代数意义；第二是恰当设参、合理用参，建立关系，由数思

形，以形想数，做好数形转化；第三是正确确定参数的取值范围。

三、分类讨论思想

分类讨论是一种逻辑方法，是一种重要的数学思想，同时也是一种重要的解题策略，它体现了化整为零、积零为整的思想与归类整理的方法。应用分类讨论的情形主要有以下几个：

1. 问题所涉及的数学概念是分类进行定义的。如｜a｜的定义分 $a>0$、$a=0$、$a<0$ 三种情况。这种分类讨论题型可以称为概念型。

2. 问题中涉及的数学定理、公式和运算性质、法则有范围或者条件限制，或者是分类给出的。如等比数列的前 n 项和的公式，分 $q=1$ 和 $q\neq1$ 两种情况。这种分类讨论题型可以称为性质型。

3. 解含有参数的题目时，必须根据参数的不同取值范围进行讨论。如解不等式 $ax>2$ 时分 $a>0$、$a=0$ 和 $a<0$ 三种情况讨论，这称为含参型。

另外，某些不确定的数量、不确定的图形的形状或位置、不确定的结论等，都主要通过分类讨论，保证其完整性，使之具有确定性。

另外要注意：分类的对象是确定的，标准是统一的，不遗漏、不重复，科学地划分，分清主次，不越级讨论。其中最重要的一条是"不漏不重"。解答分类讨论问题时，我们的基本方法和步骤是：首先要确定讨论对象以及所讨论对象的全体的范围；其次确定分类标准，正确进行合理分类，即标准统一、不漏不重、分类互斥（没有重复）；再对所分类逐步进行讨论，分级进行，获取阶段性结果；最后进行归纳小结，综合得出结论。

四、转化与化归的思想

转化思想方法的特点是具有灵活性和多样性。在应用等价转化的思想方法去解决数学问题时，没有一个统一的模式去进行。它可以在数与数、形与形、数与形之间进行转换；它可以在宏观上进行等价转化，如在分析和解决实际问题的过程中，普通语言向数学语言的翻译；它可以在符号系统内部实施转换，即所说的恒等变形。消去法、换元法、数形结合法、求值求范围问题等等，都体现了等价转化思想，我们更是经常在函数、方程、不等式之间进行等价转化。可以说，等价转化是将恒等变形在代数式方面的形变上升到保持命题的真假不变。由于其多样性和灵活性，我们要合理地设计好转化的途径和方法，避免死搬硬套题型。当我们看到一个题目之后感觉非常的陌生，这时候我们就需要用到转化与化归的思想，把我们不会的转化成我们会的。

第二部分 语文学科

第一章
·教师篇·

王晓民教师

作者简介

王晓民，中学高级教师，石家庄二中语文备课组长。曾获全国评优课一等奖，石家庄市骨干教师，河北省高考状元老师，河北省高考语文单科状元老师，河北省高考语文阅卷专家组成员，河北师范大学免费师范生导师，河北师范大学语文教学法讲师，市高考备考会、三支队伍建设培训会主讲教师，市质检考试、模拟考试出题人。主持的课题《个性体验创新写作》获全国中语会"创新写作教学研究与实验"课题阶段性评估一等奖。主持编写《高中语文同步》《全品高考复习方案——语文》《高考一轮复习宝典——语文》《河北省高考语文总复习》《高中作文全攻略》《高中作文白金素材》等多种教学用书。

高考语文之"悬丝诊脉"

　　语文作为高考第一科，备受考生、老师与家长的关注，每年考纲颁布的时候，总会引起一阵不小的轰动。那么，关于语文高考备考，我们应做些什么呢？笔者有幸连续 10 年参与高考试卷评分细则制定与阅卷质检工作，有一点自己的心得体会，在此，想通过对 2016《考试大纲》的分析，为语文学习做一番"悬丝诊脉"，绝不敢奢望像孙悟空一样做到"药到病除"，只是希望能够同备战高考的同学和老师进行小小的交流，以期有点滴帮助。

一、"悬丝"试卷"诊"特点

　　2015 年河北省采用的课标卷严格按照《考试大纲》的要求命制，分成阅读题和表达题两大部分，共计六道大题、18 道小题。按照国家考试中心的考查指导，就是"学什么，讲什么，就考什么"。试题继续注重对阅读能力、理解能力和写作能力的考查，考点覆盖面、试卷结构合理，能力层级比例配置恰当（5：3：2），试卷难度控制合理。与 2014 年的试卷相比，2015 年的考点设置并未发生大的变化，保持了整体上的连贯性和延续性，但难度略有提升，能够考查不同层次考生的语文能力和素养。

　　基础知识部分选择了字形、成语、病句、连贯四个知识点的考查，难度不大。

　　现代文阅读选择了以"宋代的货币和信用"为材料的文章，涉及对重要词语、重点语句的理解、判断与文章语义推断的考查。

　　古代诗文阅读部分涉及文言文、诗词鉴赏和名篇名句默写。文言文阅读选择了史传类文章《宋史·孙傅传》，涉及对断句、文化常识、文章内容、翻译的考查；诗词鉴赏选择了岑参的诗作《发临洮将赴北庭留别》，考查景物描写的角度和对思想情感的把握，从情和景的角度赏析诗词；名篇名句默写依然在考纲要求背诵的篇目中进行理解性记忆的考查。

　　选考题文学类文本选择了李德霞的小说《马兰花》，涉及对文中关键词语和句子的理解、重要信息的筛选与整合、文段的分析与归纳、文章的赏析与评价。实用类文本选择了朱东润先生的自传，考查了信息筛选、理解概括、分析探究等能力。

语言文字应用题考查了成语、病句、排序、补充句子及图文转换题，更加重视对考生语言实际应用能力及读图能力的考查。

2015 年作文题型依然是给材料作文，写作要求出现了一定的变化，文体要求为书信体。

材料讲述的是，小陈通过微博私信举报父亲的交通违法行为，警方依法对老陈进行了教育和处罚，并将这起举报发在官方微博上，此事引起了广泛讨论。材料贴近考生实际，富有生活气息、时代气息；内容清楚，指向明确，观点具有启发性和思辨性。考生既可以肯定小陈的行为，也可以进行质疑和商榷；可以语重心长地劝说老陈，也可以探讨警方合理执法的做法，还可以向其他相关方提出建议……考生作文凡围绕或关联情与法，对小陈、老陈或其他相关方的行为表明态度，阐述看法，均可视为符合题意。

该作文题基于新课标的理念，通过对情与法的探析，引导学生关注最新鲜的时代生活，激发考生对自我、人生、社会的理性思考，从而承担起现代公民应承担的责任，坚持道义，维护法治。从这个角度来说，该作文题的设置具有极强的现实价值和指导意义。

从写作的角度来说，题目具有较强的思辨性，学生虽对材料较为熟悉，但要写出新意、深度和广度，需要学生有一定的阅读积累，具备思考领悟、准确表达的能力，这也为当下的作文教学指明了方向。

从 2015 年对课标乙卷"悬丝"所得出的特征来看，整套试卷比较平稳，考查点较为明确，考生答题思路顺畅，平时做题比较细心、认真的考生只要具备相应的解题能力都能拿到较为理想的分数。展望 2016 年全国卷，笔者认为试卷在保持连续性的基础之上，应该会出现题型的适度变化，但知识考查点仍然会比较明确。只要同学们脚踏实地地做好复习，具备了良好的解题思想和解题能力，都可以做到"兵来将挡，水来土掩"。

二、"悬丝"《大纲》"诊"考点

《考试大纲》就像是指挥棒，在指引着高考的方向。考纲年年都会有些变化，作为学生，可能对这些变化不会有太强烈的感受，但作为语文教师就要关注高考动向，通过与 2015 年的《考试大纲》对照，综合 2016 年考纲多方面的信息，把握不变的知识考查点，落实基础，突破难点。

2016 年《考试大纲》与去年相比没有什么变化，总体上体现了稳定性。

高考考点梳理辨析（请自己做评价：优√ 良√ 差×）

【现代文阅读——一般论述类文章】

①理解文中重要概念的含义（ ）

②理解文中重要句子的含意（ ）

③筛选并整合文中的信息（ ）

④分析文章结构，把握文章思路（ ）

⑤归纳内容要点，概括中心意思（ ）

⑥分析概括作者在文中的观点态度（ ）

【古代诗文阅读】

①默写常见的名句名篇（ ）

②理解常见文言实词在文中的含义（ ）

③理解常见文言虚词在文中的意义和用法：而、何、乎、乃、其、且、若、所、为、焉、也、以、因、于、与、则、者、之（ ）

④理解与现代汉语不同的句式和用法（ ）

不同的句式和用法：判断句、被动句、宾语前置、成分省略和词类活用。

⑤理解并翻译文中的句子（ ）

⑥筛选文中的信息（ ）

⑦归纳内容要点，概括中心意思（ ）

⑧分析概括作者在文中的观点态度（ ）

⑨鉴赏文学作品的形象、语言和表达技巧（ ）

⑩评价文章的思想内容和作者的观点态度（ ）

【语言文字运用】

①识记现代汉语普通话常用字的字音——基本常识（ ）

②识记并正确书写现代常用规范汉字——作文考查（ ）

③正确使用标点符号——作文考查（ ）

④正确使用词语（包括熟语）（ ）

⑤辨析并修改病句（ ）

⑥扩展语句，压缩语段（ ）

⑦选用、仿用、变换句式（ ）

⑧正确运用常用的修辞方法（ ）

⑨语言表达简明、连贯、得体、准确、鲜明、生动（　　　　）

【写作】

能写论述类、实用类和文学类文章。

①符合题意（　　　　）

②符合文体要求（　　　　）

③感情真挚，思想健康（　　　　）

④内容充实，中心明确（　　　　）

⑤语言通顺，结构完整（　　　　）

⑥标点正确，不写错别字（　　　　）

⑦深刻、丰富、有文采、有创新（　　　　）

【选考内容】

★文学类文本阅读

①分析作品结构，概括作品主题（　　　　）

②分析作品体裁的基本特征和主要表现手法（　　　　）

③体会重要语句的丰富含意，品味精彩的语言表达艺术（　　　　）

④欣赏作品的形象，赏析作品的内涵，领悟作品的艺术魅力（　　　　）

⑤对作品表现出来的价值判断和审美取向做出评价（　　　　）

⑥从不同的角度和层面发掘作品的意蕴、民族心理和人文精神（　　　　）

⑦探讨作者的创作背景和创作意图（　　　　）

⑧对作品进行个性化阅读和有创意的解读（　　　　）

★实用类文本阅读

①筛选并整合文中的信息（　　　　）

②分析语言特色，把握文章结构，概括中心意思（　　　　）

③分析文本的文体基本特征和主要表现手法（　　　　）

④评价文本的主要观点和基本倾向（　　　　）

⑤评价文本产生的社会价值和影响（　　　　）

⑥对文本的某种特色做深度的思考和判断（　　　　）

⑦从不同的角度和层面发掘文本所反映的人生价值和时代精神（　　　　）

⑧探讨作者的写作背景和写作意图（　　　　）

⑨探究文本中的某些问题，提出自己的见解（　　　　）

三、悬丝"备考"下处方

语文的考查其实是对考生语言理解能力和语言运用能力的综合考查，这一点在平时的语文学习中应受到特别的重视。语文教学就是要培养学生的语文思维、语文思想和语文素养，从而形成一定的语文能力，至于解题技巧，在语文能力的培养过程中，自然而然地就掌握了。可事实上却是相当一部分的考生不会做语文题，或者说不擅长学语文，成绩总是在及格线处徘徊，导致个人总成绩也受到影响。问题肯定是多方面的，但我们应该做些什么呢？

笔者试着给出自己的建议，权当是个小"药方"吧，希望对考生能有些许帮助。

(一)阅读题部分，要认清现状，查漏补缺

每位考生都要客观地分析一下自己语文学习的现状，找到薄弱的环节，看问题是在基础知识方面，还是在阅读方面，还是在写作方面……在语文复习备考过程中要处处落到实处，查漏补缺，找到不足，点点夯实，然后再集中突破，重点提升，最终做到知己知彼，平稳提升。你既要清楚考试的内容，明确考点的变化，又要明确自身的不足，确定复习努力的方向，及时对缺漏的知识进行补救，着重进行相关题目的练习，斟酌思考，做到有的放矢。只要能够克服重做题轻思考、重理解轻表达和重资料轻教材的思想，真正做到有效复习，训练语文思维，举一能反三，触类能旁通，积累丰富的知识，增强自己的语感和解决实际问题的能力，你就能够在一点点、一次次的进步中找到提高成绩的突破口，树立起自信心来。只要你努力，一定没问题。

(二)作文部分，应知己知彼，提升能力

高考作文是对考生阅读能力、思维能力和语言表达能力的综合考查，教师和考生都应加强对作文备考的重视。我们不仅要关注作文的过程与分数，还应关注思想认知和写作思维的训练培养，着力于提升学生的语文素养和思维能力，使学生在发扬个性的同时，获得人格的历练与精神的提升。

1. 学会运用理性思考，探究事物本质

今年高考作文的难点就在于对学生理性思维能力的考查。因为材料作文需要学生能够从现象与本质、过程与结果、共性与个性、内因与外因、量变与质变、主观与客观、必然与偶然、认识与实践、物质与精神等多角度理解题意，整体把握材料内容含意构思行文。因而考生在备考中，要加强理性思维的训练，培养辩证分析问题的能力。

2．学会关注心灵成长，关注社会生活

要引导学生在学习生活中关注心灵体验，思考社会人生，敏锐地洞察生活中的新情况新问题，做出理性的分析，发表自己的主见，阐明自己的观点，做生活的思考者，打好作文写作的思想基础。

3．学会准确审题分析，紧扣材料立意

"意犹帅也，无帅之兵，谓之乌合。""意"是它的核心，"理"是它的指向。也就是说，无论什么样的作文题，必定有获得社会普遍认同的"意"作为价值导向，引导考生在社会人生的层面构思写作。对于作文来说，无论哪一种类型都必须把握材料的内容和含意，准确地审题立意，这直接关系到作文的选材、布局乃至文章的深度，是作文的生命线。

4．学会树立正确观念，抒发真挚感情

作为新时代的中坚力量，中学生担负着社会、国家赋予青年的重大责任，应当把客观的认知、健康的思想、积极的态度、真实的情感注入高考作文。《考试大纲》明确要求高考作文要"感情真挚，思想健康"，倡导树立正确、健康的人生观、价值观、世界观。中学生还处在成长时期，对人生社会的认识还不够客观，对事物事理的认知也会有一定的片面性，因此，要避免不适宜的内容和情感流露在高考作文中。

5．学会广泛积累素材，丰富写作内容

高考作文命题尽管范围宽广，灵活多变，但总体来说还是可以找到相对应的人生社会的道理。考生只有在平时的学习过程中，注重收集积累相关的素材，用心思考其蕴含的做人做事的道理，构建自己个性化的素材库，才能够在考场上信手拈来，灵活运用，写出精彩文章。

6．学会锤炼作文语言，提升表达意蕴

"有文采"是作文"发展等级"的评定要素，要求考生用词贴切，句式灵活，善于运用修辞手法，文句有表现力，如引用名言警句，运用修辞手法或灵活变换句式等。学生在备考时要注重锤炼作文的语言，提升表达的意蕴，增强文章的思想性、文学性和艺术性，从而显示出自己扎实的语言功底和良好的表达能力。

（三）做题时，少丢分就是提分

很多同学在认识上都存在这样的误区，学习成绩不够理想，就想方设法地想要找到提高的窍门或捷径。其实，冷静下来想想，如果不出现粗心大意、审题不清、思路偏差等低级错误，你就可以提高十几分或几十分，所以，笔者认为"少丢分就是提分"是考试提高成绩的最直接、最有效的途径。

　　所以，考生在平时复习时，尤其是考试时应努力做到合理分配做题时间，遵循1∶1(一分对应一分钟)的原则进行答题，不无故地浪费宝贵的考试时间，大胆取舍，提高做题效率。同时，要注意每做一道题都要认真阅读题目要求，如现代文阅读、诗歌鉴赏等主观题，有几问就要有几答，分条列出，避免因审题不清而丢分。

　　众所周知，高考语文考试是一项语文素养、语文思想和语文能力的大测试，是莘莘学子语文学习成果的一次大检验。一篇文章并不能够帮助考生们解决根本性的问题，但老师还是竭尽全力想要帮助那些奋战在高考线上的同学。悬几根"丝"，诊几下"脉"，虽不是"名医"，无论"药方"如何，老师只是希望考生们努力学习，有效落实，争取在自己的高考中取得理想的成绩！

第二章
·学生篇·

第 1 篇
内蒙古——苗乘

高中学校：锦山中学

就读院系：清华大学建筑学院建筑系

年　　级：2015 级

高考分数：699 分

荣　　誉：2015 年内蒙古自治区理科状元；清华大学新生奖学金

作者小传

我叫苗乘，来自内蒙古自治区赤峰市喀喇沁旗，是 2015 年自治区高考理科总分第一名，被清华大学建筑学院建筑系录取。喜欢画画，听音乐，弹钢琴。

地理老师曾经说过一句话让我至今依然不断受益。"一本书，一支笔，学习就是自己的事了。"

什么叫作"自己的事"，发人深省。思考许久，明白了，一个人的学习，99％与自己有关，甚至老师对你的帮助也是微乎其微，充分认识到自己的力量，不管到什么时候，只有自己才能帮助自己，别人永远代替不了自己。有问题去查书、上网查资料、问老师……总之，把书本和老师等一切当作自己的资料来源，以自己为中心，学习是自己的事。

学习心得

高中三年不算是平淡，为了应对会考而开设了半年历史、地理、政治课（每科学半年，半年内学完所有必修课）。因为时间紧任务重，老师不能面面俱到，于是练出了自学的能力。其中，地理老师曾经说过一句话让我至今依然受益。"一本书，一支笔，学习就是自己的事了。"

什么叫作"自己的事"，发人深省。思考许久，明白了，一个人的学习，99％与自己有关，甚至老师对你的帮助也是微乎其微，充分认识到自己的力量，不管到什么时候，只有自己才能帮助自己，别人永远代替不了自己。有问题去查书、上网查资料、问老师……总之，把书本和老师等一切当作自己的资料来源，以自己为中心，学习是自己的事。高中三年对于学习知识来说时间真的很长，只要你真的付出了足够多，就算走一些弯路，三年的时间也是满满够用的。

学习是永无止境的，成功属于那些真正热爱学习的人。热爱生活的人才能享受生活，热爱学习的人才能享受学习。"给别人学"自然痛苦，因此，不妨把学习真正看作是自己的事，学习不仅仅为了考试，更为了充实自己，丰富自己的人格。

学习方法

从小学到初中毕业,语文都是学习的重中之重,作为百科之母,有着不可替代的地位。但是到了高中之后,无论文科生、理科生,都在很大程度上忽视了语文的学习。

的确,语文不像数理化生,学一节知识解决一节问题,上了一学期语文,做题仍然感觉像没学一样,学习的效果没有理科那样立竿见影,于是同学们就不愿意去接触它,认为学语文是在浪费时间。同一个学校,就数学成绩而言,重点班平均分在 130 分以上,普通班可能仅仅在 60 分或 70 分这个层次;理综重点班平均分 240 分,普通班可能就是 140 分;英语重点班 135 分,普通班 75 分左右,差距都很大。唯独语文,重点班平均分 110 分左右的话,普通班也能接近 100 分甚至超 100 分,比起其他科目来说,可以说"语文面前人人平等"。

现状就是这样,但是语文真的就不值得学吗?不值得去付出吗?我觉得不是。和别人不同,我平时也是花了许多时间去学的,学习效果也很显著,多次期中期末考试中获得学校前几名。我的高考语文成绩 126.5 分,是全市第 1 名,自治区第 4 名。

首先,你要有一个卷面总体目标和各个小题的得分目标以及花费时间的预算,不光语文一科,各科都是。拿语文来说,因为各个省份批卷标准程度不一样,就我所在的内蒙古自治区来说,对于追求清华、北大的学生语文是不能下110 分的,120 分是目标,再高不奢求。第一篇现代文阅读三个 3 分的选择题要在大约 15 分钟到 20 分钟做完,因为这道题通常比较难,因此我的目标是 6 分或9 分,平时的练习不宜过多,一周两三篇即可,要尽快找到方法和规律;文言文阅读比较简单,19 分要争取拿到 17 分,高一、高二时注意积累,高三复习时一定要记住记牢,因为以后就没时间去记了;诗歌鉴赏大难题,11 分的话拿 6 分或者 7 分就满足了;名句填空 6 分不能出差错;实用文体阅读呢?虽然篇幅长,题目多,分值大,但是这绝对是简单题,只考查对文章信息的归纳整理能力,答案都在文中!一定记住分条作答、多答,哪怕每条简写,也要写很多条,我觉得这样的话比写两三条每条写得很详细得分要高,这个大题一共 25 分得 22 分是没问题的。第二卷,成语病句衔接题 9 分不能丢啊,不能丢,注意平时多积累、区分和练习;后边还有两个语言表达题,据我经验,题型要么与前一年重复,要么是出题人创新的新题型，前者概率较大，同一类题会连续出很多年，因此要多研究前几年的这道题。最后就是 60 分的大作文，没有足够自信的话就老老实实按着标准的"五段三分"结构去写，议论文写熟练之后 47 分以上妥妥的，注意要把字写好，批卷是人工操作，字好必然会有优势，另外，虽然我也认为有些句子段落华而不实，但是很多时候确实能给自己加分，别跟分数过不去。我在高考前两个月每天背几个实例，当作作文材料备用，还是要积累，高考时候才能下笔如有神，且言之有物。

　　总之对于理科生来说，语文是提分的一个重点，甚至比文科生的语文提分还重要。注意积累，自己总结方法，才能得到理想的高分。

第 2 篇
河南省——齐华瑞

高中学校：河南省漯河市高级中学

就读院系：北京大学光华管理学院工商管理专业

年　　级：2014 级

高考分数：665 分

荣　　誉：2014 年河南省高考文科状元；获北京大
　　　　　　学明德奖学金

作者小传

　　我出生于河南省漯河市舞阳县，现就读于北京大学光华管理学院。不知不觉在这美丽的燕园已经度过了一年半的时光，博雅塔下宜聆教，未名湖畔好读书，我深深地喜欢北大这一片净土。

　　回顾成长的历程，一直很喜欢的一个词是"一心一境"。读林清玄的散文《一心一境》，清晰地记得其中的语句："一心一境是活在每一个眼前的时节，是承担正在遭受的变化不定的人生，那就像拿着铁锤吃核桃，核桃应声而裂，人生的核桃或有乏味之时，或有外表美好、内部朽坏的，但在每一个下锤的时节都能怀抱美好的期待。"美国心理学家乔恩·卡巴金说过："生命只在刹那间展开，若无法全心与这些刹那同在，我们将错失生命中最宝贵的事物，且领略不到蕴涵于成长和转化中丰富而深刻的可能性。"爱默生也有着相似的言论："较之于当下在我们之内的，于我们身后的过去和眼前的未来，都是琐事。"此刻，是一个如花盛开的瞬间。踏踏实实做好手边的事，才能够让梦想照进现实。不悔过去、不负现在、不惧未来。拥有一颗纯粹的赤子之心，用心对待学习与生活，认真做好每一件事，用平静而坚韧的态度来面对每一天，用自己的最大努力完善每一个细节，尽最大努力使自己不断成长，终能抵达梦想的彼岸，成为自己明天想要成为的模样。

学习心得

　　心路历程：拥有一颗纯粹的心。

　　高中晴朗的日子里，我望着窗外明媚的阳光、葱郁的树、艳丽的花，但觉生命这般美好，自不该辜负这青春年华。用赤子之心对待一切人和事，尽自己最大努力做到最好，我不负这青春年华，而我的认真付出亦不会负我。每当心如止水地埋头学习时，我总会感到心境晶莹澄澈，很宁静，很喜悦。我在日记中写道："生命没有彩排，每天都是现场直播。窗帘拉开是幕布徐启，阳光洒进来是镁光灯打在身上，每个人都站在属于自己的舞台中央。该用怎样的投入才能让自己的生命丰盈美丽、不留遗憾？即使无人鼓掌也要优雅谢幕，感谢自己的真心付出。"偶尔勤奋得感动自己时，我不禁想：在我的心空之上，在亿万光年的距离之外，有一个温柔而慈悲的力量看到了我的努力，并微笑地对我颔首赞许。我坚信，感动自己就能感动上帝。

有时也会因羡慕他人而感到难过。班级里藏龙卧虎，过目不忘的文综天才、挑灯夜战的刷题狂人……他们让我有了压力。然而，我对自己说，每个人都有自己独特的学习方式，即使不够完美也要勇敢自信，做最好的自己就好；即使做题速度较慢，我亦不必模仿他人以刷题数量为傲，只要精益求精就好。林清玄在《沉香与木炭》一文中写道："不要和别人比较。和高人比较使你自卑，和俗人比较使你下流，和下人比较使你骄傲。太多的比较是心灵动荡不能自在的源泉，也遮蔽了心灵原有的氤氲馨香。"

"最强大的力量不是电闪雷鸣，而是滴水穿石。"这是我在便利贴上写下的话。一次班会，同学们纷纷写下对高考的誓言，贴在黑板旁的墙壁上。而我，写的正是这句。淡而坚韧，亦是我喜欢的态度。高二结束，即将迎来兵荒马乱的高三。在大家匆匆收拾物品从北校区转战南校区的那天，墙上的纸片仿佛被人遗忘。我走过它们，认真地撕下属于我的那一张，细心地贴在笔记本内侧。我对自己说，别忘了对自己的期待，带上"滴水穿石"的信念去高三继续拼搏吧！

也曾经有过一段迷茫痛苦的时期，看着自己的成绩一落千丈，名次从榜单上的第一个不断下滑，心中亦是埋着深深的悲伤。笨拙地一步步摸索前进，我努力从不甘心的低迷状态中冲杀出来。早晚读时，把每个背书任务划定时间，精确到分钟而不是五分钟；整理试卷精益求精，将论述类文章、人物传记剪裁成作文素材，把文言文阅读中的每一个字查阅积累，写过的每篇文章都总结出该主题的论点论据；将惨不忍睹的试卷贴在书桌前的墙上，批上猩红的叉号，告诫自己心痛要有行动；熬夜刷数学题，夜宁心静，认真付出果然是最踏实幸福的状态；在课间每当想要和同学闲聊的时候，努力按捺住自己的心有旁骛……我承认，我的自制力并不算太强，但我不断提醒自己：意志的力量，是决定成败的力量。再坚持一下，在快要坚持不了的时候再坚持一下，就成功了。

尽管痛苦，仍要前行；尽管落后，也决不放弃。真正的强者，绝不是没有眼泪的人，而是含着眼泪奔跑的人。态度永远是第一位的。拥有一颗纯粹的赤子之心，用心对待学习，认真做好每一件事，尽最大努力使自己不断成长，终能抵达梦想的彼岸。

学习方法

众所周知，语文出题范围广，涵盖内容多，知识点零碎。在这种情况下，"精耕细作"显得尤为重要。只有对每一个知识点的掌握都精益求精，才能在考试中游刃有余。

对于病句题，首先要掌握正确的句子结构。需注意以下几点：(1)单句中，句子可以没有主语宾语，但是必须有谓语；(2)形容词可以作为谓语，构成一个完整的句子；(3)现代汉语中一个单句有且只能有一个谓语。对于复句，特别要注意关联词的搭配与位置，并将复句拆分为单句进行分析。要明确 6 种病句类型：语序不当、搭配不当、成分残缺或赘余、结构混乱、不合逻辑和表意不明，并掌握相应的具体技巧，如找数词、介词、关联词、指代词、判断词、否定词、文言字词、长宾语，等等。当然，要多做习题，从练习中培养出判断句子正误的敏感度。

对于成语题，一方面要多积累成语的含义，另一方面也要多积累做题方法。常见的错误方式有：(1)谦敬错位；(2)褒贬误用；(3)重复；(4)时态错用；(5)语义矛盾；(6)语法错误。归纳总结常见的高频错词，例如：敝帚自珍是谦辞，不吝赐教是敬辞；不负众望是褒义，不孚众望是贬义；正方兴未艾、显得相形见绌犯了语意重复的错误，等等。

对于古诗文，要在理解的基础上学会归纳不同题的作答方式。比如对于景物的分析，一般要先叙述诗歌描绘的画面，再说明景物所烘托的氛围，然后再分析诗人抒发的情感；对于炼字题型，一般先要解释该字的意思并说明所用的修辞手法，然后把该字代入诗句中分析，说明该字的艺术效果，最后讲述诗人的情感或诗歌的主旨。

对于文言文阅读，一定要多积累常用文言字词在不同语境的含义。不妨准备一个本子，把做过习题中的经典的文言字词抄录上去，时时温习。在考场上，面对自己积累范围以外的文言字词，也可以通过对上下文的理解进行合理推断从而得出大致含义。

对于作文，优美的语言、新颖的素材、深刻的见解都会为你的文章增色不少。要多读好书，提高素养；关注社会，积极思考，从而不断提高自己文章的深度、广度和思辨性。新课标的作文评分标准包括：基础等级(内容和表达)和发展等级（特征）。内容部分的要求是：符合题意、中心突出、内容充实、思想健康、感情真挚；表达部分的要求是：符合文体要求、结构严谨、语言流畅、字迹工整；特征部分的要求是：深刻、丰富、有文采、有创意。通过这些标准，比对自己的作文，不断阅读、不断写作、不断修正，从而不断提高。

只要将复习精细化，做到每一个知识点都烂熟于心，每一种题目都熟练掌握其做题方法，那么一定能够取得优异的成绩！

第3篇
浙江省——郑恩柏

高中学校：浙江省镇海中学

就读院系：北京大学元培学院中文专业

年　　级：2015 级

高考分数：760 分

荣　　誉：2015 年浙江省理科状元；北京大学新生
　　　　　　一等奖学金

作者小传

我是个理科状元，却选择了中文方向，可能有人会问我为什么。我高中就读于浙江省宁波市镇海中学，在班级里担任了三年的语文课代表。我的理科天赋并不高，每次被理科题目弄得晕头转向时，品一首古诗，读一篇散文对我来说都是一种慰藉。我一直对北大中文系抱有向往憧憬之情，所以在入学后不久便坚定了选择中文方向的决心。在元培学院，我能够学到很多专业之外的东西，这些知识都将为我将来的文学创作打下基础。

我兴趣广泛，且一直积极参与各项课余活动。高中时我是学校文学社的副社长，也是校合唱队的男高声部长，还是校广播站的一名播音员。我还是学生会的一员，参与了团刊的编纂。此外我还是一支乐队的主唱，并且曾跟随乐队在学校里开过一场小小的演唱会，小过了一把万众瞩目的瘾。丰富的课余生活促使我能够更合理地安排时间，更充分地利用时间，也让我的性格更加外向，更加善于与他人相处。

我一直都是一个很随性的人，不会让太多太高远的目标去羁绊我。但是这不代表我的生活是松散无度的。相反，我会对每天的学习生活进行适当的规划，从而提高效率。我没有偶像，也没有一定要奉行的格言，我始终坚持一个人应当以自己内心深处的声音作为指引自己的最高领袖，而不是随波逐流。

学习心得

在刚进入高中时，我的基础比较差，没有养成一个良好的学习习惯，也缺乏一个积极的学习态度。因此，在高一的第一次考试中，我的成绩排在年级两百名开外，班级的末尾。当时的我甚至面临着不能继续在理科创新班学习而要被迫转入平行班的危险。在这种情况下，我有了危机感，并开始有意识地调整学习态度，改进学习方法。我主动和老师交流，向更优秀的同学请教，从而初步改善了自己的学习状态。在同一学期的期末考中，我的成绩进步到了年级前一百名。虽说仍旧不是很优秀，但至少是对我自己半个学期的学习状况的肯定。而在之后两年半的学习过程中，我一点点弥补了自己薄弱的基础，并且开始有规划地进行学习和复习。除此之外，我还有意识地培养了自己的考试心态，并总结出了面对不同学科的适宜的应试心态。在高三第二学期，我的成绩快速提高，并在最后的高考中稳定发挥，获得了比较优异的成绩。总结来说，我认为我的进步首先体现在知识的掌握上。客观上的知识掌握是考取好成绩的必要条件。而对知识的掌握和巩固是我在高三第二学期努力的主要方面。在熟练掌握了知识以后，学习心态的培养也是极为重要的。当同学们普遍到达了一个较高的水准之后，真正的比拼就体现在发挥上。

我想我的学习经历能够给很多现阶段成绩并不突出的同学们以极大的鼓励。始终要坚信自己不比别人差，并且有意识地在各方面做出改进，不断提高。

一、关于学习和课外活动的关系

虽然我在学习上承受着不小的压力，但是我并没有因此而放弃对学习之外的能力的培养。我将自己的高中三年分成了三个阶段：第一个阶段是高一以及高二第一学期，在这个阶段中，我基本上将学习和课外活动同等重视。第二个阶段是高二第二个学期和高三第一个学期，在这个阶段中，课业压力开始加重，我基本上以学习为主，但是也会参加少量的课外活动来放松自己。第三个阶段是高三第二个学期，在这个阶段中我舍弃了几乎所有课外活动，全身心地投入到高考备战之中。在第一阶段和第二阶段，我参加了大量的社团活动，并通过这些活动有效地缓解了学习带给我的压力。但是过多的课外活动是一定会对学习产生影响的，所以要有所权衡。另外还要注意对待课外活动的态度，不要在做一些与学习无关的事时老想着作业和考试，负罪感是课外活动最大的坏处。在高一、高二时适当参加一些活动是有益的，但一定要学会把控学习和课外活动的关系。

二、对待考试的态度

正因为在高一时经历过那样的低谷，所以我对于之后的成绩的起起伏伏并不会太过看重，而是将注意力集中在我的学习情况本身之上。考试成绩的确是对一段时间的学习状况的反映，但不代表每次的反映都是真实客观的。考试最重要的意义是告诉我们在哪些知识上存在漏洞，以及通过考试来提供一个锻炼考试心态的机会，起到一个模拟的效果。至于平时的考试结果如何，并没有那么重要，所以一定不要让考试结果过度影响你的学习态度和心理状态。也就是说，既不能因为考差了而一直难过，失去信心，也不能因为考好了就不关注仍旧存在的问题，自得自满。始终关注考试真正的意义所在，能够帮助我们通过考试而提高对知识的掌握程度和对考试心态的掌控程度。

三、对待作弊的态度

既然上面说过了考试结果并没有那么重要，作弊的意义也就所剩无几了。要知道作弊对我们的恶劣影响不在于对学习的内容本身的掌握，而在于考试心态的锻炼。对于一个知识点，考试时你发现自己不会了，空着和抄来并没有本质的区别。但是一旦作弊了，就破坏了整场考试的节奏，失去了所谓"模拟"的意义。

四、关于复习节奏的把握

高三时每个人都会面临自己的复习节奏和老师的复习节奏之间的矛盾。我的观点是一定要以自己的复习节奏为主。因为只有自己才是最清楚自身学习上存在的问题的。老师的复习节奏是考虑到所有同学的一个折中的方案，这样的方案不一定适合每个人。所以要在尽快完成老师布置的必要任务后快速回归到自己设定的长远的复习计划中。而完成这样一个复习计划才能让你无所缺漏，同时获得心理上的满足感和自信心。

五、关于考试心态调整

要培养最适合的考试心态需要在大量的考试中不断调整，并且有意识地寻求真正适合自己的考试心态。比如对于语文和数学，它们所适合的考试时的紧张程度显然是不同的。要想在考试时稳定发挥，首先要对试卷的题型足够熟悉，其次要不断调整心理状态，在每门科目的考试开始前迅速进入最适合这门科目的一个心理状态。

学习方法

一、对待语文的态度

首先所有人都要相信语文是可以通过练习来提高的，而且提高的潜能可能是所有学科里最大的。因为语文试卷的组成成分最丰富并且每个成分都可以针对性提高。就浙江卷的题型而言，试想一下，如果基础题少错一道，语用题、现代文、文言文、古诗各少扣两三分，作文再提高一个档次，马上就能提升很多分了。我想其他省份的考试卷也不会相差太大。另外语文是属于发挥较为稳定，较能体现知识掌握程度的一门学科，所以只要用心去做了就基本可以在每次考试中都有一门稳定保底的科目。

二、语文不同题型分别对应的学习方法

语文的一个特点是题型较多，并且需要积累和掌握的知识比较多。我在这里还是针对浙江卷的题型进行分析。

首先是基础题。对待基础题最好的方法就是记背，一定不能觉得烦，而要从中制造乐趣。比如下课了和同桌每个人出一个字音考考对方之类的。但是还要注意的一点是，基础知识的记背几乎是无止境的，所以要有一个基本的判断力，也就是判断某些字音字形是否会太过生僻，是否有识记的必要。而这个判断力的养成在于做过足够多的题目。

然后比较重要的是现代文。我的方法是首先判断每道题目的性质，然后在题目旁边默写出平时积累的各种题型的答题角度。比如对于一篇散文如果判断一道题目是赏析题，就可以在题目旁边写下"修辞，音韵，结构……"这些平时积累下来的答题方向。同时这些积累是要不断通过做题进行补充的。

然后是文言文和古诗词等古文部分。第一是要有足够的文言字词和文言常识的积累。对于文言文阅读，一般重点考查的字词是有一定的范围的，所以不用记太多太生僻的字词。但是一定要将每次题目中出到的和老师上课重点讲的积累下来，同时要了解一般错误的选项会以哪种形式出题。对于文言文翻译，要抓住给分点，比如使动用法和意动用法等重点考查内容以及一些倒装句的还原等。

还有就是作文。这是整张试卷的重中之重。第一个要注意的就是将高考作文和写文章明确地区分开来。我们不能抱着碰到一个欣赏自己文风的老师，然后给我们一个高分的心态。我们应该将作文的分数在很大程度上掌控在自己的手里。首先是审题，作文的评判的第一步就是对于审题的准确度的判断，并且近年来为了防止套题情况的出现，审题的难度不断加大，受重视程度也逐年提高。如果审题出现问题，那么无论文采有多好，最多也只不过能在第二、第三档里达到最高分，距离真正的高分还是有很大的差距。所以希望很多对文学怀有热爱的同学能够接受这样一个制度，首先做好审题，然后再下笔展示自己的文采，否则很可能会成为一个遗憾。同时在行文过程中，也一定要将自己想表达的观点写清楚。适当的修辞是必要的，但不能过于晦涩难懂。要知道真正到了高考改卷时改卷老师是高强度工作的，他们不会有很多时间，也很难有闲情逸致去欣赏一篇作文。

三、对语文存在的"主观性"的应对方法

语文许多题目的主观性导致我们在各个考试中经常会碰到对答案的不服，这是很正常的现象。那么如何对待呢？首先要放低姿态，你认为是对的如果答案里

没有出现不代表不对，只代表这个角度不是出题人思考的角度，而答题其实是不断揣摩出题者意图的过程。所以不必生气，不必感到无力，下次还是写上你想到的角度，但也要接纳出题者的角度。如果你的答案包含了所有出题者的可能性，那就无所畏惧了。但是除此之外，更重要的是要有鉴赏答案的能力和勇气。也就是说，当你发现某道题的答案里出现了一个新的答题角度，你要能够判断它是让人感到耳目一新还是荒谬可笑。若是前者则喜而积累，若为后者则痛快地忽视它。

这就强调了高考原题的重要性。语文是很难出真正标新立异的题目的，而对历年高考原题的真正掌握和适当的迁移能对答题起到很大的帮助作用。

四、笔记本、摘记本和错题本

我在语文上有三个本子。其中笔记本大家应该都清楚，但是一个特殊的地方是我的笔记本会在做题过程中不断补充完善，并且会在一些条条框框的答题技巧之间插一些典型例题。摘记本是积累素材的本子，也可以写一些自己想要用作素材的生活片段和随想。错题本中积累着一些我认为在做题过程中给我有很大启发的题目。比如现代文的一道新颖的题型，或者一个新颖的答题角度，又或者一句难度比较大的文言文翻译。

五、语文应试心态

语文是一个发挥一般比较稳定的学科，因此在考试过程中可能要在原有紧张程度上适当再增加一些紧张程度。比如在现代文答题时要不断督促自己多想几个角度，多写一点东西。当然，同时还要把握好时间。

最后再谈一谈练字的重要性。这里的练字并不是指练习书法，而是指写出清楚端正的字。因为现在的改卷是扫描后网上改卷的，所以干净清爽的字能够对答案的呈现起着很重要的辅助作用。大家可以试着拿一些答题纸在作文格子里抄一篇好作文，既学习写作，又能起到熟悉答题卷的作用。抄完后可以去老师办公室扫描看一下效果，然后逐渐改进。

第4篇
湖北省——杨景宇

高中学校： 湖北省钟祥一中

就读院系： 北京大学光华管理学院工商管理专业

年　　级： 2015 级

高考分数： 629 分

荣　　誉： 2015 年荆门市文科状元；湖北省数学竞
　　　　　赛一等奖

作者小传

我出生于湖北一不知名的小镇（胡集），童年好奇心旺盛，善于探索，对学习较有兴趣，因而形成了较好的自学能力，进入县城最好的中学，继而进入县城最好的高中钟祥一中。虽有"山大"的压力，依旧过得闲散适意。

好读书，不求甚解；爱玩乐，把持有度；善自学，有自己的一套学习理论和方法；喜热闹，经常与好友们分享交流新知。三年高中，头年放浪形骸，广交好友；次年勤于学思，渐入佳境；末年致力高考，挑灯夜战。自我感觉高中并没有极其辛劳，或许凭借良好的学习习惯和高考那两日幸运的眷顾，有幸进入北大，至今已度过半年新奇而茫然的校园生活，目标初定，规划渐成，希望下半个学期能够踏实取得些许学业和生活方面的进步。本人性格和善，喜欢交流，也能体会几分助人为乐的道理，爱好广泛，有的了解较为深入，但大部分都是浅尝辄止，止于认识。

学习心得

孔子云："知之者不如好之者，好之者不如乐之者。"一个人要想真正在一件事上取得成功，必然离不开兴趣的指导。探索之趣，发现之美，明悟之妙，都是兴趣带给我们的对求知永不枯竭的动力。

从小到大，我无数次地被教导说勤奋和毅力是成功的根源，然而，随着年龄的增长，我逐渐领悟到如果没有发自内心的兴趣和热爱，把学习作为一种任务、一种工作来倾力付出，再刻苦的坚持也终会有消磨殆尽的一天。而一旦对学习产生了浓厚的兴趣，对知识有一种探求的渴望，那学习亦是娱乐享受，吸引力不在电子游戏之下，又怎么会成为学生的负担？

比如我自己，从小就对数学有着浓厚的兴趣，数与数之间奇妙的抽象关系让我沉醉不已，经常花费大量时间去验证、推导书中定理，或时而困惑，偶得新思，便提笔演算，推敲琢磨，而不觉时间流逝。有时得一解，便有满心欢喜，怡然自得，满足于自己的"新发现"；有时困顿不解，亦可翻阅书籍，询问旁人，终有所悟；抑或发现自己所想本身含有巨大纰漏，整套体系尽陷误区，也只是自嘲一笑，丝毫不觉得浪费了大好光阴。因为，这个过程本身对我而言，就是一种享受。于是，在旁人看来险恶如猛虎而避之不及的数学，一直都是我的日常爱好，见我数学成绩优异，有人觉得我天资聪慧加勤奋刻苦，实际上只是伴随我十年的兴趣而已。所以我说，兴趣是我们不竭的精神动力。

看到这里或许有人会提出疑问：我们怎么能决定自己对一门学科的兴趣呢？实际上，除了"一见钟情"式的兴趣，我们也能够后天逐渐培养对特定事物的兴趣。

首先，兴趣都是由好奇逐渐演变而来的，好奇又源于求知欲，求知欲是几乎人人都有的特质，所以人天生就有形成对任何事物的兴趣的潜力。想想，当你初次接触某一全新的学科，你一定会产生一定的好奇心，这种好奇心驱使着你去了解它。然而，剥去了这门学科神秘的外衣，开始接触那些繁杂的数字公式或者长篇大论的概念介绍时，你感到了困难。若你坚持下去，反复斟酌，理解它、验证它，并将之用于生活中，你就会收获满足感，兴趣由此而成。遗憾的是，大部分人被前面的困难所吓退，产生畏惧或厌倦之心，从而错失深入探索这门学科的机会，把学习它作为一种不得不做的差事，自然不会有很好的结果。就算是一个自律之人日复一日地压榨自己的耐心和毅力去努力学习它，最多也只能达到僵化地应付固定考试模式的效果。

高中的时候我本是理科偏好，却阴差阳错地进入了文科班，在此之前我只是对地理稍有兴趣，那么我又是如何培养对政治、历史的兴趣的呢？那就是应用。譬如学了经济便与实际中的经济现象相关联，用所学的知识去看待各种现实事件，虽然时常因知识浅薄以至于看法或有偏颇，但这不重要，重要的是我能从中体会到知识的作用，它们不是书上那些空洞的文字，而是前人留给我们宝贵的经验教训。学了历史便采用其中的史观结合史实来分析当今世界格局是如何形成的，身边某种习俗有何历史背景，宗族历史上可能经历过哪些事件，等等。学以致用，而兴趣自来。

除此之外，兴趣与能力也有关联，我称之为"兴趣惯性"，即学的越好，越有兴趣，勤于学习，学的更好，由此形成一个良性循环。与之对应的，也有类似的恶性循环。高中刚开始时我的英语是最大的弱项，并且我也厌恶去学英语，陷入了恶性循环。那么，我是怎样摆脱恶性循环的呢？答案恐怕要让你失望了，就是坚持。之前有提到学以致用，但是当你知识掌握的水平过于低下时是无法应用它的。所以一开始还是要强迫去学，这是一个痛苦的过程，但我们不能让它持续太久。通过不懈的背单词、练听说、刷题，我逐渐提高自己的词汇量和语感，然后便是尽量去用它交流或者阅读。当你觉得一门学科不再那么难，才更有可能去主动地学习它，培养兴趣。

学习一道，术有万千，我不过择出我认为最重要的一点加以阐述，切不可顾此失彼，保一丢余。有了兴趣作为精神动力，亦需掌握合理的方法，朝着正确的航向，方能达到心中的彼岸。

学习方法

语文是大家最早接触的学科之一，人们在生活中也无时无刻不接受着语文的影响，但是即便如此，高中语文对于很多人来说依旧是道难关。学习高中语文脱离低分容易，但是想要取得高分还是得下一番功夫的。下面我把高中语文学习方法主要分成三个方面，逐一为大家略作分析，以供参考。

一、落实基础知识

这一部分主要包括字音、字形、词语辨析、诗歌默写、文学常识等，一般来说分值占比不高，但是每一分都不应丢失，因为这些都是能够完全掌握的知识。对于这些内容的学习方式比较单调，就是坚持用心去背，晨读一定不要中断，利用艾宾浩斯遗忘规律，时不时地进行自我复习也十分有效。当然，这其中也有一些小技巧，比如联想记忆法（将相似的字音字形放在一起记忆）、归纳总结法（把含有某一相同特征的内容归纳记忆）、记少不记多（记住普遍情况之外的特殊个例）……总之，基础知识的识记是一个漫长的过程，纵使偶尔取巧，起决定作用的还是恒心和毅力，而这些，将直接关系到你的高考分数。

二、加强阅读能力

阅读在高考语文中的占比算比较大的了，主要分为诗歌赏析和文本阅读。文本又分为论述类文本、文学类文本、应用类文本。论述类文本就是我们常说的说明文，有人文社科与数理科技之分；文学类文本也分为小说和散文；应用类文本比较杂而广，包含新闻报道、人物传记、历史考查，等等。根据文体以及内容的不同，应采用不同的解题思路和作答规范。具体的题型以及相应的作答方法各类教辅资料上都有比较全面的讲解，故在此不进行赘述。

但是技巧随处可见，会用的人却并没有那么多，终究还是贵在练习。这里并不推荐对语文采取题海战术，然而必要的练习还是要有的，高中三年每种文体的每一小类都认真做个三五篇也不算难事，关键是在做题的过程中套用所学的方法技巧，揣摩作者出题的意图和答案编写的思路，逐渐形成一种潜移默化的语感，从而提高答题速度和精度，面对各类题型也能游刃有余。

三、提高写作水平

写作历来稳稳地占据高考语文的半壁江山，实在让人无法轻视，然而这似乎又是一个非常依赖"天赋"的能力。是否一开始写不出好文章高考作文就与高分无缘呢？当然不。关于作文的技巧实在是纷繁众多，一时难以详尽表述。在此就从最重要的主旨和技巧两方面浅谈一下。

主旨即立意，立意首先要鲜明扣题，其次要深刻，最后力求新颖。说到底就是两个字：审题。首先是对作文材料的准确理解，体会材料传递的完整而真实的信息，做到大方向上不偏离题意。然后选择一个方面作为切入点精准入题，切入点务必要契合材料中心思想，如果有多个切入点，则择一进行拓展，不要贪多，否则会导致文章主题模糊。

技巧则是众多写作手法的综合运用，在阅读能力训练中可以接触到不少的写作手法，加以模仿，试着在自己的文章里主动应用各种表现手法、修辞手法、表达技巧，等等。写得多了，用心练了，文字方面的技巧都能够达到基本要求。至于语言的优美性，确实因人而异，有的人似乎自然而然地擅长写一些优美清新的文字，也有人总是笔力遒劲文字厚重。你不会没关系，大可以积累一些优美的词句。精妙警醒的名人名言，绚丽多彩的开头，回味无穷的结尾，只要你觉得适合自己的风格，都可以积累备用。这些东西，记住了，在考场上写进自己的文章，那就是你自己的，当然前提是契合文章的主题和风格。

掌握了以上两种基本技巧，记叙文和论述文对你来说都不难掌握，注意不同文体特有的写作技巧即可，最后文体的选用还是看自己平时擅长的方面。

最后值得一提的是，由于语文是一门给分比较灵活的学科，阅卷人的主观判断影响重大，因此一定要把字写好。就算字本身不好看难以改变，但一定要写整齐，让阅卷人知道你确实在用心写。而不是乱画一气，甚至让人无法判别所写内容，那样的话就算写得再好，结果恐怕也不会如你所愿。

第 5 篇
陕西省——白思雨

高中学校：西安高新一中
就读院系：北京大学外国语学院阿拉伯语专业
年　　级：2015 级
高考分数：642 分
荣　　誉：2015 年商洛市文科状元，英语单科状元；
　　　　　　全国中学生英语竞赛一等奖；全国中学生
　　　　　　语文竞赛一等奖；陕西省三好学生

作者小传

本人文科姑娘一枚，身高170，年方十八九，向往诗和远方，也向往火锅和脆皮肠。爱好是一些"不务正业"的事，比如参加过主持朗诵和舞台剧，也沉迷于旅游读书和追美剧。正在努力成为一个好好学习、认真生活的人。

我一直告诉自己一句话"最怕一生碌碌无为，还安慰自己平凡可贵"。或许正是这种不甘平凡的性格支撑着我走过最艰难的岁月，使我这个昔日的学渣最终得以圆梦燕园。在外人看来这或许是 impossible，但我证明了 I'm possible。当然个中滋味也是相当心酸，不过心中有梦的人岂能快意潇洒，回首走过的路我觉得青春无悔，如此足矣。

我想告诉你，放下手机，走出房间，做一些真正喜欢、真正有意义的事，别让最好的年华浪费在刷朋友圈中。

我想告诉你，珍惜眼前的老师和同学，做一个知足、感恩、善良的人，成为自己的太阳，带给别人温暖和正能量。

我最想告诉各位正在奋斗道路上的学弟学妹的是，无论遇到多少坎坷，请务必咬牙坚持。我都做到了，你为什么不可以呢？

学习心得

我的高三，说到底平凡得和每个人都一样，普通到有点乏善可陈。

不用说你也知道，无论何时何地，高三的主旋律必然是学习。

我为起伏不定的成绩烦恼，总是立下各种决心和目标却缺乏坚持和执行力。背文综背到崩溃想摔书，却在晚上拉着闺蜜在操场散步时神经质地问对方"用不同史观怎么分析太平天国运动"或者"稳增长、调结构、促改革的哲学原理是什么"。在数学的无情碾压中不止一次对自己的智商产生深深的怀疑，但还是坚持厚着脸皮去找老师和同学问一些弱智的问题。我也没有想到自己会拼到这种程度。大概就像林丽渊所说的那样，每个人都有歇斯底里的本源。

有一些学弟学妹跟我说："学姐我觉得我很迷茫。怎么办呀？"不客气地说，迷茫是因为闲。正如杨绛所言："年轻人，你的问题在于书读得太少而想得太多"，等你尝遍了上述苦头，我们再来谈人生。

请记住，高考绝非你的终点，恰恰相反，这才是你人生的起点。好好学习的真正意义在于获得一个更好的平台。只有先做必须要做的事，才能做喜欢的事。就拿我上大学这几个月来看吧，北大作为中国第一学府，其资源是别的学校无法比拟的。如果你喜欢文学，你可以近距离接触到刘慈欣、余华、曹文轩；如果你仰慕大师，你可以面对面见到袁行霈；如果你向往多姿多彩的社团活动，青天会、山鹰社、轮滑、街舞、动漫……只有你想不到，没有你做不到；如果世界这么大，你想去看看，各种国际交流项目也是目不暇接。你的教授将是《今日说法》的客座讲师或是代表中国进行外事访问的著名学者，你的同学将是某省前几名或者外语保送或者国家一级运动员。噢，对了，我们吃饭还有补贴，食堂价格在物价飞涨的帝都相当良心，男生 10 块管饱，女生 8 元吃撑。

迄今为止，我知道的道理不多，大多数又都是从我妈那里稀里糊涂听来的。而妈妈告诉我最重要的一件事就是，你要先知道有什么，再知道选什么。而你越努力，你的知情权就越广，你选择的余地也就更大。有选择的自由，本来就是一种令人羡慕的能力。

学习方法

接下来的学习方法汇总，我将从学习方法和应试技巧两个方面谈。

学习方法——宏观把握角度。

应试技巧——具体操作层面。

应当注意的是，语文的特殊性决定了它是积累型学科，换言之，绝不是一朝一夕的功夫。数学、英语甚至理综都可以短时间内刷分，但是语文不可能。要想学好这门科目，学习方法和应试技巧缺一不可，不能抱着功利的心理，想着只掌握应试技巧了事。平时学习方法的点滴积累才是最坚实的基础，没有它一切无从谈起，高考也一定会输得很惨，我身边就有过这种耍小聪明却吃大亏的例子。希望各位引以为戒。

一、学习方法

多读书！最好培养起对语文的兴趣！这很重要。作为一门语言，语感的重要性不言而喻。读书对作文和阅读都大有裨益。读书有利于你更好地运用文字表达自己的思想，并理解别人文字背后的情感。

注：我这里说的书特指文学类。比如诗歌、散文、小说、哲学。当然必须得是大师或者名家的作品。

二、应试技巧

1. 干货来了，书单推荐

散文——《旷代的忧伤》（林贤治）；《清欢》（林清玄）；《撒哈拉的故事》《雨季不再来》（三毛）；《目送》（龙应台）。

诗歌——推荐博尔赫斯、雪莱、莎士比亚、顾城、茨维塔耶娃。具体诗集不写了，网上搜搜都有。

哲学——推荐加缪、海德格尔、尼采、叔本华、康德、维特根斯坦。我觉得如果不是有兴趣，没必要读他们的哲学原著，一方面比较深奥费时难理解，另一方面读多了哲学有时候会怀疑人生（我高二读了好多尼采，然后觉得人生真没意义，不想学习，变得很颓废……）。可以查几句他们的名言，但是不要烂大街，要比较小众的，用在作文开头或者结尾，一定会让老师眼前一亮！

传记——强推《李鸿章传》（梁启超著）。

小说——短篇小说巨匠欧·亨利、契诃夫、莫泊桑作品。《活着》（余华著）；《追风筝的人》（卡勒德·胡赛尼著）；《归来》（严歌苓著）。

古典——《人间词话》（王国维著）；《心经》（这个很酷啊，如果你引用在作文里老师会觉得你的知识面超广）；《道德经》；《菜根谭》；《幽梦影》。

杂文——《看见》（柴静著）；《野火集》（龙应台著）。

另外，平时可以看看《南风窗》《南方周末》《看天下》等杂志。

2. 练字！练字！练字！重要事情说三遍！

练字真的是一件特别重要又特别容易被人忽视的事！高考时都是扫描在电脑上阅卷，如果你的字不忍直视的话对分数的影响非常大。语文主观题虽然有一套给分标准，但具体到实际的人工改卷中，印象分占很大比例，而你的字是起决定作用的。

练字，不要求你写得多好，要练成什么书法什么体，你只要写得整齐，清晰即可，而且最好现在养成不用修正液的习惯，规范涂改。

3. 读题养成勾画和分析题干的习惯

这样说太抽象，我以题型为例：

如第一大题现代文阅读，这是一大难点。很多同学栽倒在这个上面。做这种题的时候，首先看题目要求，比如"不正确"、"完全符合"、"包含于"、"推断"。接着阅读文章，标出段落自不必说，你还要勾画出程度类的词，比如"绝大多数"（此时选项若说全部就是错），以及关键的表示因果或者顺承的逻辑词。另外，由于现代文阅读大多数层次性和逻辑性极强，所以我建议阅读时顺便画一个文章的框架，理清脉络。

再如文言文阅读。第一次读时，可以勾画出人名，因为文言文中通常只有名没有姓，有时还会省略主语，所以应给予特别关注。后面有一道题让你从几个选项中选出体现×××种特质的一个经典错误选项就是主语错误。也要勾出重要的地点、年份、数字，还有特殊含义的词，别看这些是细枝末节，但文言文最后一题判断对错时会用到。

勾画不仅能迫使你认真阅读，而且能在你做完题返回来检查时不必再阅读一遍，而是直接看关键点。如此可节省大量宝贵的时间。

4. 刷题

我已经能想象你的表情：什么？语文也要刷题？

回答：当然！不过，这是最后关头实在走投无路之举。如果你到了高三后期，书没读过几本，遣词造句停留在初中水平，阅读既理不清逻辑关系也体会不了思想感情，那么，刷题吧。当然平时有语文基础的同学，也要适量刷题，毕竟应试和素养存在脱节，刷题可以让你的基础得到升华。

刷题也要有技巧的，前期模拟题，后期高考题。不求量，要求质。一般像《五年高考　三年模拟》或者《十年高考》这种教辅书后面都会有分析，比如答题模板、思考角度、易错点、出题热点，刷完之后建议你背一下。虽然我个人觉得这不是最佳之选，毕竟出题人每年的思路也在不停地变，这种套路肯定不是万能的。但是我前面已经说过了，这是别无选择的无奈之举。事实证明还是有用的，至少提供了思路，答题也比较有条理，实在不会强行写上去肯定也能得基本分。字如果再写得好看的话，恭喜你，语文不好也可以考出高分。

学习方法这种东西其实因人而异。那句话怎么说来着，一切以结果推导原因的方法论都是"想当然"的谬误，我尽量总结了一些比较普适的方法，但不能保证符合每个人的具体情况，所以请你自己加以选择。

第6篇
贵州省——甘德武

高中学校：贵州省贵阳市清华中学

就读院系：北京大学法学院法学专业

年　　级：2015 级

高考分数：691 分

荣　　誉：2015 年贵阳市文科状元

作者小传

　　高考前的这些年，重点应该大都放在学习上了吧，很多值得分享的故事也发生在这一阶段，总的来说，我的学习之路是比较平坦的。小学都是一直开心地玩过来的，几乎没有什么烦恼，成绩也还不错。从三年级开始以后的八次期末考试，一次第二名七次第一名，小升初考试以全镇第一的成绩进入县里一所民办初中就读；初中三年所有期末考试都是第一名，很多时候都是以微弱优势胜过第二名，运气简直爆棚，中考以全县第一的成绩进入贵阳市清华中学就读；清华中学是我的一个转折点，在那里我遭遇了打击，落入了低谷，也重拾了自信，收获了成功。刚进高中，学习难度陡然增大，加之对陌生环境的不适应，我曾一度产生厌学情绪和自卑心理，整个高一上学期完全不在状态，期末排名跌至年级百名之后。进入高二以后，我找回了学习的渴望，加上高一下学期打下了一定的基础，成绩快速提升，除高三下学期有较大起伏外，排名基本稳定在年级前五，直至高考。生活上，我也是一个积极乐观的人，喜欢和同学、朋友在一起毫无拘束的玩乐。此外，我也很喜爱运动，短跑不错，但现在玩得最多的是乒乓球，小学开始接触，初中就是成了瘾地玩，个人感觉有一项或几项爱好是一件非常幸运的事。

　　我喜欢的格言是：欲穷千里目，更上一层楼。

学习心得

　　我觉得学习语文，最重要的是语文素养的提升，是自身素养及认知判断力的完善。我听过一个学长与高中语文老师交流时，他反思自己高中语文为什么学不好的时候，认为原因在于并没有形成属于自己比较成熟独立的认知和判断力。因此，对于诸多文学现象也好，社会现象也好，并没有属于自己的特别感受。以致在做阅读时，面对一些文段，不能形成自己的思考，有抓耳挠腮的感觉，答题就会很牵强。写作文更是如此，你没有自己比较成熟独立的审美观、判断力、思考力，在面对题目时想到的只是作文套路范式，这些写出来的作文，恐怕连你自己也没有耐心再去读第二遍了。

因此我觉得，对于高一高二的同学来说，学好语文的关键在于培养自身认知与丰富情感。其实，这不仅是学好语文的要求，更是自身成长应当具有的责任。当然我们也应该知道，现在我们并没有太多时间去看课外书、拓展自我，因此，上课认真听课就很重要。语文老师会有比较高的人文素养，同时具备比较完备的人生阅历和认知体系，我们应该在他的课堂上去感受和体验，其实不止语文老师，身边许多老师也是如此。另外，我们也要积极提升自我思考能力，这是必要的，而且只要我们用心去做，这并不是一件难事。多观察，多发现，多思考，你逐渐会产生与别人不一样的体验，这些体验就会提升你的语文素养，形成自己的竞争优势。其次，我们也应该提高自己的学习效率，做到主动学习，去享受语文学习过程中的快乐，而不是把语文当作一种负担，久而久之，语文成绩自然会提高。

关于语文，最后想说的就是，除对文学本身就具有天赋和热爱的同学外，我们其他人也应该积极去接近语文、接受语文。语文既是一门工具更是一门学问，它能让我们主动地去探寻自我，发现感悟，思考环境，并能通过作文日记表达、记录自我的认知情感，这也许是语文的魅力所在了。

学习方法

刚刚经历高考，我认为用"冰冻三尺，非一日之寒"来形容语文学习想必是再合适不过的了。学习语文绝非一朝一夕之功，它需要我们作长期的积累和沉淀，之后才能做到厚积薄发。

高一刚进校，面对一个陌生的环境和繁多的学习科目产生的不适应，我逐渐放松了语文学习，导致语文成绩不断下降。现在想来高一是一个非常重要的阶段，这一时期必须打好语文基础，基础不牢必定影响一个学生语文水平的提高。所以高一的同学对语文不应有所懈怠。我们应该主动预习。预习是学习最重要的一个环节，没有预习就难以把一个学科学好。预习的过程中要把不懂的勾画或标记出来，课上积极发问或讨论。同时为了能更好地掌握课本知识，最好在课余时间做一些相应的习题进行巩固。

进入高二，我又把重点放在了数学上，花在语文上的时间和精力比较少，语文成绩多保持在 105 分左右，根据那个时候语文老师的要求以及我自己的认识，我觉得高二一定要多阅读多积累。但是进入了高中紧张的学习阶段，一般来说我们不可能再有大量的课余时间进行阅读，因此阅读时要有选择。我们应广泛浏览各种书籍和报纸杂志，从电视、广播、网络上获取信息，并有条理地做笔记。要关心社会生活，了解社会动态，使自己的思想不断进步。这一过程我们不仅能够增长知识，也能丰富生活，做到一举两得。

高一、高二很快过去，转眼我们已站在了高考前线的战场上。高三上学期我的语文成绩还是 110 分左右，我认识到了问题的严重性，于是我买了一本语文《五三》对语文进行系统的复习。每天都会抽出时间来记忆文言文实词虚词释义、病句类型、成语辨析这样的细小知识点，也会做相应的题目。刷题对于高考前的每一个学科都很重要，它会让你对高考的考点和题型更有把握。我觉得高三上学期可以多做做往年全国各地的模拟题，试卷上的选择题应该重点把握，新课标卷 27 分的选择题有很大的区分度，应该尽量拿到高分甚至于满分；主观题可以在脑海中想想答案，然后对比参考答案找到自己思维的局限。高三下学期则应该多做往年语文高考真题，找找高考语文试卷的感觉，认真分析题型和答案，高考试卷有较高的稳定性，多刷高考题高考时才能对考卷更熟悉、更有自信。同时，平时刷题应该计时，每个题应该用多少时间完成自己要确定好。

语文是高考的第一科，这一科发挥的好坏对接下来的水平考试发挥有很大的影响，要尽力发挥出自己的正常水平。拿到试卷，可以做一下深呼吸，然后浏览全卷，把它当作一场平常的考试，按顺序做，尽量不要跳题。另外作文一定要写完，作文字数不够会给评分老师留下很差的印象，对作文评分非常不利。

第 7 篇
福建省——陈雅芳

高中学校： 福建省漳浦第一中学

就读院系： 北京大学中国语言文学系

年　　级： 2015 级

高考分数： 653 分

荣　　誉： 2015 年漳州市文科状元；全国中学生英
语能力竞赛一等奖

作者小传

我生于祖国南端水汽和阳光一样充沛的小城，心里盛满了家乡给予的诗情和远行的渴盼。前十六年的人生一直囿于小城，小学初中高中，按部就班地学习，用笔尖起舞，窥书中百态。

因为做事情三分钟热度，没有养成其他的特长，只有阅读和用文字记录生活的习惯坚持了下来。认字起枕旁就有书做伴，从童话故事到言情小说到现在终于长到可以读经典的年纪，书赋予了我另外一个世界，也让我知道山外有山人外有人，时刻当怀敬畏和谦逊之心，最重要的是，要一直向前跑。

喜欢的作家有很多，但最重要的是初二的时候碰到的青春文学作家八月长安，第一次因为作者笔下的故事和她自己身上的光环而想成为一个更好的人。这个"更好"的内容很多，包括好好学习，从日常点滴做起，做温暖身边人的小太阳等等。但目前看来最具戏剧性的一点是，因为她而想要考北大，哪怕一直游弋在高强度的学习生活和自己的阅读爱好之间，也一直不曾放弃。

八月长安说过一句话"你的野心再大，这个世界也一定装得下。"因为这句话，所以我敢去做梦。而在看起来很难熬的高三时期，Tough days do not last, tough people do 是另外一句对我影响深远的话。苦难不会永久，坚强之人永存。有梦之外，还要敢于做梦。

至于我自己，尚未完全定型。更好的我，一直在路上。

学习心得

和大部分人一样，从小学、初中、高中这样一路按部就班地过来。学习这件事，一直浸淫其中，想必大部分人都有自己与之的相处之道，我亦如是。

说起来，我是一个玩心比较重的人，也一向不赞成把自己几乎所有的时间都用在学习上，不给自己留喘息的机会，人会撑不住的。所以我经常趁着周末三两好友一同逛街玩耍又或者双手持卷听着歌看喜欢的书。但，也因此，吃了不少苦头。

所谓劳逸结合，最重要的是张弛有度。而那个度，恰是我学习生涯中一直在探寻的东西。初高中都有过成绩起伏很大的时候，原因恰是没有把握好那个度。

高一下学期的时候，我们刚刚文理分科，选了文科的我自然而然产生了对理科的不屑和厌恶态度。本就缩小了的理科课程量，又有好多上课时间被我送给了小说、杂志，高二上学期临近理科会考的时候开始复习方觉得有些力不从心。错过的知识点太多，但只能为自己买单。我开始用很多闲暇时间去翻看老师发下来的复习提纲并刷题，该有的步骤一个不落，还得比身边的同学更认真一点，方才没有在会考的时候掉链子。

而太紧的时候也是有的，刚刚升上高三，身边同学刻苦学习的氛围、老师同学们平常讨论的内容、家人的殷殷期盼无端给了自己太多压力。除去每天上课时十分集中精力外，下课时间也不敢放松，往往用来整理上节课的知识点或者做练习，晚上也常常熬夜到凌晨。这些看起来或许是每个高三生必有的经历实则是对身心的双重压榨，不仅头痛经常造访，内心的疲倦感也翻天覆地。后来，自己尝试着调整，下课时离开座位和同学聊聊天、打打羽毛球，晚上的作息也尽量正常，睡前还会看点自己喜欢的书来愉悦心情。

就我自己而言，如果一段时间太松了的话，之后就必须要用多倍的力气补回来漏掉的东西；但如果把自己绷得太紧的话，反而不如给自己一定放松的时间来得事半功倍。但这个度因人而异，必须时刻意识到自己的状态是紧的还是松的，还有哪些可以调整的地方。

读书方法的话，在我看来最重要的一点是学会做笔记和整理习题。文科生和理科生做笔记的方法是不一样的，或者说，每个人都会有自己做笔记的方法。到高考临近的时候，我复习的东西基本上就是课本、自己整理的笔记和试卷。

对文科生而言，学会整理笔记、梳理课本是特别重要的事情。我从高一坚持到高三做下来的课堂笔记有英语、历史、政治三科。因为语文和英语都是比较零碎的知识点，没有办法一蹴而就，必须长期积累（所以语文到后期因为发现没有完整且系统地从高一开始做笔记而后悔，其实除去数学其他五科都有必要从高一开始做）。高一、高二的笔记可能都是上课笔记，除去课本内容外老师上课可能会延伸出很多东西，这些才是最需要记的点。我记笔记一般会买一本厚实的本子，左右两边分开，一边记课堂笔记，一边记老师扩展的点或者讲评习题的时候提到的新的知识点。

到后期，笔记整理的对象一般是题目，因为到后期有许多的试卷和习题，知识点积累到那个阶段大都烂熟于心，重要的是从题目中发掘和运用一些答题技巧。这个时候笔记本上积累的就当是一些类型题和创新题，类似于常说的错题本，只不过这个"错题"要有所抉择，未必所有错题都抄，也未必正确的就没有价值。毕竟对文科生而言，简答题、论述题等都没有标准答案，你要学会将自己的答案和所提供的答案进行对比，取长补短。（这个时候数学题目的整理也非常重要）

最后一点，说说考试心态吧。因为身在重点班，通过两轮的复习，越到后期就越发现自己跟身边同学的水平其实都差不多，知识点的漏洞都慢慢补上了，考试技巧也在一场又一场的考试中不断磨炼。这个时候考试心态起的因素特别大，不过，故事听得多了，什么原先的模范学生因为心态不好高考发挥失常等，反而觉得自己身边没那么夸张。可能会因为一些情绪的波动、紧张等影响发挥，但其实，真正的、实打实的水平就横在那里，只要不过度紧张，其实影响并不大。毕竟，运气是实力的爆发。高考的前一天晚上我失眠了，在床上翻到一点多才睡着，睡前十分焦躁觉得自己明天如果精神状态不好怎么办，但好在高考之前的一次模拟考也是这种状况。考文综的前一天晚上晚睡，考试之前头疼欲裂，反倒因此格外清醒，自己特别担心考砸，成绩却出人意料的好。所以因此安慰自己，其实只要精神高度集中，少睡一个小时也不会影响什么。心态这种东西是玄之又玄的，只能说，要成为自己的强心剂。当然，所有的前提是，要有足够的准备，才能安慰自己：你已经尽力了。

尽力而为，万事无憾。反正高考那张卷子，和你之前考过的每一张，都长得差不多。

学习方法

一、要有针对性的训练

清楚高考命卷的模块分布。哪个模块比较薄弱就在哪个模块多下功夫。主要是高三后期，无论是老师分的卷子还是自己买的练习，可以自己找模块做，不一定非得整张做完。

二、平时的积累

主要是语文基础知识（读音、字词、成语及其解释、常见谚语俗语、易望文生义的常见词、病句的分类，等等）这些都要用专门的小本子来做积累，积累时也要分不同模块，要有清晰的条理以便自己复习。

文言文阅读题型需要一定量练习，需注重的点是：常见词积累（一些熟词生义、古今异义、通假这些有特殊用法的词就算不常见也要积累）以及重点句型的把握。

因为老师发的练习或者试卷试题都会附上全篇的翻译，在自己做完对完之后一定要把翻译和原文进行对照，把所有自己不懂字词的意思都根据翻译找出，并将自己觉得重要的内容积累到自己的本子上。

《古汉语常用字典》作为工具书很有用，闲暇的时候可以自己查一查自己平时比较疑惑的字。也可通过这种方法掌握一个字的多个义项。

三、课外阅读很必要

平常就喜欢看书的同学自然可以根据自己的兴趣爱好看书，但一定要注意，看书不能仅仅把自己束缚在一个领域。看书要多方涉猎才能真正开拓自己的视野，不然就像蔡康永说的，你只看自己看得懂的东西，那么就永远不会了解那些你本不了解的。

所以看书，是需要好好筛选的。看一本好书和一本草草做决定就购买的质量不佳的书，区别是很大的。在挑选要阅读的书籍的时候先看一下别人对这本书的书评也是个不错的选择。或者可以找课本里面选用的名家的其他作品来看，经典总有它作为经典的理由。

最重要的是学会做读书笔记。真正看进去一本书的话一定会有感想，学会将自己的感想写下来。好词好句记得摘抄（请选择一本够厚够喜欢的摘抄本，这样你做摘抄的时候才能够心情舒畅，笔记本同理）。如果看完一本书之后没有做读书笔记的话，那么看这本书的意义是很小的，因为人的记忆能力是有限的，好记性毕竟不如烂笔头。

四、看看高分范文

学会分析并学习高分作文的结构和一些巧妙的用词。但注意一点：并非每篇高分作文都一定写得很好，要培养自己对于这种模式化了的高考作文的鉴赏能力。去欣赏自己真正欣赏的东西，不要太过盲目地硬背硬套。之前说的借鉴学习也应适当，灵活运用而非硬来。

五、好好利用老师发的材料，学会圈点勾画重点

尤其是材料里面的一些解题技巧应在做题时学会尝试，不能看看就好甚至于看都不想看。

六、背诵一定要下苦功夫

还有课本里的选文都是真正的佳作，不妨将其作为分析文章结构及学习的范文。不要求背诵的课文平时多读也是好事。文言文尤甚。

七、到后期利用好信息卷

挑自己薄弱的模块，每天保持一定的强度进行训练。当然其他模块一天一题也是必要的，不能顾此失彼，要在保证其他部分的前提下补缺补漏。

八、作文素材的积累

如果想要一次性的大量的积累可以购买书店里面的素材书，也可以通过自己平常的阅读来慢慢积累。个人比较赞成后者，因为慢可能反而印象会深刻一点。积累素材还有一种方法是挑古今中外文史哲等领域各一个在考场作文中出场率不那么高的人物（即不俗），自己尤其喜爱的最好。因为这样相关事例记得深，然后积累他的各种事迹以及在积累事迹时思考适用的话题，这个可以写在事迹旁边（专门本子）、平常练习作文时可以运用，这样在考场上使用的时候你已经对这些人的事迹了如指掌，构词也可以更精巧些。

语文这个学科是靠积累的学科，需在平时下苦功夫。涓滴意念方能汇河，语文之妙，需日日探索。

第8篇
河南省——王宇

高中学校： 河南省光山县第二高级中学

就读院系： 北京大学法学院法学专业

年　　级： 2015 级

高考分数： 620 分

荣　　誉： 2015 年信阳市数学单科状元；河南省数
　　　　　　 学联赛三等奖

作者小传

大家好，我是王宇，是来自河南省信阳市的一位女生，也许由于名字过于男性化的原因，很多人只闻其名以为我是个男生，不过我有时也真的像个男生。朋友们有时候会调侃我，说我是个不折不扣的豪爽女汉子。我也觉得自己没有输给男生，女生也可以靠自己，一样活得很精彩！

其实我是一名复读生，跟高考先生打了两次交道，其中滋味还是蛮复杂的。从第一次上考场的紧张恐惧到第二次上考场的从容冷静，我渐渐学会了如何面对生活与学习。同时这段经历也锻炼了我自己的心态，作用还是挺大的。其实我之前参加了两次清华大学的自主招生考试，而且也获得了降25分的资格，2014年是因为高考失利，成绩离清华的录取分数线还差得很远，于是这辛辛苦苦挣来的25分就这么白白的被我浪费了。2015年的高考成绩足够上清华，但是我却选择了北大，并不是因为清华不好，而是我自己更喜欢北大自由的氛围，更喜欢张扬自己的个性。

学习当然并不是我生活的全部，我喜欢打羽毛球，在大手挥舞的一瞬间所有的烦恼都被抛在脑后，所有的压力都可以尽情地被释放。当然我还喜欢踢足球，不过这应该已经算是过去的爱好了，自从来到北大就没有再碰过足球，也许是没有一起踢球的那些人了吧，心里其实还是蛮怀念的。除了运动之外，我还喜欢唱歌，虽然没有歌手唱得好听，但的的确确是抒发情感的一种方式。我信奉的人生格言是：人生没有如果，只有后果和结果。

学习心得

初入高三，更多的不是紧张，而是未知和茫然。面对即将来临的一、二、三轮复习，我本已做好跟着老师的步伐走的打算。这一切却被自主招生打断了，这突如其来的机会让我不知如何是好。此后，每周都要做大量高难度的自招试题，日复一日的忙碌让我的学习已经完全没有了计划可言。感觉自己像个机器一样度过高三的每一天，幸而自招的成绩比较满意。接下来没有自招的日子里我感觉自己像是少了什么东西一样，没有了以前的紧迫感（不知什么原因自己无意识的就松懈了）。有时候夜晚熬夜刷题不知不觉就睡着了，午休本计划睡半个小时结果醒了又睡，一直睡到上课铃响。甚至我有段时间都觉得自己是在放弃自己了。后来老师发现了我的这种状态，找了我谈话。那时离高考已经很近了，老师的一番话让我像是从梦中醒来了一样，接下来的时间里我慢慢找回正常的状态，然而太晚了。付出和回报还是成正比的，我的结局恰恰印证了这句话。2014 年的高考我落榜了，当听到电话那头班主任说出我的高考成绩时我整个人僵住了，感觉真的像做梦一样。这个结果不仅浪费了自招的分，也让周围所有的人都失望了！后来回想自己的高三生活，觉得这一切似乎都是活该。

　　然后就来到了分校这个陪伴我度过高四的地方，可以说高四的时候我真的是把自己逼到了绝路上（事实上我也是真的没有退路了），反省中我发现高三的我就像一个任性的孩子，缺乏自制力和良好的学习习惯。一个好的学习习惯会大大提高你自主学习的能力，这种学习方式带来的收获必然也是最大的。这是一个高三人最致命的缺点。高四并不是一个高三的重复，否则复读就失去了它的意义。高四，每天我都有着自己的计划和任务，有条不紊地前行着。这个时候我发现时间过得是那么快，而当再一次的高考来临时我也没有了以前的紧张和焦虑，一切都是水到渠成。其实大家可以认真想一想，当你为一件事情做了充足的准备时，你在做这件事的时候就会得心应手。

学习方法

一、培养语感

　　语文是我们从小学到大的一门学科，所以在语文学习中语感是很重要的。就像一句话你读一遍就知道它有语病与否（也许你也说不出来问题在哪里），这就是传说中的语感，一种神奇的东西。因此经常阅读优秀文章和语段不仅可以扩大我们的知识面同时也能够培养我们的语感。读的多了你会发现你和文字越来越亲近，你对语文测试的恐惧会慢慢消失，甚至你可能会渐渐喜欢上阅读与写作。

二、提高逻辑推理能力

　　一定的逻辑推理能力对于学好语文也是至关重要的，对于论述类文本我们必须要不断进行练习来提高自己的逻辑判断能力。这样就可以完善自己的思维方式，找出错误选项的漏洞在哪里，可以促使我们在阅读过程中保持清醒的头脑。

三、提高文言素养

其实我自己最喜欢的就是文言文，每读一篇古诗文就像在同一位古人对话。然而必须有足够的文言文阅读量才能读懂文言文。在这里 120 个实词的常见意思大家还是需要识记的，我有时候会选择将某些实词用在和同学的日常对话当中，这样的记忆效果还是挺不错的。能够像读现代文一样读文言文应该是我们学文言文的目标，这样的话翻译就都不是问题啦！同时，经常阅读《史记》《资治通鉴》《古文观止》之类的古文，也可以提高自己理解阅读古文的能力，这样把握文意就不存在问题了！

四、条理清晰

文本阅读答题时需要有条理，这样不仅显得你思路清晰，也会节省答题时间，更重要的是能给阅卷老师很好的印象。

五、坚持积累

语文是需要长期积累的学科，我们要坚持记住不同成语的意思，坚持每天摘抄优美的语段，坚持每天了解不同类型的素材。这些就像建楼的材料，有了它们我们的语文学习才能看得见效果。

六、作文添彩

语文的重头戏在作文身上，其中最基本的就是作文立意。现在对于立意的要求没有以前那么严格，但是我们得找到有话可说的最佳立意，这就是对我们概括归纳能力的考查。多多练习，大开脑洞，立意就会浮现在你的脑海里。不同题材的作文有不同的写作方法：记叙文注重细节描写和思想情感的表达，议论文注重论点与论据、论证之间的关系。但是文章都必须饱满充实，这个时候积累的作用就体现出来了。

七、美化书写

人们都喜欢说字如其人，好的字迹能够给人美的视觉感受，同样的答案，不同的字迹得分可能就不一样。所以，我在高中时就坚持每天练字，不断改善自己的书写水平，提高写字速度。语文是一门需要写字很多的学科，因此，书写也在语文学习中比较重要。

第9篇
北京市——史海天

高中学校：北京四中

就读院系：清华大学机械工程学院汽车系

年　　级：2015 级

高考分数：698 分

荣　　誉：2015 年北京市物理单科状元

作者小传

我是清华大学青年创业者联盟（GCEO）成员，现担任班长。高中阶段共获学科类奖励 20 项，其中省市以上级学科类奖励 18 项。代表性学科奖励包括全国中学生物理竞赛二等奖、泛珠三角物理奥林匹克暨中华名校邀请赛物理综合考试一等奖、北京市高中力学竞赛一等奖、香港城际卓越学生数学及科学夏令营数学竞赛银奖、全国中学生数理化学科能力解题技能展示活动化学学科一等奖、全国创新英语大赛北京赛区一等奖、全国实用英语超级联赛北京赛区一等奖等。获优秀团员、三好学生、青少年科技创新大赛一等奖、金鹏科技论坛二等奖、"小院士"课题研究活动优秀奖等综合素质类奖励 14 项。

平时比较喜欢画画，看书，打篮球。

高考科目里面比较喜欢语文，高考语文总分 133 分，一模作文有幸入选西城区范文。

人生格言："好好学习，天天向上"。

学习心得

一、提前预习，科学预习

预习是学习中最重要的一种学习习惯。预习可使听课更有目的性，更从容淡定，更有时间思考，更易于获得一种心理上的优势或信心。预习不单是提前看看书而已，而是应该更细致深入，要初步掌握知识内容，理清知识体系并将知识前后联系归纳总结形成体系。坚持每天完成作业后，预习新的学习内容。在预习的过程中先找出自己认为是重点、难点的地方，疑难问题力求自己独立思考解决，无法弄懂的地方提醒自己在上课时注意听老师在这一点上的讲解。

二、高效利用课堂

听课是学习的最有效途径。课堂学习必须一丝不苟，要求自己贯通每一个学过的知识点，弄懂每一个问题。听课时最关键的是能时刻跟上老师的进度，积极思考，上课的时候要紧跟着老师的思路，让自己的思维活跃起来，这样获得知识不仅快而且掌握牢固。要有重点地听老师讲课，尤其是当老师讲到自己不懂的地方，更要集中最高的注意力听，边听边思考，看看老师是怎么分析这个问题的。积极思考老师提出的每一个问题，而不只是盯着问题的答案。上课积极回答问题是吸收知识的有效途径。上课时不仅要听老师讲思路，同时还要主动想、主动问，这样上课就能够主动接受和吸收知识，把被动的听课变成了一种积极、互动的活动，有利于提高课堂学习积极性和表达能力，也使上课变成很有乐趣的学习活动了。上课要专心听讲并注重与老师进行眼神和语言的交流，这样就会最大限度地利用课堂上的时间消化吸收、理解新知识，并且可以获得老师更多的反馈和关注。

三、及时复习

研究证明，人的记忆分三个阶段：瞬时记忆、短时记忆、长时记忆。上课时认真听课就是把知识从人的大脑中由瞬时记忆变成短时记忆，及时复习可以使知识从短时记忆转化为长时记忆。当天学的东西当天就进行复习，时间拖得越晚，遗忘率就越高。关键是形成一个适合自己情况的复习方法，只要感觉效果好，就应该坚持下去，并且使之成为自己的一种学习习惯。

四、善于提问和讨论

学问学问，既要学，又要问。课堂或课后与老师和同学大量交流讨论，可以破解心中大量的疑问，学得许多额外的知识点，拓宽知识面，加深理解深度。

五、作业书写规范

写一手好字是一个优秀人才应具备的素质之一，更是取得较高卷面得分的额外条件。作业是巩固课堂效果最主要的手段。老师留的作业是掌握知识的关键点，应该重视家庭作业并把作业当成是考试练习。坚持像考试一样写作业，可养成书写认真规范的好习惯，减少因分散注意力而造成的错字、别字、漏字等现象。

六、坚持提高自习效果

自习对于高中学生来说是个新的学习过程，很多高中学生最大的问题就是不会自主性学习，也就是说，除了完成老师的作业，就不知道自己还可以做些什么。然而作为一个高中的学生，一定要有一套自习的方法。注重培养自己的自学能力。因为毕竟学习得靠自己，老师在课堂上的时间是有限的，以启发、引导学生为主，很多东西都需要自己课外来进行钻研。如果只满足掌握课上的那点知识，取得比较高的分数就有点困难了。所以要想取得更好的成绩，在掌握了那些基本知识之外还应该注意在更大的范围内自习。通过自习学来的知识不仅可以开阔思路，而且对内容有更为深刻的理解。

七、调整备考心态

及时监测并调整自己的备考心态。内心的强大才是真正的强大。在方向明确、方法正确的前提下，只要自己不断努力，成功只是个时间问题，指日可待。无论遇到多大的挫折，绝不气馁、绝不放弃。对考试的期望值适当，既尽力又量力。考试成绩高低主要决定于平日的基础，对自己各科学习情况，知识能力掌握得如何，要有个正确估价。如果在考前给自己定个考试成绩争取的目标，定的比自己实际水平略低一些会有利于减轻考试压力。常常有人考完试了，觉得考的好的学科，可成绩一公布却不怎么好，而觉得没考好的，成绩却不那么糟。对自己想要达到的目标要量力而定，定高了会变成负担，变成压力。实事求是地看待考试，正视自己的实际水平，做到尽力也就安心了。这有利于减轻心理压力，有利于考试时心态平和，临场正常发挥。

学习方法

我一直比较喜欢语文这个学科。语文和数学、物理还不太一样。高中学的数学、物理那些东西基本是已经有了成论的，接触不到很新鲜的知识，这样有时候不免会辜负了自己的探索欲。语文就好一点，学语文的时候常常能看到一些新鲜的内容，也会遇到一些特立独行的观点。人总是喜欢新东西的。逐渐喜欢上了这种感觉，就喜欢上了语文，喜欢语文了，就会喜欢上学语文的过程。学语文比较重要的一点是要多读点书。这个话是老生常谈了。有时候人觉得自己活得不顺，八成是书读少了。书读得少，想法又多，人就容易想不开。我一开始阅读速度比较慢，也不太喜欢读书，觉得读书和学语文关系没那么大。后来开始读了，才发现当初是想多了。读书本来就无关应试，这个过程本身就是一个能得到快乐的过程。一门心思地去考试，最后一般也是为了得到点快乐，所以从这一点上说，读书才是比较正经的事。但是在高中的时候这么想没什么现实价值。最后都是要考试的人，能通过读书提高语文成绩还是万全之策。幸而通过读书来提高语文成绩往往是很奏效的。语文考试是一种语言考试，专家们说学语言比较重要的一点是语感。我觉得说的就挺有道理。语感出来了，做起题来就顺了；题都做顺了，这次考试分数就上去了；分数慢慢上去了，人的自信也就有了；自信有了，兴趣也足了，学起来就有劲了，到这个时候，可以说，学语文就算是上道了。

当然了，这些都是无关痛痒的话，既然是要应试，方法还是很重要的。方法是能缩短时间的东西。这世上有两种能缩短时间的东西，一个是方法，还有一个是天赋。一般来说，天赋改变起来比较难，也比较慢，对于高考复习的孩子们来说，找到合适的方法是比较可行的。我觉得高考备考方法有四种，前期的时候，上上等方法对成绩有帮助，对能力也有帮助；中上等方法对能力有帮助，对成绩没什么帮助；中下等方法对成绩有帮助，对能力没什么帮助；下下等方法对成绩和能力都没什么帮助。后期的时候会有一些变化，我们可能会更在意对成绩有帮助的方法。上上等方法不好找，好找的不好做，好找又好做的大家都在做。所以我在高中的时候找了一些中下等的方法。比如准备一个厚一点的活页本，把平时遇到的、书里的、新闻里的、电影里的、电视剧里的素材，分场合、分态度写进去，平时没事翻一翻，到考试的时候看到一个话题，脑子里基本就能调出平时写的那些东西了。剩下的好好说话，把句子写通顺了，拿个四十五六分，不给整体拉分，就差不多够用了。

第 10 篇
江苏省——唐冬冬

高中学校： 江苏省沭阳高级中学

就读院系： 北京大学中文系中文专业

年　级： 2015 级

高考分数： 366 分（江苏省高考满分 480 分）

荣　誉： 2015 年宿迁市语文单科状元；第九届全
　　　　　 国中小学生创新作文大赛特等奖

作者小传

我高中就读于江苏省沭阳高级中学。沭（音树）阳，苏北县城，我的母校是一所拥有九十年历史的中学。高中阶段我的学习成绩属于前列，在竞赛方面曾获两次省一等奖，曾获第九届全国中小学生创新作文大赛高中组特等奖。

在2015年的人生路口我坚定地选择了北大中文系，最后其实也是中文系选择了我。一直以来对阅读和写作的热爱让我始终以北大中文系为目标，坚持自己的想法，并为之付出切实的努力，最后如愿以偿。

我始终坚信的一句话是：淡泊明志，宁静致远。虽然只有短短的八个字，却时刻警醒我要看清自己的目标，保持内心的宁静，始终相信自己年少的梦想，踏实读书，认真做人。或许是受这句话的影响，我性格比较沉稳，内敛而不失锋芒。我时刻提醒自己要以谦逊虔诚的态度去学习、感悟、思考。同时，我也有"走马北上欲到天"的勇气和胆量。

现在在中文系读书，但求勤恳踏实，学到实处。"铁肩担道义，妙手著文章。"李大钊先生的这句话写在我们的系衫上，也将时刻督促我在为人、学业上坚守初心，不忘本真，努力探求。我相信最好的未来是靠自己一步一步走出来的。

学习心得

在高中的学习中，良好的学习习惯是取得优异成绩的基础。一路走来，我越来越感受到习惯对于一个人的影响。那些潜移默化的行为在不经意间可以塑造一个人。但是习惯并不是一个模板，要让人往里面套。所有的固化的行为模式都是在实践中渐渐摸索出来的，最后留下的一定是最适合主体本身的。在这里，我想结合我个人的经历主要谈以下几个方面的习惯养成：

一、坚持读书

如果让我本人来评价自己的阅读量，只能说很少。自我评价中难以避免自我期待的影响，又更何况读书这种事，一生也难以达成所愿。但是在我身边的很多人眼中，我是一个嗜书如命的人。这些人里有我的同学、朋友，也有我的老师。

其实我并没有比别人多什么天赋或是灵性,我只是坚持了很多人没有坚持的一件简单的事情。那些对我过度评价的人之所以有这样的误判,只是因为很多人都把读书想象成一件遥不可及的、困难的、神圣的事情,在这诸多离读书敬而远之的心态中,我的这种常态心理便有些突出了。

我认为读书应当是生活的一部分。

我的高中是一所特别强调课外阅读的学校。从高一到高三,各种硬性软性的阅读要求、交流活动都有很多。其实外界的要求都是表层的,每个人应当由内心去渴望阅读带来的充实感。我的书桌上常常放着近期在读的几本书,每个月也都去买新的书,每天都打开它们,这些都逐渐成为常态。读书切不可抱着功利的目的。不功利,才真诚。前一阵子我们系里的一个老师说了这样一句话:书,是用来阅读和敬捧的,不是用来打人和画鬼的。

读书动笔,是小孩子就知道的道理。高中的时候有《作文天天练》,学校强制,全校八千人每人每天都要在这个统一的作业本上留下笔迹。笔记也好,随笔也罢,你必须写点什么。说来"统一"这种事情向来是滑稽可笑的,更何况是读书写作这种事。我也因此受过批评处分,因为不老老实实写,有缺漏。但是看看以往的大家做学问,修身养性,对于读书动笔一日也不曾倦怠过。"不动笔墨不读书"是因人而异,但是动笔对一个人思考、感悟的促进作用真的不可忽视。笔迹,同时也是你的思维轨迹。思维是抽象的,于是你将它写出来,你有了写出来的欲望,这就是可贵的。像古人,做文章,平日里下功夫的,功夫深了浅了,文字里看得出来。

二、合理安排时间

时间是个大问题。其实高中的奋斗过程,就是一个和时间博弈的过程。上面谈读书,读书是要费时间的,但是这一点还是应该有一个妥善的安排。有一阵子因为夜里读书很晚,白天精神状态非常不好,成了恶性循环。熬夜是大忌,切记切记,血的教训!

为什么很多人喜欢熬夜?除了读书的原因,还有多数人有很多不好的时间观念。很多人觉得晚上的时间是非常漫长的,很值得利用。但是,晚上就是应当休息的时间。没有什么成绩是靠熬夜熬出来的。通过拉长学习时间而达到提升成绩的目的是愚蠢的。既然如此,效率是十分重要的。提高学习效率,首先要改变学习观念。在学习过程中,没有什么事情是为了去做它而去做的,所有的努力应当围绕学习本身。很多时候,找对努力的方向比漫无目的地刷题有效得多。题目是做不完的，但是知识点是有限的。所有的题目都是围绕知识点再结合一些解题的思想方法衍生出来的。既然这样，总结分析是学习过程中必不可少的一部分。当你积累了一定的练习量再加以总结，定可以达到事半功倍的效果。

不过回过头来，没什么事情真的有事半功倍。在高中生活中，所有的事情都不可以有丝毫懈怠，所以好好规划、利用白天的时间吧，在和时间的这场决斗中，智者为王，而且是勤奋的智者。

此外，在时间安排上还有一点非常重要，就是"提前"，千万不要临考试了还有什么事情没做。那些错题还没整理，试卷还没刷完，亲爱的你是要留到高考后再做吗？那个时候的无奈和后悔会让你觉得自己是个十足的失败者。所以，执行的能力和规划的能力同样重要！

三、忘记来时的路

上面讲了学习习惯方面两个深有感触的点，这里谈谈考前心态和相关准备。

忘记来时的路。这是我高考前听见的最入心的一句话，来自于高考前来给我们班鼓励的一位高一的语文老师。听见这句话真是醍醐灌顶。高中三年走到最后，最不缺的就是经历，汗水和泪水，苦痛和喜悦，有时候真的是压力。尤其是一些有志于顶尖名校的同学，再加上各种比赛、自招的准备，说得好听是压力，直接一点就是心理负担。高考的学生最怕带着负担上考场。

忘记来时的路，无论你曾经如何，无论你走过怎样的辉煌或坎坷。高考就是一个门，一个瞬间，与过往无关，与未来有关。

学习方法

学习方法因人而异，但求适合自己，下面总结一些我在语文方面的学习方法，以江苏高考试卷近两年的题型为例划分。

一、基础知识

其实近年江苏高考已经大量取消对于基础知识的考查了。尤其是取消字音字形，真是大快人心。有老师说，学生们要花百分之三十的复习时间去复习大概六分(具体分值不清)的内容真的很荒唐。其实我们自己来看，这种矛盾的心理更加痛苦。死知识，不背，拿不到；背了，太浪费时间。

在这种情况下一定要懂得日积月累，这四个字适用于所有的基础知识学习。一个字、一个名句、一首诗，只要平时留心，考前必然不会慌乱。我自己比较常用的办法是每次遇到陌生的知识都写在常用的积累本上，或者就写在课本扉页，方便记忆。

二、文言文

文言文其实也算是基础知识的一部分，但是由于分值大，内容特点比较强，所以单独分出来说。

文言文阅读的知识分为课内课外两类。课内知识自然不必说，扎扎实实记下来。但是仅仅满足这些是不够的。课外的文言文学习，讲两个方面：积累和总结。

积累什么？首先是字词。文言文积累从每个字入手。建议人手一本《古汉语大字典》。可能很多学生手里都有常用字的那本，那本也足够，但是大字典更加全面，不会很专业化，内容也非常翔实、可靠、完备。一个字，有几种词性，每种词性下面有几个用法，清清楚楚地整理下来。不要觉得很多，其实重点的就在你一天一天的整理中被你消化掉了。

总结什么？常常是用法。什么宾语前置、使动意动，尤其是虚词用法，特别重要。很多东西都是这样，自己总结的，自己嘴里吐出来的（有点恶心但很形象），就很难忘记。我们高考前虚词用法一个一个对着字典整理然后背出来，虽然是只有三分但是也非常重要。语文的分数就是一点一滴垒起来的呀。

三、阅读理解·文学类文本

江苏高考重头戏之一，文学类文本阅读。作为一名合格的高三学生，从2008年开始的历届江苏高考文本都烂熟于心，每一道题、每一个答案、每一个点都记得清清楚楚。不是靠背的。这种题，背答案没有用。对于高水平的出题者来说，答题者背模板也没有用。那些记忆都是文本分析、习题分析的结果，都是自己吐出来的。

文本阅读二字心经：文本！高考前老师拍着桌子冲我们喊的两个字。我们老师从来没骂过，你这个角度怎么没有答出来，这一条怎么没有套上去。骂得最多的是：你文本读都没读懂就来做题！文学类文本有几种常见类型，最常见的是小说和散文。形式不同，在我看来，实质相同，一定要把握情感主旨。读懂了，每个题目都是围绕这个来的。有些题掌握基本思路就好了，模板可以参考，不能依赖。

四、阅读理解·论述类文本

论述类文本也是很多卷子上常说的实用类文本。

论述文的根本也是读懂。我常用的方法是划分层次，圈出关键词，理清逻辑思路。思路清晰的话题目就好做了。当然，论述类文本它的一些术语、专业性内容会稍微多一点，要提前整理、准备。练手的话，建议平时读一些大家的论述类文章。

五、作文

作文又是很重要的部分。

作文的成败有时候真的关系到一场语文考试的成败。

对于高考作文八百字，我本人是深恶痛绝。大家尽量在得分和不恶心到自己之间寻求平衡点。其实这本质是不矛盾的。作文题的初衷是很纯粹很好的。

讲干货。说到底，作文写好的途径主要是提升整个人的思想。思想这个词语太高深，可以替换成思考轨迹。你在想什么，怎样想，写出来，写的水平由想的水平决定。其实鼓励大家读书的初衷在这里，天知道现在的孩子为什么都觉得读书是为了找作文素材。每次听见那个屈原是跳水运动员的段子都觉得很心痛。屈子投江，并不曾想成了几千年后茶余饭后的谈资。

作文素材是要积累的，但是写作文一定要以逻辑思路、情感成文，而不是堆砌文字、以素材成文。素材积累下来，试着坚持自己写一写对这段话、这个人物、这件事的看法。

写作文有很多毛病不可沾染，沾染了就会降低品格。用字用词不可矫情做作，要朴素自然。写议论文要"逻辑清晰"，写记叙文要"情真意切"。这八个字能做到的真的很少，做到了就会有成效。

作文要留好时间。作文不成文对于下面的高考科目影响是非常大的。

第 11 篇
湖北省——何愉棋

高中学校：湖北省钟祥市第一中学

就读院系：北京大学艺术学院

年　　级：2015 级

高考分数：605 分

荣　　誉：2015 年钟祥市语文单科状元

作者小传

我信奉的人生格言有很多，我觉得没有哪一句格言能够真的囊括万千，必须多方吸收营养才能有所启迪。但从高一第一天起，我就在我的课桌上贴上了"有志者，事竟成"的名言。这句广为流传的格言陪伴了我整个高中。从开学起，我就找准了自己的定位，为自己定下了目标。我要占据的名次，考取的大学，追赶的学科。大到高考目标，小到每一次周考，每天的学习任务，每节课要背的单词，我都定下了详细的目标。看似烦琐的学习任务有了顺序和井井有条的安排，这种学习习惯是我走好高中每一步的法宝。

学习心得

大学时光已经过去了一学期，但是高中历程记忆犹新。高中三年是我最难以忘怀，影响我一生的三年。高中三年每一年的我都是一个新生，从最初的懵懵懂懂到最后的胸有成竹，每一年都是我的成长。

刚上高一的时候，虽然分到了实验班，但我还对未来的文理选择不知所措。最初的我是倾向于理科的，我从小就是聪明活泼、善于思考的孩子，尤其喜欢数学，还喜欢有趣的化学实验。但是在高一的时候，我"不幸"遇到了一个并不是很好的数学老师，全班的数学成绩降到了最高分也只有130分左右的水平。高一时数学成绩的落后让我害怕了理科，在家人的劝说下，我最终选择了文科，放弃了我喜爱的化学实验和物理计算。

高二的时候，我们换了数学老师，这使我看到了希望的曙光，也遇到了对我影响最大的老师。这个数学老师很注重基本方法的传授和基础知识的训练整合。在他的教导下，我们班的数学成绩渐渐有了起色，而我也重新找到了学习数学的动力。从那以后，我几乎一有时间就去向老师请教问题，久而久之，我也和老师熟悉起来，有什么学习上的问题或者心态上的问题都会去请教他。

我觉得，学习是一个复杂的过程，离不开他人的指导和帮助，这个人可以是老师、家长，也可以是学长学姐。如果有一个人能够给你引导，给你经验忠告，会事半功倍。

高中压力最大的时候便是在高三。这一年，即使是平时最调皮的学生也感受到了高考的紧张气氛，平常一到下课就打闹的同学也都安安静静地学习起来。这一年，我抓住了一轮复习的契机，把高一落下的数学内容全部一点点重新拾起。每天望着黑板上的倒计时，我按照老师的复习计划按部就班，自己也列出"补课计划"，默默追赶我落下的数学，慢慢地，我的成绩一点点上升，原来那些常犯错误也不再犯，每一次作业和考试成绩都趋于完美，我找到了适合自己的复习感觉。

考前一个月的时候，我陷入了焦虑，什么都学不进去。晚上整宿整宿睡不着觉，中午午休也神经敏感睡不着，早自习就会打瞌睡，上课也没有精神。在这种精神状态下，我甚至有一个星期从未认真听过课，每天浑浑噩噩，人迅速消瘦下去。为了缓解我的压力，我在最后阶段减轻了我的学习任务，我中午和晚上放学后都不再给自己安排学习内容，吃完饭就看看杂志，听听音乐，吃点水果，到了时间就洗澡睡觉。但是我发现，随着考试临近，我越来越难以入眠，常常是MP3听到没电还是睡不着。幸运的是，妈妈察觉到我的压力，每天请假带我出校门按摩放松。可能很多考生会忽略这个方法，但是这绝对是一个舒缓压力的好办法。按摩的第一天中午，我就睡得很香，下午也有了精神。按照按摩师的方法，下晚自习后我做了一些锻炼，洗了热水澡就躺在床上，很快就进入梦乡。那是距离高考还有半个多月的时候，我终于调整好状态，不再有压力。后两个星期，我除了上课认真听讲复习，课外我几乎不再学习，而是去运动、听音乐、看杂志，做自己喜欢的事情。也许就是这种比较放松的心态让我在最后的几天里即使并未复习也还算是成功地应对了高考吧。

学习方法

谈到语文学习，或者说语文考试，我很感谢高中的语文老师。可能他的学习目标和学习方法带有"功利性"，但是我想，在短短的几个月的复习时间里，对大多数同学来说，谁都需要效率的提高。而效率提高有赖于方法，付出的每分努力都能得到回报的这种"功利性"的方法，才是大家需要的。即使是某些教育专家针对高考的建议，谁又能说没有功利性呢？语文学习比较零散，从宏观上把握大概有以下几点：

一、基础知识猜考点，对比记忆

在高考改革之前，湖北省语文考试有一块让人头疼的版块就是基础知识，考查字音字形和文学常识，我的方法就是多看同一版块高考题。比如字音学习，我们可以对比以往十年的高考字音题目，把命题人命题的那个命题点找出来。就拿湖北高考来说，湖北人大多数是边音和鼻音不分的，所以湖北高考很喜欢考边音和鼻音的辨析。多看看高考题的基础知识常考考点，把正确的和错误的对比起来记忆，就容易猜中错误点，缩小记忆范围。也可以说把自己当作命题人，如果我来命题，我会把错误点设置成什么呢？大家要记住的是，高考基础题不是为了难住你，所以错误点都是很常见的，一般那种特别生僻的字不会出错，而错误的形式也很常见。

二、主观题要找模板，一二三四分要点

我把诗歌赏析和阅读理解作为一个大版块。这个版块的特点就是同学们看到了不知道写什么，一个劲儿地凑字数却还是得分低，东拉西扯一大堆却没有中心思想。我的经验就是一定要注重格式分要点！其重要性我不过多讲述，只要你想得高分就必须这么做。那么这些主观题怎么会有模板呢？举例来说，分析一首诗运用的表现手法，有什么模板呢？(1)点名手法，如：这首诗运用比喻。(2)结合具体诗句分析哪里体现了这个手法并点名该手法的一般好处和具体好处，如：比喻可以化抽象为具体，形象鲜明，在题目中就可以说把 A 比作 B，形象鲜明地描绘了……化抽象为具体。(3)有什么好处。内容上是渲染气氛还是描绘了一幅美景，结构上是承上启下还是总领全诗。(4)思想感情，思想感情，思想感情！重要的事情说三遍，这一点千万不能忘记，即使题目没有明确要求也要回答这一点，相信老师们都会强调的。通过这个例子可以发现即使是主观题也有一个大致的答题模板，按照这个框架具体文章再去分析。即使我读不懂文章，答题规范了，至少让老师明白我知道怎么去思考，总比东扯西拉还没有要点没有主题的强。而框架源于高考题后的专家分析。多关注专家们谈到的得分点，答案就从这些方面去找。

三、作文——标题关键词＋文采，文章 6—8 段，段落主题成习惯

高考作文占分比重不言而喻，也是许多同学们的一块心病。从标题讲起，最好要吸引眼球，但是绝对不能偏题。如果不确定是否偏题，就不要拟怪题来吸引眼球。最保险的方法是圈出材料中的关键词，把它运用到标题中，再加上富有文采的词句。比如关键词是坚持，可以拟题为《我心坚持，莫问纷飞》《不畏满城风絮,坚持自留心间》等,拟题最好是对称式结构,前面为关键词,后面为延伸,大气而不失特色。而文章主体段落中心一旦确定就可以固定下来。议论文第一段可以以比较有文采的亮点入题引入论点,第二段结合材料过渡,三到六段是论据,七、八段总结或是升华。这样文章整体结构清晰规范。而每一段的开头可以引用名言来凸显主题,段落结尾一定要从论据谈到论点上,层层相扣,更显严谨。

大体上来讲,语文学习方法就是以上几点,但是细化到具体题目,就需要多加练习和感悟。语文学习本就是零散的,需要一点点的体会与积累。但是聪明人往往能从中找到一般普遍的规律,循着规律去筛选学习,则会事半功倍,反之则事倍功半。

第三部分 英语学科

第一章
·教师篇·

刘小红教师

作者简介

刘小红，陕西商洛中学高级英语教师，研究生学历，1988 年工作至今，教龄 28 年，中国教育学会会员。先后荣获第二届全国中小学"外语教学名师"、"第二届全国英语教学能手"、"陕西省骨干教师"、"陕西省教学能手"称号；全国高中英语优质课大赛一等奖获得者；全国中小学英语教师教学技能大赛一等奖获得者；陕西省优质课大赛一等奖获得者。在全国中学生英语能力竞赛中，指导众多学生获得一等奖；在国家级、省级期刊发表、交流获奖论文三十多篇。

一、中学英语学习的正确方法

1. 坚持使用，敢于实践

我们学习英语的目的，主要还是跟外国人交际，也就是能用英语听说读写译。这应该说是一种技能。而技能的掌握，光靠理论的解释是不行的，要在实践中反复地、长期地训练才能成功。因此，有志于学好英语的同学，应该赶快拿起文章阅读，打开电脑收听，张开嘴说。VOA、BBC 的 Special English 以及一些经典的英文歌曲和电影都是课外学习的良好资源。多接触英语，对英语的领悟就会加深，也就能总结出适合自己的好方法。练好说的能力是不容易的，需要不怕出错，不怕别人笑话的勇气。开始练习，肯定错误百出。这时候，一定要挺住。没有开始阶段的"胡说八道"，就没有一口漂亮的口语。

2. 语音语调，切莫忽视

由于读音习惯的不同，中国人要说出标准的英语，很不容易。但是，为了交际的需要，我们必须下决心掌握地道的英语语音语调。中学生年龄小，是学习语音语调的最佳时期，这个时期语音方面打下好基础，将来终身受益。学习英语，应坚持"听说领先"的原则，尤其在起始阶段。我们看到许多初中生，甚至小学生，发音很糟糕，却在那里用心地钻研语法规则，这真是本末倒置。须知语法规则以后是完全可以学好的，而良好的发音和口语能力一过了这一年龄段就不好弥补了。

3. 精读泛读，齐头并进

阅读是英语学习的一个重要方面，阅读能力是从文字中获得信息的重要能力，也是学习英语的最便捷的手段。中学生应从精读和泛读两方面努力。所谓精读，就是仔细读，一句话一句话地将结构和意思搞明白。对不明白的词或短语，要翻查辞典，务求弄懂。文章读完后，还要学习归纳、综合和推理判断。有时候，将比较难的英文句子译成中文对准确地理解英文很有好处。中学英语课本中的课文和一些英语名篇都可以作为精读的材料。泛读是中学生容易忽略的一种阅读方式。所谓泛读，就是泛泛地读，只求了解大意，不去考虑句子结构和某些词汇的用法。泛读的材料多种多样，简易读物、中学生英文报纸、各类比较浅显的英语文章，均可以供中学生泛读。读这类材料时，不要一碰到生词就翻辞典，尽量靠上下文来猜测词义，除非一个生词反复出现，不知道意思实在影响理解全文，否则就不查。泛读还要讲究一定的速度，有时也不必逐词细看。泛读多了，语感就会强，还能逐步锻炼出跳读与扫读的能力。有很多好的英语报刊及新闻广告等都可以用来做泛读材料。可以说，不会泛读的人，就不叫会阅读。

4. 表情达意，须练写作

中学生学英语还有一件要做的事，就是写作。听说读写其实是互相影响、互相制约的。写作，可以使我们对英文的掌握更精确，也可以促进听说读的能力的提高。中学生写英语，开始不要长篇大论，要从练习写简单句开始。先写一两句话，逐步发展到五句话、十句话。初学写作时，可以依照中文意思译成英文，慢慢地靠头脑中的英文思维直接写出英文。初学写作，主要使用小词、小句子，也就是常用词和简单句。待有一定水平了，也可以适当用一些复杂结构，如三大从句、非谓语动词短语、强调句型等，并准确选取动词，学会巧妙运用形容词和副词，使文章文采飞扬；另外，还要练习用好连接词语，因为连接词语用好了，可以使意思表达更准确，文章更顺畅。有一点需要提及的是不要生造中国式的英文。中学生写英文，应以模仿为主，用你听过的话来说，用你读过的句子来写。

5. 成章入口，出口成章

背诵是英语学习的基本功。学英语，只有在死记的基础上才能活用。背诵就是死记的第一步。背诵以背小短文为好。如《新概念英语》的第二册上的小文章，内容有趣，用词浅显，语言地道，实在是练习背诵的好材料。背诵的好处很多，可以使我们熟悉英语的词汇和结构，增强语感。由于背下来的东西已在你头脑中深深扎根，这就为你在使用英语时模仿英美人的句型打下了基础。否则，你该如何说，如何写呢？如果仅仅是从语法规则来编造句子，那样的英语很可能是不地道的英语。背诵的另一个好处是为未来做积累。中学时期是一个人记忆力最好的时期，中学背会的东西常常能永生难忘。没有中学时期的大量背诵，将来在英语方面向更高层次发展就困难了。

6. 巧记词汇，活用语法

关于词汇的学习，应坚持词不离句、句不离文的原则。背辞典对大部分人来说不合适。结合句子记单词好懂、好记，还会运用。至于说词汇量，中学生应首先掌握好课本上所学的基本词汇。当然对一些感兴趣的课外词汇记一记，也有好处，但不必专门花很多时间扩大词汇量。基础打好了，词汇量问题好解决。学习词汇可以采用"归类"的办法，英语词汇尤其适用于"小包装"的办法。因为英语单词中有同一条规律的词往往就几个，没法作为普遍法则来归纳。例如名词中常用的不可数名词为：advice，weather，progress，news，information，furniture. 名词加了"s"意思不同的有：good（goods），sand（sands），thing（things），time（times），work（works），sky（skies），brain（brains）。归类可以使我们对此类词汇的特点有更清楚的认识，并对不同类别的差别有明晰的认识。

语法学习如果得当，会使学生在应用英语时更准确、更符合英美人的习惯。从应试的角度考虑，也对中高考时的单项选择、完型填空等题大有裨益。另外，中学生学习英语的家庭及社会环境，也决定他们不会有较多的直接与外国人打交道的机会。他们更多的是在从事阅读和写作的活动，而语法知识，对精读理解文义和写出漂亮的文章好处是很大的。认真学习语法，就是要把英语语法的基本条条记牢，并经常运用到实践中。背例句是学语法的好方法，但是中学生也不必钻研语法知识过细。因为英语毕竟是活的语言，任何规则都是相对的。

二、高考夺取高分的正确方法

毋庸置疑，中学时期学习英语的主要目的在应试，而应试的最终目标是高考。在平时提高自己英语水平的基础上，采用科学、有效的应试方法，才能顺利在高考中夺取高分，进入名校。这一阶段的任务，不仅仅是在基础语言知识上查缺补漏，更重要的是，要丰富语言使用经验、增强语感，使语言知识转化为实际使用英语的能力，使原有的能力上升到一个新的水平。同时，通过总复习，我们应更好地掌握英语学习的方法，学会自学，改进综合分析、观察、判断、想象等思维能力以及应试能力，从而全面提高素质。

1.《考试说明》，认真研读

仔细阅读对各个题型的说明和历年试题。这会使你对考试的要求、范围、重点及题目式样有一个清楚的了解，从而在复习和应试时做到心中有数，少走弯路，避免盲目性。

2. 君子动口，更要动手

简明扼要地对学过的知识进行归纳总结是必要的，但决不能用过多的时间去钻研语法规则。应该把大部分时间用在阅读、写作和听力的练习上，即应用语言上。要坚持词不离句、句不离文的原则，在练习中加深理解，在练习中巩固记忆，在练习中学会应用。使用英语的能力是在使用英语的实践中培养的，并不是靠老师给讲会的。学习英语要坚持模仿为主、理解为辅，不要过分钻研为什么。有的同学在学习英语时，采取"君子动口不动手"的态度，一味在那里琢磨理论，而不是抓紧时间动手写写，找出文章赶紧看看。他们最终使用英语的能力不会有大的提高。

3. 离开阅读，寸步难行

阅读好了，就为做好各个题型打下了良好的基础。要把阅读作为全部总复习的主要内容。在练习阅读时，要注意每天保证一定的量。要精读与泛读相结合，有的文章要仔细看，有的则只求了解文章大意即可。要逐步熟悉语言运用中的难点，如长句的结构分析、三大从句、后置定语、非谓语动词的含义、关联词语的使用，以及经常出现的省略、替代和跳跃等。同时还要学会观察、分析、想象和综合，学会合乎逻辑的推理判断。在保证一定量的基础上，再练习书面表达、短文改错和语法填空等。

4. 听力训练，持之以恒

建议同学们每天练听力20分钟，听力材料可选用由外籍人士所读的模拟试题，要精听、泛听相结合。有的段落反复听，直到弄明白每一个词。有的则大概听听就可以了。泛听对培养语感是很有好处的。练习听力的时候，要学会抓住关键词语，学会预测，并努力做到边听边分析综合。对听力测试问题的类型，即概括中心话题、推理判断、谈话细节等问题要心中有数。对常考的谈话内容，如打电话、购物、参观博物馆、就餐、活动安排、表示看法等，要做到熟悉不陌生。听力的提高不是一个早上就能实现的，它是慢功夫。但经常听，肯定会有大的长进。

5. 书面表达，提分关键

许多同学在准备高考时有一个弱点，即只愿意看，不愿意动笔写。那么英语作文怎么办？只好在临考前突击写几篇完事。这其实很不对。英语书面表达在高考中占30分，是一个重点题型，怎么可以这样对待？而写的能力是不能单靠做其他题来提高的。必须赶快行动起来，动手写东西，每天写几句，由少到多，由简单到复杂，渐渐地就会接近高考的要求。练习写东西，主要练习记叙一件事，同时也可练习描写人、介绍地方或表示观点的小文章。初练时可主要使用常用词和常见句型。有一定基础了，再争取能用上新颖词汇和复杂结构。所谓复杂结构，也不要以为高不可攀，把简单句变为定语从句、强调句式或使用非谓语动词短语，就是使用了复杂结构。练习写作时，还要注意内容要全，书写要工整，词数要符合要求，更重要的是，要明确是写给谁看的，交际的目的何在。练习的方式，可以自己写随笔，请教师改改，可以找带答案的写作练习试笔，也可以有空抄抄英语的小文章。抄文章和背诵文章都可以使你在不知不觉中提高写作能力。

6. 词汇记忆，零敲零打

词汇表上的许多名词可归类为阅读词汇，这类词知道意思，会拼写即可。但动词、介词、连词及其他常用词则必须做到"四会"。我们强调总复习要重视听读写，并不是说基础词汇和语法知识不重要了。试想，如果一道题里面的词汇，你都看不懂，谈何方法？谈何思路？谈何解题？而对于词汇的记忆，应充分利用零碎时间，这样不仅效率高，而且效果好。

7. 基础考题，一分不丢

无论什么考试，基础的东西都是最重要的。英语高考也不例外。考生应努力做到保证拿到基础题的分，力争难题的分。基础题不丢分，就保证了考试不会失败。所以在复习中，一定要结合实际情况安排练习的难度。如果水平不是很高，就一定要以练习基础题为主，不要嫌容易，不要跟别人攀比。要把基础词汇、基本句型弄扎实，要做到懂、会、熟。越临近高考越要降低难度。因为此时由于时间有限，再使自己的能力攀上一个新的高峰已不可能，而把易错但比较容易的题弄明白、弄准确则完全可以办得到。可惜有的同学在复习中做的练习太难了，费了很大功夫也收效甚微。他们以为做多难的练习就能达到多高的水平，其实并不是这样。

8. 思维能力，综合素养

英语高考，不单单是考英语语言的运用和理解。它同时也在考查学生观察、分析、判断、综合、推理和想象的能力。例如完型填空，只有结合上下文的具体情况，经过仔细观察和分析，才可能判断准确。又如阅读理解，设问的题目大部分是让学生概括中心、猜测词义、推断语气、分析结果等等，仅仅从文字上把文章看懂，而没有良好的思维能力是做不好阅读理解题的。另外，为迎接高考，考生还应注意对英美文化的了解。关注国内国际时事，扩大知识面，学习最新的科技动态，这将为你在高考中取得优异的成绩打下良好的基础。

附：高中英语学习的习惯和要求（具体要求）

一、英语学习必备材料

1. 一本正规的英汉双解字典

2. 听写本

3. 词汇积累本

4. 经典句型积累本（可与写作本结合）

5. 错题本

6. 笔记本

二、常规练习

1. 有意识地每天听录音或英文歌曲。可在课间或上学、放学路上听，或者在家里时听，也称"熏耳朵"、无意识学习。

2. 每天要读 1—2 篇泛读文章，最好与话题相关。

3. 每天要背诵 1—3 句好句子，或一段文字，并要出声背诵。

4. 每天从字典中摘取 2—3 个重点动词背诵。

三、课前

1. 要按老师的要求预习。

2. 要准备好上课所需物品。

3. 课桌上只摆放与英语学习相关的材料。

4. 集体大声读单词。

四、课堂上

1. 认真听讲，要有课堂笔记本，记录重点内容，但不能因为记笔记而跟不上老师。

2. 积极思维，踊跃举手发言，声音洪亮，不怕出错。

3. 不懂之处可当堂提出，也可作出标注课下及时问老师或同学。但不可钻牛角尖，卡在一个问题上而后面的课都没跟上。

五、课下

1. 整理课堂笔记，总结当天所学。

2. 完成作业，不明白之处，自己要先查阅资料，深入思考，不懂再问。

第二章
·学生篇·

第 1 篇
内蒙古——王天琦

高中学校：内蒙古一机一中

就读院系：清华大学数学科学系数学与应用数学专业

年　　级：2014 级

高考分数：685 分

荣　　誉：2014 年包头市理科状元；第 29 届中国数
　　　　　　学奥林匹克竞赛三等奖

作者小传

伴随着幼稚的童年的结束，我以较好的成绩步入中学的殿堂。在那里我认识了很多和我一样有着远大理想的同学，我们一起学习，一起成长，一起克服遇到的种种困难，不知不觉中我体会到了如何去融入团队，如何与人交往。中学时代让我学到了很多，对于自己的人生、自己的事业、自己的理想有了进一步的明确。也许时间并不像你所期待的那样，转眼即逝，带着中学时期的懵懂我们来到了大学。

进入大学，我发现现实中的大学与自己想象中是那么不一样。当你融入一个新的环境中的时候，你不可能去改变它，唯有适应它，你才能更好地学习和生活。大学中的挑战和机遇无处不在，班级内的竞争、社团之间的竞争都会锻炼一个人，这些能够激励你去勇敢地挑战自己。只有武装自己，才能跟得上这个快速发展的社会。

大学让我学会了如何去面对，遇事的时候再也不会像上中学时那样盲目冲动，我学会了如何去一分为二地看问题，每件事情的发生都会有利有弊，只有洞察才能正确地解决。大学教育了我，也锻炼了我，它让我变得成熟，变得理智，教会了我如何去运筹帷幄。

我喜欢的格言是：尊德性而道问学，致广大而尽精微，极高明而道中庸。

学习心得

我来分享一些学习经验。课上应当认真听老师讲课，这一点一定是老生常谈了，很多人也不以为意了，觉得老师上课就讲那点内容，有些很厉害的同学，老师讲的东西自己早就会了。但是，高考如战场，战士们在训练的时候，他们已经掌握的技能就不演练了吗？自己会的东西就可以放下高枕无忧了吗？孔子也说过，温故而知新，每次听老师讲课，你都会有收获的，多多少少，深深浅浅，各有不同。而且，有的时候老师会补充一些课本上没有的内容，或者自己做练习也很难碰到的内容。为了高考备考，我们都要做很多题，但是这些题不过冰山一角，那么多的题，自己是做不来的，老师就是一个能帮我们筛选有用信息的人，认真听老师讲课，能省下自己很多时间。另外，认真预习，认真复习。说实话，这两点很难做到，但是做到了学习就会变得很轻松。预习比起复习来说要更难做到一些，不过即使预习得比较浅薄，也会为正式学习减轻负担，知识消化和掌握的效率就提高很多。复习一般都可以做到，课下的作业，认真完成了，就大致做好了复习工作，不过还是要尽可能多做一些练习题，量变可以发生质变。当然有的同学悟性奇高，不怎么需要量的积累，就可以达到别人质变的程度，这样的同学，要好好珍惜利用自己的能力，取得更好的成绩。还有，要勤整理，勤总结。俗话说得好，好记性不如烂笔头，很多自己的心得体会，自己遇见的妙题巧解，并不是看过一次就可以永远记下来的，这个时候就需要整理下来，记下来，整理的过程是一个加深理解的过程，以后自己再看的时候，也能从这些知识中收获很多。另外，整理东西要追求质量，不要追求数量。我高中的时候，老师很追求数量，而我坚持自己追求质量的想法。数量太多，最后回顾的时候，反而会造成很大的麻烦、很多的不必要；而追求质量的整理，做好了，就会有以点带面的效果，举一反三，复习效果要好很多。高三备考的时候，我主要就是靠做题和回顾自己整理的笔记，做题可以发现自己的不足，发现新的知识；回顾自己的笔记，能在自己的知识框架上进行完善修补，做到完美。只有自己才最清楚自己的思维模式、自己的思维漏洞，自己整理的笔记，就是根据自己对自己的了解，给自己开出的一个处方。所以，笔记一定要自己整理。可以借鉴别人的经验，但一定要记住，笔记是针对自己的不足的处方，要针对自己个性地操作，不要一味学习他人的方法。

学习方法

我学英语，是因为热爱。

子曰，知之者不如好之者，好之者不如乐之者。如果好之，甚至乐之，就会多看多听多积累，也就没有什么不能"知之"了。

我想了解英美文化，看懂《生活大爆炸》中的梗，听懂那些意蕴深远的歌词，所以我读英美文学，看美剧，听英文歌，学英文歌，于是英语就一天天进步。所以我说，学好英语，最好的办法就是喜欢上它。具体来说，除了英语课本（包括英语课和补习班）外，美剧和电影、英文歌、英文小说中，也都有地道的英语可学。

首先，最传统的方式就是英语课本、补习班和练习题。

1. 英语课本是高中词汇语法的重要来源，所以必须熟练掌握英语课本。如果认为自己基础薄弱的话，背一些课文是有必要的。我被初中的英语老师要求背了初中英语课本的每一篇课文，也从中背了不少词组、语法和用法。所以，即使其他方法难以实现，课本的熟练掌握也是必需的。

2. 补习班是很多人提高英语成绩的首选。除留学市场外，主流的补习班大致有三种：精讲课本的、拓宽知识的（如新概念）和高考备考的。精讲课本我认为没太大必要，只要课本的语法清楚了（这完全可以自学或求助于学校老师），剩下的即使不懂也可以靠背诵来学习；高考备考需要了解一点，套路性的内容是很能加分的，但套路能给的帮助有限，事实上只要了解作文的一些套路（需要的时间一两小时足矣）也就够了；如果上补习班，最推荐的是拓宽知识类的补习班。这类补习班可以提供很多额外的词汇、语法、短语和其他文化知识，是提高英语成绩的极佳方式。如果你耐得住枯燥并且能在枯燥中高效学习，那么这是非常有效的学习方式；如果枯燥的内容很难进入你的脑子，就不要上太多补习班，《新概念》三册学完即可。

其次，最轻松的方式是通过英文小说、美剧、电影和英文歌学习。

1. 英文小说。可以是古典名著，也可以是畅销小说，例如《饥饿游戏》、《分歧者》之类有 IP 电影的小说也不错。古典名著可能用的是古典的英语（莎士比亚的英文大概只有英语系的人才能读懂）而与现在的英语有所不同，所以不妨读些畅销书。英文畅销书深受欧美青少年欢迎，对我们应该也很有吸引力。读这类小说，可以通过先看电影，再读书来明晰具体细节，这样不会太难，更能读下去。这些书中有些单词或用法会反复出现，读完整本书后对它们会印象很深刻，也就得到了积累。一些研究表明读书并不是最有效的积累知识的方法，但它是最可行的方法。高一和高二上半学期，学业负担比较轻的时候可以采用。

2. 美剧和电影。个人更推荐美剧，因为美剧一集很短，高中生可以抽出休息时间看一集；而且美剧可以在家里看、反复看，所以更有利于学英语。看美剧主要是练听力，可以尝试逐渐摆脱字幕。不过这对高考没有太大帮助，所以高中阶段培养对美剧的兴趣，只以它为休闲而不刻意去学英语（虽然或多或少总是可以学到一些），也就够了。

3. 英文歌曲。英文歌同中文歌一样可以表达情感，还可以学英语，那么何不去了解英文歌呢？我推荐的方式是：听歌——觉得好听后去学唱。但是学歌需要追求完美，背下歌词是必需的，而且歌手的吐字、吞音和技巧都要学，对于一首英文歌要达到听着伴奏就可以唱下来的程度。这样可以保证对歌词的滚瓜烂熟。

4. 不可否认，依靠兴趣来学习英语效率不高，也很难被家长认可。但是有了兴趣支撑才能在课堂和补习班上更高效地学习，而且它能带动长远的学习，所以即使不看电影、看剧、听歌，兴趣培养也是必要的。

最后给一点学英语的小贴士。

1. 字体工整是最容易加分的。作文即使用词高端、逻辑清楚，但字不够漂亮，可能也只是 20 分上下。不必花体，只要清秀的字体就可以把这样的 20 分作文增加到 24 分或 25 分。

2. 刷题从高一开始。每天做一套高考题（作文没必要），再配上兴趣的积累，你的英语就是上得了考场，下得了民间了。而且做多了之后速度也自然可以提高，可以留更多的时间去把作文写工整。

3. 背单词。高考的 3500 个词汇要求是最基本的，学有余力还可以雅思（不推荐托福，因为它有太多用不上的专业词汇，比如 salamander）、四六级。

总之，学英语最基本的是语法，最长远的是积累。基础知识必须熟悉，而其他的积累越多越好，在高考中、课堂上，其实都是用得上的。

第 2 篇
河北省——赵芸笛

高中学校：河北省石家庄市第二中学

就读院系：北京大学元培学院中文专业

年　　级：2015 级

高考分数：713 分

荣　　誉：2015 年石家庄市理科状元；数学奥林匹
克竞赛省级二等奖；石家庄优秀共青团
员、优秀学生干部

作者小传

我相信每一个这样走进和经历高三的孩子都会发现，高三并不是一声令下，大家就头缠红布条，像打了鸡血一样开始苦大仇深地奋笔疾书、埋头苦背，披星戴月，日复一日，像电影的快放镜头一样粗暴简单。高二到高三的转捩真的没有惊天动地、轰轰烈烈——各科老师陆续宣布新授课已经结束，新到手的一本本印着"大一轮"字样的辅导书得意扬扬地睨着你，仿佛震你个猝不及防就是它的胜利；新买的一摞笔记本整整齐齐，用来记一轮笔记。家长会上老师在广播里谆谆教导"一轮要重基础，二轮再练速度"云云。一切都好像只是将之前高一高二的学习量加码，然后把那些早已内化于心、外化于行的学习态度和方法复制粘贴到如今，再将波澜不惊的日子一天天过下去，平凡而充实。同样，也常常是等到高考前最后的复习才知道，没有什么幡然悔悟、痛改前非能使高考变得易如反掌，真正的实力、知识的记忆，其实看的是高一高二初学的积淀。高三，只不过是将你之前慢条斯理塑下的骨架模型稍作修整调试，然后用反复练习和考试的小火加大火灼烧炙烤，在高考前的最后一秒铿然确定。因此无论是现在还是未来，你心中寄予重望的某一段"宝贵"时间，和你手中现在正匆匆流过的每一秒，别无二致。

学习心得

学习心得这种东西，其实是很微妙的。它就像每天朝五晚九、吃饭睡觉的小习惯一样，因人而异。所以在这里，我就姑且写下自己比较私人的一些体会，如果能够与大家产生共鸣，也希望能对更多人有所帮助。

首先，我觉得不管是学习还是做人，很重要的一点就是至少要做到对自己问心无愧，才能进一步说不辜负外界，比如说家长、老师对我们的期望。比如今天我本来可以完成更多的学习任务，但我就是懒得提高效率，拖拖拉拉，甚至中间溜号去打球、玩游戏，以至于应该完成的东西都没有完成。这样的情况出现，我相信大家事后都会感觉特别后悔，觉得千不该万不该浪费了时间，然后痛下决心明天一定努力。这个时候我们其实就是问心有愧的，因为我们清晰地看到是自己内心一时的软弱姑息，纵容了偷懒懈怠心理的嚣张。所以要想学好，从观念上来说首先要摆正心态，不要欺骗自己，因为没有人能为我们浪费的时间、浪费的青春买单。

其次，在学习态度方面，我认为快乐学习和主动学习是相辅相成的。主动意味着从心底认同学习是自己的主业，在抓紧所有可能的时间来学习面前，一切非必要的休闲娱乐都是奢侈。主动可以是提前阅读老师要讲的内容、为课堂的高效率做准备；可以是及时把听讲时不甚理解的地方做出标记，下课第一个冲上讲台询问；可以是老师留了 5 套试卷一天一套，而我在力所能及的范围内一次做两套，给学习其他薄弱学科留出更充足的时间；可以是把平时遇到的好题或易错题积极整理下来，而不是在老师要收错题本时才匆匆忙忙补上一两道蒙混过关。当你解决了一个疑问、超前学会了某个知识点、整理了新出现的错题、超额完成了近几天的作业时，你会体验到无与伦比的成就感，它是你快乐的源泉，激励着你信心满满地投入接下来的学习，这样就形成了良性循环。

然后是学习方法。在高中我一直比较受益的一点就是对零碎时间的利用。很多人可能会对自己的英语词汇量不自信，但又苦于集中精力背单词效果不佳。对此我的解决办法就是利用一切手可能正在忙但是大脑空闲的时间，摘抄单词随身记。具体来说就是把平时做阅读、完型或者看阅读材料遇到的生词查出解释，抄到一张小纸片上，和一个你一定随身带的东西放到一起，方便随时拿出来看两眼。而所谓零碎的时间，可以是一个人在路上走，可以是排队打饭或等车的几分钟，可以是上操集合的路上，可以是跑步的时候，可以是临上课前的 1 分钟。只要瞟一眼，你就可以在心中默念很长一段时间，超级方便而且无压力，轻轻松松词汇量就能多起来。

我之所以在这里只强调一个零碎时间，是因为一旦大家能够真正主动地把它利用起来，其他方面的时间利用能力也会相应提高。比如更能分析各个科目的特点，将精力更充沛的时间和大脑不太清楚的时间分配给不同的学科；比如决定自习课的大块时间和课间稍微嘈杂的环境下分别可以完成什么任务。进而整体的学习效果也就更好了。

大家都知道，学习不是一个单打独斗的过程，老师是我们最重要的引导者，多年的教学经验使他们接触过各种各样的学生，解决过各种各样的问题，所以无论是学习还是心理上遇到了障碍，请相信你的老师可以为你排解忧虑。很多同学心中有顾虑，害怕问出老师上课讲过的"简单问题"被老师批评，于是在重要基础概念方面遇到困惑时也不愿去问，长此以往，疑惑积累起来，更无力解决，这种做法害的只能是自己。一旦病入膏肓，自己都不清楚问题何在，如何借助外部力量解决？如果在心理上遇到了障碍，不妨找一位自己最信任、觉得最亲切的老师，倾诉一下，也许你觉得只有自己有的问题，其实大家都在经历，而老师恰恰能提供一个解决的方法呢。以后回忆起高中生活，可能学习的细节都会遗忘，但这些与老师们之间细密牵绊的回忆却能够在我们的心中永存。

学习方法

英语（高一、高二）

英语归根结底是偏文的学科，因此最重要的两个字是"积累"。如果你在初中就开始背高中的 3500 个词汇当然很好，如果你此前局限在了初中英语知识范围内，那么高中就应该转变思维，将视野放宽——课本内容是远远不够的，尽快背完 3500 个词汇是完全应该的，你还需要拓展教材来增加词汇量和语法点，以及练习听力（个人选择是《新概念》），怠于拓展只会令成绩难于突破 135 分这个瓶颈，而能够冲击 145 分的人，他的英语能力一定已经凌驾于高中要求之上。高中英语不再有连词成句和麻烦的任务型阅读，题型简化为四篇阅读、一篇七选五、20 空完型（大难点之一）和填空改错，篇幅更长，生词更多，但是勤做积累练习，你一定能渐渐一遍读懂阅读文章，完型也从最开始错六七个变成最终的一两个，这些都是自然而然、顺理成章的。

1. 课本内容只要跟着课堂进度走就行，有的同学会觉得考试不会考课本原文内容，就忽视了上课听讲。但我认为即使觉得课本再简单，我们也不能完全把它扔到一边；至于课后单词，能多背就多背，能早背就早背。

2. 辅导书推荐"五三分项系列"，在阅读理解、完型填空方面，相对其他参考书来说，题型题点都较准确，难度设置也有层次区分。在高一可以先做试验性练习，对自己的水平有一个定位，之后再做附加练习或强化训练。

3. 课外拓展推荐《新概念》，学完《新概念》（三）的语言点，对付高中完型和作文足矣。在更多时间、场所，从更多角度学英语，你才能把语言点的应用内化为自然流露，而非"背＋用"的生搬硬套。

4. 作文一定要重视"颜值"，把字练成打印体一样整齐，保上 22 分，再有高级词汇句式的活学活用则可冲击 24 分。

英语（高三）

1. 刷题：由于我的高三英语平均分数在 140 分，故我未采取题海战术。一般作为课间休息或做理科题做累了的时候的调剂，没事来几道，刷刷也轻松。

如果有英语学科自习，一个小时一般安排做带听力的套卷，不写作文；如果不做套卷，在一轮期间一般会做一些单元的单词语言点填空练习，用来打基础。英语组老师还会组一些完型、填空、改错的单项练习卷子，还会印发一些 Teens 上的好文章作为拓展阅读。大部分同学一般不容易在课堂之外再分出精力做英语题了，所以英语学科自习上老师安排的任务还是要实事求是地完成，别偷工减料。落掉的基础知识不是后期刷题能补回来的，我身边有很多同学到了三轮自由复习最后阶段，不得不找老师帮忙串最基本的语法，这在寸时寸金的冲刺关头是很可惜的。

2. 阅读：如果对阅读速度和理解程度还不满意，建议在背单词扩大词汇量的同时稍加大一些训练量，熟能生巧。诀窍方面，关注一些题型中问法的差别，比如区分 main idea（实打实的内容）、purpose（inform 新事情其实也就是文章主题内容或者呼吁类）、title（用事例或主旨并非笃定），看好 infer，积累经验摸清规律。不过不得不承认一些模拟题在思路方面确实不规范，实在不行放过无妨，因为碰到原题的可能性几乎为零，用不着为一个题绞尽脑汁。

3. 完型：我刚上高中时一篇完型大概错五六个，于是在高一时我就买过完型题集专门练过，再辅以持续不断的背单词和从《新概念》里学语法，到了高三一般就错一两个了。练习永远不嫌多，最后两个月我刷完了 240 多篇完型，但其实最好是高三一年均匀做下来，保持手感，别扔下就好。做的时候掐个表计时也是好习惯，做每一科的题都是，计时不仅能提高速度和紧张度，有时还能提高正确率。我做一篇简单的完型用 7 分钟，难的则需多读几遍用时 10 分钟。

4. 填空改错：做正规题，考点一定别偏（征求老师意见），不然会很闹心。语篇填空注意一些连词的用法，它们往往用在语气递进或转折等位置，常常有规律。比如 however 和 without 就很常用。平时练习甚至考试遇到的改错都不一定是一类一处错、一个增添一个删除，所以还是应该关注语法本身，等实在找不到了再用类型排除。

5. 作文：两个字"练字"，这才是真谛。

第 3 篇
江西省——汪川

高中学校：江西省临川一中

就读院系：北京大学光华管理学院金融专业

年　　级：2015 级

高考分数：710 分

荣　　誉：2015 年临川市理科状元，英语单科状元；
　　　　　江西省三好学生

作者小传

我好奇心比较强，因此兴趣比较广泛，但是爱好却不多。平时喜欢一个人读书、听歌或者看电影，自认为有文艺青年的潜质。曾经想做一位伟大的物理学家，现在仍然喜好物理和数学，但是似乎天赋不够，还需努力。

我不是很喜欢运动，但是和村上春树一样，喜欢跑步，只是因为很喜欢跑到最后全身坚持不住，大脑一片空白的纯粹感。

至于最喜欢的人生格言，似乎很多，因为平时涉猎较广，喜欢的书也很多，很难选出一个最喜欢的。如果必须选的话，我想应该是村上春村的"如同你在那边自强不息一样，我在这里也必须自强不息"。要问理由的话，我觉得喜欢是不需要理由的，我也找不出一个很好的能让我自己接受的理由。

平时为人随性自然，不追求什么，也不顾忌什么，专注于自己喜好的事物。不好集群，喜欢漫谈。

不喜欢盲目地赞同或者反对某一个结论，认为万事都需要经过细致的调查研究后才能得出结论。我行事比较有主见，不会随便因为某事或者某人的意见改变自己的看法。这也使得我对于学术比较严谨，喜欢追根究底。这可能是我最大的优点，也可能是我最大的缺点。

学习心得

我自认为是一个很平凡的普通人，能考上北大很大程度上是平时优良的学习习惯的功劳。

我从小学到初中，一直到高中，学习成绩都很优异（请允许我这么说吧），考试排名基本都在第一或者第二。我认为这很大程度上取决于我小时候养成的学习习惯，这让我受益匪浅。

我一直认为学习是终身的事，不是一朝一夕可得的，需要付出持之以恒的艰苦努力才能求得"道"。所以，平时学习我很注重基础，对于每一个知识点都反复发问，直到自己能够明确把握住定义的内涵和外延。因此我常常追着老师询问，本着打破砂锅问到底的精神，不仅能了解一个知识点，而且能够顺带着联系其他知识点，构成一个知识网络。这种习惯使我获益匪浅，因为老师不但对书本上的知识掌握得比我们丰富，而且在学习方法、学习经验等各个方面都有足够的知识，可以给我们最正确的指导。因此，我的成功秘诀是一定要尊重老师的意见，他可以使我们在学习上事半而功倍。

对于课本，很多人都选择忽视或者不重视，但我却很重视课本在学习中的重要地位。因为课本是教学纲领，所有的题目都是由课本上的知识点和习题构成的，只要把课本上的简单习题做会了，能够联系各个知识点，就能把一个个很困难的题目分解成一个个简单的小习题，然后各个击破。所以，各位正在进行高三复习的同学，一定要好好研读课本。

至于作业，我的态度是尽量保证每一科习题都能够独立完成，限时完成，不要拖延。因为老师布置作业是根据全班同学的进度来的，你拖延了，就表明你暂时没有跟上老师的教学进度。一次两次还好，长此以往，就会积重难返，很难追上老师的进度了。这不仅会影响学习效率，更重要的是会影响学习热情。这就会形成一个恶性循环，压得你喘不过气来。

上课是我最为珍视的环节，不能被动地听老师讲，而是主动地跟上老师的步伐甚至超前一步。全神贯注地投入课堂，揣摩老师的教学步骤与课本内容，常常老师讲出前半句，我便能接上后半句，久而久之达成默契，师生的头脑融为一体，此时的课堂不再是枯燥无味的，而是艺术享受，趣味无穷。我认为，课堂上的 45 分钟，顶得上课外通宵达旦的复习和补课。因此，不管是文科还是理科，都要重视课堂学习，理解老师讲的每个知识点是关键。在理解的基础上要往深度、广度拓展，并利用联想记忆、表格记忆等多种方法进行记忆，才能将课堂的 45 分钟发挥到极致。

"凡事预则立，不预则废。"我十分注重学习计划的制订和落实。学习主要靠自己，不能依赖老师和家长督促，要学会自己管自己，制订学习计划。每学期开学时，我都要制订总的学习计划，每月、每周甚至每天都有一个计划，弄清楚自己每月、每周、每天该学什么，怎样去学，学得怎样，总结自己一段时间里计划完成的情况和得失。若自己没有完成计划，则应找出自己出现差距的原因，使自己最终能完成计划，甚至超出计划。

高三不仅备考压力大，6 月 7 号的高考和平时连续不断的联考也很容易让人滋生焦虑情绪，因此更需要我们抛却烦恼，保持平常心。虽然我们做不到佛祖的六根清净，但在学习中必须保持一颗平常心，不要因为一时的考试失利，就丧失学习信心，也不要因为一次考试成绩优秀，就自满自得。古井无波的心境是达到任何目标的前提，你可以因为一次的优秀成绩而小乐一会儿，但不能因此荒废学习进度，导致下次考试失利。

高中生的心态还不稳定，常常因为老师的一次训诫、同学的一句讽刺就产生逆反心理，很容易受到外物侵扰。我们可以在心情烦躁时多读一些文学著作，如三毛、林清玄的散文，既可以放松身心，保持良好状态，也可以积累作文素材。

孔子云："朝闻道，夕死可矣。"学习就是一个不断突破自己，寻求这个虚无缥缈，但又无比重要，能够回答一切问题的"道"的过程。路途可能很艰难，很无聊，也很孤独，但是远处的"道"值得我们付出这一切。直到有一天，你到达那个你曾经以为不可能到达的地方，看到一个你无法想象的世界，你会感到由衷的快乐和惊喜。

学习方法

很荣幸为大家介绍一下我的英语学习经验，希望能对大家有所帮助。

毫无疑问，英语是一门很重要的学科，即便是高考改革之后，其重要性也未明显降低。然而在平时学习生活中，许多学生抱怨英语难学，这一方面是因为他们平时努力不够，另一方面则是学习方法不太正确。英语首先是一门语言，语言学习是有方法的，只有掌握好学习技巧，才能事半功倍。

那么如何在高三短短一年内拿到一个较好的英语成绩呢？首先，你得有一个较大的单词量。一般来说，高考是有单词量限制的，像江西是 3400 个词，这3400 个词最好能够全部记忆下来，因为在高考阅读里这些词是不会给出词义的，超出这个范围，命题者会标注词义，因此，这 3000 多个词汇是英语学习的根基。

当然，我不是指仅仅记住这些单词的意思，更重要的是了解其用法，这不仅仅对完型填空有帮助，也对改错、作文都有莫大的帮助。

很多人抱怨单词难记忆，其实是没有掌握方法。单词记忆一般是根据音标来记，会读了一般就记得差不多了，只需要额外注意一些易错的单词就够了。其次呢，是根据词根来记，很多单词都是有词根的，是一个"家族"，记住了一个，就记住了一大串单词。这些都是常用的小技巧，希望大家能够多加注意，多多利用。

其次，英语学习还要注意语法的训练。虽然现在很多省市都不考单项选择，但是语法的重要性有增无减，例如在改错题里，很多错误都是语法错误，精通了语法知识，这些错误就很容易找出来了。

语法学习关键是按照章节来进行，最后自己统一一下，形成一个大概的整体的认识。建议大家买一本语法书（具体看各位爱好，似乎市面上的语法书也差不多，讲的内容大致相同），按照章节细分下来，一般有构词法、名词、冠词、代词、数词和量词、动词概说、时态、被动语态、虚拟语气、助动词与情态动词、非谓语动词、动词句型、形容词、副词这些部分，了解了大概内容，语法学习应该就能够过关了。

当然，还是要做一些题为好，多做一些题，就能更深入了解语法的妙处了。

以上只是英语学习的基础，语言学习最重要的地方就是语感的培养。语感这东西很奇妙，没有办法具体言说，培养起来也没有什么好的办法，就只能多读英语材料，多背好的英语文章。读熟了，很多英语句子就能够脱口而出，不需要经过大脑的思考了。

至于听力，能多听一些，就最好多听一些，比如闲来无事，可以看看美剧，看看原声电影，其实很多电影的语言都是很朴素的，英语成绩中等的学生基本能够听懂，可能语速会快一点，一开始可能适应不了，但是听多了，自然会形成一种条件反射，就会慢慢适应。

说了这么多，其实英语提分最快的途径也还是刷题。不要因为英语是一门语言就忽视做题的重要性，考试是有很多技巧的，只有通过刷题，才能了解这些技巧。比如说阅读，阅读里有很多设错方式，只有通过多做题目，才能知道这些方式是什么，才能知道如何避免。

多做题目不仅能够培养语感，也能培养题感。例如改错，很多错误方式都是换汤不换药的，做了一定数目的题目之后，改错方向大致就明晰了，考试的时候只要往那个方向靠拢，就差不离了。

最后还是要提醒大家一下，英语作文的字迹十分重要，切不可忽视。很多老师改卷，内容很快扫过去了，你的分数很大程度上取决于你的字迹。而且高考英语题目是比较简单的，大部分人前面错的都不会很多，往往是在作文上拉开分差。高手过招，这四五分显得尤其重要。希望大家平时能够好好练习。美观当然最好，但是工整是底线，不能让老师产生厌恶情绪。

希望这些建议能对大家有些许帮助。

第 4 篇
山东省——刘晓彤

高中学校： 山东省新泰市第一中学

就读院系： 清华大学社会科学学院社会科学实验班

年　　级： 2015 级

高考分数： 674 分

荣　　誉： 2015 年泰安市文科状元；全国中学生英
语能力竞赛一等奖

作者小传

　　在大多数人的眼里，我是一个认真学习的好孩子。但是我的确不是那种非常刻苦，两耳不闻窗外事的"学霸"。我基本上是纯粹的"效率派"，始终坚信效率比时间更重要。因此，平时的我自信而乐观，每天能够以良好的精神状态投入学习。

　　许多人认为，"学霸"们都是高冷的"男神"或者"女神"，但是这个词和我却是一点不靠边。我平时个性随和、外向，用同学们的话说，还是比较"平易近人"的。每天与大家一起学习，一起交谈，我感到非常满足和快乐。我生性活泼，爱好广泛，用老师的话说就是"闲不住"。因此在繁忙的高中生活中，我还是尽可能参加了各种集体活动。在"五月歌会"、"十月诗会"中，我也愿意挑战自己，担任领唱和领诵的角色。我始终认为，高中不是压抑个性的监狱，而是让自己迅速成长的平台。

　　我始终信奉这样一句格言："努力不一定会成功，但不努力一定会失败。"我是来自小县城的一名普通学生，许多人告诉我，即使再努力，也不可能比得上大城市里的同学们。可是，如果不努力，岂不是要甘于平庸，在原来的位置上碌碌无为地过一生？

　　我始终相信，通过努力，我们可以改变自己，改变命运，过自己想要的生活。

学习心得

　　从不刷夜，从不补课，从不使用"题海战术"的我，却在高考时感受到从未有过的自信，甚至一种收获的喜悦。我想这应该归结于我一直以来的学习态度：快乐学习。

　　接下来，我想结合学弟学妹们可能会遇到的问题，简单地介绍一下我的经验。

　　1."为什么我每天熬夜到很晚，却还总是觉得时间不够用？"

关于时间安排，我一般是 23∶00 准时睡觉，早上 5∶40 准时起床。晨读时间是一定不能耽误的，哪怕再困，也要坚持把该背的背过。（另外我建议即使是理科生，也尽量不要在晨读时做题）如果感觉忍不住想睡觉或者说话，可以站着背诵。自习课可以根据科目的重要性、作业的紧急程度，自己的弱课、状态甚至心情，决定自己要学的科目。一定记住效率优先，每节课必须把走神的时间控制在 5 分钟以内。如果可以，尽量不要熬夜。

2."为什么我感觉非常用功，可是那些平时似乎很轻松的同学却比我考得好？"

我们大都有这样的误区，认为学习只要拼命用功就一定有进步。然而，在我来看，下功夫必不可少，但是最重要的是状态与效率。我们可能有这样的体会，晴空万里的时候我们的学习效率特别高，阴天的时候则打不起精神，半天做不出一道题。这就是状态的区别。想保证自己更多地处于积极的状态，就要随时进行调整，比如，心情不好的时候可以暂停学习，看看相关比较轻松的材料；或者干脆出门，到操场上跑上几圈。

3."为什么我平时学得很好，一到考试就发挥不出来？"

除去那些随处可见的考试技巧，我感觉最重要的是一种感觉——做题的熟悉感。试想，生产线上对零件的尺寸要求这么精细，工人们为什么不会紧张？因为他们熟悉自己的工作。我们的考试虽不是每次都一样的流水线，但是毕竟题型、难度、题量都相差不大。我们要在每次考试中积累经验，比如说，数学如果想冲击 135 分，选择填空一般用 35 分钟，倒数后两个大题通常要留 40 分钟左右。哪个时间点做到哪个题目，最好也要心中有数，做快了或者做慢了都要适当调整。二模时我是丝毫没有紧张的感觉，就像在按部就班地做练习题；高考时倒是稍有一点儿紧张（其实不紧张是不可能的），但是反而也有利于集中精力。

4."为什么我总是感觉压力特别大？"

压力大是很正常的，这就要求我们找到一些减压的方法。比如我最喜欢的就是唱歌。每一节下课，我一定会做的事情就是走出教学楼，"高歌"一曲，再满足地走回教室。这样一来，整个人都神清气爽。考试前，我一般会远离那些人特别多的地方，找个安静之处冷静一下，避免一会儿犯类似 2＋3＝6 这类的错误。一般考试结束后的第一节课，我也会学不下去，那时就打开《作文素材》之类的资料书看一看吧，没准下次就用到了。

我在这篇文章中多次强调感觉与心情的力量——没错，这就是我写这篇经验介绍的核心内容：快乐学习。我始终相信，每一位"学霸"都是热爱学习的，他们懂得如何把"学习"这苦涩的干草做成一碗美味的汤料。借用《生活与哲学》的内容，我并不是唯心主义者，但是我相信意识不仅对人的生理活动，而且对你的学习生活有着极大的调节和控制作用。看到文综卷子上一则有趣的材料，不妨开心地笑出来，自信地把答案写上去。那种成就感真的可以让你之后的效率翻一番。少抱怨，少胡思乱想，少让自己沉浸在消极情绪之中；上学放学的路上不妨抬起头，哼哼歌，与朋友聊聊天（哪怕是对老师或练习题的小小吐槽）；回到家给父母一个笑脸；提高效率，争取比平时早睡一会儿；第二天醒来，你会发现世界都在对你微笑。

但是请记住，心无旁骛是第一位的。同学们！从现在起，如果你想突破自我，冲击一所更好的学校，请把手机收起，把电脑关上，减少出教室的时间。不要抱怨无聊，短暂的与世隔绝，换来的是未来的丰富多彩。况且，与练习题做伴，同样可以了解世界，深刻思想，同样可以获得别样的成就感。

学习方法

我最擅长的科目是英语。接下来我将给大家提一些学习英语的建议。

第一，兴趣是我学习英语最大的动力。

我认识几位理科的同学，他们每当提起英语就会愁容满面。殊不知在当今全球化的社会，英语是每个成功人士都必须具备的一项基本技能。有兴趣，学起来才不会痛苦，"快乐学习"才能成为自己的态度。培养对英语的兴趣，建议同学们多听英语歌曲，看英语电影；如果可能，甚至可以收集一些关于自己英语老师的奇闻逸事。一旦自己喜欢上这个科目，学习的劲头是无论如何也停不下来的。在高考前的冲刺阶段，做英语阅读理解、完型填空甚至成了我奋战数学题时的放松手段。

第二，注重语感的培养。

我的高中英语老师是位温柔的女老师。她留的作业不多，从来不留"把单词抄写 10 遍"、"把这一套语法记牢"之类的作业。词汇量和语法固然是英语科目的基础，然而好的英语成绩不是单靠词汇量就可以得到的，尤其是取消英语单选题目的省市。经常看到一些同学抱怨说，他每天晨读都在背单词，可是背过之后还是不会做题。对这类同学来说，语感是自己必须迈过去的一道坎。我的建议是：

除了把规定的作业完成之外，每天抽出 15 分钟左右的时间，做一篇完型填空或者两篇阅读理解、语法填空、短文改错，把每一道错题好好体会，顺便积累不认识的单词。题目在精不在多，短时间做大量英语试题不仅没有效率，还会打击自信心。每天进步一点点，才会有快乐学习的感受。

第三，注重积累，不打无准备之仗。

作为文科生，寒暑假我通常是以自学为主。我的习惯是把下学期要记的单词提前开工，不求全部记住，大约记上一半左右就可以。提前背单词不仅仅是预习，更重要的是，开学后当老师讲起，你会有一种熟悉的感觉，老师布置任务的时候自己也不会有压迫感，能够带着轻松的心情继续背下半学期的单词——这种成就感和轻松感，也是"快乐学习"的内涵所在。与其苦苦追着进度，抱怨"跟不上"、"记了就忘"，何不早点出发，给自己留一点时间呢？

第四，顽强的意志力。

英语是一个积累性的学科，杂碎的东西很多，这就要求你有系统的学习计划和顽强的意志。不妨给自己每天一个小目标——比如说，每天背 5 个课外单词——不要多，5 个就好，但必须保证彻底地记住了。每隔一段时间进行自我复习，或者自己给自己进行一个小测试。另外，不要期待英语有立竿见影的学习方法，成绩的提高是从一点点的积累和进步做起的。

在英语科目的应试技巧上，我也可以给学弟学妹们一些参考性的建议。

第一，当试卷发到手上，写完姓名、准考证号之后，如果有听力部分，就要赶快看听力的问题——如果可以的话，画出相应的关键词。无论如何，都要争取在录音开始之前，阅读 7 到 8 个小题，这样做不仅仅可以让自己"带着问题去听"，更重要的是给自己带来信心，使自己不再惧怕即将到来的听力测试。尤其是大部分地区的听力第一大题是只听一遍，一旦没有准备，有一题没听清楚，会影响自己整份卷子的作答。

第二，合理安排时间。一般来说，英语科目不会有时间紧张的问题，我们完全可以按照顺序，沉着地答题，把每个题、每个单词的形式都看清楚。有时候一个时态就会提醒你，这是过去发生的事还是现在发生的事。不过，一旦有某一篇文章看不懂，感觉继续纠缠下去会"崩溃"的时候，就赶紧跳过去吧。一般来说只要时间安排合理，在难度适中的情况下，大概能有 40～45 分钟的时间写作文。这时候不妨静下心来，想想可以使用哪些高级表达形式。

第三，必须保证作文的卷面。可能大家看过衡水中学同学们的英语作文，我们不一定必须要写成那样的形式，但是必须要注意的是作文的整洁美观。不要写连笔，即使你可以写得非常漂亮。这也要求我们必须留充足的时间来写作文。建议大家尽量打草稿，起码也要把自己想用的句式写出来。一旦写错了一个词，再来修改的话就会影响卷面。

第四，建议大家在做完选择题的同时迅速涂完答题卡，而不是等到最后。这样一来可以防止最后匆忙之中涂错卡，二来可以在做第二卷之前给自己一个调整的时间。毕竟看着自己涂满的答题卡，多少是会有些成就感的。如果第一遍做得认真，大可不必留太多检查的时间，留足时间写完作文之后，放心地交卷就好。

第 5 篇
江西省——席照炜

高中学校：贵溪市第一中学

就读院系：清华大学信息学院计算机专业

年　　级：2015 级

高考分数：698 分

荣　　誉：2015 年鹰潭市理科状元；CMO 银牌

作者小传

平时生活中我是一个比较偏安静的人，个性比较内向。以前爱好的是阅读和玩电脑，到了高中以后不在家里住加上自己觉得也要更努力些，也就没再玩电脑，爱好变成了看书和听歌。我不擅长运动，但高中时坚持了很长一段时间的长跑，平时体育课上也会和同学们一块踢足球，虽然踢得并不好。总之，我是一个比较偏静的人。

平时高兴的时候我会说很多话，不开心的时候会埋头看书。高三压力很大，结果我一口气把我们教室后面图书角的许多课外书几乎都看完了。这就是我的个性吧。

至于人生格言，我本人没有什么信奉的格言，感觉自己很多时候会凭感觉做事。但我们老师有一句话让我感触很深：天道酬勤，追求卓越。不能算信奉，但我觉得这句话陪了我三年。

学习心得

谈起我的高中学习，我想主要有两大部分：数学竞赛和高考。它们是我高中学习的两个不同主题，也是很多理科生都会面临的选择，所以我想分两部分说说，一小部分讲竞赛，大部分讲高考。

就我个人的经历来说，高一的时候老师会飞速给我们讲完高中三年的文化课，尤其是数学更是要尽快自己看完，到了高一下文理分科后，我们开始将更多的时间投入竞赛。这段时间是最累的，因为竞赛刚起步时会很难，而且那也是学业压力特别大的时期，如果别的课成绩落下了，其他学科老师会很担心，自己也会心神不宁。到了高二，竞赛渐成主流，那是最充实的日子。高二下学期很多时候我们都会偷偷在别的课上看竞赛题。最后冲刺的暑假更是没有假期，大家来到教室自习，要么学校组织外出培训。到了竞赛结束后的高三，无论是否拿到协议，大部分人都会回到课堂开始准备高考，我也不例外。

这样的三年虽然平淡，但多多少少还是有一点心得吧。我想，毕竟那些亲身经历的还历历在目。

首先是竞赛（觉得大部分同学可能还是走高考的路，而且现在竞赛加分也被取消了，但是自主招生和保送生还是主要看竞赛的，所以稍微提一些心得吧），很多理科生面临的第一个大选择就是是否走竞赛的路。我觉得竞赛真的不是比头脑，而是比一个人的自学能力。假如说你对某门学科特别有热情而且基础扎实，那么也许竞赛是一个不错的选择。但是竞赛生要具备两项素质：第一是自学能力，第二是心理承受力。为什么这么说呢？首先，从我个人的角度，我来自县级中学，参加竞赛的人很少（据我所知即使大城市里的学生也不是很多），你的大部分时间都要伏案看书做题，看到同学们参加各种活动，时间也不允许你去，这些都让人觉得孤独；其次，面对难题除了要有毅力也要有勇气，否则很难看到自己的进步。

所以如果选择竞赛，请全力以赴，既然选择了远方，便只顾风雨兼程。

接下来是高考。我的高考底子不错，高二时参加高三考试在我们那儿已经拿过第一了，竞赛回来后也很快补上了课程，所以我觉得我可以作为一名正常进行了高中三年学习的高考生发言。

就我个人而言，高考重在积累。客观来说，总结和归纳很重要。但我不认为高中学习有某一普适的方法，我认为只有最适合自己的才是最好的。最重要的是一个良好的学习态度，还有一些重要的学习品质，比如毅力等。

假如说真的有什么普适的经验的话，我认为认清自己的长处和短处就很重要。比如说我认为我的记忆力很好，这是我自认为天资上还不错的一点，所以我会充分发挥这一点，比如高中的时候我单词就没怎么背过，这给其他的学科节约了时间。我的缺点则是不喜欢重复做题，比如一道题错了，我不愿把它再做一遍，所以我会注意总结错题来避免再次做错。这些我想都有作用吧。

还有一点特别重要，就是心态问题。这一点在高三尤为关键，高三客观来说大家的心思都在学习上，老师的讲解也都细致到不能再细致了，所以这个时候比拼的不是谁花的时间多或者谁理解能力更强，而是谁能保证一个昂扬的精神状态。高三之前我对学长们这么说还不以为然，觉得知识掌握了就是掌握了，哪存在看精神状态的呢？但是亲身经历过会发现，真正能在高考中取得好成绩的人，都是能及时调整心态，找回自信的人。所以现在就要潜移默化地给自己心理暗示，维持积极的心态，这样学习才能事半功倍。

最后，养成良好的学习习惯是避免身心疲惫的一个好方法。客观来说规律的学习作息不一定能提高效率，但一定能降低你的疲劳。同样道理，卸下思想负担也是一样的功效。所以当你迷茫的时候，约上知心好友聊一聊作用也会很大的。还有就是有一些自己的爱好或追求，这是枯燥生活中非常关键的调剂。比如我高三每到周五写完作业后就去看"跑男"，这让我的心情得到很大舒缓。

聊了这么多，很杂很乱，但这些都是我自己一点一点悟出来的，我希望对学弟学妹们有帮助。不难看出，高中最关键的除了一颗好学的心，还要有坚忍的意志和平稳的心态，我想这些都是我最重要的心得体会。

学习方法

可能在很多理科生眼里，英语一直是让人头疼的一门学科。它的学习方式和数学物理等不大相同，很多人觉得它要记要背的东西很多，知识点细碎，所以难以掌握。尤其是男生，很多时候不愿意背单词、例句之类的，就更会觉得这门学科很"麻烦"。

可是在我看来，学习英语，尤其是高考英语，也要有自己的规律，掌握好这些规律，学习英语可以事半功倍。而我主要想谈三个方面：基础、语感、应试。

基础我觉得是最简单，也是最难的部分。说它简单是因为它没什么技巧，只要努力人人都能做好；说它难是因为它需要持之以恒的努力，而这一点并不是人人都能做到的。这里说的基础包括词汇量、基础语法、基础词法等，这些方面最好的学习方法就是上课认真听讲。英语课上认真听讲可以最大限度避免漏掉一些细碎的知识点，而全面与否是衡量基础是否扎实的重要标准。所以我建议英语课一定要认真听，这是打好基础最省力的方式。

其次谈谈关于所谓"语感"的问题。英语作为一门语言，它就具有语言的特质：灵活性、高度生活化。那么学习英语也不能把它当作数理化，一个一个地背，一个一个地记，这样效率低，而且容易遗忘。相反，应当思考你是如何学习母语的，并把其中有益的部分提取出来用于英语学习。

For example，假如你听到一句惊艳的话，你会觉得这句话很棒，然后你会不会把它背下来或者记下来好以后使用呢？我相信大部分人不会。客观来说，很多人学习英语就形成了上述困局。虽然作为初学者我们需要尽量模仿来快速提升自己的水平，但是这样的模仿并不是学习英语的捷径。那么我们是如何学习母语的呢？你可能会说："我又没有认真学过母语，不就是听着大人们说话，看着童话书自然就会了吗?"

That's the point，我的意思是，聆听和阅读是提高英语水平最好的方法。对于我们来说没有一个得天独厚的母语环境是一个先天劣势的话，我们可以多做听力的训练，使自己能够接触到 native speaker 的对话。至于阅读也是同理，增大阅读量，你会慢慢发现你对这门语言的掌握程度越来越高。

当然值得注意的一点是，不需要强迫自己把每一篇材料、每一段对话都完全搞懂，比如把每一个不认识的单词都查一遍，还要求自己背下来，我觉得这很没有必要。其实一个习惯用法你看多了自然有印象，而你没有印象的部分即使现在背下来也很有可能会忘掉。而这种熟悉的感觉被人们统称为"语感"。我觉得，语感来自于听力和阅读。

当然有了扎实的基础和良好的语感后，我们也需要针对高考英语的特点掌握一些相应的应试技巧。下面对于不同的题型我会分享一些自己的心得，希望对大家有所帮助。

听力：没什么技巧，多听多练。

阅读：大量阅读为前提。阅读题型类别不多，大致上有细节题、主旨大意题、情感分析题、概括题等。首先你的基础要好，阅读量要大，那么关于抓重点的问题应当能够解决，细节题不在话下。情感分析题注意要简单直白，不要想太多。主旨大意要注意询问的范围，要能找到文中精确概括段义的话。最后概括题我建议加强训练，自然会有"手感"。

完型：相当考查语感的一题。考查对常用语、熟语等的了解。个人认为是优等生之间的分水岭。我个人认为不要死记硬背（当然如果你付出足够多的时间，你也许能掌握全部完型的知识点），要代入式阅读。我的建议是每次做完完型后不要扔，第二天早读把全文通读几遍，注意，不要把正确答案写在横线上或者在读的时候看下面的选项（当然如果实在不记得了为了不影响流畅还是可以看一下的），直到你能够流利地通读全文，下周的某一时间重复以上办法再做一次，基本上坚持下来，你的完型就会十分出彩。

填空：难度不大，对语法词法有一定要求，只要认真上课，把必修和选修书上出现的语法词法学好，基本没有问题。

改错：这是我个人认为最需要多练多做题的一部分。首先你需要有相当不错的语法词法能力，其次你需要培养自己敏锐的"找茬"能力，而这方面我觉得只能靠多练了。假如练习量不够，很有可能你会在改错上耗费大量时间，而且难以做到全对。另外，对错误类型注意归纳你会发现一共就那些错误，然后你每次做一篇改错之前先去找那些标志性错误就可以节约时间。

　　作文：作为作文，首先，字写好，字写好，字写好，重要的事说三遍。然后呢，注意详略得当也是关键。假如你语言干瘪，可能是你词汇语法不够，也可能是你的语言掌握能力没有达到高考要求。这种时候一方面你要进一步努力，另一方面你可以背一些套句范文来了解别人是怎么写的，并活学活用。

　　当然学习一门语言，还有很多有用的细节，不一而足。不过以上三方面做好了，我相信高中英语自然不在话下，相信学弟学妹们一定能搞定！

第6篇
海南省——张嗣昆

高中学校：文昌中学

就读院系：清华大学信息学院软件工程专业

年　　级：2015 级

高考分数：883 分(海南省高考满分 900 分)

荣　　誉：2015 年文昌市理科状元

作者小传

相对于很多人而言，我是非典型"学霸"。我的爱好十分广泛。作为一个爱玩的人，我喜欢玩游戏；作为一个爱运动的人，球类项目触类旁通，基本上能说出来的球类运动我都可以直接上阵，而且我喜欢跑步、游泳、唱歌……但是，在学生的主业——学习上，我也能够很好地兼顾。

我的成长，并不是在一个地方。我在海南出生，初中以前在广州学习和成长，后又回到海南读完高中。我时不时会跟随爸爸妈妈去一些地方，这丰富了我的视野，也增长了我的见识。比如基本上我每年会回云南，因为那是我父亲长大的地方，一个宁静的村庄，而我的爸爸，他是一名从山沟沟里走出来的大学生，他指引了我方向。

在高三的日子里，我通过自己的不断努力和拼搏，摆脱之前学习成绩下降的困扰，在不知不觉中默默努力，也在不知不觉中慢慢进步。我在高考前一个月，始终坚信着一个简单的信念，它带给我拼搏的动力，带给我落魄时候的鼓励，只是简单的四个字——"天道酬勤"。我告诉自己，只要我努力了，我就不后悔，因为幸运始终站在奋斗者身边。

学习心得

学习，并不算一件简单的事，也并不算一件特别困难的事，因为我相信大多数人，无论学习好坏，都是普通人。特别有天赋的，与特别不适合学习的人，始终都是小部分。实际上，"学霸"与"学渣"的天赋差距，并不能说是不可弥补的，而是没有太大的区别。我认识许多同学，他们并不是不能学，学不好，他们并不是不聪明，而是他们把自己的聪明才智放在了别的事情上。我想，这是我们首先要明确的，大多数人之间，没有不同。

那么造成实际成绩差异的，也就是后天范畴，就是个人的努力，学习习惯、学习方法、心态调节等。以上这几项，缺一不可，缺少了努力，有再好的方法也是投机取巧；缺少了习惯，有再好的方法和努力也只是三分钟的热度；缺少方法，相当于舍近求远，南辕北辙；缺少心态，万事俱备，只欠东风，不能冷静地进行考场发挥是许多场下"大神"的硬伤。以下，我会讨论学习习惯，以及备考心态的调整。

习惯是学习的利器，习惯也会毁灭学习，因为习惯有好坏。坏的习惯极易养成，我曾经很轻易地就养成了上课只顾做作业而不听从老师的建议的坏习惯，结果课下我需要花费更多的时间去纠正我后来所犯的错误，实在是得不偿失。而好的习惯比较难养成，但是一旦养成，实际上会给予自己十分大的助力，甚至是在不知不觉之中。

我可以举出我所养成的好习惯的例子。

我养成了按时学习的习惯。这听起来比较奇怪，因为平时我们比较爱说按时睡觉、按时吃饭、按时吃药等，按时学习确实很奇怪，但是这是有道理的。假设，你希望能够利用所有的课余时间（尤其在高三）去学习，但是实际上这是不可能实现的，因为总有一些其他时间需要消费，唯一的可能是有一段固定的时间学习，假设是中午 12 点。第一天，你在 12 点学习了，没有什么特别的，但是如果你坚持下去，坚持一两个星期以后，你会发现，自己已经养成习惯，养成了一个生物钟，时间快接近 12 点的时候你已经自然而然地要开始学习了；坚持一个月以后，也许你会发现，如果 12 点你没有在学习，你会觉得自己心里挺难受的——这是很有可能发生的事情。而你就有了不需要自己去额外注意的学习时间，这个习惯就会伴随着你。

最后我聊聊自己的备考心态调整方式。其实我并不是一个心态特别好的人，我比较情绪化，某次小测验的失误就很容易让我悲伤过头。后来，我意识到，我不只专注一次测试，因为我的目标不是小测验，而是高考。我的目标不是高考前的考试，高考前的考试都是为了准备高考，高考才是这趟列车的终点站，而还没到站就想着下车，那是很急、很不冷静、很不理智的行为。后来每次考试，我都把它们视作对自己的检验，假设老师说：这次你不用考了，一百分。我也会不高兴，因为真正有意义的不是这次考试的分数，而是通过这次考试能够发现遗漏的问题，使知识点得到完善。

考前紧张怎么办呢？考前失眠又怎么办呢？要学会和自己交流，也要学会观察周围的环境，相信每个人到最后都会紧张，也会有点失眠，但是，就问自己一句：考前谁不紧张呢？考前谁又不失眠呢？不紧张的时候，要么是我不可思议地准备万全（其实谁也不敢说），要么就是我有点异常了吧。是的，紧张谁都有，认识到这点，你会发现，其实紧张只是一件考试里的小事，甚至是一件好事。这种与自我交流的能力是后天慢慢养成的，试着和自己的内心对话吧！

学习方法

掌握学习方法就可以掌握学习的捷径。

下面将会列举一些我认为十分有效的学习方法以及应试技巧：

一、学习英语最重要的就是积累（对背单词而言）

走在所有事情的前头的是英语学科的重中之重：单词。

有了单词词汇量，就好比一把枪有了子弹，我们才能够去使用这些词来读懂文章。单词需要积累，但是我们经常会觉得自己认真背单词没有什么作用，因为背了不一定考。但是，词汇量的提升不能纠结于一两个词汇的增加，而是应该以十为单位，以五十为单位，才能算是一个小小的进步。听上去很可怕，但实际上却受益无穷，因为属于你的单词就是属于你的，除了时间，谁也夺不走。所以，积沙成塔，不断地背单词，就能够取得进步。

背单词的几个简单的小方法：

1. 准备一个小本子

新单词不看是会遗忘的，许多人背了又忘，结果失去了信心。但是，我们可以在平时的生活中弄一个简单的小本子，里面可以是生词，也可以是你忘记的词，最重要的是要能够塞进口袋里。吃饭的时候拿出来看看，睡觉之前拿出来看看，不会花费时间，但是极大地减小了单词遗忘率。

2. 重复遗忘的单词要记录下来

我们会遇到一些单词：看着很熟，但是却想不起来。想起来了，发现原来自己遗忘过好几次。这些词，我们不要回忆一下就放弃了，要做好记录。这和熟人是一个道理，面熟但是你不追究他是谁，最后他还只是路人。

3. 相似的词记在一块儿，适当地用些小技巧

bridge fridge bride bridegroom / expect except expert 这些词是否很相似？甚至有可能弄混？那么我们要做的就是做好记录，避免自己在平时使用的时候弄混了。

另外，平时记短语、单词时可以使用一些小技巧：

Sometimes 有时（some 和 time 是连在一块儿的，如果有 s 就是"有时"）

Sometime 某时（some 和 time 是连在一块儿的，如果没 s 就是"某时"）

Some time 一段时间（分开的，time 不可数，是"时间"）

Some times 几次（分开的，time 可数，是"次数"）

这个需要同学们自己去寻找适合自己的小技巧。

二、培养强大的执行力和自制力

什么是执行力？是下达命令以后，任务能够被很好地执行的能力。自制力就是管制自己的能力。所以当你想要学习的时候，如果你有很强大的执行力和自制力，就不会左手拿着手机心里想"再玩一下"，右手捧着课本却不看一眼了。只要你想学，你就可以开始学习，只要你想采用什么学习方法，你就可以采用。所以说，执行力和自制力非常重要。

尤其是在背单词和练习听力这两块儿，基本是无道理可讲、无捷径可寻的体力活。

三、灵活地做英语笔记，最好能有自己的一套

1. 含有同一单词的短语可以放在一块儿，方便记忆

比如：up，在短语里面有三种内涵，那么就记录四个：

①上　②完成，结束　③消灭　④其他

stand up 起立　finish up 完成　cut up 切碎

make up 化妆，和解，弥补　lift up 举起　eat up 吃完

blow up 爆炸　check up 核对　put up 张贴　drink up 喝完

break up 拆开，驱散

分类、总结就是最好的记忆方法。

2. 做阅读，做完型，做完了就算了吗？其实还有许多笔记可以做

专注在两点：

第一点，自己的理解与文章文意的偏差。比如说文章的作者态度是 ironic（讽刺）但是你却选择了 angry（生气），这两种态度十分相近，但这其中的语言态度的偏差自己为什么会读错？一次次地纠正自己和文章的偏差，我们可以在做完阅读以后再次温习，并且提高自己的语感。

第二点，文章中一些没有见过但是很重要，或者在不同文章中多次出现的单词。这些单词往往不会出现在教材中，却十分重要，从它们连续几次出现就可以得知。比如说 rural（农村的）和 urban（城市的）这对词，在一些经济、环境、人

口话题中经常出现。

而语文、生物、化学、物理等科目的笔记都有不同的记法，每个人的记法又各不相同，希望同学们能够结合所学科目的特点，结合自己实际情况，开发创造属于自己的做笔记方法。这样能够大大提高知识调用效率、学习效率以及复习效率。

四、培养感觉

这个方法，主要是在我面对一些比较虚无的、难以掌握的文本类题目时会使用——英语阅读题、完型填空。有时候拿到一篇文章，通篇一看，我们必须要能够抓住文章的大意，生词不要去触碰它，一两个单词不会影响通篇的阅读。（如果是很多生词的话，我建议先去背好单词，提刀才能上阵）掌握了大意，再去揣测出题人的意图，切中文章的要害，直接掌握这道题目的命门，其实题目就会做了一半。

比如说，一篇英语阅读是讲环保的，一些简单的问题会询问文章的内容，其实就可以把与环保关系不大的选项剔除掉，然后在剩余的选项里选择，切记要贴合环保的立意，清楚文章是在讲哪方面的环保，在讲怎样环保，又是怎么讲的？思考这几个问题以后，再进行作答，必然会看得更加清楚。在一些比较模糊的选项里面，要认真揣摩出题人和作者的意图，你知道他们怎么想，你也就懂了这道题。

尝试去理解出题人，并不只是局限于文本类题目，在许多理科题目中，往往出题者的一个小小的念头就决定了你的"生死"，也许他们挖了个陷阱等着你跳，如果不足够了解，就很容易失手。

五、擅长总结

总结自己前段时间过得怎么样，总结自己最近的学习状态，总结自己一学期的进步和成就，总结某个科目自己的优势和弱势，这些总结，只有你自己能够给自己最清晰、最准确的判断，也只有你自己才能够带给自己成功。

因为英语学科学不学得好，不取决于一两次考试中的成绩，而是取决于坚持不懈地丰富词汇量，提高阅读水平，提高听力水平，所以在日常学习的过程中我们必须要总结。这些总结，能够让你更加理性，能够让你认清自己的位置、自己的状态，能够更好地安排下一阶段的学习任务，这是在英语学习中别人所不能够带给我们的。

第 7 篇
河北省——谷雨薇

高中学校： 河北省邯郸市第一中学

就读院系： 北京大学外国语学院西班牙语专业

年　　级： 2015 级

高考分数： 661 分

荣　　誉： 2015 年邯郸市英语单科状元；全国英语
　　　　　　能力竞赛一等奖

作者小传

我爱好读书、看电影、绘画、旅游等。性格开朗、稳重、有活力，待人热情、真诚，为人坦率，讲求原则。我还是一个正直忠诚、勤奋求实的人，会不断追求人格的自我完善。明显的特点是乐观自信、温和开朗、稳重宽厚，因此，我人际关系和谐，适应环境能力较强。最大的满足感在于该做的事顺利完成，以便有精力去关注其他。有较强的组织能力、实际动手能力和团体协作精神，能迅速地适应各种环境，并融入其中。我希望自己能成为优秀的文学翻译家，为推动中国与西班牙语国家间的交流做出贡献。人生格言：Hay vida hay esperanza（有生命就有希望）。

学习心得

回顾高考，于我而言，英语取得 149 分不是偶然，而是必然。当 8 号下午 5 点的铃声敲响时，我微笑着走出考场，英语胜券在握。当然，英语一直是我的强项，第一年高考已是 147 分，第二年又在衡中这样的环境中锻造一年，只能也只有 149 分。我只想说，149 分并非遥不可及，它切切实实的就在那里，你也可以有。

无论学任何东西，信心都是很关键的，先相信自己能学好英语才能学好英语。信心不是凭空产生的，成绩和成就感是基础。成绩的层次主要与基础有关，成就感则源于每一点一滴的进步。你的基础是之前已经确定的无法改变的，但进步是现在及未来可以做到的。我相信学弟学妹们都是学霸，大家的基础都很扎实，成绩都值得骄傲，都撑得起自己的信心，千万不要妄自菲薄，不要因几分之差而觉得不如他人，告诉自己：我很优秀，我行，我最棒。进步是每个人都必须追求的，衡中给我最大的感动莫过于"追求卓越"的精神，现在我的 QQ 签名是"excelsior（精益求精）"，来自电影《乌云背后的幸福线》，用在此处是提醒大家，在自信的同时不忘谦卑。每个人都有无限的进步空间，都有无限的超越可能，在进步中放大自己的成就感，在进步中给自己继续进步的力量。

英语于我，已不仅是兴趣，而是热爱的东西。当我大声朗读时，我体会到的是每一个发音的美妙；当我习字时，我体会到的是每一个字母的风姿；当我写作文时，我体会到的是行云流水的畅快；当我做阅读时，我体会到的是心有灵犀的愉悦。你是否曾捧着《牛津词典》读得津津有味？你是否曾拿着习题刷得不亦乐乎？你是否把学习英语当作一件赏心乐事？当然，人人有异，兴趣不同，或许你的热爱并不在此，但我衷心希望大家能尽量培养对英语的兴趣，让自己乏味甚至痛苦的高中生活因它而有滋有味、多姿多彩。热爱可以源于最爱的外国歌手，可以源于钟情的外文电影，也可以源于美剧。点燃热爱，才能一路狂奔而不感疲惫，伤痕累累而不说后悔。

学习方法

自己的才是最好的，一定要有自己的学习方法。作为外地复读生，我曾花费大量时间适应衡中节奏，摸索、更换、完善自己的学习方法，大家一直在同一所学校读书，与我相比有巨大的优势，但高一、高二与高三也有区别，大家一定要不断适时调整自己的方法，别人的固然要借鉴，但适合自己的才是最好的。高中三年中，老师会讲，学长们会传授，同学之间会交流，大家会接触到各种方法，切勿全盘接受，切勿全盘拒绝，取其精华，去其糟粕，以我为主，为我所用，形成自己的独特方法才是王道。每次大考都是一次对自己学习方法的检验机会，调整，坚持，在变与不变中成就自己的绝技。

最后，向大家介绍一些我自己的技巧，谨供参考。

（1）分类改错。改错时按题型分类整理，每次英语早读大声朗读，巩固强化薄弱点，持之以恒，直至高考。

（2）课外拓展。多读一些美文，并作适当摘抄，培养兴趣，愉悦心情，缓解压力。

（3）大声朗读。英语是一门语言，是用来交流的一种工具，大家要多读文章、段落、长句，不要一味沉浸于背单词、短语，多培养语感。

（4）重视基础。从 140 分到 149 分，很远也很近，最重要的莫过于细心二字，这一点在二卷基础题上体现得最为明显，越是简单越不能错，一定要有满分意识。

（5）听力猜题。提前审题，并根据问题猜想对话内容及可能答案，提高对各类听力题的敏感度和玄而又玄的题感。（平时练习时可以一试，考试绝对不要这样。）

（6）阅读提炼。提炼文章的主要内容、中心思想，追求能够读完之后会心一笑，与作者产生共鸣。

（7）七选五。把选项代入反复读，注意文章结构、句型，会有很大的提示。

（8）完型填空。当作语法填空练，先自己用铅笔填一遍，再选择选项，然后对答案，用红笔填上选错的选项，蓝笔填上自己最开始填错的选项，看看自己能选对多少，又能填对多少，最后从头至尾再读一遍，体味文章。（量力而为，尽量在课前完成）

（9）语填改错。疯狂刷题，分类整理。

（10）作文练字。我曾自以为字不错，但在衡中倍受打击，"飘逸洒脱"不一定是美，圆圆胖胖才是阅卷老师最爱，努力向老师审美标准看齐。

说得不多，但都是我认为的精华，如果能对大家有所帮助，也算没白当学姐了。执着信仰，为梦疯狂。祝学弟学妹们扬名高考，圆梦清北！

第 8 篇
湖北省——乐凌坤

高中学校：湖北省襄阳五中

就读院系：北京大学光华管理学院

年　　级：2015 级

高考分数：687 分

荣　　誉：2015 年襄樊市英语单科状元；全国数学
　　　　　　奥赛二等奖

作者小传

我信奉的人生格言是 There is no fate but what we make for ourselves.

学习心得

一、与题相斗，其乐无穷

高中三年，做的资料浩如烟海。有同学怕做题、畏难题，也有同学日夜刷题、焚膏继晷。而我则喜欢精做题、钻研难题。高中理科知识难度拔高、思维量大，还引入了许多以前从未接触过的概念和模型，定量与定性两种思维模式穿插使用，难免会成为学习中的障碍。我在学到电容器部分的时候，也曾感到头昏脑涨，我就下去翻阅了很多参考书，把相关习题各个击破，研究了考查的知识点，还翻看了物理奥赛中的知识，彻底弄懂了问题。此外，自主学习查阅资料寻求解答的能力也得到了锻炼，大大提高了学习效率和行动力。高中自习时间非常多，自主安排时间是至关重要的，如果用大部分时间一味刷题，收效甚微。我在完成老师布置的作业之余，会找出几个奥赛难题细细研究。久而久之，解题思路就会变得开阔。我在数理化方面学习十分轻松，有时数学考试不到一小时就能完成，许多看似很难的压轴题甚至看一眼就有思路，今年高考数学最后证明题也顺利做出，这种得心应手的感觉不仅需要大量的题目积累，更需要大量的思维锻炼。

二、重视基础，注重过程

面对考试，没有什么可以紧张的。带着这样一种"题目机关算尽，不过如此"的心态，自信应对。高考中绝大部分题目都是基础题和中档题，关键是耐住性子静心敛气，尽量减少审题错误、计算失误。试题的设置都有一定规律，考查方向都有明确的偏向性，有时看看几个选项，稍加分析，就能猜出正确答案。今年高考，我的理科方面就吃了亏，做出了难题，结果却还没有难题空着的同学分高。高考不同于竞赛，不需要一味地苦钻难题，而是要做对会做的题。其实，在考场上，与其担忧成绩如何，不如专注地做好眼前的题目，全神贯注地把握当下。苦心人，天不负。平时的努力付出一定会换来一个令人满意的结果。我们的目标并不是一味追求一个高分，更重要的是其中耕耘奋斗的过程以及途中收获的人生历练，好的过程必然带来好的结果。高考是一个目标十分明确的考验，因此也是相对简单的一个考验，但在追逐目标的过程中个人品性和价值观的塑造却是影响一生的。

三、中途受挫，及时调整

大大小小的考试中，我们难免会有状态不好导致发挥失常的情况，此时应当认真分析究竟是自己知识点没掌握好还是仅仅是一些计算的小错误，不能因为偶然一次失误就对自己丧失信心，重要的是能够从一次失败中学习总结到什么，而并不是沉湎失败无法自拔。我曾经在某次考试失常发挥，我分析了失败的原因，觉得这就是一个没规划好的惨痛教训。此后，我走出了阴影，在沿着老师大方略前进时，也规划着自己的短期小方略，通过早读时间慢慢捡起了停课时期有些遗忘的生物知识，其他科目也取得了长足的进步，高三大考稳居年级前列。

四、与各"大神"切磋共进

学校里高手云集，各学科都有功力颇深之人，多与同学们交流也有很多收获，讨论中无意一句话就可能会激活新的思路，许多问题听了同学的解释也可能会豁然开朗。在班里经常有同学提出一个问题，大家一起讨论，或是搜集一些有意思的新题型，分享给大家；很多难题，在老师讲完后，更有很多同学见仁见智，提出自己的好方法。群英荟萃，思路的线交织成智慧的殿堂，一个比一个更简捷明了的方法让同学们体会到解题的乐趣。

五、效率源于方法，心态源于信心

学习中，我不是那种"头悬梁，锥刺股"的学生，而是专注课堂听讲，思路紧跟老师，追求在课堂上解决问题，遇到不懂的及时请教，扫清疑惑。每天作业我都会及时完成，但很少提前写作业，也从不搞题海战，课业任务已经很重，再额外找题增加太多负担，得不偿失，完全理解、消化一道题，其他也就触类旁通了。另外，在中午、晚上放学后，我也从不做题，而是尽量争取时间睡觉，保证下一阶段的学习效率。高中阶段，学校经常会进行年级排名，这更多的是让大家对自己有个清晰的定位，明确努力的方向，而不是让某些同学沉浸在失意中；跳出成绩排名的藩篱，看到背后反映出自己的不足才是我们应该做的。我一直记得我们语文老师说的一句话"作文时要先有平常心，再有功利心"，其实任何时候都是，心态阳光、情绪平和才是考试中稳定发挥的秘诀。

学习方法

从初中进入高中学习是一个新的转折点，同学们必须采用不同的方法来学习。初中阶段主要重视英语知识和语法的学习，而高中阶段则侧重培养阅读能力，需要同学们把学到的知识灵活运用到对语言、文章的理解中，不断提高分析判断能力、逻辑思维能力和语言运用能力。所以在学习过程中不能死抠句子、死记语法，而要在交际用语、习惯搭配及语言的多变方面多下功夫。同时还要讲究学习策略，制定符合自己的学习方法和目标，从一开始就养成一个良好的学习习惯，使自己充满信心，学好英语。

近年来的英语高考试题转变了传统的以考查知识为主题，确立了"以能力立意"的命题思想，从而改变了过去重语法轻交际的倾向，加强了对外语交际能力的考查。教学大纲明文规定了考查包括笔试、口试及听力测试，这就预示着今后将在听力测试题型中增强对交际能力的考查，希望同学们在学习中注意情景交际用语的掌握与使用。

要提高听说能力，正确的态度是，尽可能设法用学过的词汇和句型表达自己的观点，抓住一切机会多听多说，并持之以恒。要达成这一目标，必须具有自觉实践的意识，抓住一切机会多听多说，在实践中不断修正错误，并持之以恒，水平才能提高。机会不仅在课内，而且在课外。课内是基础，课外天地更宽广。同学们要积极参与老师组织的听说活动，仔细听其他同学说的英语。听懂之后一定要有反应，要主动表达自己的观点。一定不要怕说错而闭口不言。正确的态度应该是，尽可能设法用学过的词汇和句型表达自己的观点，决不要未开口而先担忧。课外英语听说学习可以通过电视、网络、原版电影、各类英语演讲比赛等方式，英语学习的素材不一而足。同学们在条件许可的情况下，应强化自身周围的听说氛围。

另外多看课外读物也不失为一种好方法。阅读的好处是扩大知识面，增加词汇量，提高理解力，巩固词汇和语法结构。

建议挑选适合自己水平的简易读物。其中当然有生词和新的结构，但这不要紧，跳一跳，便能摘下果子，这反而能激发好奇心，提高兴趣，增强理解能力。阅读之后做些摘记，留下一些新词汇、新句型和信息，作为自己实践的足迹，供日后再学习。自己动了手，记忆更牢固。顺便说一下词汇难记的老大难问题。记不住词汇，其实是词汇的复现率不够，而光死背单词，又太枯燥，费时效果差。词汇记忆难是事实，记忆词汇有许多方法，但多阅读，在阅读中巩固词汇的识记不失为一个好方法。书面表达的基础是口头表达，其实质是用英语思维的能力。其中词汇和句型是必要条件，语法知识是重要条件，这些条件的积累靠的是长期听、说和阅读实践的运作。

总的说来，学好英语有以下几点诀窍：

第一，认真听教科书规定的内容，大略掌握基本的语法知识、单词。

第二，课下完成作业后，要选择一套英语录音带来听，它应该是让你在随意中就能轻松听下去的录音带，它不会给你增加太大的压力，但却能让你把教科书上学过的句子、单词、语法得到快速而有效的复习和巩固。这就是快速学习法中的"存储、记忆、激活"三过程中的关键过程：激活。

第三，在完成了"学好教科书"的目的之后，要有"先人一步、捷足先登"的思想，那就是选择一条适合于你自己的学英语的捷径。比如利用做完功课闭目养神的休息时间训练听说，在不知不觉中就会说很多地道的英语句子。一年后你突然发现你已远远走在其他同学前头了。

第四，为了应付考试，你要经常多做几套试题。你会意识到，你会说的那些句子能十分有效地帮你对付各种各样的考试题。

第五，英语最重要的三个方面：词汇、语法和表达。上文已经强调词汇需要长期的努力和再现来加深记忆，考试出题设置的点（尤其是阅读理解）基本上都有一些会在难理解、有超纲词汇的地方着重考查，若词汇量不够，内容本身就难理解，题目就很难做对，因此词汇是做题必不可少的要素。然后是语法，近些年英语更注重交际，重心从语法上偏移，可我们仍然不能忽视语法，像记公式一样死记语法绝对是事倍功半的，应该尽可能找出各种语法所对应的例句，理解记忆，这样见到一个句子时，就会自然地往记过的语法上联想，对新句子的理解也就更轻松。表达，主要针对的是作文，在符合考试要求形式的前提下，句子的表达效果就很重要了，跟汉语一样，我们需要多阅读、多积累，记下好的表达形式，尽量让句子充实，但也不要生搬硬套、创造没有的表达方式。有了这些我们的英语水平便能有很大的提高。

第 9 篇
河南省——徐元正

高中学校：河南省信阳市光山县第二高级中学

就读院系：北京大学新闻传播学院

年　　级：2015 级

高考分数：615 分

荣　　誉：2015 年信阳市英语单科状元；数学联赛
　　　　　全国二等奖

作者小传

我拥有自信和强大的内心，经历过高中阶段的失落，我知道如何从低谷中爬起来，我明白如何像一个战士一样去战斗，如何激发自己最大的潜能从悬崖底部爬到顶峰。我一直信奉，"人能走多远，不要问两脚，而要问志向；人能攀多高，不要问双手，而要问意志。"这是我高中班主任送给我的一句话，我非常喜欢，也把它当作我奋斗的座右铭。拥有坚定的意志、远大的志向，我们终将收获成功。

学习心得

时光荏苒，如今的我已经坐在这个园子里，沐浴着清风，享受着大学生活的惬意。很难想象，过去的一年，我也曾拼命过，痛苦过，欢笑过，甚至，绝望过……

时光倒退回到一年前的今天，刚刚经历高三第一次大型联考，我第一次考这么高的分数，678 分，对于文科生来说，真的很难想象。困扰我两年的历史出人意料的考了最高分，其余各科基本没有失误。这就是我们高三的开始，一切都那么顺利。

十一月我们迎来了信阳市第一次模拟考试，也是我记忆最深刻的一次，考试之前，学校很重视，做了动员，要求我们认真准备，打好高考第一仗！但班级第七，从未有过的成绩单摆在我面前，更让我没想到的是，那张只有 38 分的地理试卷。这次考试应该算是黑暗期的一个开始，因为实在是考得太差，之后很长一段时间考试都没有考好过。但是毕竟还有大半年时间，不着急，我静静地蛰伏着，渴望来一次爆发。

一个寒假几乎没有放松，刷题刷题再刷题，和往届清北大神有过近距离接触，交流过想法，静待开学百校联盟考试。这是我们学校第一次参与百校联盟考试，成绩出来的确喜人，我们班一位同学再次拿下省第一，我也不算太差，省第五的结果还说得过去，但是，问题已经开始显现，这次考试我的语数外三科分数拿下省第一，可是文综却只有可怜的 225 分（第一名我们班大神 240 分）。我想过放弃，我告诉自己，真的还有希望吗？一个差不多的"985"大学就挺好了吧，何必要去争北大，太累了，希望也太渺茫了。但我一想到十几年的辛苦就要付之东流就感觉不值，自己选择的道路，跪着也要走下去。我爬起来，继续投入到战斗中去。

　　我找了历史老师、班主任、英语老师、地理老师，我向他们表明我的困惑，尤其是向历史老师倾诉了当时的心理状态，找方法缓解压力，摆正心态。当然，对于学习，我也有改变策略，题刷的少了，总结更多了，可能有的总结我并没有写下来，但是我都记得刻骨铭心。关于数学，我有充分信心保证足够高的成绩，刷题更注重质量，这一阶段我的主攻方向在文综，二轮复习才刚刚开始，我有信心提高。每一次文综考试结束，我都会重新审视这套试卷，总结出题的方向，对照答案，尤其是选择题，我甚至都在总结选择题各选项的特点，正确选项有哪些方向，哪些思考方向最常见，哪些思考方向会把人引入歧途。我印象最深的就是历史，什么材料只提到一部分，说法过于绝对，符合史实但不符合作者观点……这些类别我都有总结，遇到题就往上套，结果历史选择题正确率大大提高。关于简答题，我依然按照以前的那种思路，但是我也开始找题练，每天早上提前 40 分钟到班，先做一至两道文综大题，然后对答案，总结思路，背一遍，再上早读，所以我在阅读材料提取信息的速度和准度上又有很大提高，题做得多了，文综成绩渐渐也提高上来。关于英语，我听老师的话觉得很管用，因为毕竟以前有基础，所以我选择刷题来提高做题的感觉，不得不说，真的很管用。必须要提出来的就是一定要放慢做题速度，英语考得不难，但是太快就容易出错。关于阅读和完型要注意积累词汇，另外就是要理解语境，语境真的很重要。现在新课标的英语考试并不难，所以我们的英语最低标准都定在了 140 分。最后一个让我头疼的就是语文，我曾经想过，如果我高考数学 150 分，英语 140 分，文综 220 分，语文 120 分，总分 630 分，差不多够了，但是，我结束了这样的幻想。6－1＝0，放弃任何学科得到的都只能是失败者的泪水。我在想，既然文综我都可以攻克，语文有什么不行。先试试刷题，每天文言、诗歌轮换，阅读、语言、表达交替，总结选择题答案设置规律，积累作文素材，看报纸读杂志，所有能用的方法我基本都尝试了，当然，结果不会太差！

学习方法

英语作为一个语言类学科，对于学生语言的感觉和语言的运用提出了比较高的要求，但是随着高考改革，全国卷对于英语考查的要求有所降低，而且英语既重视潜移默化地提高素养，也能在短时间内较快地提升成绩。所以英语学习和考试是有一定技巧的。我就从平时学习和应试技巧两个方面来谈谈吧。

一、英语的平时学习

作为一门语言，而且是一门比较重要的语言，英语的学习是比较重要的，不仅仅是针对高考，对于学生今后的工作都是一项很重要的技能。因此，英语的学习，在平时是一项任重道远的工作。由于语言的特殊原因，英语作为一门外来语言，在发音上和母语汉语有很大的区别，国人在学习英语时总会受到汉语发音的影响，导致有些音发出来不自然或者不准确。而语言学习强调听、说、读、写，所以平时的学习也就是从这几个方面着手。

听。听也讲究技巧，选择一盘好的适合自己的磁带，或者在手机上下载一些听力应用，选择固定的时间听一些，最好是在早上，听的时候先不管能不能完全听懂，不要去翻原文，只是单纯地去听，听两遍之后就能大致知道自己能听懂多少，自己能大致猜出哪些内容，这种听力练习相对来说也比较有效。此外推荐一些英文电影或者英文歌曲，在休闲娱乐的时候也能体验国外英文发音是怎么样的，以便更接近原声，看英文电影最好不要是中文版，一个是配音效果很差，再一个就是对于英文练习没什么用。还有就是多看英文评论，其实有些东西他们用的都是一些很简单的词汇，主要就是体会不同的词要在什么语言环境下使用。

说。也许在中国由于语言上的限制，使用英语交流的人群不是很多，而且在平时大环境下用汉语交流使得英语的使用仅限于试卷上，但是我们依然可以找到机会使用。加入一些例如"英语角"的社团，或者兴趣小组，和志同道合的小伙伴练习英语口语，帮助自己学习。喜欢唱歌的可以尝试一下英文歌，练习发音和口语，也可以体会不同语言环境下哪些词比较合适。

读。读英语分为精读和泛读，英语课本适用于精读，那些都是编辑教材的老师精心选取的，具有很强的代表性，在语法和词汇运用方面都是经过精心挑选的，每天晨读的时候拿出来读一读，选取一些有用的句子背一背，对于自己的写作也有一定的帮助；同时能很好地理解词汇的应用，培养自己的语言感觉。与此同时，可以订阅一些英文杂志或者英文报纸，饭后没事可以看看，大致读懂原文意思，了解词汇的用法，推荐《CHINA DAILY》，很不错的一份报纸，很权威，也能了解一些新闻。在读文章时如果遇到不会的单词，可以试着去猜一猜词义，而不要立刻去查词典，这样也更能提升自己的词汇量。看完之后圈出一些常见单词，查查词义，积累下来也是可以的。

总之，平时英语的学习重在语言素养的提高，英语能力的提高也是一个潜移默化的过程，就像语文，短时间内的提高也许比较难做到，但是假以时日，不断的坚持总会有不少的收获。

二、英语应试的技巧

考试和平时的学习有所不同，英语的试题也有一定的规律性，所以刷题，找找做题感觉也能够在短时间内提升自己的成绩。

建议在考试之前暂停自己英语素养培养的计划，转变到应试的模式。考试之前给自己制订一个做题的计划，适当读一些阅读理解和完形填空，总结下答案的设置有哪些规律可循。阅读理解一般就是通读原文，然后找到文章的主题句，了解主题并且总结文章的意思，读题之后划定答案区域，就能相对减小自己的读文压力，把每个选项在原文中找到对应，对于自己的选择也有很大帮助。

而对于完型填空就要求对词汇的掌握更深，联系上下文显得尤为重要，这个时候平时阅读的作用就体现出来，大概自己已经明白了每个单词在什么样的语言环境下使用更加合适，对于词汇的选择也更加得心应手，再加上对文章的理解，每个空如何选择也有一定保障。

而作文这方面同样也是平时素养的体现，一个是卷面书写的问题，再一个就是词汇句子的运用，好的串联、好的词汇使用对于整体文章的得分会有很大帮助，所以平时背诵的句子，背诵的单词，都是你武器库里最有力的武器。如果再加上一手漂亮的字，最后得分一定不会太差。

平时的不断积累再加上考试前适当刷题，英语并不是一个很难的东西，不仅是高中，高考，对于今后都会有很大帮助。

第 10 篇
江苏省——李攀

高中学校： 江苏省沭阳高级中学

就读院系： 北京大学政府管理学院公共管理专业

年　　级： 2015 级

高考分数： 391 分(江苏省高考满分 480 分)

荣　　誉： 2015 年宿迁市英语单科状元；江苏省数
学竞赛一等奖；全国英语创新大赛华东赛
区一等奖

作者小传

我的高中三年几乎可以说是在和英语不断斗争的过程中度过的。在这漫长的三年中，"英语虐我千百遍，我待英语如初恋"是我内心最真实的写照。不止一次受到英语的打击，被老师训斥，但每当心中生起放弃的念头，总会有一句话在我耳畔响起，激励我继续在坎坷的道路上蹒跚前行……

"一个人可以被毁灭，但不能给打败。"海明威在《老人与海》中写下的这句话，每当遇到挫折时都会浮现在我的心头，让我重拾信心，一如既往地为目标努力并付出……我从中明白了一个道理：在向目标前进的路上，只要你尽力了，付出过，无愧于自己，就够了；最终的结果实际上并不是最重要的，重要的是我们为了目标而奋斗的过程。

学习心得

如愿以偿进入北大以后，回首曾经漫长的学习生涯，心中感慨良多……

思绪回到小学，快速浏览十二年的时光，发现我始终在做最正确的一件事，那就是课上时刻保持高度注意力，认真听讲，尽全力把老师讲的每一个重点牢记在心中，这几乎是我从小到大在学习上唯一没变过的地方。我们的老师绝大部分都有着丰富的教学经验，他们在课堂上讲授的内容一般都是考试重点、难点、易错点……所以一旦我们在课堂上走神就很有可能错过某个很重要的知识点，从而导致我们在课后要花费数倍于课堂上的时间还未必能完全把那个知识点掌握。这样做既事倍功半，又极大地降低我们的学习效率。那么既然我们能用更少的时间做到更好，为什么不抓紧课堂上的时间呢？

另外，在学习过程中，我们一定要树立高度的自信，相信经过我们的努力可以取得理想的成绩。根据我的个人经历以及从前和其他同学的交流，我发现其实大部分数学成绩不太好的同学，心中或多或少会对数学产生一种畏惧心理。正因如此，他们在遇到看上去比较难的题时，往往会下意识地认为：这种题不是我能做出来的，反正想不出来我还是检查一下前面做过的题吧。基于这种想法，他们便浅尝辄止、知难而退，从而失去了一次又一次锻炼自己思维能力的机会。长此以往，他们解决难题的能力就会渐渐下降，即使努力去思考也很难有头绪。

"天生我材必有用"，李白的这句话我们应当铭记在心：每个人都有自己存在的价值，所以千万不要妄自菲薄。

在我看来，自己相对较好的学习习惯是明白自己的努力方向，清楚知道什么对我是有价值的并且值得我为之付出时间和精力。每次考试之后，我都会注意自己各科及总分在班级的名次，从而确定我的优势和劣势，并且弄明白我在哪些科目上已经比较成功只要继续保持就可以，在哪些科目上做得还不够需要加大投入。这件事看上去十分简单，只需要几分钟就可以完成。但却有着极其重要的意义，它为我们指明了今后一段时间努力的方向，而不是漫无目的的学习最终一事无成。不仅如此，在做题的时候我们也应该明白那些看一眼就有思路甚至答案都已经算出来的题目对我们是没有丝毫价值的。所以我们要把更多的精力投入到我们觉得有难度的问题或方面上，而不是在我们已经掌握得很好的科目或题型上继续耗费精力。

在这之外，我们还可以寻找一些适合自己的及时复习方法，因为及时巩固会最有效地将我们所学知识烙印在脑海中。当然，我不是说每天都要复习老师讲的所有内容，我们只要抽出一点空闲时间：课间、放学的路上甚至睡觉之前的几分钟。想一想有哪些课上老师讲的重点内容自己还不是太理解或是当时理解起来有难度，然后好好想一想，有必要的话就总结一下相关方法或以前做过的类似的题型和老师讲授过的内容。

而在备考过程中，我们必须时刻坚信考试前我们的付出是有效果的，不要担心，不要慌张，要以最自信的姿态去迎接每一门考试。但最大化利用考前的时间仍然是一件相当重要的事。我们在考试之前最好看一些曾经错过的题，提醒自己不要再犯之前的错误，想一想老师的建议。在考自己较不擅长的科目时，更加不能紧张，尽量去把这场考试当作平时的测验，不要给自己太多压力。总而言之，就是全身心投入考试，不要胡思乱想。

学习方法

大致来看，英语属于文科，需要背诵记忆的内容相对较多。并且英语是一门语言，因此我们应当对英语国家的文化有一定了解，如此才能更驾轻就熟地理解课文以及试题中出现的文章，从而提高阅读板块的答题正确率。

英语学习主要分为两部分：词汇和语法，而对欧美文化背景一定程度的了解则主要针对文章阅读和语句构成方法。

就我个人而言，语法较词汇而言要简单一些。语法要求解决的问题无非是搞清楚主谓宾定状补各种成分、各种从句，还有较少的几种语法现象。这部分借助适合的辅助教材自己就可以逐步扫清障碍，提升语法能力，只要下定决心付诸行动基本就不会再有问题。其实语法这个概念也就是考试用得多，如果语感好的话不需要机械地掌握语法规则也能做对语法题目。而培养语感靠的就是阅读，所以大家可以看一些适合自己的英语杂志、报纸，如果有机会也可以读一些原版书。在选择阅读材料的时候最好选大致能看懂但还是有些单词甚至段落不太明白的内容。这样既不会因为难度大而失去信心，也可以学到一些东西。

学英语，词汇的记忆是必不可少的，词汇是学好英语的基础，没有了词汇，也就谈不上句子，更谈不上文章，所以记单词对我们就显得特别重要。记忆单词关键是要做到以下两点：

一是持之以恒：每天坚持记忆一定量的词汇，过几天再回头复习一次，这样周期循环，反复记忆，经常使用，就会变短时记忆为长时记忆并牢固掌握。需要注意的是，一旦开始，就要坚持下来，千万不能半途而废，切忌三天打鱼，两天晒网。

二是良好的记忆方法：记忆单词的方法很多，学无定法，但学有良法。首先要懂得分类记忆。分类的方法有多种，同一元音或元音字母组合发音相同的单词归为一类；根据词形词性、同义词反义词等集中记忆；把相同词根、前缀、后缀、合成、转化、派生等构词法相同的单词或词组列在一起集中记忆印象比较深刻，记忆效果也比较明显。这样每天记 40—80 个单词，坚持不懈，多联想，多思考，多使用，词汇问题就容易得到解决。另外则是要学会利用音标记忆。每个音标对应的字母或者字母组合是相对固定的，所以利用读音来进行单词记忆会比较容易。在学习的过程中多重视单词的用法和词组的搭配，牢记老师讲过的单词惯用法和句型，这样不仅有助于我们解题，而且在写作时也会信手拈来，妙笔生花。

把单词记住，了解词性、词义，掌握其固定搭配与习惯用法，背会时态、从句的各种用法，工作只完成了一半，我们还必须学会应用。不必要搞题海战术，但一定量的典型练习来巩固所学知识是必不可少的。先重视基础练习，如课后习题、单元同步练习，这些是针对课堂知识的巩固性练习，不能好高骛远，想着一口吃成胖子。基础知识掌握后，有的放失地做一些语法方面的专项练习和考试题型的专题练习。特别提倡大家准备一本"错题集"，把平时做错的具有代表性的试题或语言点记录下来，以备将来查漏补缺，也可以作为考前复习的资料，这样对知识的掌握可以达到事半功倍的效果。

此外，不可否认的是："兴趣是最好的老师"，学习英语首先要有兴趣并努力发展这一兴趣。如果你对英语没有兴趣，那就不会有持续的干劲和动力，英语学习将很难坚持下去。反之，一旦你对英语有了兴趣并努力地发展这一兴趣，那么，你就会不知不觉地去做，带着强烈的欲望去读英语、听英语、说英语、写英语。你就会主动地采取措施，找一切可以提高你英语的机会去提高你的英语水平，不知不觉中你的英语就会提高，不知不觉中你就把英语学会了。所以兴趣对学好英语有举足轻重的作用。然而，尽管知道兴趣的重要性，但很少有人有意识、有步骤地去培养和发展自己对英语的兴趣。

第 11 篇
江苏省——孙一

高中学校： 南京外国语学校

就读院系： 北京大学外国语学院越南语专业

年　　级： 2015 级

荣　　誉： 获得 2015 年江苏省北京大学保送资格；
江苏省集训队信息学奥林匹克竞赛全国一
等奖；南京外国语学校周恩来奖学金

作者小传

我是一名理科生，从小对于自然科学怀有浓厚的兴趣，在我小学的时候，我曾亲手成功组装过一台电脑，虽然现在这台电脑早已不用了，但依然放在我的书房里，常常勾起我对童年的回忆。我对数学的着迷是从中学开始的，数学这门学科不是枯燥无味的，是由一代代伟大的数学家通过不断的创造而创建的一套严密的体系。从亚里士多德，到牛顿，到柯西，这些数学家们共同构建了伟大的数学大厦。学习数学的过程，不仅是学习逻辑思维的过程，同时也是学习数学史，学习古今数学思想的过程。历史是活生生的，同样数学也是活生生的。正是数学思想这样的美，使我现在学习外语的过程中，还经常到图书馆去阅读有关数学史的书籍。

学习心得

我的母校是一所以素质教育见长的中学，平常老师不会布置太多的作业，放学也通常比较早，基本上 5 点之前肯定是放学了，剩下大把的时间留给学生自主学习。于是，中学时我就养成了自主学习的习惯，每天放学后首先温习一下老师上课所讲的内容和记的笔记，然后在做题时就能得心应手。做完作业后，如果还有剩余的时间，我会看一些竞赛方面的内容来扩充自己的知识面，同时也会看一些文科方面的课外书来充实自己，我认为这样的学习习惯培养了我自主独立的性格，同时也让我在高中的学习游刃有余。

回想这些年来，始终推动我不断前进的是我内心的理想信念。帕斯卡尔曾经说过："人是一棵思想的芦苇。"作为一个活生生的人，不能走一步算一步。从小我就有进入北京大学的梦想，人一旦有了梦想之后，内心就是充实的，身边同学的声音都能激励你学习，当你不好好学习的时候，一些伙伴的声音就会传来："哥们儿，你不是要考北京大学的吗，怎么在玩呢？"一句句看似平淡，而又振聋发聩的话让我不得不始终保持高度认真的学习状态，正是有了内心理想信念的支持和身边同学的"鼓励"，才让我最终如愿以偿地进入了北京大学。

最后我想谈谈如何巧妙地应对高中学习。从初中进入高中，课程容量和难度发生了一些变化，尤其是理科科目，难度有了大幅度的提升，很多初中数理化成绩不错的同学，进入高中成绩有了滑坡，主要是衔接工作没有做好。高中物理和初中物理的差别是，初中物理主要强调感性的认识，对于数量的变化也仅仅是停留在基本的增大减小，而高中增加了许多数量的变化和大量的计算，初中研究的问题都是一维的，而高中研究的问题基本都是二维三维的，其中不可避免地会涉及三角函数和部分平面向量的知识，而这些内容在初中都是泛泛而谈并没有进行深入研究，因此要做好衔接工作，就得把握住初三升高一的暑假，把初中没有学而高中却要用到的知识进行系统地掌握。

学习方法

学习方法是一个见仁见智的东西，在此我向大家分享一下我的英语学习方法。英语的学习方法可以简单划分为听、说、读、写四项。

首先我想说说"听"的部分。听力的提高没有其他方法，归根结底在于多听多练，同学们可以在学习之余听一听 VOA，BBC 培养语感从而提升自己的听力能力。同时在考试时也要掌握一定的技巧，在放听力之前先通读题目，做到心中有数，然后边听边做，适当笔记，方能取得不错的效果。可能有些同学对新闻听力不怎么感兴趣，那么美剧、公开课这些内容都是可以提升听力的材料嘛！

然后我想说说"读"、"写"这两大部分。众所周知，这两大部分在高考中的比重是非常大的，占据了超过 80% 的分值，那么这两部分该如何提高呢？

提升阅读能力的关键是词汇量。词汇量的积累一方面靠背单词；另一方面则需要大量的阅读来培养英语思维，阅读可以通过读欧美小说，也可以通过做一些高考阅读题来熟悉感觉，把握命题人的出题意图，每年的高考题所选择的文章都具有一定的相似性，把握规律，这样在面对英语阅读题时方能得心应手。

写作这一部分，有些人认为背背几个"高级"的句子就能取得高分，诸如用什么高级的关联词、定语从句等。我认为不是这样，英语写作同汉语写作一样，也是要讲究逻辑的，首先指出现象和自己的观点，紧接着分析原因，最后一段是进行总结，这样的文章逻辑清楚，是比较好的。当然逻辑结构是作文的主架构，词汇和语法才是作文的灵魂，又回到了上面一段所提的问题：词汇的重要性。虽然现在语法题不会在高考中特别明确地考查，但是同学们一定要对基本的语法了然于心（在作文中会体现出来的）。

接着我想谈谈"说"的部分。"说"在高考中虽然不做考查，以至于很多同学都忽视了说，事实上任何一门语言的关键正在于说，同学们在学习英语的过程中一定要养成常说的习惯（最好是和外国人交谈），英语水平才能有长足的进步。

最后我想谈谈这三者之间的整合，听、说、读、写是一个有机的整体，不可拆散，只有当一部分较其他部分相对较差时再进行加强训练。语言的学习是长期积累的过程，不可能依靠短时间的突击而迅速提高，同学们要提升外语水平一定要有扎实的基础，基础较好的同学可以在每天睡前听一听 CNN 来提升听力水平，也可以通过阅读一些英美国家的原著来提升阅读和写作水平。总而言之，英语的学习就是循序渐进、一步一个脚印慢慢积累而成的。

第 12 篇
江苏省——胡天锐

高中学校：江苏省天一中学

就读院系：清华大学数学科学系数学与应用数学专业

年　　级：2015 级

高考分数：409 分(江苏省高考满分 480 分)

荣　　誉：2015 年无锡市英语单科状元

作者小传

我的兴趣爱好广泛，爱好足球、象棋、汽车等。我最喜欢的一句格言是"The best or nothing"。这也是梅赛德斯—奔驰集团的广告词，翻译过来即是"若是行动，必然极致"。这句格言在成长的道路上始终激励着我力臻完美，追求极致，用更高的标准来要求自己。法谚有云："生活是一次没有人能活着逃出去的冒险"，在茫茫无着的时空里，谁不是孤儿？那些满城风雨的声望与苦楚，终将随风而逝。所以，无助地占据着浩渺时间长河中一朵小小涟漪，我们的天命，就是在自己的星空闪耀，去追求所钟爱的一切，在不断的探索中寻求极致，趋近完美，一展平生所学，一展胸中抱负，方能不负此生。

学习心得

很荣幸能够在这里和大家分享成长经历与心路历程，也希望我的这些经验能够在一定程度上帮助大家为求学之路做好心理上的准备，最终走进自己心目中的理想学府。

关于成长，想与大家分享三个关键词。

第一，梦想。

走进高中，你的梦想就不应该仅仅是这次我要考多少名之类的。这样的小目标固然有意义，但更重要的是宏观的把控，明确心之所向。你可以通过各种各样的方式明确自己的梦想和前进的方向，它将会成为你不断前行的理由，即使追寻梦想的道路上荆棘丛生亦可无所畏惧。甚至在这样的追求中，是否到达最后的目标已经不再是最重要的了，在上下求索的道路上我们得到的也许不只是最后丰硕的果实，更收获着一路随行的成长。

第二，行动。

只有脚踏实地的努力，一步一个脚印，才能披荆斩棘。高中三年，每个人都将用笔尖完成万里长征，每个人都会别无选择地走完漫漫征途，但是等量的时间里行动的质量决定了到达的高度，单纯的时间只是一张白纸，有赖于每个人用自

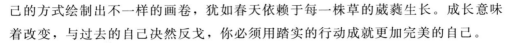

己的方式绘制出不一样的画卷，犹如春天依赖于每一株草的葳蕤生长。成长意味着改变，与过去的自己决然反戈，你必须用踏实的行动成就更加完美的自己。

第三，心态。

平和的心态是成长的关键。高二期中考试时，我在语文上曾遇到重大的挫折，也曾经灰心丧气，但是调整心态后渐渐觉得这未尝不是一件好事。所以我在接下来的时间里着力弥补语文的弱势，最终获得了 130 分的成绩。熊培云在自己的诗集中这样写道："这世上，谁没有两颗心，一颗心在地上流血，一颗心在天上包扎"，至关重要的便是忘记过去的种种错误，放下对于学科或者题目的成见，像是面对相识甚久的老友般平和。因为，记忆里的伤痕和幻想中的末日会让人更容易离开现实，变得像亡命之徒，与自己做着旷日持久的追逃噩梦。其实不然，静下心来仔细一想，面对学科时的恐惧更多来自于过去的积习，源于疲惫的内心，而不是能力要求的高不可攀。在一步步征服困难学科的路途中，我们要依靠自己去慢慢摸索自成体系的解题网络，辅以他人的高见与指导加以完善，最终自成一家。我们不用在此时艳羡他们先人一步的振翅高飞，要有足够的自信和谦和的心态，看淡一时成败得失，把目光聚焦于最后的终极梦想之上。

学习方法

首先，英语学科的基石就是词汇，但是词汇的记忆常常成为学习中的重大阻碍。我建议的方法是首先记下词汇的读音，然后将词汇本身按照音节分解，这样就把一个可能会很长的单词变成几个较短的部分，这时候按照发音就可以很容易地拼写出单词的大致形态，最后关注一下与原词的细节差别就可以水到渠成了。当然这里介绍的是较为基础的词汇记忆方法，学有余力的同学还可以通过词根词缀的方法来记忆，初期也许会感到比较困难但是这样的记忆方式能够触及英语单词构成的本质，更重要的是能够在初次遇到某些单词时根据组成的词根词缀来大致猜测出大致意思与词性（名词、形容词还是副词），这在进行阅读理解时，辅以上下文的暗示，可以更好地帮助理解段意与文意，尤其是遇到词义猜测题时，可以迅速排除可疑选项，对于提升阅读理解的正确率有着很大的帮助。

其次，来谈一谈听力。听力是每一次考试中都要力争满分的部分，我建议听力训练不应该重在功利性的训练而应该落在平时。具体来说，听力的内容不一定要是试题，初期更好的选择是一些面向初学者的外国电台，例如 VOA 的慢速英语（Special English），这一电台的广播覆盖内容很广，包含了时事评论、音乐评论、人文地理介绍等等，并且语速比较慢。每次听的时候不一定要完全听懂，起初几次听懂力所能及的部分就可以，随后可以慢慢对照听力文字稿找出没有理解的部分。这样可以把听力训练融入每日生活之中，早上起床或是临睡前就是很好的时间安排，但是一定要注意不能分散注意力，让听力变成背景音乐。随着水平的逐渐提升，慢速英语可以替换为正常语速，最好要从理解词句的层面上升为对于整篇文章的全局有宏观理解与把握，这是另一种形式的阅读训练，也可以慢慢把握原版文章的写作思路和习惯，反过来促进阅读理解。当然听力训练的形式也可以是看原版电影（此时最好去掉字幕）。

再次就是广泛的阅读，博览英语文章能够很大地促进理解能力，同时积累很多的惯用法，而这往往是单项选择题和完型填空的考点。英语作为一门人文学科，更多时候不能像理科那样讲出所以然来，没有足量的积累很多时候只能完全靠猜，所以命中率很低。通过这样广泛的阅读可以理解地道英语文章的写作思路，知道在阅读理解时应该去那些关键词和关键语段出现频率最高的地方寻找答案，缩短解题时间，平和解题时的心态。阅读材料推荐包括 *China Daily*，或是通过互联网寻找纽约时报、CNN 等媒体的报道。学有余力的同学可以在课余自学一些英语教材，比如我在高一和高二就自学通过了全国英语等级考试三级和四级（分别相当于大学英语四级和六级），比平常同学更多的知识 will certainly give you an edge at exams。

很多老师都建议同学们准备一本错题本，我个人认为这样的方式其实不是那么必要的，抄写题目也会占去很长的时间导致学习效率低下，但是还是建议应该准备一个本子专门用来记录犯下错误后的反思与总结。例如，错误原因是审题不完整还是不清楚某种习惯用法？然后把发现的漏洞补上，比如写下这种惯用法，这个本子（个人称之为"启示录"）还可以与上面所提到的阅读相结合，碰到不熟悉的搭配就做记录，这样这本启示录会成为临考复习时最为全面的资料。甚至这个本子可以同时摘录作文的好词好句、犀利观点或者明晰的论述思路，从而成为自己建立的专属的复习资料数据库。

此外，建议查阅词典时选择中英文双解词典，尤其要关注英文解释，因为中文解释已经是经过翻译的第二手资料，对于一些细节上可能会出现失实，或者是对于一些细微区别没有足够的阐释，较为笼统。例如，Cleaver（noun）：英文释义是 butcher's heavy chopping tool，中文释义则是：（肉铺的）切肉刀。在这个例子中，汉语的翻译"切肉刀"只表达了工具的用途，但它的形态没有表达出来，如"heavy"表明这把刀是厚重的，"chopping"也说明这把刀是用来切大块肉的。由于英汉两种语言的不同，以及词典的容量有限，必然会导致一些有用信息的流失，所以保留英语是相当必要的。当然，大部分出题人也许不会用这样的词来出题考考生，但是在一些地区，如江苏省，近来的高考题演变是有着这样的趋势的。

最后重要的一点就是做考卷时的心态。记得高中英语老师常常和我们提到"止损"原则，也就是把损失降到最低点，不让之前一些部分的失利、发挥不佳影响到自己。比如在听力考试时错过了一道题目，不要总是想着它，因为已经于事无补了，不如放平心态努力做好剩下的其他题目。在遇到难题或是枯燥冗长的阅读理解时，要静下心来寻找突破点（如关键语句），焦躁只会让事情变得更糟。完型填空遇到没有把握的空时，向上下文中去寻找答案是唯一的选择，完型填空的设置题目一般来说都是很有逻辑性的，往往能够在上下文中找到暗示，这时候千万不能随便挑一个答案了事。

功利地来说，为了获得较好的成绩，适当的联系肯定是必要的，但是练习必须有的放矢。建议能力题（完型填空，阅读理解，部分地区还有任务型阅读），必须在平时训练时注重限时，模拟考试时的情况。考试时才能在规定时间内有条不紊地完成，当然，更建议留下一定盈余时间和机动时间保证考试时的正常发挥，做到游刃有余。

以上是对于应试技巧的一些个人之见，希望对于大家能够有所帮助。

第 13 篇
吉林省——王琮元

高中学校：长春吉大附中实验学校

就读院系：清华大学航天航空学院航空航天专业

年　　级：2015 级

高考分数：683 分

荣　　誉：2015 年长春市英语单科状元；中国数学
　　　　　奥林匹克银牌

作者小传

我的奋斗历程还是比较艰难的，虽然一路也遇到过许多挫折，也有过灰心丧气，但是我始终信奉自己的人生格言："古之成大事者，不惟有超世之才，亦必有坚忍不拔之志"。不光要提高自己的才能，更要磨炼自己的意志，才能成功。

日常生活中，学习和科研不会成为我的全部生活，我还有十分广泛的兴趣。我热爱跑步和打篮球，也比较喜欢下五子棋，有时候还会和朋友一起谈谈心畅想未来的生活。要知道，兴趣会让一个人从紧张的生活工作中放松出来，让大脑得到更多的休息，从而会得到不一样的灵感。

学习心得

我始终相信，良好的学习习惯是取得丰硕学习成果的重要保障。所以一直以来，我一直很注意培养良好的学习习惯，注重学习别人好的学习方法。在我看来，学习的效果是由两方面决定的，一个是学习时间的长度，另一个是学习时的效率。我认为，单纯的延长学习时间是无益的，尤其是熬夜的方式更是会起到反作用，所以我觉得提高学习效率才是第一要旨。学习的时候，我会约束自己不要溜号，学习时就要认真学习，放松时就彻彻底底的放松，这样做这两种事的时候都会有最高的效率和最好的效果。

同时，我一直对"学而不思则罔，思而不学则殆"深信不疑，所以在学的同时，我一直很注重养成思的习惯，并且我觉得，预习与复习是思的重要途径，在预习时，面对新知识，在没有人引导的前提下，会最大限度地开发自己独立思考的自学能力，努力思考很多以前没有遇到过的问题。在复习时，我认为最重要的不是对学过知识的反复记忆，而是查漏补缺，对预习以及听课过程中没有思考到的问题进行发掘。思的另一个组成部分便是反思。在学习的过程中，我逐渐养成了每日睡前反思的习惯，今天什么地方有思维懒惰的情况，哪些时间的利用出现了浪费的问题，有什么东西没有按照计划完成，应该在哪些方面有所改进，想清楚之前的缺陷，才能在接下来的日子中有所改进，开发自己的潜能。

提到计划，人人都强调计划的重要性。我同样认为计划很重要，但计划是包含制订计划和完成计划两部分的。对于大部分人来讲，制订计划是件很容易完成的事情，但完成计划却并不容易，而对于从前的我来说，我觉得甚至可以用一个"难"字来形容。因为一天中只要有一个环节出现问题，就有可能导致计划失败，而对于自我约束力较差的我来说，每天的计划更是很少有完成的时候，而所说的"三分钟热血"在我身上也时有发生，常常是开始做计划的前几天，我会极其努力地完成，而随着时间的推移，我的热情便会下降，结果是我的计划本上每日完成的项目一天天减少，甚至有放弃制订计划的时候。

在备考心态的调整上，每次考试来临时，我都会尽量使自己的心态比平时更轻松，更平静一些。因为焦躁的心态，会让人很难沉静下来学习，而我也一直相信，愉快的心情能提高学习效率，所以我会做一些我喜欢的事情，和朋友一起打篮球运动一下，在心里杂乱的时候听一些轻音乐来放松心情，将自己的书桌整理的整整齐齐让自己更舒心，等等。同时，我懂得了一个人要想获得成功，就必须学会管理自己的情绪，越是面对困难，越是临近考试，就越应该有平静的心态，有健康的心态。只有能够克制自己焦躁的情绪，保持自己快乐的心情，才能从容面对考试，发挥自己真实的水平。而快乐学习，正是我学习的法宝。

学习方法

高中是一个分水岭，与初中相比多门科目难度大幅上升，压力瞬间增大，有些同学在学习压力下无暇顾及全部科目。那么如何从中取舍，并且用最少的时间、最高的效率去完成或者尽可能完成英语科目的学习就成了大家所关心的重点。下面我就以自己的学习经历为大家提出一些建议，希望对大家有所帮助。

第一步，背单词！背单词才是王道！单词量才是王道！没有单词量什么都没用！

相信平时老师在早读的时候会带着大家读单词，但是有很多学弟学妹们都十分厌倦自己每天枯燥地背单词，怎么办?!

且看以下几种方法：

1. 请求老师督促或者和同桌等关系好的同学互相督促。

每天课间操时间、中午吃完午饭的休息时间都是要充分利用起来的，而这些零碎时间最适合用来学英语，在便利贴上写下十个八个单词，没事的时候看上几眼，时间长了记忆更加深刻。记住不要将便利贴扔掉！周末的时候将这一周以来背过的单词总结一遍，重新过过脑子，一个月再总结一次。事实上坚持下来非常难，所以一定要有一个人监督自己。

2. 如果有条件，可以用手机上的 App，例如"百词斩"什么的，平时在公交车上或者地铁上可以很好地利用时间，并且有图片有例句，易于加深印象。

3. 可以阅读一些英文报纸：*China Daily*《21 世纪英文报》之类的，不仅能知道许多趣闻，还能通过查词典来知道单词的意思并且通过语境真正地理解单词的内涵。

第二步，大量的阅读！

没有大量的阅读量和深刻的理解是不可能做好阅读和完型填空的。平时要做大量的阅读题，但是宁缺毋滥，每次做都是要有章程的：先是通读一遍原文，把重点句、每段中心句和全文中心句标出，并且给全文分节；然后看一遍题（记住！这个时候千万不要鲁莽地去做题），然后按照题目再细读一遍文章，把题目可能的答案先标出。这个时候再次通过题目和文章内容总结出段落大意和文章大意，总结出来确认无误的时候再做题，基本就可以保证无误啦！

另外，完型填空要多记住一些常用的固定搭配，阅读要知道不同的问题都在问什么，以免不懂问题的意思答错题目。

第三步，多练习听力！

大部分英语老师都会领着大家在早读听听力。我认为每周除了四次的模拟高考的听力测试之外，在周末还要有两次半小时的听力训练，可以听新概念、VOA 等很好的资源！

第四步，如何让作文取高分甚至满分！

写什么：

全国卷的作文类型属于应用型，贴近生活实际，写作目的一般为咨询情况、说明情况，写作形式为书信体。

怎么写：

书信的固有格式就不赘述了，每篇文章的文章结构基本都是打招呼、正文、期待回复、落款，正文部分首先明确来信目的：I'm writing to…，之后一般用First，Second…这样的序数词来明确写作层次，最后可能会用到 I hope…来展望一下未来，也可能是 Would you…这样的疑问请求。

由于作文本身具有生活意义，因此写作过程中要明确一点：句意清晰。这就需要：

1. 不用生涩难懂、不常见的超长高级词汇来向判卷老师显示自己的词汇功底，生活中常见常用，又能很贴切准确地表示自己的意图的词才是首选；

2. 用从句、强调句等丰富的句型，并且长短相间，不要连用 N 个相同的句型引起阅读疲劳，更不要一直用 25 个词以上的绕来绕去的大长句挑战老师的智商，尤其忌讳用不必要的华丽的词修饰句子；

3. 每个要点都要写到，最好按照题干给的顺序，防止出现交换顺序写了要点而老师没看到的悲剧。

日常积累：

首先保证每周至少写两篇作文，写完之后对照标准答案，看看自己写的要点是否齐全，学习标准答案中用法精炼不啰唆的地方，如果是句型或词组就背下来，然后找老师提出修改意见，改作文，改完再找老师。

背一些常用的好用的句型词组和单词，比如 regard… as，wish 的虚拟语气用法，eager to… ，as 从句，not only… but also… ，as long as 等等。

得分技巧：

考试时用黑色签字笔，尽量不要连笔，a 这种字母，字高为 2－3mm，h 这种字母，字高为 5mm 左右。

最后的最后，要告诫大家的是：凡事都需要恒心，也需要动力。所以要找到自己学习的动力，并且需要一种信念让自己坚持下去，这就要看学弟学妹们自己的努力发掘了！

第 14 篇
河南省——尹放

高中学校：河南省夏邑县第一高级中学

就读院系：清华大学材料学院材料科学与工程专业

年　　级：2015 级

高考分数：680 分

荣　　誉：2015 年商丘市数学单科状元

作者小传

我来自河南省商丘市夏邑县，高考时数学学科拿到了满分，我一直觉得高中三年，尤其是最后一年的冲刺是有很多技巧在里面的，当然我也愿意把我的这些经验分享给大家。

我平时有空的时候，喜欢一个人骑着车去图书馆。带一杯水，捧一本书，静静地坐着，沉浸在作者构建的世界中，和作者进行思想上的交流，跟着书中的人物或哭或笑，经常不知不觉中一个下午就过去了。

我在高中的时候很喜欢汪国真的一句诗：既然选择了远方，便只顾风雨兼程。既然选择了高考这条路，哪怕跪着也要走完。我知道这条路不好走，也许我做不到尽善尽美，但起码我要做到问心无愧。该努力的时候不懈怠，该拼搏的时候不偷懒。在很多时候，放下心中的执念，把注意力集中到眼前的事情上，埋头苦干，脚踏实地，你或许会收到意想不到的成功。我叫尹放，我为自己代言。

学习心得

从小到大一路走来虽说是跌跌撞撞，却也坚持到了最后。回想起高考前的那一段岁月，可谓是感慨良多。

初中的时候我是一个不爱学习的孩子，甚至到了连总分都不知道多少的地步。幸好初中题目的难度并不算大，再加上我还是有一点小聪明，最后也在当地拿到了几十名的成绩。在以一种相当骄傲的态度进入高中之后，我继续在高一浪得飞起，那个时候的我并不清楚前方会有什么在等着我，很快我就收到了一份考试成绩单，成绩逐步变差，从几十名一步一步滑向几百名。或许是因为年岁的增长吧，在高二的暑假里我突然厌倦了每天玩乐的生活，我觉得我不能再这么下去了。那一阵子我特别爱看一些高考励志文章，"为了高考，做个会思考的书呆子又何妨呢？"《我们都不是神的孩子》里的这句话深深地印在了我的脑海里。

高三的时候班主任特别喜欢一句话：热闹是他们的，你什么都没有。不可否认的是高三的生活是无趣甚至枯燥的，但任何事情都有两面性。如果一直抱有对学习的厌恶，基本上是很难拿到太高的分数的。刚入高三我就发现各科和同学们都有很大的差距，努力了一段时间结果一到考试还是回到原点，那种苦闷确实能让人发疯，尤其是一旦被各式各样的考试和成绩弄乱思路之后，基本上就很难翻盘了。我在发现按照老师的思路向前走是不可能让我的成绩赶上大部队的之后，我开始思考这么一个问题，考试到底在考什么？我不知道有多少人认真考虑过这个问题，但我知道的是很多同学卷子刷了一套又一套，却连考试大纲都没有看过。答案其实很简单，四张卷子，换言之若干个知识点，仅此而已。

老师为我们架设好的复习计划是经过很多年实践得来的最有效的通用模型，但这只是一个通用模型，学生必须根据自己的情况对这个模型做出必要的改变。所谓一轮复习通俗地讲就是对各种知识点的汲取过程，如果认识到这一点，那么一轮复习的重点也就显而易见了，那就是"全面"这两个字。我们可以把大脑想象成一个大型仓库，知识点就是其中的货物，我们要保证绝大部分的货物都已经成功入库。那么入库之后呢？考虑一下最终我们要做什么，我们要在考试时间内快速把这些货物从仓库中提取出来，那么我们对这些货物之间的关系必须非常熟悉，把他们分门别类，整齐码放就是我们第二步的工作，也就是老师的第二轮复习。只要这两步做好，再加上第三轮模拟适当的训练，最后的结果就不会太差。

前期的工作重点在认真，在努力，只要踏踏实实就不会出问题。不过随着时间的推移，有一个问题的重要性会逐渐凸显出来，那就是应试心态。我见过太多的学生明明有着九十分的实力，在考试中却只能拿到六十分的成绩，他们亏吗？确实亏，知识点分明都会。但那些成绩都是他们自己考出来的，又有什么好抱怨的呢？对于这个问题，我们能做的就是在前期要格外的认真，毕竟一切的自信都是来源于实力。另一方面要降低我们的期望值，学着去接受最坏的结果，我相信如果你连所谓最坏的结果都能接受的话，就不会有太大的压力

著名诗人汪国真曾经说过，既然选择了远方，便只顾风雨兼程。人生的确不止高考一条路，但我们既然选择了高考，就没有理由半路退缩。6月8号考完最后一门英语后，我并没有什么太激动的感觉，该做的都已经做了，结果怎样就随它去吧，问心无愧就好。也是因为这个原因，一个多月之后我看到清华的录取通知书心情也是淡然的，只要过程做到完美，结果又怎会差了？

学习方法

　　作为一门语言类学科，英语的学习方法其实是相当简单的。据我观察来看，大部分中学生的英语水平呈现出极大的两极分化，优等生基本上丝毫不用为英语担心，每次测验也能拿到一百四十分左右。成绩不太好的同学每天在英语上都花费大量的时间，但却还是拿不到理想的分数。难道是两者在英语学习的天赋上有较大差异吗？

　　显然不是，如果说理科知识的学习对学生的逻辑思维能力有一定要求的话，英语作为一门语言对所有人都是一视同仁的。举个极端的例子来说，欧美国家数亿人口不也全都没有任何困难的掌握了英语吗？所以说必须要树立能把英语学好的信心，毕竟你永远不能做到连你自己都认为完不成的事情。

　　确立信心之后，剩下的任务就是针对更加具体的部分设置相应的对策了。第一点要说单词。相信这是所有英语不好的同学的共同难题。新课标考纲要求单词数三千五百个，两个月的时间完全可以背一整遍。由于高三的学习生活还是相当紧张的，同学们很可能在劳累了一天之后不想去看这些枯燥的单词，那么暑假和寒假就是最好的时间段。每天抽出固定的两个小时背一百个单词，三到五天完成一次小结，暑假可以很系统的把这些考纲词汇记忆一遍。如果自己没有自制力怎么办？很简单，最大限度利用身边的资源，找其他人来监督自己背单词的进程。我相信如果你向你的父母说明你需要占用他们一个小时来提问你单词的话，他们会很乐意去帮你的。那个单词计划我们还可以根据自己的实际情况而定，但提问与监督一定要有，千万不要高估自己的自制力。

　　如果假期背单词的计划能够得到很好的执行，那么开学之后我们的英语学习应该已经有了相当大的改进，具体表现就是在我们做题的时候应该可以不时看到自己背过的单词，这种心里的成就感可以给你进一步的动力，让你主动去复习，去背新单词，去继续增强自己的英语实力。如果错过了假期的黄金时期，那也不要觉得没有希望了。找一个志同道合的小伙伴，自己的同桌或者其他人都可以，定下一个简单的赌约，几个人比赛背单词，几个月的时间也能把高中词汇梳理上两到三遍。

　　单词的问题基本搞定之后，同学们阅读文章应该能做到基本顺畅，最起码大意是能够读懂的。这个时候就要说说语法的问题了。个人认为语法这个东西应该根据个人情况区别对待，从小到大的好学生自然对各种语法非常熟悉，信手拈来。但笔者的英语成绩是在快到高三的时候才开始努力补的，对于语法自然不太清晰。在这种情况下，我采取的措施是弄懂基本的，对比较难以理解而考试又基本不会直接考查的语法点直接略过，为其他知识的学习省出时间。事实证明这个做法对我而言是正确的，在最后的高考中笔者的英语拿到了 139 分，而数学则拿到了满分。不过必须要注意的是基本的语法一定要搞懂，具体来讲就是绝对不能出现阅读障碍，写作文的时候绝对不能出现行文障碍。每个人的情况因人而异，我的做法仅供各位参考。

高中的英语基本不会去考查非常具体的英语环境，既不会去考查你的口语与交流能力，听力的难度也很小（笔者的省份听力不算分，此说法来自其他省份的同学），能够在单词和语法两方面的积累上达到一定量，高中英语就基本算完成了任务。积累之后就是使用，我们接下来的事就是训练如何快速准确地在考试中，把我们积累的这些知识拿出来写到卷子上——也就是大量的刷题。通过刷题我们不仅可以进一步夯实前期我们花大力气背诵的单词，而且可以将我们的英语水平准确的量化，应该说是一个必不可少的步骤。但笔者发现一小部分同学存在的问题是刷题过度，变成了为了刷题而刷题，扔掉了刷题的根本目的，这个做法的效率就相当低下了，而且过程很痛苦。所以笔者要强调的是前期的积累比后期的刷题更重要，刷题的目的是进一步夯实基础，提高熟练度，仅此而已。

除了这些大的方面，还有很多小的细节。比如说做题的顺序，英语作文的卷面等。值得说一下的就是作文卷面了。一个一百词左右的小作文难度应该说非常低，记住五到十个经典的语法点与衔接词，在作文中将它们正确的表达出来，字体起码要工整，不要涂改，整个文章的分数就不应该会低于 21 分。个人以为放弃小作文导致大量失分实在是非常愚蠢的做法。

好了，要说的大致就是这些，祝同学们取得好成绩！

第四部分　物理学科

第一章
·教师篇·

贝鸿教师

作者简介

贝鸿，陕西省物理特级教师，从事高中物理教学和高考研究 30 年，陕西省奥林匹克物理竞赛特级教练员；陕西师大教育硕士导师，所带学生数十人考入清华大学和北京大学。

高中物理应该这样学

物理学是研究物质运动最一般规律和物质基本结构的学科。作为自然科学的带头学科，物理学研究大至宇宙，小至基本粒子等一切物质最基本的运动形式和规律，因此成为其他各自然科学学科的研究基础。所以物理学是各级各类高等学校选择高质量考生的重要参考。上海 37 所高校 2017 年高考选考科目要求表明：所有专业（类）中，提出最多的选考科目是物理，有 415 个，占专业（类）总数的 37.9％；加上没有提出选考要求的专业，选择了物理就可以满足 98.7％的高校院系选报要求。

物理学理论结构中充分地运用数学作为自己的工作语言，以实验作为检验理论正确性的唯一标准，它是当今最精密的一门自然科学学科。注重于研究物质、能量、空间、时间，尤其是它们各自的性质与彼此之间的相互关系。物理学是关于大自然规律的知识；更广义地说，物理学探索分析大自然所发生的现象，以了解其规则。对于青年学子形成世界观、促进思维走向成熟有着非凡的意义。物理学是人们适应现代高科技生活的必要条件。

中学物理与生活结合紧密、逻辑严密、实验生动有趣，但是进入高中以后我们会感到物理很难。在我所做的近千份问卷中，有 68.4％的同学认为高中开设的课程中物理是最困难的一科。

中学物理难在哪里？我们应该怎样学习物理呢？

其实物理学的知识并不比其他学科更难。有谁会不记得牛顿运动定律呢？但无论是地球上的万事万物，还是天空中的日月星辰都遵守这样的经典力学规律。丰富多彩的自然界为我们展示了千变万化的物理问题，表现在试题上就成了变幻莫测的物理条件和物理过程。你有这样的经历吗？当你为一个物理题目百思不解而请教你的老师或者其他小伙伴时，他们可能只用一个表示物理过程的图形就让你恍然大悟了。这里我来举一个例子。

例 1.（新课标 I 卷）一根轻质弹簧一端固定，用大小为 F_1 的力压弹簧的另一端，平衡时长度为 l_1；改用大小为 F_2 的力拉弹簧，平衡时长度为 l_2。弹簧的拉伸或压缩均在弹性限度内,该弹簧的劲度系数为(   )。

这本不是一个困难的试题,也不会有人不知道从小学自然课就已经掌握的胡克定律。出人意料的是这道题竟然有 54.2% 的考生不得分。在失误的考生中近 70% 的丢分原因是在分析形变量时没有注意到第二个物理情景是"改用拉力 F_2"。

如果在审题时快速画出图形,并在图上表明物理条件就一定能准确迅速列出:

$$F_1 = k(l_0 - l_1)$$
$$F_2 = k(l_2 - l_0)$$

并解得: $k = \dfrac{F_1 + F_2}{l_2 - l_1}$

我们的物理老师在黑板上展示最多的就是物理图形,而在我们的练习册和作业本上最缺的就是物理图形。这也许就是为什么"上课听得都蛮好,一做题就蒙"的原因。因此对于复杂的物理问题我们必须借助物理图形来帮助理解,尽快养成画图分析的好习惯。

说到理解,我们必须提到高考物理试题的一个特点,就是隐藏物理条件。这里我们看例 2:

例 2.2011 年新课标版

24.(13 分)甲乙两辆汽车都从静止出发做加速直线运动,加速度方向一直不变。在第一段时间间隔内,两辆汽车的加速度大小不变,汽车乙的加速度大小是甲的两倍;在接下来的相同时间间隔内,汽车甲的加速度大小增加为原来的两倍,汽车乙的加速度大小减小为原来的一半。求甲乙两车各自在这两段时间间隔内走过的总路程之比。

在这道试题中看不到一个物理字母符号,也看不到一个类似 1234 的数字条件。而且题目第一个信息是汽车甲、乙的加速度大小关系,第二个信息提供的角度却是汽车甲、乙的加速度大小的变化倍数关系,最终却求一个明确的数量比。

如果在做题时不把各个物理量表明,没有描述汽车运动的参数,我们就无法对该物理问题进行描述和分析。即使硬写,也只能写出类似"那个谁,你到那个哪儿,给我把那个啥拿来"的昏话。

解析:设汽车甲在第一段时间间隔末(时间 t_0)的速度为 v,第一段时间间隔内行驶的路程为 s_1,加速度为 a,在第二段时间间隔内行驶的路程为 s_2。

由运动学公式得:

$$v = at_0 \qquad\qquad\qquad ①$$

$$s_1 = \frac{1}{2}at_0^2 \qquad\qquad\qquad ②$$

$$s_2 = vt_0 + \frac{1}{2}(2a)t_0^2 \qquad\qquad\qquad ③$$

设乙车在时间 t_0 的速度为 v'，在第一、二段时间间隔内行驶的路程分别为 s'_1、s'_2。

同样有

$$v' = (2a)t_0 \qquad\qquad\qquad ④$$

$$s'_1 = \frac{1}{2}(2a)t_0^2 \qquad\qquad\qquad ⑤$$

$$s'_2 = v't_0 + \frac{1}{2}at_0^2 \qquad\qquad\qquad ⑥$$

设甲、乙两车行驶的总路程分别为 s、s'，

则有

$$s = s_1 + s_2 \qquad\qquad\qquad ⑦$$
$$s' = s'_1 + s'_2 \qquad\qquad\qquad ⑧$$

联立以上各式解得，甲、乙两车各自行驶的总路程之比为

$$\frac{s}{s'} = \frac{5}{7} \qquad\qquad\qquad ⑨$$

当然，这个题目如果用图像的方法表示物理过程就更高更妙。

说到理解能力，我还要强调我们阅读上的一个心理问题——前摄抑制

考试过后我们常常会耳闻目睹这样的痛心疾首："唉哟，我怎么看错题目了"、"我怎么没有看见……""天啊，这道题目我本来就会做的呀"。这就是审题不慎、粗枝大叶的结果。请大家看下面一段文字！

研表究明，汉字的序顺并不一定能影阅响读，比如当你看完这句话后，才发这现里的字全是都乱的。

当看到"研表究明，汉字的序顺并不定一能影阅响读"这句话时，因内容常见，眼睛粗略扫描后，潜意识便默认这句话是一句简单句式，不用深加工，大脑的浅层意识会按照记忆中的顺序，自动对文字排序，以自认为正确的形式解读，并记忆。就如同看到一个长发飘飘的背影，不上前确认就推断是位女子一样。

平时练习应该注意掌握"五会"审题法：

"五会"：会读、会记、会理解、会分析、会推理；

"会读"：读题时能从题中的文字、图表等里面找到有用的信息；

"会记"：要能够记录解题过程中的思维过程，准确地表达自己的思维轨迹；

"会理解"：对一个概念的理解，不仅要掌握它的内涵，还要注意它的外延；

"会分析"：包括受力分析、运动状态分析、过程分析、相关物理量间关系的关联分析等；

"会推理"：要能够根据已知的推知未知的，尤其对探索性问题更需要综合分析与推理。

练习中提醒自己注意以下易错点：

1. 是否考虑需要重力？

2. 物体是在哪个面内运动（水平？竖直？）

3. 所涉物理量是矢量还是标量？

4. 哪些量是已知量？哪些是未知量？

5. 临界词与形容词（关键词）是否把握恰当了？

6. 注意括号里的文字（往往是最重要的）。

7. 是否抓住了图像上的关键点？是否注意通过图像所给的暗示及条件？

8. 选择题是选错误的还是正确的？

9. 区分物体的性质和所处的位置：如物体是导体还是绝缘体？是轻绳、轻杆还是轻弹簧？物体是在圆环的内侧、外侧，还是在圆管内？或是套在圆环上？

10. 容易看错的地方还有：是位移，还是位置？是时间，还是时刻？哪个物体运动？物体是否与弹簧连接？……

平时练习到位考试才会有好的发挥。每年高考学子中具有状元潜质者不在少数，具有清华、北大实力者更多。谁能在高考中拔得头筹，一个重要的因素就是谁的失误最少、临场发挥最稳定。培养自己良好的审题习惯会使得同学们的物理解题又快又准！良好审题习惯的形成和巩固不仅有利于物理成绩，而且有利于总分提高！

第二章
·学生篇·

第 1 篇
山东省——王天乐

高中学校：山东省临朐一中

就读院系：清华大学经济管理学院经济与金融专业

年　　级：2015 级

高考分数：717 分

荣　　誉：2015 年潍坊市理科状元；物理单科状元；
山东省优秀学生

作者小传

出生并成长在高考竞争激烈的山东，度过了天真活泼无压力的小学生活，从初中开始勤奋学习，初二时被评为潍坊市三好学生，担任班级团支书等职务，中考时以全县第一名的成绩进入临朐一中实验班就读。

高中三年一直担任团支书，品学兼优。高中三年被评为山东省优秀学生干部、山东省优秀学生，在社会实践、公益服务等活动中积极参与、组织和奉献。

高二时出于对物理的喜爱选择了理科，在女生不擅长的理综上成绩优异，曾参加物理、化学、生物、数学竞赛，在省赛区取得了较好成绩。在全国中学生英语能力竞赛中获得一等奖，高考英语以 147 分（150 满分）夺得山东省第一名。高二时参加清华大学暑期学校，建立了对清华的深厚感情，树立了考入清华的目标。高三历次模拟考都取得了全市前十名的成绩，并将这些成绩保持到了最后。

学习心得

一、梦想，抑或信念

人没有梦想，失去了动力，往往在碌碌无为中蹉跎了时光。当你心中燃烧着对未来的追求，充满渴望与憧憬的时候，你的努力往往会因有了独特的意义而不会白费，你的每一分每一秒都有了存在的价值和意义。无怨无悔，尽所能，在青春，愿意来一场拼搏。成败，都不再重要，因为，坚持，只是为了圆梦，尽力了，也就没有遗憾，没有后悔，没有那么多茫然失措。相反，心中没有信仰的人，往往易被外界事物左右，一次成绩的起伏，一点挫折打击，都可能让人陷入迷茫，熬不过黎明前的黑暗。渐渐放弃的人，并不是不够优秀，但的确是不那么自信，太多的犹豫，太多的彷徨，生命最宝贵的年华，就在游移不定中被荒废。回首那段日子，常常被那些为梦想而疯狂的人感动，最后的最后，或许别人眼里的他们，失败了，而在他们心里，永远是胜利者。

人总是要在不断地充实自我中蜕变，即使你不知道未来究竟是什么样子，即使你猜不到可能会面临的选择和挑战，但是，有一点是永恒不变的——你希望自己变得更好。短短高中三年，决定不了未来的我们，而我们，却可以在这也许并不够美好的三年里修炼自己，让自己向着心中的光明，向着彼岸的未来前行。梦想带来的，除了坚定的信念，更有坚持的毅力。记得高三，每周要宣誓，当听到响亮有力的誓言飘荡在教学楼上空时，不自觉地，尽管那不一定是我的梦，但是的确拥有了更多坚持的勇气。不言败退，始终知道，梦就在那里。

二、家人，朋友

孤军奋战，难免筋疲力竭，心灰意冷，也许胜利就在眼前，而你，却没有力气站起来，走到那几步之遥的地方。尤其是在高三试卷的狂轰滥炸下，身心俱疲，常有莫名的烦躁与不安，无缘无故。家人是在你身边一直默默守护、无条件帮助你的人，不论何时何地，你都能看见他们为你撑起的一片晴空。父母是我奋斗三年的精神支柱和永恒的慰藉，每每我为成绩而悲喜，为生活而忧乐时，父母的关怀使我从未跌入人生的谷底，使我在最难过疲惫之时也有肩膀可以依靠。

一起走过那些日子的朋友，颇有些战友之情。记得写题目写到有气无力，抬头看见他们同样疲惫而带着温暖的笑容，有声或是无言的鼓励，一切的不愉快，仿佛都烟消云散。那时，我知道，我不是一个人，大家都在。在，就足够了，在，就不害怕孤独寂寞，就能分享痛苦和快乐，就能相伴走过那一段人生。我也曾经后悔，高中时光，应该多一些玩耍，少一些学习，更多的时间应该和朋友相伴，做更多的事，在那些学习贯穿始终的日子里，生活，好像缺了点什么，似乎并不圆满，我们就毕业了。后来，就释然了，人生路上，能与你并肩作战的人，为高考而拼搏的回忆弥足珍贵，那是最特殊的一段日子，没有手机，没有电脑，没有外界的种种喧嚣，全神贯注，和朋友们共享的日子。相比于种种娱乐，那种纯粹承载了太多太多，不可复制，无法模仿，也不可超越的友谊，就在那样的日子里成长。相伴了三年的人们，从未专程向他们道过一声谢，而在心底，他们却是我最珍重的人。

三、我的老师

那时谈不上多喜欢自己的高中，或许是因为六点多到校，或许是因为永远也上不完的晚自习，然而真的离开了，却彻彻底底地怀念，因为那些可敬的老师们。记得物理老师永远工工整整一丝不苟的板书，每一个图，都无比地精确，不像使用简陋的粉笔创造出来的，更像是一幅幅艺术品。记得永远比我早到比我晚走的班主任，来不及吃晚饭也要维持纪律的数学老师，可以为了学生不惜一切，回忆起来，都是他认认真真出卷子批改卷子的模样。记得脾气有点火暴的年级主任，煞费苦心，即使不被学生理解，仍然恪尽职守，那些他生气的种种情形，背后，都是他对学生的爱护。学为人师行为世范，老师们给予我的，不仅仅是知识上的支持，更是精神鼓励。

学习方法

　　学习物理重要，掌握学习物理的方法更重要。学好物理的"法宝"包括预习、听课、整理、应用（作业）、复习总结等。大量事实表明：做好课前预习是学好物理的前提；主动高效地听课是学好物理的关键；及时整理好学习笔记、做好练习是巩固、深化、活化物理概念的理解，将知识转化为解决实际问题的能力，从而形成技能技巧的重要途径；善于复习、归纳和总结，能使所学知识触类旁通；适当阅读科普读物和参加科技活动，是学好物理的有益补充；树立远大的目标，做好充分的思想准备，保持良好的学习心态，是学好物理的动力和保证。注意学习方法，提高学习能力，同学们可从以下几点做起。

一、课前认真预习

　　预习是在课前独立地阅读教材，自己去获取新知识的一个重要环节。

　　课前预习未讲授的新课，首先把新课的内容都要仔细地阅读一遍，通过阅读、分析、思考，了解教材的知识体系，重点、难点、范围和要求。对于物理概念和规律则要抓住其核心，以及与其他物理概念和规律的区别与联系，把教材中自己不懂的疑难问题记录下来。对已学过的知识，如果忘了，课前预习时可及时补上，这样，上课时就不会感到困难重重了。然后再纵观新课的内容，找出各知识点间的联系，掌握知识的脉络，绘出知识结构简图。同时还要阅读有关典型的例题并尝试解答，把解答书后习题作为阅读效果的检查，并从中总结出解题的一般思路和步骤。有能力的同学还可以适当阅读相关内容的课外书籍。

二、主动高效率地听课

　　带着预习的问题听课，可以提高听课的效率，能使听课的重点更加突出。课堂上，当老师讲到自己预习时的不懂之处时，就非常主动、格外注意听，力求当堂弄懂。同时可以对比老师的讲解以检查自己对教材理解的深度和广度，学习教师对疑难问题的分析过程和思维方法，也可以做进一步的质疑、析疑、提出自己的见解。这样听完课，不仅能掌握知识的重点，突破难点，抓住关键，而且能更好地掌握老师分析问题、解决问题的思路和方法，进一步提高自己的学习能力。

三、定期整理学习笔记

在学习过程中，通过对所学知识的回顾、对照预习笔记、听课笔记、作业、达标检测、教科书和参考书等材料加以补充、归纳，使所学的知识达到系统、完整和高度概括的水平。学习笔记要简明、易看、一目了然，符合自己的特点。做到定期按知识本身的体系加以归类，整理出总结性的学习笔记，以求知识系统化。把这些思考的成果及时保存下来，以后再复习时，就能迅速地回到自己曾经达到的高度。在学习时如果轻信自己的记忆力，不做笔记，则往往会在该使用时却想不起来了，很可惜的！

四、及时做作业

作业是学好物理知识必不可少的环节，是掌握知识熟练技能的基本方法。在平时的预习中，用书上的习题检查自己的预习效果，课后写作业时多进行一题多解及分析最优解法练习。在章节复习中精选课外习题自我测验，及时反馈信息。因此，认真做好作业，可以加深对所学知识的理解，发现自己知识中的薄弱环节而去有意识地加强它，逐步培养自己的分析、解决问题的能力，逐步树立解决实际问题的信心。

五、复习总结提高

对学过的知识、做过的练习，如果不及时复习，不会归纳总结，就容易出现知识之间的割裂而形成孤立地、呆板地学习物理知识的倾向。其结果必然是物理内容一大片，定律、公式一大堆，但对具体过程分析不清，对公式中的物理量间的关系理解不深，不会纵观全局、前后连贯、灵活运用物理概念和物理规律去解决具体问题。因此，课后要及时地复习、总结。课后的复习除了每节课后的整理笔记、完成作业外，还要进行章节的单元复习。要经常通过对比、鉴别，弄清事物的本质、内在联系以及变化发展过程，并及时归纳总结以形成系统的知识。通过分析对比，归纳总结，便可以使知识前后贯通，纵横联系，并从物理量间的因果联系和发展变化中加深对物理概念和规律的理解。这样既能不断巩固加深所学知识，又能提高归纳总结的能力。

诚然，物理是难学，但绝非学不好，只要按物理学科的特点去学习，按照前面谈到的去做，理解注重思考物理过程，不死记硬背，常动手，常开动脑筋思考，不要一碰到问题就问同学或老师。在学习中要找出适合自己的学习方法，从学习中去寻找乐趣，就能培养自己学习物理的兴趣。

第 2 篇
山东省——胡超臣

高中学校： 山东省临沂第十八中学

就读院系： 清华大学土木水利学院水利水电工程专业

年　　级： 2014 级

高考分数： 709 分

荣　　誉： 2014 年临沂市理科状元；物理单科状元；
全国中学生物理竞赛二等奖，全国中学生
数学竞赛二等奖；山东省级优秀学生

作者小传

我是一个比较随和的人，可以说对很多事都看得开。但是身为处女座的一员，又比较纠结，看得开很多事情，但是都是有一个过程的，我的看得开并不是可以无视很多事情，而是对很多事情反感不高兴，但最后都能够放下。也就是说，有着一双爱找茬的眼睛，同时又有一个怕麻烦而无所谓的脑袋。性格上这是最突出的特点，在个人爱好上，喜欢听音乐、看电影，喜欢折腾电脑手机，喜欢学技术，但并不喜欢学理论。听音乐可以听一天不带厌烦的，但是看电影一般还是每次只能看一两部，看多了就会觉得无聊，感到厌烦。折腾电脑是想学习修电脑，并不是喜欢计算机系或者软件学院那样的编程，对编程无感。在生活中又是比较实用主义的人，我的手机相机就是用来拍照记录资料的，没有自拍，也没有拍风景照啥的，都是一些电脑出了故障的照片、银行办信用卡的传单照片、老师PPT的照片等，这种比较重实用的。

个人的格言有过很多，针对不同的事情，挑一句印象最深刻的："过去的我比现在更无知和片面。"感觉这句话，肯定了自己的发展进步，又说明了学无止境，自己现在还是不能自满自足的。

学习心得

经过了九年义务教育和三年高中教育的洗礼，又经过了一年半大学教育的改变，我觉得自己在学习上有一些经验可以分享一下。

那是我在高三的时候明白的一个道理，很多时候我们对前人说的话嗤之以鼻，觉得那些要么是废话，要么是已经过时的言论。但是那时候，我突然想通了，并不是前人们的话是废话或者过时了的，很多时候都是因为我们自己的经历不够，导致对简单朴素的话语没有那么深刻的理解，所以造成了一定程度的误解或不屑。而且，很多时候，明白什么意思，认同这个道理，和自己体会过的感觉不一样。就好比蹦极之前对蹦极的看法，和在蹦极过程中或者之后的看法是不一样的，没体会过的人，通过自己的想象，总是不能够真正认识这个问题的。当经历过足够多之后，我对于自己以前听老师说、听前辈们说的经验，端正了态度。

所以，第一点分享的就是，对别人的经验要认真对待，可以不理会，但不要嘲讽。

端正对于学习的态度，明白自己为什么要学习，自己学习想要达到一个什么高度。我曾经很鄙视那些在高中混日子的同学，明明不想上学，上学的时候也就是在玩，也对高考没有指望，为什么还继续上学呢？在高中浪费三年的时间，值得吗？对于这种挥霍自己人生的人，实在是鄙视。我们要明白自己为什么要学习，为了自己？为了家长？自己打心眼儿里认同不认同要学习？自己学习的目的是什么？这些问题问清楚了自己，才能让你正视你自己对于学习的付出是不是值得。这样才可以端正学习的态度，无怨无悔地在学习上付出自己的努力。为了目标奋斗，不是浪费人生，值得倾其所有，奋力拼搏。

学习方法

对于物理一门，我感觉最重要的就是理解。相比数学的理解困难和千变万化，物理的原理就是那一点，理解起来要相对简单很多。相比于背诵科目的繁杂，物理的理解也不需要背诵，只需要当作常识一样地理解就够了。

数学好的同学一般物理都不差，这种情况的原因大致就是因为他们对于物理的基本原理有了很深的理解，然后剩下的就是用他们数学的能力在物理原理的约束下进行解题计算。这是可以理解的，夸张一下，把一道物理题可以改成一道数学题，只要把题目中隐含的物理原理约束，用数学表达式的形式表现出来，去掉物理模型，抽象一下，就成为数学题目。所以，在我看来，学好物理就是两件事，充分理解物理基本原理，能够灵活应用；掌握足够的数学方法，能正确地求解题目。对于高中物理来说，对数学的要求一般也不是太高，所以第二点是比较容易满足的，但是第一点，是比较难满足的。就像爱迪生说的那样，天才是百分之九十九的汗水和百分之一的灵感，但有时这百分之一的灵感更为重要。有的同学这百分之一的灵感有了，掌握原理就简单很多，有的同学就不行。我曾给同学讲过不少题目，发现他们基础知识都记住了，很可惜就是没有足够理解，所以都是散乱的，不成体系的，没有联系起来的，只是零零碎碎的而不是一个整体。给他们讲题的时候，我就是采用苏格拉底给人讲述道理的那种办法，不断地提问，并不直接告诉他们什么，通过提问，让他们自己一步一步地把题目解出来。这种方法屡试不爽，有时碰到问他们的问题回答不上来的时候，我会选择另一个方向提问，或者让他们查课本，就是不直接告诉他们，不过最终总是可以解决问题的。从这样的经历中，我也更加确信了自己的结论，他们对于基本原理都是记住了，理解了一点，但是没有理解透彻，没有将知识联系起来，没有活学活用。

所以，学习物理一个很重要的方向，就是能够将知识联系起来。对于没有足够灵感的同学，我有两个办法，第一个办法，就是可以一直有一个人，能够像我跟同学讲题那样不断地发问，这样问的多了，联系也就可以慢慢地建立起来。不过这比较有难度，因为这需要依靠别人的帮助，而且这种发问解决一道题和直接讲解解决一道题目用的时间差距是比较大的，当然效果绝对是不一样的，这种方法可行性比较低。第二种方法，就是自己多做题，不会的时候也要认真看答案，思考答案每一步是怎么推导下去的，理解每一步的因果联系，因果联系一定是重中之重。第三，多问老师，多认真听老师讲课，认真看老师讲例题，我的一种看法，看一个从不断尝试到成功的解题过程，比直接看一个完美的解题步骤的作用要大得多，我觉得我从看老师解题过程中的错误尝试学习到的东西更多，更珍贵。为什么要这么尝试，为什么否定了这种尝试，另一种尝试是怎么想到的，等等，这都是很重要的。说白了，在学习中，学习如何正确，不如学习如何应对错误。我的一种观点，比起向一个一帆风顺的成功人士学习，我更愿意向一个屡遭挫折，最终成功的人学习。相信很多人愿意认同我这个观点，因为一帆风顺的成功道路上，我们很难学到什么东西，觉得那是必然的，是运气造就的，是个显而易见的道理，这些要么是我们懂了的，要么是根本把控不了的。而向一个屡经挫折的人学习，我们能学习如何面对挫折，如何战胜挫折，这就是可以学习到的，很有价值的经验。

总结以上关于学习物理的经验，第一，学好基本的数学技能，不要让数学的计算解题能力拖了物理的后腿；第二，加强对物理基本原理的理解，重点掌握原理之间的联系与区别，建立一个完善的物理框架体系；第三，从正确的过程中学习这么做的因果关系，逻辑推理过程；第四，从错误的过程中学习如何判断错误，如何解决错误，如何从错误中走出来。

物理的学习中，处处是学习，处处要留心，做到了，一切就简单了。

第 3 篇
云南省——杨家为

高中学校：云天化中学

就读院系：清华大学土木水利学院土木工程系

年　　级：2015 级

高考分数：704 分

荣　　誉：2015 年昭通市理科状元；数学单科状元；
　　　　　物理单科状元；数学联赛省一等奖；物理
　　　　　竞赛省二等奖；云南省三好学生

作者小传

来自偏远地区，享受的教育资源有限，但我合理调整学习方法，在一定的自学基础上，能将知识学习到一个比较满意的水平。在物理竞赛中获省二等奖，数学联赛省一等奖。获省三好学生，省优秀学生干部。个人在文艺方面也有所发展，如曾获钢琴十级证书，学习素描水彩两年。在作文、绘画、英语竞赛、体育上均有获奖，兴趣广泛，文理兼长，文科方面热爱地理和历史，理科尤爱数学和物理。个人学习经历充满挑战，曾迷茫过，曾陷入低谷。从初中排名中上，然后通过努力学习及学习方法的尝试和改进，中考以市第九名进入云天化中学学习，整个高中三年大考小考除了两次年级第二与一次年级第三外一直保持年级第一名，其间经历过自我怀疑、自我懈怠等困难，但在老师指导和自我解决下顺利度过了一个个低谷与迷茫。历任班长、数学课代表、学习委员等职。学习知识理解深入，擅长将知识简单精练地向同学讲解，曾在理科实验班自习课开讲难题、好题。讲解题目主要覆盖物理和数学两个学科，深受同学们喜爱。高一也曾通过网络教学视频学习物理，对视频教学有很好的体验和一些思考。我现在就读于清华大学土木工程系，任职结51团支部书记。信奉的人生格言："nothing is impossible"。

学习心得

我认为学习就是了解你认为它会对你有用的东西。也许你会说我们高中学习的东西我并不觉得对今后有用，可我想说的是，这只是因为你并没有了解它的重要性而已。我们并不是一直都很清楚自己想要什么，并不是一直都知道自己所做的是不是对的，也许我们并没有能力认知，但我们有获取这些知识的能力。比如我现在认为，学习数学和物理并不仅仅是学习遇到具体问题能够去解决，而更多的是一种理性思维的能力，是一个人从内而外自我修养的提高。

我觉得自己今天能学到如此程度，主要是因为我能将学长和老师的建议真正听进心里。这不是夸夸其谈，请问有谁能真正地将学长和老师的学习建议记在心里，并付诸实践？就拿纠错本举个例子，也许我们每个人都听说过这个东西的存在，你几乎可以在任何学的很好的学兄学姐的学习经验交流稿中找到这么一个东西，可是问题在于，究竟有多少人真正使用了纠错本？我也会有一丝叛逆，但在学习方面，我还是很理智的，知道自己真正需要什么。我能默默坚持做一件事情，并在实践中逐步判断这个方案对于我自身适不适合。所以我想要说的是，不用听太多的学习方法指导，你只需要听一两个足够，最关键的是自己听进心里了并将它们付诸实践，在真正运用中感受自己的收获，而并非是想想觉得对自己没用而置之不理。所以同学们可以大胆尝试，每次运用总会有收获，每一种学习体验总会有经验。我发现自己的适应力特别强，归结起来，应该是我为新的生活、学习环境敢于改变自己既有的习惯方式，我一直信奉要突破现状，唯有从本质上行动改变。记得高一的时候，我对自己的生活规律就有多种尝试：时间规划表，熬夜学习夜猫型，早上 5 点醒来猫头鹰型，自学型，是否预习，是否复习……在不断地尝试中我渐渐对自己的学习规律有了更好的把握：比如生物这门学科一定要复习，知识点特别庞杂；数学和物理不用预习，浪费时间，更多在技巧、本质联系等方面。并不是所有人都能找到他自己的学习方法，但他可以通过不断地改变找到能突破的方法。

接下来说一点学习习惯吧，因为我的学习方法等是充分借鉴前辈优秀的学习经验得来的，基本上纠错本只给数学物理做；积累本，课本上易漏的琐碎知识点，只给化学做；知识网络架构图，只给生物做；我每天早晨 6:00 一定会起来（包括周末），利用半小时学习英语（阅读、晨读、背诵、单词等）；周六晚上全用来整理数学笔记，周末下午模拟数学高考，进行 2 小时定时训练，并纠错。我的晚自习有一个半小时，基本上是三等分，半小时数学、半小时英语、半小时语文，而物理、化学、生物这三门我会放在课间、中午、下午等比较零散的时间做作业和学习。英语我是通过单词积累本，利用零碎时间背诵，而语法方面我是通过背诵小文章积累语感，我个人认为语感大于语法，只要有语感和词汇量，你就可以解决英语的问题了。这些是我个人对于各科的一个小体悟、小习惯吧。

备考心态调整方式：关于备考我觉得只要平时准备充分了，考试就能坦然面对。举个例子，我之前一直认为，考试之前做题什么的没有太大作用，已经是什么程度成绩就是什么程度，所以考前一天要尽可能放松，放空脑子。可我还是坚信改变尝试新方法的态度，我第一次英语听力高考就是考前把听力放下了，因为已经练很多遍了，但还是考得不理想；在第二次也是最后一次听力高考时我改变了策略，考前那天晚上又刷了 5 套听力，甚至在考试当天早晨起来也听了 2 套模拟，然后高考时如鱼得水，顺利拿到满分。通过改变策略，将平时的练习一如既往地进行下去，哪怕在考试周，也是如此，然后满怀信心地去考，你的心态会有很大的改变。又如数学高考前一天下午我还在做定时训练，当你练习到一定程度，已经是一种习惯时，一切都很自然地流过。

学习方法

一、物理情景模拟

对于整个物理情景的模拟锻炼，我曾尝试过如下几个方法：网络上有一些软件可以根据你提供的物体、数据设置、力场设定等帮助你更加直观清晰地了解整个运动过程。在很多次遇到运动过程复杂难以分析时以及在学习新的知识时，由于自身比较感兴趣，突然灵光一现想到如果有这样一个奇怪的物理情景，物体会怎样运动，它会这样蹦来蹦去吗，它的轨迹会形成一个美丽的花纹吗等等这些脑洞问题时，我会求助于相关软件模拟情景分析，而在观看了运动模拟后，我以后对这方面的问题，就会有相似的体验并有更加深入的理解。还有一种方法是运用现有的东西如笔、纸张、橡皮擦等文具进行现场模拟。我至今对那位老师讲解曲线运动时的一个情景记忆犹新，感触颇深：当他在讲物体运动的过程取决于受力与初速度时，他拿着几节短粉笔分别向侧面竖直上抛、斜抛、平抛来生动解释了初速度不同所导致的运动状态不同。我也认识到物理其实就是由很简单的几个要素组成，以后对待复杂物理过程我更加有信心。你将站在更高的维度看待问题，在基本问题基本过程在你的脑海中根深蒂固时，你才会轻而易举地将复杂问题化为一个一个小问题，由繁到简，正是平时对物理情景一点一滴的积累。

二、物理模型构建

也许同学们对物理模型已经听过很多很多遍了，可对于物理模型这种东西一点感觉都没有。我高一学习的时候也是如此，可当寒假刷了一下题库后，我心中关于模型这种东西就逐渐地有了概念：它应该是一种相似的物理情景，当你刷了三到四遍这类题之后，对于该类问题就有了条件反射性的秒解能力。比如双摆问题、单摆问题……然而比较尴尬的是这些体会是在一定的做题量的基础上建立起来的，而平时的学习中你几乎不可能有大量的时间留在刷题上，所以利用好假期是十分重要的。我曾试过假期每天早上数学、下午物理、晚上化学的生活，每天过得很充实，当然这同时也减少了我学习英语和阅读书籍的时间，有利有弊吧，关键是你认为自己真正迫切需要解决的问题是什么。至少不要期待假期能给你带来全方位质的提升，专注于一项（如刷题，如仅仅是记忆英语词汇或练习口语），做到极致，你的假期就是完美的。构建物理模型需要你的假期时间。

三、刷题

每次都会触及这个问题，题目究竟该不该刷，我的回答是："该!"以前听过许多讲座，学长说做题在精不在多。可我想的是，我们如何判断题目是不是"精"？现在市面上的参考习题集为了效率和利益总会放上大量的题充实该书的价值，如果我们的终极目的是高考，刷题越多越好，题海战术绝对是有效的方法，与其在乱象中苦苦寻找高效的学习方法，不如依靠简单粗暴能带来实际效果的方法。重复一类题并非没有意义，这是一种训练，训练你在有限时间答题的速度，我认为这是对考生的必要训练，哪怕智商很高，都需要类似的条件反射似的训练。如果你只需要将知识学懂学会，OK，做题做精就行了。所以对于物理来说，刷题的确能带给你对题目的深入了解，对相关知识、公式的熟练应用。我从未背过公式，但做题时却信手拈来，为什么呢？有两点：一、深刻理解公式的来源，搞定"why"，为何如此；二、大量应用，在应用中熟悉，在应用中理解，我在刷题中搞定了"how"。所以刷题之于物理正如使用之于英语，真正在应用它，你的提升将会很快。

四、应试技巧

关于物理考试，其实还是考查我们的思维能力吧。我认为对大家来说，难点在细节和综合上：细节方面，我是最后留时间检查；综合问题，在平时学习新内容时可以多去想想这个内容和之前的内容有什么联系，这里最典型的例子便是万有引力和静电力表达式的完美相似，当然在学习积分后，有一次在做一道球壳带电问题时我从球的体积表达 $4\pi/3$ 中的 4π 与电容表达式中的 4π 联想，并成功验证了这个电容公式。当然这些都是我在一点一滴发现与实践中慢慢积累的能力，同学们不用着急，只要平时在意这些方面，哪怕注意到一丝一毫的联系你就是成功的。

第 4 篇
山东省——侯超

高中学校：诸城第一中学

就读院系：北京大学基础医学院基础医学专业

年　　级：2015 级

高考分数：695 分

荣　　誉：2015 年诸城市理科状元；第 31 届全国中
学生物理竞赛银牌

作者小传

　　我从小出生长大在农村，生活条件比较艰苦，又看到了各种劳动的辛苦，因此我发誓要好好学习，取得优异的成绩，也好将来过上比较幸福的生活。这些都算是小时候的一些信仰吧。

　　我的小学可谓是非常轻松愉快，因为没有足够的教师资源，经常有些课要等好长时间才会有老师来教我们，因此很多上课时间都是玩过去的。我的童年还是比较快乐的，当时完全是边学边玩，这种情况持续到四年级，之后学校拆了，我们去了稍正规一些的小学，然后是初中、高中。可能是受家庭文化以及我们当地人的价值观的影响，我那时一直以为学习就是一切，可能偶尔也会觉得各种能力、才艺很重要，但这种感觉终究还是会在一个完全以分数评价人的环境中慢慢淡去。时至今日，我依然还是把学习看得十分重要，毕竟学习是学生的天职，但没有以前那么重了，我也开始追求以学习为基础的全方面发展。

　　谈及过去的成就，我也算是在我们当地小有名气，我是我们学校在竞赛方面的最高成就，省第二名，全国银牌，要知道我们之前都很少出现省里的一等奖。虽然没被保送，但我还是凭借高考成绩考了我们市的第一名。当然，我并不是说自己有多厉害，有太多人比我优秀，我与他们比起来还差很远。

　　我一直坚信努力的力量。我从初中到高中，成绩一直在进步，从一个普通班里的前几名发展到四十多个班的第一名，我一直都在努力奋斗。除此之外，我认为人应该有远大的理想，"为天地立心，为生民立命，为往圣继绝学，为万世开太平"。这句话是我一直赞赏的，我也一直努力向着这个方向发展。

学习心得

　　我觉得一个人要想有好的学习成绩，首先，他应该知道自己为何而学，有人会为了金钱名利而去学习，也有人为的是自己远大的理想，当然也会有人毫无理想却有着很好的学习成绩，我觉得这种人还是有待商榷的，他们很可能是因为不知道自己应该干什么而且没有主见，便在他人的建议下选择了学习，这些人是幸运的，因为至少他们的大方向没有错，但他们又是悲哀的，因为一旦他们不能及时确立理想，终其一生也不过如此。因此我觉得一个人有着正当远大的理想是十分重要的。但理想也不必要太过具体，因为人生是有无限可能的，不要过早为自己定下方向。

谈到学习的心得，我觉得学习上最有力的武器就是效率。效率是学习的至高法宝，它甚至远比勤奋要重要，因为在某种程度上，没有效率的勤奋是没多大意义的，因此我们应该在学习时尽全力提高效率。

要想提高效率，十分重要的一点是专注，也就是全身心地投入。将自己完全融入那种情境之中，而忘却了其他的一些琐事，在心理学中，这叫福流。只有在这种状态下才会有比较理想的学习状态，才能在最短的时间内掌握最多的知识，这种感觉是需要慢慢培养的，当然这也与个人兴趣有关，一个不热爱学习的人是很难全身心投入学习的。这就要求我们慢慢培养学习的兴趣，使专注成为一种习惯。

学习之中我们难免会遇到很多疲劳的现象，尤其是在一些军事化管理的学校中，长时间的学习必然带来疲劳，而且在考试高度密集的时间段内，出现疲惫是很正常的。就我个人的经验而言，应对这种疲惫的最佳方式就是运动，运动是一种非常好的放松方式，而且科学研究也证实了这一观点。在较高强度的学习中，要努力挤出时间在每个大课间都有一定量的运动，这种运动的最好形式就是跑步，跑步速度以自己喜欢为宜，最好能够出汗，这样不仅比较有利于健康，而且能够使自己大脑清醒，使下一段的学习更高效。

学习时难免还会出现一些心理问题，如压力较大、被名次成绩困扰等等。在这种时候，我觉得找人交流是一个非常好的解决方式，你可以选择找老师，或者和自己关系比较好的同学。就我而言，我觉得找老师是一种十分有效的方法，在与老师交流的过程中，我们不仅能够发泄自己心中的不满，还能够从老师那里学到一些学习的方法和技巧。

学习要有计划，虽说有时候计划不能很好地完成，但我们还是应该有计划意识。计划要有层次性，大到整个学习生涯，小到每一节课、每一个课间，反映在初高中的学习上，就是我们要有一个总体的目标，用三年去实现，然后把它分到每一年、每一个学期、每一个月，然后是每个星期、每一天。当然，这种计划不是一成不变的，因为你的价值观随时会变化，但这种习惯和思路是好的，能让我们更有条理地去学习。

学习还要有强大的内心，不要对每一次考试都过度重视，要以平常心来看待。当然这也不是非常容易做到的，需要长时间不断地练习，不过在某种程度上这种练习所能起到的作用是有限的，归根到底还是要看个人的心理素质。因此在平日的生活中我们应该多加思考，使人生多一些深度，这样在面对那些考试时，就不会再那么紧张了。

另外，我们应该知道学习中最重要的是什么，就我个人的认知而言，学习过程中我们学到的那些知识并不是最重要的，因为你迟早都会忘记这些内容中的大部分，而且我们所学的在生活中大部分是没有实际用处的。那么我们该学什么呢？我认为，学习中最重要的是不断改善自己的学习方法，通过一天天的学习积累经验，并在比较当中不断地去探索新的更有效的学习方法，使自己的学习软实力不断加强，这样在今后的学习生活中就能更轻松更高效了，能够用最短的时间学到最多的知识。

学习方法

相比于理综里的其他学科，物理有着自己特色。首先，物理的背诵内容相对来说是远远少于生物、化学的，它要求的公式一共就只有那么几十个，这些公式可以用于类似的各种题目，虽然题目不同，但都可用这些公式来解决，只要稍加变换即可，而生物、化学考查的东西很零散，分布在书上的各个角落，要靠自己的背诵来串联。其次，物理的每个题都有一个确定的答案，没有模糊性，这就与生物、化学有一定的区别，实际上，很多生物、化学题目的答案都是存在着争议的。因此在物理上只要足够细心，有足够扎实的基础及推理能力，考满分是最有可能的。

物理试卷有些省份（如山东）的第一道题目就是物理学常识的问题，主要是牛顿、伽利略等人的一些事迹以及在电磁学、近代物理等领域的一些常识问题，这是没法推理的，只能靠背了，但这些题目一般都是送分的，不会出一些特别偏的知识，都是在课本上可以找到的，因此为了应付这种类型的题目，我们不妨多看几遍书，尤其是一些物理学历史方面的，把书上的边边角角全部涉及到，这样在处理这种问题时就简单多了。实际上，就算不是为了应付考试，我们也应该多涉猎一些这方面的知识，增加对物理学历史的了解，尤其是量子力学发展的那段振奋人心的历史，了解一下是十分有好处的，至少能够提高我们对于物理学的兴趣。

当然，物理考试的主体还是那些力学、运动学、能量、电磁学等方面的知识。有很多教师在讲解时通常会将它们分为若干种模型，然后每种模型都找到一种通法来解决，不得不说这会是一种行之有效的方法，能够适应大多数学生的学习，但就个人而言，我并不喜欢这种方法。一来这种方法看似是把每一个题目都进行了归类，简化了问题的解决方式，但实际上我觉得这样却会更麻烦，因为去记住那几十个模型本身就不是一件简单的事，而且你还不一定在考试时能把每一个题目都找到它对应的模型，就算找到了也不一定完全适用。二来我觉得这种处理方法偏离了物理学习的初衷，物理学一个重要的目的是培养人的一种逻辑思维，培养人的推理能力，而这种模型化的处理方式是十分不利于学生在这方面的能力的发展的。

我觉得一个物理题目最佳的处理方式就是先直接分析，再逐步求解。这样不仅十分有意思，而且能真正培养一个人的物理思维。所谓直接分析，就是具体情况具体分析，采用灵活的处理方式解决。首先，看到题目之后我们应该立刻反应到它所考查的大体方向，然后激活大脑中这方面的相关知识，在读题的过程中，我们就应该在大脑中构建它所描述的物理情景。对于一个具体的物理情景，我们在弄明白它发生的具体过程之后，就已经完成了大部分的任务，剩下的就是运用我们所储备的一些公式以及问题处理的技巧来对它进行具体的量化的分析了。这个过程比较多地考查运算能力，但一般而言，物理中不会涉及过难的数学计算，而且就经验而言，每一个非常难的物理题解出来之后都有一个十分简洁的答案，这也可以作为一个检查的依据。

在后期处理中，掌握一些问题处理技巧还是很有必要的，比如在带电粒子在电磁场中的运动这类题目中，如果我们掌握一些特殊的轨道形状是如何产生的，就可以在很大程度上简化问题的处理，使得做题速度更快。另外，一些原问题的熟记也是有利于加快问题的处理的。例如，在看到平抛运动时，立马列出横向的和纵向的分解方程式，就可以省下很多时间。

总之，物理是一个比较能训练人理性思维的学科，学习它的过程中可以使人的思维更加缜密，如果我们能真正凭自己的分析能力去面对那些题目，对我们是非常有意义的。

第 5 篇
新疆——赵德昌

高中学校： 阿克苏地区二中

就读院系： 清华大学信息学院自动化专业

年　　级： 2015 级

高考分数： 672 分

荣　　誉： 2015 年新疆维吾尔自治区阿克苏地区汉语
　　　　　言理科状元；全国物理竞赛二等奖

作者小传

我来自美丽又神秘的新疆，和大多数新疆人一样，我性格开朗，为人真诚，乐于助人，直来直往。

非常荣幸地与北宋皇帝宋真宗重名了，真宗有言："书中自有黄金屋，书中自有颜如玉"，我也走上了在书中寻找黄金屋、颜如玉的道路。我读书的类型非常杂，从《道德经》这类东方古代哲学，到中国当代科幻小说《三体》，从《文化苦旅》这等辞藻华丽的名家著作，到通俗的网络小说，其实我都挺喜欢的。读书的时候总感觉时间过得很快，感觉总是太爱沉浸于故事之中。其实我觉得读书是一件非常放松的事，没有必要专门去读一些所谓修身养性关乎未来发展之类的书，我反而是喜欢故事性强的书，看一看别人的生活，看一看世界上发生的事，听一听过去的故事。

大概是双子座的原因吧，其实兴趣爱好非常广泛，从游泳、足球、棒球等球类运动，到吉他、葫芦丝等乐器；从小说电影等文化作品，到网游、手游、桌游等日常休闲都是我的爱好。因为兴趣爱好广泛也有许多朋友，我也喜欢交朋友，总觉得朋友是能和我一起分享的人，一份快乐被分享的时候就成了两份，一份痛苦被分享的时候就变成了一半。

我就是这么一个自信、开朗、阳光、活泼、爱交朋友、兴趣广泛的大男孩儿。

我信奉的格言：人会长大三次：第一次是在发现自己不是世界中心的时候。第二次是在发现即使再怎么努力，终究还是有些事令人无能为力的时候。第三次是在明知道有些事可能会无能为力，但还是会尽力争取的时候。

学习心得

一、集中注意力的方法

第一个建议是，设法让自己把注意力集中在你正在做的事情本身上，而不是这件事情的结果上。划出一些整块但不太长的时间（比如，每次一小时）。这一小时，关掉手机，忽略其他，纯粹做你需要的事情。你要记住，这个世界上没有会因为你一小时不接电话就会怎么样的事。然后，到了这个时间结束的时候，无论你做成了什么样子，立刻停止，去做其他的事情。如果你的功课没做完，那就在日历上划出下一整块时间，但是切记不要连续。如此循环。任何功课所需要的时间都是有限的。如果你投入足够的时间，慢慢堆，一切总有堆出来的一天。关键在于你不断去做，而不是你每次做完多少。第二个建议是，如果你觉得自己在同一个地方卡住了，并且卡了很久，那就立刻停下来。站起来，走动走动，喝口水，然后去拿张白纸。在纸上分析一下你现在为什么卡住。或者说，有什么问题你现在实在找不到答案，怎么想也想不出来。当你能够清晰地把这个问题写下来的时候，答案一般也就出来一大半了。很多时候，你卡住的原因是因为你不能直接想出某个问题的答案，但人脑又有一种自我保护机制，不愿意去思考复杂的问题。所以结果就是你的注意力开始四处分散以便逃避这个绕不过去的问题。然后，时间就过去了，你什么也没做成，你还在继续焦虑。有一句名言是，"你不能解决你不知道的问题"。所以，首先你要知道问题，然后才能解决。

二、遇到平时的习惯

1. 循序渐进

一个人要把事情干得漂亮，就要找准节奏。这里有两个条件：一是对外部难度的了解，二是对自己能力的认知。就拿端啤酒比赛来说，你首先得知道这事具体有什么难度，啤酒有多容易洒出来，还必须了解自己的身体控制能力，知道你能以什么样的速度完成这个任务。学习的规律也是一样的，循序渐进能让你处于稳定态，啤酒洒了要输，过于亢奋或者怠惰是一样的结果。很多人半途而废就是因为急于求成，急于求成的另一个意思是想要不劳而获。循序渐进说起来复杂，其实大脑很容易在理性的状态下完成这项工作。只要你知道它的原则，切勿抱不切实际的幻想，百分之百决心去学习，愿意承担为此付出的代价。如果实在不行，模仿吧。看看别人学习好的是怎么个学习节奏，借鉴成功者的经验不是不思进取，不是捷径，实际上就算你自己苦心研究，终究还是会发现，你的方法和成功者的差不多。

2. 不打破习惯

一个人养成习惯要一个星期，而打破习惯只需要三天，意志薄弱的只需要一天。再次建立又要重新痛苦一遍，来回地折腾难免丧失信心，前功尽弃。因此遵守习惯是学习中必须遵守的法则。学习的过程是有陷阱的，在获得突破的前夕，人会处在一个心理低谷。恐慌，害怕，失去战斗力，"放弃治疗"，看不到希望在哪里。这不是你脆弱，也不是学习真的有什么困难，而是一种普遍现象，会发生在每个人身上，很多人都是"死"在成功的前夜，仅仅是因为害怕成功。我在这里不是"熬鸡汤"，你想想人类哪次社会即将进步时，不造成群体对未来的恐慌？人类的潜意识里害怕自己失去掌控现有生活的能力，这在社会中是好事，一个很好的机制，但作为个人来说，是你的绊脚石。容易打破习惯还有些主观因素。比如较高的刺激，多巴胺大量分泌，以致你受不了。

三、备考心态

首先要明确考试时间和考试科目。在这二者之间设定计划，随着时间的临近，焦躁、自我怀疑等情绪是不可避免的。要学会接受，而不是任由情绪滋生。需要强调的是，学习计划是弹性设置，而非自我强加的任务壁垒，一边备考，一边调节，可以轻松很多。其次，我们说心态不好，很大程度上也来源于专注力的缺失，当我们足够专注地备考，再加上良好的方法指导，一般都会取得预期的成绩。但这过程中由于专注力不够，效果甚微，从而动摇自己的脚步，也很多见。此时需要的依然是日程表，人脑的思维路径是可以习惯的，要学会建立学习的路径，避免重复之前的工作或者他因干扰。我们的大脑经过潜意识中频繁的提醒，会在短时间内建立思维惯性，指导我们学习，控制我们的专注力，从而避免情绪滋生，影响心态。之后要注意的就是紧张了，考试往往是通过考卷评定能力，但最后的考卷并不一定反映我们的真实水平，因为出题人不一定可以涵盖全部的知识点，评卷过程也存在不同的标准，我们需要积极地相信"考的全会，蒙的全对"。当然这只是玩笑了，还是要把基础学得非常牢靠，"万变不离其宗"说的就是这个道理。一个知识点的题可以是千变万化的，但是知识点是唯一的，学好知识点就不会再怕它变化，没有思路的就想定义、想基础概念。实在没有思路的题一定要学会放弃，不要为了一点分而破坏了心态甚至耽误了做会做的题的时间，你不会的时候大多数人都不会，保持自己最好的状态。

学习方法

与其说是谈一谈物理的学习方法，不如说谈一谈自己对物理学习的一些看法、一些自己的思考，至于对错就"仁者见仁，智者见智"了。一些拙见，仅供参考。

首先我要说的是你一定要相信物理是一门能学好的学科。为什么这样说呢？物理的模型太固定了，可以说题型非常地固定，知识点变化非常小，每一道题只是换了一个参数、一个情景，你用到的公式甚至过程都是非常相似的。所以掌握了这些点，物理学习就会更加高效、更加容易。就拿力的合成与分解来举例子，全国Ⅱ卷物理每年的第一道题基本都是力的合成与分解。

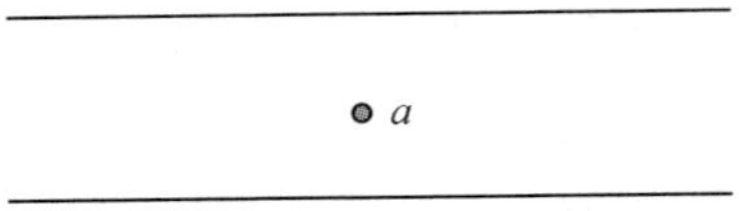

例 如图 1，两平行的带电金属板水平放置。若在两板中间 a 点从静止释放一带电微粒，微粒恰好保持静止状态。现将两板绕过 a 点的轴(垂直于纸面)逆时针旋转 45°，再由 a 点从静止释放同样的微粒，该微粒将( )

图 1

A. 保持静止   B. 向左上方做匀加速运动

C. 向正下方做匀加速运动   D. 向左下方做匀加速运动

如 2015 年的全国Ⅱ卷第一题，先想原始状态，微粒静止，这时候分析它会受到哪些力。首先它在重力场中有质量，所以向下的重力是一定在的，那它为什么静止呢？一定是受到了向上的力，这个向上的力是与重力等大的，接着想一想水平方向，它一定是不受力的。下面我们开始想旋转后的场景，两板旋转 45°后板间距没有变化，所以电场强度不变，微

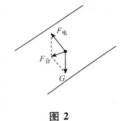

图 2

粒带电量没有变化所以电场力不变，微粒的质量也没有变化，所以重力不变，那么什么变了呢？画图(如图 2)。

得到电场力变成向左上角 45°了，那么微粒一定是向左下方做匀加速运动了，所以答案锁定 D，力学题的重中之重一是是否平衡、二是受力分析画图，一定要画图(建议画出受力分析图)，千万不要空想。

我总结了一点物理上的解题方法：在物理复习过程中要适时地、有机地将科学方法如：理想化、模型法、整体法、隔离法、图像法、逆向思维法、归纳法、假设法、排除法、对称法、极端思维法、类比和迁移法等进行归纳、总结，使之有利于消化吸收，领悟其精髓，从而提高解题能力和解题技巧。理想化、模型化都是最基础的物理思维，即所谓的物理模型的构建；整体法和隔离法是力学问题中的经典，可以大大提高做题效率；图像法在运动问题、做功问题上可以让思路更加清晰；逆向思维法适用于在你没有思路的时候，卡住的时候想一想如果结论是正确的应该会有怎么样的关系，或者答案的变量是已知的，怎么推导出一个条件；归纳法类似于数学归纳法，当没有思路的时候可以尝试用特殊值归纳总结，

但是不建议；假设法适用面非常广，类似于逆向思维法，先假设一个成立的条件，再间接得到答案；排除法，这是选择题最最精华的方法，非常非常非常重要——重要的话要说三遍，排除法可以适用于一切理科学科，尤其是物理，而且威力非常大，尤其是在不定项选择的时候，利用把答案带入，或者极端思维、逆向思维排除错误答案，如果不定项选择题排除了两个错误的答案，那你还想什么？6分就轻松拿到手了。使用排除法时要注意观察选项，有时A、B相互矛盾，C、D相互矛盾，但是A、C或A、D具有一致性，B与另一个具有一致性，那么你要是做出一个A、B中的正确答案C、D就不用看了，做不出来时蒙的时候也一定要选择相互一致的两个选项。类比法和迁移法也十分好用，比如在理解电场时，可以参考重力场，重力场和电场同时存在时，可以等效成一个场。这样在计算时十分简便。

最后说一说物理复习到最后一定要做的。回归课本，重视基础知识和基本技能的强化训练。俗话说：万变不离其宗。高考题再怎么灵活，它都要紧扣课本、围绕考纲来命题。只要我们的基础知识牢靠了，基本技能掌握了，以课本内容为出发点，我们就可以从容面对任何形式的高考！所以，在首轮复习中，我们务必要加强"双基"训练。要在理解的基础上掌握物理学的基本概念和规律，特别是对于那些自己觉得比较抽象和陌生的知识点，一定要从弄清为什么要引入相应概念、如何引入、怎样定义、有何含义、有哪些典型的应用等几个方面来强化对相关知识点的理解。就这一点而言，考虑到目前学生的时间和精力的分配问题，我们在一轮复习阶段要多练选择题，因为选择题相对而言涉及的知识点比较单一，对及时巩固相关的知识点很有帮助，而且也不费时间，效率也就比较高。

第 6 篇
云南省——康定福

高中学校： 云南省腾冲第一中学

就读院系： 清华大学土木建管系工程管理专业

年　　级： 2014 级

高考分数： 710 分

荣　　誉： 2014 年腾冲市理科状元；云南省三好学生

作者小传

我来自云南一个偏僻但是十分美丽的小山村，我在简陋的木房子教室里上完了小学；接着上了初中。初二开始，我发奋学习，在中考的时候考上了我们市最好的高中；在高中我再接再厉，最后以全市第一名的成绩考入清华大学。

在小学，我基本上每天都是玩着过来的。虽然和我的小伙伴们相比，我的成绩还不错，但走出来，肯定就不行了。不过那时我也不会考虑这些，每天开开心心地玩好是我最直接的考虑。进入初中，我的成绩在中等偏上的水平，按照我们初中的教学水平，我是考不上最好的高中的。初二的时候，从小和我玩得很好的几个小伙伴辍学了，我第一次思考我以后的路该怎么走。我觉得不努力不行，我不能不读书，我要上大学，或许，可以上清华。我开始努力，中考发挥一般，差了一点，但已经远远超出了我们那儿最好高中的录取分数线。在高中，我从几十名爬到第一，最终考入清华大学，圆了一个看似不可能的梦。

我性格开朗，追求张弛有度的生活，在初高中经常组织同学们出去游玩，也骑行了许多次。我酷爱登山，热爱大好河山，也享受征服高山的成就感。

我特别喜欢韩愈的一句话："业精于勤荒于嬉，行成于思毁于随。"无论是学习、工作还是生活，认真努力是必不可少的。在人生的道路上，我秉着"求真"的精神，自强不息。我想，我会幸福！

学习心得

学习，我觉得是对一个人综合素质的考查，它关系到一个人的方方面面。下面是我的一些感悟。

首先，明确学习的目标是十分重要的。我们学习最根本的目的当然是获取知识、锻炼能力，除此之外，在现在的教育制度之下，我们还需要获得高分，即把自己的知识用分数的形式展示出来。所以，我们可以把分数这个量化指标作为学习的目标，特别是对高中的学子们，这个方法还是挺管用的。就我的经验而言，制定目标一定要切合自己的实际，千万不能好高骛远，当然也不能过于容易，否则明确学习目标就没有意义了。可以把一个月作为一个阶段，每个月进步一些，必然会收到很好的效果。

接下来，依据学习的目标，我们要制订学习的计划。学习的计划都是围绕着学习的目标展开的，制订计划的时候要尽可能详细。计划中的步骤要有实际的可行性，不能含混与模糊。同时，计划的制订也要考虑自身的学习能力、学习的时间等制约因素，不能给自己安排太多学习的任务，因为这样不仅不能保证学习的效率，而且当自己没有按计划完成学习的任务时，会给自己带来很强的挫败感，进而影响效率和自身情绪。

然后是最困难也是最重要的一个步骤，就是严格按计划执行。这是一个非常考验意志力的步骤，许多人坚持几天就放弃了。"勤学如春起之苗，不见其长，日有所增；辍学如磨刀之石，不见其损，日有所亏。"坚持每一天，时间久了，一定可以看到效果的。开始的几天，自己一定要努力说服自己坚持下来，7 天之后，我们会发觉坚持下来也不是很困难，20 天之后，我们坚持的习惯就完全养成了。万事开头难，只要我们勇于向自己的惰性和拖延症挑战，就一定能把计划坚持下来，在学习上取得进步。当快坚持不下去之时，可以利用一下激励的方法，告诉自己坚持了就可以达到目标，设想一下达到目标的意义和自己获得进步的幸福感，就能够坚持下来。

最后，每个阶段结束之后，我们有必要进行一下整个阶段的总结。回顾一下，计划制订得合理吗？自己按计划坚持了吗？目标完成了吗？既要看到自己的进步，也要看到自己的不足，把总结写下来，用于指导下一次学习计划的制订和执行。阶段性总结是快速提升自己的一个重要方式，所以，一定不要忽视它，一定要花时间好好总结。

在学习习惯方面，我奉行的是"张弛有度"的学习方法，这是最适合我的一种学习方法。我是以星期为单位的。每个星期有 7 天，星期一到星期五（高三到星期六）我的全部精力都放在学习上，高中阶段基本可以做到每天学习 15 个小时以上。而周末，我可以去做一些自己喜欢的事情，也可以参加一些活动，例如我最喜欢的登山和骑行，好好放松自己，同时也为下一周的学习蓄积精力。

另外，我很注重课堂的效率，上课的时候我认真听讲、积极思考，认真做笔记。基本上所有知识点我都能够在课堂上搞懂，课下只需要做一些题巩固一下，这也是我学习效率较高的原因之一。

关于备考的心态调整方面，我的经验不是太多，因为我考试虽然会有点紧张，但开始做题之后就忘记了，不会对自己水平的发挥产生太大的影响。努力去学，当考试来临时，考虑什么都没有意义，因为能够掌握的自己已经掌握了，不能够掌握的也没有时间了。在考场上把自己会的题全部做正确，自己不会的就认真思考一下，实在不会也无可奈何。这样想一想，可能就不会紧张了。对于考试前的一些意外情况，例如失眠，"既来之，则安之"，正确面对，不要把失眠与考试发挥失常建立牢固的必然联系，只要自己静下心来，同样可以发挥得很好。

　　除了上面这些以外，还有一个最基本的保障，就是健康的身心。先说身体健康方面，我从小体质就不错，很少生病，在高中运动会上也能够拿奖。我每天都坚持锻炼，特别在高三，我每天跑2千米以上，周末还经常参加登山、骑行等活动。健康的身体是我学习生活的热情和精力的源泉。心理健康方面，我认为应该多和别人交流，千万不要封闭自己。我的许多高中同学和我都是好朋友，大家互相鼓励，互帮互助，共同进步。

　　以上就是我的一些学习心得，朝着前方，努力前进，理想终会实现。

学习方法

　　我擅长的科目是物理，下面是我针对物理的一些学习方法。我高中使用的教材是人教版，高考试卷是课标全国卷Ⅱ，所以我以人教版和课标全国卷Ⅱ为背景来谈物理的学习方法。当然学习方法是相通的，许多方法对其他地区的同学同样适用。

　　我们首先明确一下高考都考什么。我在高中阶段做了大量的高考题，发现近几年高考的题目着重考查基础知识和基本技能，基础题占了很大的比重，难题的难点主要在于它的技巧性强，或者数据处理的复杂性高。

　　接下来我们看一下怎样学习和应考。最重要的是基础知识和基本技能一定要牢固。基础知识必须做到知其然也知其所以然，物理公式并不太多，相关的公式最好做到能自己推导。推导物理公式是一个很好的学习方法，如果我们能够推导物理公式，说明我们不仅记住了这个公式，而且明白了它背后的原理，这才是物理学习中的精髓部分。题目是千变万化的，但只要掌握了原理，结合具体题目认真分析，我们就能够解决问题。基本技能最初来自课本上的例题，所以课本上的例题一定要认真看，许多高考题就是课本上例题的改编。除此之外，可以再多看一些资料书上的经典例题，提高对题目的敏感程度，即题感。资料书上的例题是经过编写专家精心挑选和解答的，是很好的学习资料，千万不要忽视。

下面是我自己总结的，我觉得非常实用的做题三步骤。题目做得多是很好的，能够增加自己的题感，但是必须保证做题的质量，多做一些高考题，做每一个题都要有收获，这样才能提高效率，做到事半功倍。第一步是认真审题，先不要看资料书给的答案，自己认真思考，认真解答，做出自己的结果。第二步是核对答案，注意这不仅仅是核对一下最终的答案，而是要将自己的解题思路和参考答案所给的认真比较，看一下自己的解题方法和参考答案各有什么优缺点，参考答案的哪些方面值得我们学习，甚至可以学习参考答案处理数据的方法。第三步是反思总结，相信很多同学都没有认真做这个步骤，但我觉得这是非常有必要的。有反思才有提高，我们可以分析该题运用了哪些知识点，它们之间是怎样互相联系的，总结该类型题的解决方法，写在题目旁边或笔记本上，复习的时候认真看。特别是自己做错的题，一定要做好标记，复习时认真分析。

物理是所有高中科目中，理科性质最强的一个学科。相对于生物和化学，它包含的知识点并不多，但是需要深刻的理解。针对高中物理学科的主要特点，我觉得在物理学习过程中，情景和模板的积累是很有必要也是很有效的一个环节。所谓情景和模板积累就是把做题的时候经常遇到的一些物理情景和分析解答的模板摘抄、总结下来，写到笔记本上，时时温习。高中经常用到的物理解题模板也就几十个，如果大家认真积累，很容易就囊括了大部分的考题范围。不过，光会摘抄、总结解题模板还不够，我们还必须做到举一反三。在面对具体问题的时候，把自己积累的相似模板调用出来，结合题目具体分析，按相似的思路去寻求解决问题的方法，多半能解答出来。需要注意的是，每个物理解题模板都有它自身的适用条件，我们一定要记清楚这些适用条件，运用的时候要注意实际条件的差别，并能分析出这些差别带来的不同，对解题方法做出相应的调整。做到这些，积累情景、模板这个解题方法就算是熟练掌握了。

如果觉得复习时翻阅许多资料太麻烦，并且担心遗漏需要复习的题目，我们可以建立错题本。准备一个本子，把自己做错的，或觉得比较好的题目摘抄或直接剪下来，粘贴到错题本上，写得好的答案也可以粘贴或摘抄上去。题目旁边可以写上自己解题的方法或者心得体会。建立错题本的时候，最好归类，把相同类型的题目归到一起，和情景、模板积累结合起来。复习的时候，除了夯实基础知识以外，就认真分析错题本，错题本里都是自己积累的"知识精华"，对自己的提升很有帮助。

第 7 篇
河北省——赵华阳

高中学校： 河北省衡水中学

就读院系： 清华大学土木工程学院土木工程专业

年　　级： 2014 级

高考分数： 673 分

荣　　誉： 2014 年衡水市理科状元；第 30 届全国中
　　　　　学生物理竞赛银牌

作者小传

我比较擅长物理科目的学习，对于物理学史和天文学感兴趣。我爱好读书、篮球。高中的时候有一个机会我参加了物理竞赛的学习，此后两年多的高中时间里都是高考知识和竞赛内容一起学习。虽然时间很紧，内容也比较复杂，但是经过了这一段时间投入地学习，我认为自己收获了很多。经历了忙碌充实的学习和培训之后，我在最终的决赛取得了比较满意的成绩，并且在 2014 年 8 月成功考入心中的理想大学。

如今我有更多的机会去学习自己感兴趣的东西，例如学校里有丰富的选修课程供选择，有很多的讲座和演讲等，通过这些我都有所收获。在今年的暑假，我很荣幸地加入了 2015 年北京国际田联世界锦标赛的志愿者行列，经过一个月的付出，我不仅锻炼了自己交际、处理问题的能力，而且体验到了通过自己的志愿服务给他人带来方便的快乐。因为这些，我也经常在学习的空余时间积极参加志愿和实践等活动。

在大学里的忙碌充实的生活中，我也时常想起自己走过的童年、小学和中学的时光，我认为成长的过程是最重要的。在成长的过程中每一段美好而宝贵的经历，每学会和掌握一项新的技能和本领还有每通过一些事情感悟到一些道理，这些都是值得我们珍藏的。当然，人无完人，我也有不少缺点，希望自己在今后不断改进，更好地迎接未来。

我喜欢的格言：没有比人更高的山，没有比脚更长的路。

学习心得

下面和大家分享一些我高中的学习体会和步入大学之后的一些总结和反思。

一、兴趣

兴趣是最好的老师，因为当你对某一事物产生了兴趣，就会有很强的精神动力去做好它。如果暂时没有兴趣也没有关系，因为兴趣是可以培养的，即使当你选择和接触了之后再渐渐地产生兴趣也是可以的。

我高中选择物理竞赛时，对物理竞赛的内容一点也不了解，并且也知道它的难度很大。但是我最终还是选择了它，虽然起初的入门学习有一些困难，但是随着学习的深入，我读了一些近代物理学史的书，了解了一些物理科学的发展历程，渐渐地对它产生了兴趣，觉得物理科学很有意思，这样对以后的学习都是有帮助的，至少以后做练习题时不会厌烦或者想放弃。

可能很多人都对于学习比较枯燥和深奥的知识没有兴趣，但是当我们不断接触和了解相关的内容，并且经过自己的思考和认识之后，可能会渐渐觉得它们并不是那么令人厌烦。前一段时间我在学习天文学的课程，里面关于宇宙行星恒星的演化的好多知识都是第一次听说，而且理解起来也有一定的难度。学习这门课程之前我对天文学并不是很有兴趣，但是经过了学习之后我在学校里有很多机会去进一步地学习相关的知识。例如，我经常关注学校里关于宇宙天文学的讲座、去天文台看月亮和行星等。自己学习的越多便越想更深入透彻地学习。

所以说，我们应该在学习的过程中培养兴趣，这样至少不会有厌倦的心理，而且自己经过长时间的学习也会越来越积极主动。

二、目标

明确的目标可以提供前进的方向，并且约束自己的行为，提醒自己要完成的任务。高中每次调研考试完后，我们都会写一个目标，上面有自己下一次考试的总成绩、名次、各科成绩和竞争对手等这样的目标，我觉得这样给自己树立一个目标就会时刻提醒自己在这次考完试后不要放松，也会更加努力地投入到下一段的学习中去。

我们在学习的过程中需要制订一些计划和目标。这样不仅可以使学习的过程有条理，不忘记要完成的任务，还可以大大提高效率。如果缺乏目标，每天都是盲目地学习，按部就班地完成任务，那么很可能会错过一些可以提高的地方。所以我认为应该经常拿出一些时间定一个自己的目标。

但是我们也不要对目标太过看重，目标要科学合理、适合自己的实际情况，否则当达不到目标或者离目标太远就会产生很大压力，影响自己的心态。

三、时间和效率

高效是我对衡水中学印象最深刻的一点，我认为这也是这所学校优于其他一些中学的原因。"衡中"的作息时间安排很科学合理，我们是晚上 10:10 睡觉，早上 5:30 起床，中午也有一小时的午休时间，所以学习好并不一定要熬夜，只要效率高就行。

我认为合理高效利用时间的一个方法是做一个便利贴或者备忘录，甚至是记在一个本子上也可以，把作业还有预习复习等任务都记下来，每天都要看一下，而且规划好什么时间完成什么内容。这样可以不遗忘，而且会督促自己高效地完成任务。

四、心态

关于心态的问题我觉得我们都已经听过很多了，无论是家长的影响、老师的教导还有通过书本讲座等各种方式，他们都告诉我们要调整好心态，所以最重要的还是我们要正确地做到这些，拥有一个健康积极的心态。

其实，高中学习时对于心态问题我并没有想太多，因为当你埋头专心于学习时就会忘记其他的事情，所以我建议还是不要想太多，这样应该也不会有什么问题。如果真的出现一些困难，比如考试失利等问题，积极乐观地面对，如果自己解决不了，及时和老师交流。

当我们走过来，回去想想，无论当时看来是多么大的困难其实也并不是很大的问题，首先要有一颗宽广的心，面对困难和失败不要一蹶不振。调整好心态面对困难并迎接后面的挑战。

学习方法

首先，我认为中学的学习过程中课本教材很重要。

我们所做的练习和考试都是以课本为基础和依据的，而且考试大纲的要求也一定与课本很好地符合。因此在学习的过程中要通过练习回归课本。课本上的知识和方法一定是主要的而且通用的。

对于不同的科目，课本的内容和形式有很大的差异。例如对生物、地理等科目的教材，很多的知识点需要通过看书记忆和理解。首先要通过对教材的阅读和学习明确全部的内容，然后在理解的基础上记忆，再通过练习不断巩固。而对于物理和数学等科目，教材上的主要内容是一些定理公式的证明推导和例题等，我们练习之前先要清楚公式和定理应用的条件，对于一些重要的定理也要掌握推导证明的过程。然后习题练习也很重要，尽量通过自主独立的思考完成，如果有不懂的地方先要看看教材里有没有相关的内容，然后通过讨论和请教等方式弄懂问题。

总之，在我们学习的过程中，尤其是后面的复习过程一定不能完全抛下教材。进行一定的练习之后多翻一下教材，很可能会有更深入的理解。

另外一点是对待错题的方法。我认为平时做题的过程中，题目也会有很多种，例如有的题目比较简单，考查基础知识，有的题目有一定的难度考查对知识的深入理解和应用，还有一些题目属于难题，要求对解题方法技巧的应用或者有点超纲的知识。而我们不可避免地会犯一些错误，这个时候便要重视错题。

以物理题目为例，首先是对错题的分类。可能有些是计算或者符号的问题，也有对于公式运用不熟练的问题，也有一些解题方法的问题等等。我们要善于总结和抓住那些可以对自己提高有很大帮助的题目。如果是对于机械能、电磁感应等概念的理解问题则要复习一下教材和老师上课讲的内容。如果是解题方法的问题，则很有必要准备一个错题本并且将错题记录下来。很有可能只有一两道这种类型的题目，如果错过了很可能再也不会遇到了，所以一定要抓住错题及时地整理和学习。因为在最后的考试时会考查各种知识的全面理解，所以自己任何一方面都不应该有短板。

最后是关于考试的一些问题。我相信我们都经历过无数次大大小小的考试了，考试的要求老师也是经常提醒的，但是我们还是要十分注意，尤其是通过几次考试找到适合自己的方法。

值得注意的是在考试过程中，一个很常见的问题就是遇到了一个比较难的题目，经过比较长的时间仍没有思路或者发现自己的解答方法不对，这个时候不要使自己慌张，如果认为暂时真的没有方法那么就果断地跳过去写下面的题目。这样既可以不浪费时间，也很有可能在完成其他题目之后重新解答难题时有了新的思路。另外，面对一些比较重要的考试，也很有可能在刚开始答题时紧张，尤其是第一科的考试，这个时候尽量使自己的注意力全部集中在题目的内容上，而不要想其他的东西——考试有多么重要、考完之后会怎么样之类的问题。对待每一次考试都尽可能全身心地投入到解答的过程中，使自己掌握的知识和能力都得到应有的发挥，那么最终的结果也一定不会令自己失望。

我也希望同学们正确客观地对待每一次考试，无论是哪一次考试都不可能对一个人的一生产生过大的影响。在学习知识的同时也要有意识地提高自己各方面的能力，例如处理事情、交流表达和独立自主的能力等等，不要忽视这些对于未来的自己很重要的东西。在空闲的时间多读一些书籍也会很有帮助，培养自己多方面的兴趣，从而可以使自己的学习和成长过程充实精彩而且意义非凡。

第 8 篇
河北省——石雨轩

高中学校：河北冀州中学

就读院系：北京大学数学科学学院

年　　级：2014 级

高考分数：683 分

荣　　誉：2014 年邢台市物理单科状元

作者小传

雨轩这个名字呢，文艺气息十足，因此无数次被人当成女生的名字，很是尴尬，这或许是在给我取名时想"卖弄"一下自己的文学素养的老爸老妈始料未及的吧。"大恐龙"的名号是拜高中时期的同桌所赐，当时英语正好学到了 dinosaur，他说："看你长得这么丑，给你起个英文名字叫 dinosaur 吧。"所以"大恐龙"这个名号被沿用至今。上学期间除了小学，我基本上处于放养状态，所以在学习上也是任性居多，可能也是因为这样，所以对很多东西有自己的见解，也算是一点意外收获。原本以为自己是一介书生，日后会走上"舞文弄墨"的道路，但高中时因为舍不得放弃物理，选择了理科。大学现在就读于北大数学系，虽然学的不精，但自己上学期间多少有些心得体会，又喜欢能帮到别人的感觉，所以希望能跟大家多多交流。同时平时很喜欢玩棒垒，如果有同好，也欢迎切磋交流。

学习心得

其实学习就是在掌握一些基础知识的前提下，学会思辨。学习是一个人成长的过程，也是很自然的一个状态。现在很多学生，很多家长执着于参加各种补习班、辅导班，其实是有些为学习而学习了。不可否认学校的教育有很多不足，各类辅导班中也有很多不错的，但学习本来就不该只关注成绩的增长，而更应该注重学习者本身的成长，成绩的偶然因素有很多，自身的成长却是没有偶然的。

以上是我关于学习整体的一点儿拙见，下面谈一下我这些年对学习生活的感触。作为高考这个几乎全民参与的巨型"game"的退役"游戏玩家"，我最大的感触莫过于即使在应试教育的体系中，兴趣也是最大的学习动力。究竟是为了什么而学习，回答兴趣这种虚无缥缈的东西总显得不如回答诸如"父母的期待""社会工作的压力"之类的靠谱，但这些理由至多只能成为我们学习过程中的一些辅助的助推力，真正促使我们去学习的还是最初的一点点好奇心、一点点兴趣。以我自己为例，我的兴趣也是善变的，而且经常自己都琢磨不透，初中时有段时间会突然喜欢上写文章的感觉，华美的辞藻、精致的结构，让人很有成就感。于是甚至有过考试时写得起了兴,作文的格子都不够写,自己又附上了两张纸才完成的两千字作文;上高中的初期,曾经疯狂地喜欢上学物理,可能是因为它严谨的逻辑思考、丰富的类比和联想让我的大脑感觉到了愉悦吧。兴趣的推动让我在学习的过程中少了很多苦和累的感觉,很多时候都是自己愿意去学,不知不觉中就会学得很好了,而且不断变化的兴趣也让我没有偏科困扰,因为对每一科都有自己的感情在里面。

至于自己的学习习惯,主要有以下几点:

一、以学为先

学习是正事,理应先于娱乐,在学习时应该排除其他因素的干扰,一心向学。

二、随处学习

善用零碎时间,每天在晨跑中、吃饭时、课间、课前、休息前等零碎时间里记忆词语,背诵公式,破解疑难,调整情绪。保证学习时间,学会见缝插针利用好空余时间,经过日积月累,效果很可观。

三、讲究条理

将重要的学习用品和资料用书用纸箱装好,分类存放,避免用时东翻西找。每天有天计划,每周有周计划,按计划有条不紊地做事,不一曝十寒。

四、学会阅读

学会速读和精读,提高单位阅读量。学会读一本书或者一个单元的目录、图解和插图,提前了解内容,获取更有效的信息。当积极的阅读者,不断地提问,直到弄懂字里行间的全部信息为止,特别要弄懂知识的起点和终点,梳理好知识要点。

五、合理安排

该做啥时就做啥,在合理的时候做合理的事情,不背道而驰。比如抓课堂效率,当堂听,当堂记,当堂理解,不理解的话课下或者当天找时间主动找老师请教,做到"堂堂清"。比如利用好时间,勉励自己完成当天的学习任务,做到"日日清"。比如能够劳逸结合,张弛有度,动静相宜。比如坚持紧跟老师步伐复习,不误入歧途。比如坚持勤睁眼常开口,对课本上的东西多看,对未懂的内容能多问。

六、善做笔记

尖子生往往一边听课一边记重点,不是事无巨细全盘记录,而是要善于记下

老师补充的东西，课本上没有的东西，特别是思维方法更要认真记录。能及时整理笔记，对老师强调的重要知识点格外注意，特别注意让知识系统化。

七、作业规范

认真审题，冷静应答，把每次作业当作高考，作业工整，步骤齐全，术语规范，表述严谨。作业做得规范不仅训练仔细认真的品质，更能养成细心用心的习惯，从而激发学习潜能。

八、勤于思考，善于思考

这一条是重中之重，应贯穿于听课、做作业、复习等各个阶段。比如：做完一道题后，要对答案，这里应有一个反思的过程，要弄清这道题考的是什么，用了哪些方法，为什么用这样的方法，怎样才能达到举一反三、触类旁通的效果。

九、学习互助

与同学开心地相处，遇事不斤斤计较，宽容豁达；珍视同学间的友谊，在学习中互相支持和帮助，经常一起讨论学习中的问题，使用不同的解题方法并相互交流心得。有了这种和谐的同学关系，才能全身心地投入到学习中，从而保持较高的学习效率。

学习方法

总体上来说呢，物理学科在高中理科中的分量很重，而且两极分化很严重，往往物理学习好的同学看起来毫不费力就能考到很高的分数，而学的差的想要提高却很费力。这是因为物理本身提供的是另一个看世界的角度，它有着自己的一套系统和完整的逻辑理论体系。在初学物理的时候更多的不是学会基础知识，而是领会这个学科本身的思考模式。很多同学在学习时没有认真思考，导致最后只记得一些零碎的知识片段，当然学不好了。

一、课前要预习

这是个老生常谈的学习方法了，几乎每个人都知道，但照做的很少，能坚持做的更少，但我还是把它放在了第一个，因为确实很重要，也很有效。在现在的课堂上，尤其是高中课堂，更多的时候是老师讲，学生听。学生在课堂上只是一个被动接受知识的角色，很多情况下，老师说是这样，学生就理所当然地认为是这样了，如果课前没有预习的话，想要有自己的思考很难，尤其是物理这样的学科，它需要你构建一个新的视角看待问题，更需要有自己的思考。

二、注意课堂要点

要听好课，我们应善于抓课堂的要点，这主要是指重点和难点两个方面。心理学研究表明，我们听课注意力集中的时间一般在 20 分钟左右（要想一节课几十分钟内都保持精力高度集中是不可能的），所以我们应将这有限的集中注意力的时间用到"刀刃"上。

上课时，我们应有意识地去注意老师讲课的重点内容。有经验的老师，总是将主要精力放在突出重点上，进行到重要的地方，或放慢速度，重点强调；或板书纲目，厘清头绪；或条分缕析，仔细讲解等，我们应培养自己善于去抓住这些。对于难点，则可能因人而异，这就需要我们在预习时做到心中有数，到时候专心专意，仔细听讲。总之，我们要做到"会听"，能"听出门道"。

三、作业

在复习的基础上，我们再做作业。在这里，我们要纠正一个错误的概念：完成作业是完成老师布置的任务。我们在课后安排作业的目的有两个：一是巩固课堂所学的内容；二是运用课上所学来解决一些具体的实际问题。

明确这两点是重要的，这就要求我们在做作业时，一方面应该认真对待，独立完成；另一方面要积极思考，看知识是如何运用的，注意对知识进行总结。我们应时刻记着"我们做题的目的是提高对知识的掌握水平"，切忌"为了做题而做题"。

四、质疑

在以上几个环节的学习中，我们必然会产生疑难问题和解题错误。及时消灭这些"学习中的拦路虎"对我们的学习有着重要的意义。有的同学不注意及时解决学习过程中的疑难问题，对错误也不及时纠正，其结果是越积越多，形成恶性循环，导致学习无法有效地进行下去。对于疑难问题，我们应该及时想办法解决（如请教同学、老师或翻阅资料等），对错题则应该注意分析错误原因，搞清究竟是概念混淆致错还是计算粗心致错，是套用公式致错还是题意理解不清致错等等。另外，我们还应该通过思考，逐步培养自己善于针对所学发现问题、提出问题。

具体的学习方法就是这些了，物理的学习征途是星辰大海，会有很多曲折和坎坷，也会有柳暗花明的喜悦，希望我们每个人都能在物理的学习过程中找到自己的乐趣。

**第 9 篇
湖北省——袁奉博**

高中学校：郧阳中学

就读院系：北京大学物理学院物理学专业

年　　级：2015 级

高考分数：683 分

荣　　誉：2015 年十堰市理科状元；十堰市三好学生

作者小传

我平时喜欢打羽毛球，也喜欢练习跆拳道。我小学、初中就读于当地的子弟学校，高中考入当地最好的高中郧阳中学。在高中三年中起起伏伏，经历了很多困难坎坷，也收获知识、成长与友谊，最终在高考中以湖北省十堰市理科第一名的成绩考入北京大学，并选择了自己喜欢的物理专业。我希望自己能在这里不断进步，为以后从事物理研究或者从事其他行业打下坚实的基础。我希望从事物理研究，或者学习信息技术的知识，准备以后投入互联网行业。我在生活中也爱自己动手做一些模型，搞一些小发明、小研究，对数学物理保留着一种纯朴的热爱。

我信奉的人生格言是："何妨吟啸且徐行。竹杖芒鞋轻胜马。谁怕。一蓑烟雨任平生。"——苏轼《定风波》。我喜欢这样的自由自在的生活，喜欢自在遨游，喜欢无拘束地做自己。我也期待心中总存在一处像苏轼一样的天真烂漫，想要回到过去，像个孩子一样自由学习，生活娱乐，不太希望受到世俗条条框框的束缚。我的心中也有一种教育理想，希望全国的同学能够打破不同地区的教育壁垒，受到相对平等的教育，并且靠自己的努力发奋读书，考入理想的大学，从事自己喜欢的行业，为国家做贡献。

学习心得

总的来说，我接受到的教育资源相比省会、直辖市的同学是少了许多，但我依然一直试图靠自己的努力，缩小这些差距。

我觉得自己学习过程中最大的感悟是"保持兴趣，保持优秀"。我的父亲对我学习经历的影响是很大的。从小时候起，他就一直带我领略自然科学的美妙。他带我跳方格的时候教我数字，带我爬山的时候教我认识各种地质现象、各种岩石，并且带我做单摆、滑梯等物理实验。这些看似是小事，可在我心中种下了一颗科学的种子，使我心中有了一种信念："我一定能学好数学物理等科学的"，"我的数学物理比大家都好"。正是这样的一种想法，驱使我努力，一开始只是为了满足自己一点小小的虚荣、自己的一点小小的优越感，但后来这些逐渐转化为自己对自然科学的喜爱，对真理的追求。

其实当大家都认为你是个学习很好的人并且你的成绩一直很优秀时，为了保持大家对自己的这一种正面评价，你就会一直严格要求自己，一直优秀下去。如果哪次成绩差了，心里总隐隐约约觉得自己辜负了大家的期望，同学也没以前那样尊敬你，老师也不是那么喜欢你了，心里总不是滋味。这样下去，心里总有一种动力驱使自己做下去，达到以前的水平，甚至更高。我想，这不仅是我，也是大部分成绩一直很好的同学能够保持的原因吧。

总结下来，就是"让优秀成为一种习惯，心安理得地享受因为优秀才有的种种便利，并在下滑时警醒自己"。

还有重要的一点就是保持良好的学习习惯。可能是我以前学习习惯一直不错的缘故，这一点体会不深，上了大学之后，自由的时间多了，渐渐发现自己过去对学习习惯不太看重，并因此吃了一些亏，才懂得学习习惯的重要性。

具体来讲就是给自己的行为设立一系列的底线，不要轻易放弃自己的坚持。这些底线有很多，作业完不完成、最难的一题写不写、写之前是独立思考还是"借鉴"一下别人的成果、周一至周五玩不玩手机、周六最晚几点睡，这一切的一切都有一系列底线。能守住多少？无论压力多么大，你还能坚持多少？这些就能决定我们的水平是高是低。

记得高中时，自己学习习惯的底线是这样的：平时的作业一定是独立完成，从不看别人的，宁愿空着，顶着老师批评的压力也不抄。节假日的底线我就没守住，超过一天的假期，作业基本就没有独立完成过，抄一抄就交上去了，甚至还在去学校的公交车上补作业。我想正因为如此，我的成绩才和别人有差距。但可能也是因为我周一至周五学习习惯的坚持，我才和湖北的绝大多数考生拉开差距。

关于考试，高一高二自己对成绩还是十分看重的，成绩好了能骄傲很久，成绩稍不如人意，一次小小的堂测失误了就能郁闷一周。上了高三就看开了，高三的考试密密麻麻、铺天盖地，临近高考的一百天，考试更多了。老实说，高三以来，尤其是高三下学期，我的成绩在我们一个地区也总是这回前五，下回十名开外，很少拿第一。但在心里我是如此自傲，以至于认定自己就是第一，无论名次怎么变化，自己永远是第一。自己没考到是因为卷子出的不行、没水平，都是些套路题，高考一定能把我挑出来，把那些只会刷题的人考下去。这是我的信条，不看成绩，只承认自己是第一。高考考场上的那几天，我心里也一直是这么想的。总之结果出来了，我就是当地的第一，并且进入了理想的学府。

总之，一定要自信，甚至自信到一种自傲的程度，想象自己是一个不平凡的人，甚至把它作为一种信念。这差不多是我的精神力量的源泉。

现在想来整个高中收益最大、最痛苦、最煎熬的反而是高一下学期以及高二学习新知识的时候。高三并没有太多不会的地方，并没有学到什么新知识，没有什么新体验，只是不断地熟练熟练再熟练。可能是我对知识的要求比较严格，做什么都要比别人多想一步，多研究研究，这样在不断接受新知识的时候，我花费了大量的时间与精力做自己的事，时间与其他不是太爱动脑的同学比起来有点捉襟见肘。再加上我个人有点懒，时间分配也不太好，就在高一高二学得很苦很累。可能正是我高一高二打下的坚实的基础，才让我在高三如鱼得水，甚至临近高考的一周、一个月，还有一点点放松。

还有，考试是对自己学习状态的一种很好的调剂。平时节假日在家里玩疯了，有个学校的联欢晚会什么的很容易让自己绷紧的学习的那根弦松下来。这时老师考一次试，成绩下来了，并不理想，刺激自己一下就会以饱满的热情投入到新一轮学习当中。整个高三我基本就是在这松松紧紧的交替中不断有所斩获的。

学习方法

关于物理，我觉得一定要自己独立思考，甚至模仿科学家走过的路，再走一遍。有时发明自己的一套理论，论证这个理论成立，并用这个理论解决问题。这个思路是提高自己物理成绩最根本的办法。给自己的这套理论起个名字也未尝不可。

例1　如图1，一物体在 $t=0$ 时刻滑上一固定斜面，其运动的 $v-t$ 图线如图2所示。若重力加速度及图中的 v_0、v_1、t_1 均为已知量，则可求出（　　）

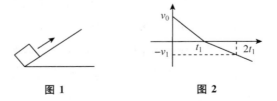

图1　　　　　　　　　图2

A. 斜面的倾角　　　　　　B. 物体的质量

C. 物体与斜面间的动摩擦因数　　D. 物块沿斜面向上滑行的最大高度

这道题涉及多个物理量。我这里定义两种量，一个是"物体属性"，另一个是"斜面属性"。物体属性只包含物体的形状、大小、质量、速度等，"斜面属性"涉及斜面的倾角、长度、动摩擦因数，并且还有斜面上的物体在向上运动时的加速度、向下运动时的加速度。

我知道对于这一个斜面，只看速度—时间图对任意质量的物体是同一的，所以答案 B 完全是个无关量。我又知道斜面上物体运动向上向下的加速度，是由斜面倾角、动摩擦因数共同决定的。这样我就有一个二元一次方程组，解出倾角、动摩擦因数。而最大高度是由物体初速度这个"物体属性"和"斜面属性"加速度共同决定的。这样 D 也相关。

这样，我不在草稿纸上写上一笔，就单纯分析出一道题的答案。并且我在解题中引入了自己的一套理论，只要这套理论合理合法，解出来的题是正确的，大家完全可以自由发挥创造自己的一套东西，哪怕不被认可，哪怕前人做过也无妨。

例 2　一列简谐横波沿 x 轴正方向传播，图 3 是 $t=0$ 时刻的波形图，图 4 和图 5 分别是 x 轴上某两处质点的振动图像。由此可知，这两点平衡位置之间的距离可能是（　　　）

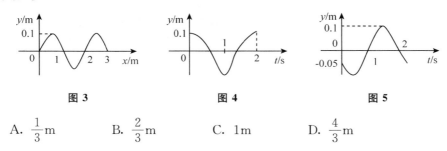

图 3　　　　　　　　图 4　　　　　　　　图 5

A. $\dfrac{1}{3}$m　　　　B. $\dfrac{2}{3}$m　　　　C. 1m　　　　D. $\dfrac{4}{3}$m

这道题应该说在整个高三是很少训练到的，可是我在日常练习中接触到了这种题型，并且有针对性地总结，遇到它了也不慌。读图知波长 2m，周期 2s 可得速度 1m/s。可以定义两个点之间存在一个相位差，图 3、图 4 初相位为 $\dfrac{\pi}{2}$，由图 3、图 5 可知 $\dfrac{7\pi}{6}$，考虑到 $\sin\left(\dfrac{7\pi}{6}\right)=-0.5$，所有相位差就是 $\dfrac{2\pi}{3}$，建立等式 $n+\dfrac{\Delta\theta}{2\pi}=\dfrac{\Delta x}{\lambda}$（$\Delta\theta$ 表示相位差）。就可以了。

上了大学之后才知道大学物理新定义了个 $k=$ 波长$/(2\pi)$ 代替我的等式，这相当于我在高中是略微超前的，自己发明了一套东西，上了大学惊奇地发现原来这些都有。这种与科学家共鸣的感觉正是我喜欢的。

第 10 篇
浙江省——朱昊东

高中学校：杭州学军中学

就读院系：北京大学元培学院整合科学

年　　级：2014 级

高考分数：731 分

荣　　誉：2014 年杭州市物理单科状元，数学单科
状元；全国中学生物理竞赛二等奖

作者小传

我高中时期曾经是校里物理竞赛班的一员，并代表学校前往许多地方（按时间顺序为浙江大学、富阳中学、中国科技大学、北京大学等）进行培训和比赛，多次取得不错的成绩。最终在高三的开头，在大连举办的全国中学生物理竞赛中获得二等奖，也因此得到了北京大学元培学院预录取的资格。预录取之后由于各种原因并没有停止学习，并在当年高考得到 731 分的成绩（其中数学和物理单科满分，浙江省高考满分为 810 分）。

性格方面，自以为比较平和，不喜欢争斗或是生气（曾被许多人评价为"毫无攻击性"）。平日有些随性，不过关键时刻也比较注意自身的言行举止。待人真诚，喜欢交朋友，更喜欢向人请教问题。不过初次遇见陌生的人或环境会显得有些紧张。进取心强，有责任心，总是可以较好地完成被要求的事务，不过主动性和开拓性思维还是有待加强。

兴趣方面，爱好比较广泛，除了体育之外其他什么都会一点，喜欢看科学或者历史题材相关的文艺作品。容易在兴趣或者需要的驱动下以较高的效率学会某一项技能（如漫画），但因为这些热爱都没能够超过对科学的爱好（仅以自嘲），最终也只是会一些罢了。不过正因如此，平日无论在课内还是课外，看到队友们优秀的表现的时候也会觉得由衷的激动和高兴。而刚刚进入分豆大家庭的我，也正是如此想的。

学习心得

总的来说，我是一个后发制人型的角色。具体表现为，我在初到新环境的时候在集体中表现的都不是那么突出。现在想来，这大概是由于性格和习惯等一系列原因造成的。那么接下来不妨就大概讲一讲初中开始的经历。

我的初中并不是市里顶尖的，只是一个普通的私立中学。刚进入初中的时候，我的成绩也不是校里顶尖的，而是在十名左右（不过后来我发现这仅仅是跨区考试的我没有准备过考试的缘故）。初一的课程于我而言并没有太大难度，每天往往有半天的空余时间，初二课业压力稍大一些，初三因为保送空余时间也比较多。我就用初一这部分时间（和保送之后的一部分时间）自己学习了美国的研究性学习教材《科学探索者》（其实当时还是有时间多做一些其他事情的，现在想来还是有一些遗憾）。虽然那时并不能说完全看懂，但这套丛书对我的科学精神的启发还是非常大的，甚至影响了我最终选择了交叉学科相关的整合科学实验班。另外，初中我也在简短培训之后参加了省里的数学和物理竞赛，并意外地取得了不错的成绩，这个小小的成功也极大地增强了我继续学习理科的决心。

高中我进入了市里第二的学军实验班，学习压力自然是大得多了。处在中下游的我第一次感到捉襟见肘。不过，屡次物理考试只有七十几分的我还是在期中之前毅然报了物理竞赛班，并幸运地被当时的教练（也是我的班主任）收留了。之后的一个学期，我的成绩仍然停留在"班级 20＋"，"年级 50＋"的水平。不过，我并没有因此放弃竞赛。这样的节奏一直下去，我的名次虽不靠前但每次都在缓缓上升，直到某次期中考试我奇迹般地进入了年级前十，这再一次给我极大的鼓励。同时，我在一次市级物理竞赛上也取得了出乎意料的好成绩，让原本不待见我的教练渐渐开始关注我了。之后的故事，就显得比较自然。继续保持这种节奏的我经过高二的反复跳跃和基础的巩固，在高三基本将自己的成绩稳定在 10～15 名左右，竞赛模拟考也稳定在了省一等奖的水平，并在高三开头超常发挥得到了物理决赛二等奖。无后顾之忧的我在高三的学习更轻松，还顺便当了一年的代理班长，锻炼了一下自己的管理能力。

回顾自己在高中的转变，我觉得有三点很重要。首先是韧性，这也是一个我引以为豪的优点。我在寄宿制小学里当班干部的时候没少被老师批评，在风格与我不太相符的初中也经常遭到同学们的冷落，这种精神大概就是这么培养出来的吧。这让我在遭遇小挫折之后仍然能最大限度地保持自己的工作状态，并积极总结之前的不足；这也让我可以不怀有成见地接受别人的批评意见（即使这个意见本身带有一定的感情成分），并对其中中肯的部分进行自我反思并改进。

还有一点就是计划的执行力。制订一个学习计划，寻找一个学习榜样，都不是什么困难的事情。但是，能够真正执行计划却不是易事。当然，我的计划并没有像那个清华"学霸"学姐一样精确到十分钟（自然，我也不可能比她优秀），而是一些中期或者长期的计划，如向某某同学学习一个什么优点，在某个时候之前完成一本练习册，或者在考试中浏览卷子预先确定大致的时间分配等等。在努力和实时调整下，所幸这些计划大多都在 80％～90％的程度上完成了。而一次次的完成和重新制订计划，也正好像马拉松选手把四十二千米的路程分为四十二个一千米一般。

最后一点，也是我觉得最重要的，是心态。当然，这个词可以细化为很多方面。现在想来，凡是重大考试，我往往在几天之前就自觉地调整好了身体和心理的状态，而在考场中我往往就会自觉地放空自己不去想别的事情，这样下来，发挥往往就出乎意料了。心态在平时也很重要。周围的同学可以给我学习的氛围，可以让我请教一系列问题，可以让我产生一些类似于"啊！大家都好努力所以我也要加油啊"这样的想法，但绝不会成为我处处比较的对象，因为我知道恶性的比较除了毁坏信心之外对自己没有任何好处。

学习方法

接下来讲讲物理。就理科的概念体系而言，个人以为高中的理科可以分为两类：数学和物理以对概念之间联系的掌握开始，并逐个完善单个概念的意义；生物和化学以对概念本身的记忆开始，并逐渐建立起概念之间的联系。我本身并不是一个擅长记忆概念的人（一是没有时间，二是在这方面确实没有太强烈的意愿），所以我更加擅长数学和物理这两门。

同时，数学和物理之间当然也会有差距。因为概念之间逻辑和概念本身的抽象性，这两门学科都会用模型化思想去思考一类固定的问题（所以数学、物理的考题中都会有"一类题"的概念，而这种"一类题"都是可以使用极其相似的做法去解决的）。同时，相较于数学模型，物理模型往往更加直观并贴近生活，从而更加方便初学者理解，这也是我比较喜欢物理这门学科的理由之一吧。

所以首先，我认为物理的学习应当从概念和其相关的模型开始（而通常，物理考试中的基础选择题也正是就这基础的模型直接提出来的）。概念的最直接来源当然是书本，所以我主张在没有理解清楚概念之前先不要盲目做题，这不仅会导致效率低下还有可能使得概念混淆（当然，书本里的少许例题还是可以辅助概念理解的）。同时，对概念的巩固当然也可以在理解之后的练习中完成。

其次，因为高中物理的概念一般比较基础，而大型考试又是不能够超纲的，细节在物理考试中往往就成为制胜的关键。而细节的重要性往往在计算题（和含有计算的选择题中）表现得更加明显。举一道题作为例子。

例　有一倾角为 θ 的斜面，其底端固定一挡板 M 另有三个木块 A、B 和 C，

它们的质量分别为 $m_A = m_B = m, m_C = 3m$ ，它们与斜面之间的动摩擦系数都为 μ 。其中木块 A 连接一轻弹簧放于斜面上，并通过轻弹簧与 M 相连，如图所示。开始时，木块 A 静止在 P 处，弹簧处于自然伸长状态。木块 B 在 Q 点以初速度 v_0 向下运动，PQ 之间的间距为 L 。已知木块 B 在下滑过程中做匀速直线运动，与 A 相碰后立即一起向下运动但不粘连，它们到达一个最低点之后又向上运动，木块 B 向上运动恰好能回到 Q 点。

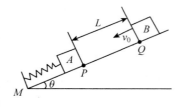

问：若 A 静止于 P 点，木块 C 从 Q 开始以初速度 $\frac{\sqrt{2}}{3}v_0$ 向下运动，其最终到达的点 R 和 P 点的距离 L' 的大小。

这个题的程度大概相当于高考倒数第二到三题左右(其实出成选择题也行)，在考试中用十分钟的时间完美解决也算是一个比较理想的结果。而对我来说，有个习惯就是第一遍看题先不忙着下笔计算，而是划出题目中一些变量之间的关系(如题目中质量的关系，匀速直线运动，自然伸长，立即向下运动不粘连，恰好回到 Q 点，两次速度的关系等等)，再把不直观的一些表述翻译成物理语言：

匀速直线运动——B 受到的下滑力和摩擦力相等——θ 已知——A 上弹簧在运动压缩过程中完全符合简谐振动规律。

A 开始自然伸长——A 不受弹力作用，下滑力摩擦力恰好平衡。

立即向下运动不粘连——发生非弹性碰撞，B 的速度变为 $\frac{1}{2}v_0$ ——下落的时候下滑力和摩擦力抵消，作简谐振动——开始上行的时候变为阻尼振动，最终在弹簧自然长度处脱离，末速度由能量守恒求出(这一步是比较容易出错的一步)——在上升的时候 B 的加速度为向后的 $2g\sin\theta$ ——L 和 θ 的关系得出之后的事情就是简单的匀加速度运动计算了。

如此一想，似乎十分钟也不是什么难以达到的事情。在考试中还有许多类似的可以注意的地方，如磁场范围是从哪里到哪里啊，等效重力要注意加上角度的正弦啊，等等。在算完题目之后，再花一点点时间检验一下(如有参数的题目带一个极限值看看结果是否合理)，并检查一下之前标出的细节重点，这个题就不需要再回来检查了。

第 11 篇
河北省——刘家豪

高中学校：邯郸市第一中学

就读院系：清华大学土木工程系土木工程专业

年　　级：2015 级

高考分数：700 分

荣　　誉：2015 年邯郸市数学单科状元；校级三好
　　　　　学生

作者小传

1999 年出生至今已有 16 年，今年大一。这个年龄上了大学自是不正常的，因为我是没上过六年级和初三的，当然，也没参加小升初和中考，高中也算是很愉快地走了过来。但是高考是参加了两次的（是高二和高三不是高三和高四），而具体的学习生活稍后会详细说到。论起性格，其实是有很多方面的，自己眼中的自己，可以说是活泼，乐于与其他人交往，对人算是热情，喜欢为他人着想，但有时喜欢一人独处，喜爱无边无际地幻想，偶尔会有些伤感。平时学习工作不敢说自己有多么细心，但可以说还是比较严谨的。平时生活上也是比较随性，大概是年龄比较小的原因，所以偶尔也会有些迷茫，对待事情的目标也只是尽量做到最好而已。虽然有时候对自己会有很高的要求，但做不到却不会耿耿于怀，也许是活得比较轻松，不过这也未尝不好。

爱好方面是很广泛的，喜欢羽毛球，喜欢桌游，喜欢电影（科幻烧脑最有爱），喜欢玩电脑游戏（原来是打 DOTA 的），也喜欢音乐（古典流行都好）和街舞（不会说我会钢琴和单簧管的），除此之外旅游美食之类的也不会错过，总之仿佛和任何人都能找到一些共同语言的样子，说白了就是爱玩，所以，希望和大家成为好朋友。

对于所信奉的人生格言，大概是一句"一切皆有可能"。自从高中以来别人问起这个问题我也始终如此回答，大概是一种所谓自信以及向往的结合，只要敢想就能做。

学习心得

其实我想我的学习经历应该算是众多"学霸"中比较特殊的。从小我的教育模式便是一种实验模式，而我又是这个实验班的第一届，在这种模式下，我不用参加小升初，也不用参加中考，而是一直在同一个学校完成小学、初中、高中的学习，并且可以减少两年的学习时间（小学、初中各少上一年），也就是我现在比大部分同学都小两岁的原因。正是这种学习模式，使得我有一个突出的特点——比别人的压力小。原因很简单，我们在高考之前没有参加过任何真正意义上的大型考试，所以相当于是没有任何竞争压力的，没有经过小升初和中考的择校竞争便能直接进入我们市最好的学校就读，使得我们对于竞争的意识不是那么明显。没有竞争自然也就缺少了压力，所以其实对于我个人来说，心态上永远都是我的一个优势。或许老师总会给大家说，把每场考试都当作高考看待，意在让我们对于每一场考试都认真对待。但是在心态上，我们应该做到的是仅将高考作为一个普通的考试看待。记得高考前一天晚上，我直到半夜两点才入睡，但是那不是紧张，或许说，更是一种激动。真正参加高考那天，我不否认我在进考场之前的确有些心跳加速，但是当卷子拿在手里的时候心情便瞬间平静，可能就是因为我一直以来抱着平和的心态，所以做高考卷的时候也没有丝毫紧张，正常发挥。不过大部分同学可能还是会有压力，个人认为，面对压力的最好做法便是从压力源上放开，简单的说，给自己放个假，短暂地抛开学习，大概是最有效的方法（就和有时候一道题做不出来就先放下，没准儿过一会儿灵感会自己出来是一个意思）。

　　而对于我自己来说，学习习惯并没有什么特别之处，不过我对自己在学习上有一个要求：所有做过的尤其是错过的题，下次见到同类题的时候就要立刻反应出方法，然后就可以不假思索地代数得出答案，当然，这是对于数学和物理等理科学科来说的。虽然说这个习惯是很难养成的（需要很好的记忆力以及要求自己平常做题非常专注，当然，或许也需要做很多题来巩固），但是这种习惯一旦养成，便可以在脑子中建立一个类似条件反射的体系，这样便能省出大量的时间。大家都知道，在数学和理综这两门科目上时间是很重要的，能够节省时间自然可以让你在这两门科目上获得很大的优势，并且时间的节省会使得你在考试中更加从容，有利于正常发挥。

　　现在题海战术很流行，很多人一套一套地刷卷子，其实从我个人观点上来看，假如能够做一道便会一道（也就是会类似的题），或者说你做一道题就保证能够弄懂这道题，数量或许就显得不是那么重要了，而是质量更加重要。其实我个人建议在刷题的时候如果是整张卷子可以采用两种方法，第一种便是正常地从头写到尾，这种做法用来把握整体和控制速度，而时间不够的时候，不妨采用第二种方式，就是你看到一道题简单地想一下，如果觉得自己知道这道题怎么做并有简单抑或是整个思路的时候，完全可以不做这道题，着重思考一些一时写不出来的题，也不失为一种节省时间的好方法。

　　说了这么多，也都是自己的一些学习的经历，不一定，甚至说是一定不适合于有些人。事实上大部分同学在高中都会听到很多人，无论是优秀学生还是高考专家所说的好的学习方法，无非上课听讲，课后复习，勤记笔记，多多做题外加一个错题本而已，不过最后总会发现有些人一条不做也可以学习好，但有些人全部认真做也不见得成绩很好。从个人的感觉来看，学习方法是无论好坏的，只有适合不适合。只有适合自己的方法，才是最好的方法，每个人其实在漫长的学习过程中都会形成属于自己的学习方法，有的适合有的不适合，想要在效率上获胜，必须要做的，就是找到什么是真正属于自己的，这也是我最想表达的一点。

学习方法

物理这个学科，在理科三门中是最靠理科思维的一门。相对于更需要背的生物和化学来说，物理更加需要理科的严谨灵活的思维和更大的计算量，但同时也需要一些对概念的理解，所以也成为三门中最难同时也是占分比例最大的一科。对于物理这一科，我自认为学得还算不错，但在高中前期并没有取得很好的分数，直到高三成绩才逐渐上来。关于我对于这一门课程的学习方法，大概有以下几条。

首先我能在这门课程取得好成绩，是因为对课程提前的预习。所谓预习，便是将课本上的内容自行浏览一遍，并简单地将一节课的内容加以提炼，知道这节课的思路和主线，将这一节课所能用到的公式提炼出来，预习便大致完成了。当然，如果还有工夫的话，也可以自己把课后题做一下，或者有更高的追求的话，看看教辅，做做其他练习也不是不可以。不过如果能做到这个程度，那么老师上课讲课的内容大部分就是不用听的了，偶尔会提到的一些老师多年教学留下的经验或者一些做题的细节可以过耳，其余大部分对课程知识的讲解，如果你自认为预习工作做到位了的话，其实是不用听的。在此提一下课后题这个东西，虽然那些看起来无脑的题目的确很简单，但确实是对一节内容的最好的涵盖，所以也算是比较重要而且有意义的。不过平心而论，受时间所限，大部分同学的预习水平达不到很高，所以还是好好听课为好。其实在我两年的初中生涯中，因为没有中考的压力，所以拥有较为宽松的时间安排，于是在初中便对高中课本进行了大致的预习，有一定的基础。再者就是靠着这一定的基础，在每节上课抽出一定量的时间再进行下一节课内容的预习，如此形成一个良性循环。当然，这种学习方法也只有在物理上最适用，更加灵活的数学以及大部分需要背的生物等学科适用性就要差一些。

　　其次是对概念细节的牢记。当物理这门科目掌握得比较好的时候，对于两道大题来说，只要有足够的时间其实错的可能性还是比较小的（当然可能大部分同学在理综上时间都不太够），但假如没时间去处理最后一道大题，很多老师给的建议是直接放弃（或做做第一问之类的）。那么两种情况同样都需要抓住前面这些小题以及实验题的得分，其中更难得分的是实验题（个人感觉）。实验题有很多细节的东西，读数以及有时候最基本的概念都是很常见的失分点，所以对于细节的把握有时候便很重要，这些还是需要及时地回归课本。

　　再者，或许我在这一门课程上学习较好也和对竞赛和自主招生的学习有关。在高二到高三前期的一段时间，在自身课程没什么太重要的事情的时候，我大部分时间是用来学习自主招生的知识的。一是自招是我必须走的路径，再者其做题的一些思想对于课程内的学习也是很有益的（这一点在数学方面或许体现得更加明显）。

　　当然，最后还是回归重要的一点，理科的学习需要举一反三。就像我之前所说的，做一道题就要会一类的题，在这一点上，可能物理题会比数学题的规律性更强一些，最后有关电磁的题差不多有沦为一道几何画图题的感觉。总之，大部分的题都有一定的规律可循，难题也都有具体的步骤，无非是提炼条件、分析过程、总结公式、化简求值（当然要注意一定只能用题目中所给的字母当作答案）。很多的小题考的也都是一个套路。当然，我不排除有新颖方法的出现，比如2013 年的最后一道大题的确让很多人手足无措，不过我倒是记得我貌似在高一学习过程中做过类似的题，于是见到这道题也即刻有了思路（大家不要认为理科是很灵活的东西，在中国的教育体制下，其实其中含有的死板的套路规律也是不少的）。所以总结是一门很重要的学问。

　　关于物理的学习大致如此，仅供参考。

第 12 篇
福建省——陈城鑫

高中学校：福建厦门一中

就读院系：北京大学信息学院电子工程系

年　　级：2014 级

高考分数：681 分

荣　　誉：2014 年厦门市物理单科状元

作者小传

我是一个随和的人，与班上的同学相处得十分融洽，或许在他们心目中我是"学神"，但是在平时的学习生活中我都保持一种低调谦逊的态度，经常与同学交流探讨。我也发现我很善于将自己的想法表达出来，能用简单易懂的语言把一些困难的问题讲清楚。除了学习，我对各个方面的东西都很感兴趣，电影、音乐、动漫、阅读、体育，我都有所涉猎。我从初中就开始学习吉他，在高中时已经能弹得挺不错的了，在刚上大学的新生舞会上我还为同学的演唱伴奏。我认为学习一门乐器不是浪费时间，相反，它能在烦躁疲惫之时，舒缓学习的压力，调整自己的心态，以便能用更加饱满的精神投入学习中去。体育方面，我擅长乒乓球、羽毛球和毽球之类的运动，不喜欢篮球、足球之类的需要肢体冲突的运动。而谈到阅读，我最喜欢的作家是李小波，我喜欢他缜密的论述和新奇的观点，每次翻开他的随笔集，我都能陶醉其中。我就是我，是不一样的烟火。

我的人生格言是："那些杀不死你的，将会让你更加强大。"

学习心得

回想起我高中三年的学习历程，还是挺励志的。

我其实并不是厦门人，家在龙岩漳平，初中是在家门口的中学读的，受到的教育自然没有厦门、福州这些发达地区好。其实数理化都还好，主要是语文和英语。然后初三时参加厦门一中在省内的统招考试，只录取50个人，我考了第二名。于是我信心满满地步入高一，发现周围牛人辈出。高一的年级名次，好则二三十名，差则五六十名。这让初中霸占年级前二的我一时有点接受不了。在高一那年暑假，我闲来无事，预习了一些高二的数学内容，我记得是数列那章。刚好高二文理分班，我分到了一个老师普遍年轻的班集体，让我对学习的兴趣一下子提上来了。高二刚开始的那个月，我就觉得数学学得很轻松（估计是因为预习过），然后物理、化学的老师比高一的幽默风趣，我也学得很愉快。高二第一次月考，我数理化三科全部满分，创造了历史，我也一鸣惊人，可惜只拿到了年级第二，都怪语文太差。从那以后，我对学习充满了兴趣和信心，成绩没有跌出过年级前五。可见，积极的心理暗示和老师对学生的引导都是很重要的。而到了高三，我更加势如破竹，成绩稳定在了年级前三，我知道，自己已经一只脚跨进清华了。

更励志的应该要算我的语文了。最开始我的作文还停留在初中水平，高一一年似乎也没什么长进，所幸高二遇到了一中最牛的语文老师，他的作文理念让我眼前一亮。在他的引导下，我积累了很多素材和技巧，通过高三一年的训练，我的逻辑思维和表达能力都有了显著的提高，最后高考厚积薄发，作文拿了 70 分满分，语文总分 137 分，应该是我高中考过的最高分了。所以，没有什么是来不及的，也没有什么基础是无法弥补的。只要你有信心，有毅力，奇迹一定会发生。即使不发生，这段奋斗的时光也将是你一生的财富。

从对我高中学习历程的回顾中，相信你也看到了一个人的奋斗历程。有那么一类人，好像先天就比我们聪明，似乎不用花什么时间就能学好。真有这样的人吗？刚入学的时候我看到周围"大神"云集，我觉得是有的。但是当我自己成为别人眼中的"大神"之后，我便知道，其实根本没有什么天才。那些似乎成天打打闹闹不学习可是成绩又很好的人，并不是因为他们不用学习就都会了，而是他们比你善于利用时间，在你看不到的时候就已经学习完了。即使是那些底子很好的人，不扎实地学习，最终也会被甩开十条街。我认识一个英语"大牛"，高中英语考试没下过 145 分，托福雅思不在话下，高一的时候也是前几名的人物，可是她高考失利，最终选择复读。这或许不是偶然，因为她或许是骄傲或许是分心了，总之没有那样拼搏了。学海无涯苦作舟，我认为勤奋是取得优异成绩的先决条件，而非智力。

有了勤奋还不够。我有一位高中舍友，可以说是我见过最勤奋的人，每天早出晚归地自习。他的勤奋我自愧不如，但他最后虽然考上了一所不差的学校，可还是与清华北大无缘。为什么呢？因为学习的时间与产出并不是成正比的，还有效率这个因素在里面。善于学习的人是不会打疲劳战的，他们会选择在自己状态最好的时间段学习，当学不进去的时候会选择进行一些放松活动，对于我来说，就是跑跑步弹弹吉他什么的，不同的人放松方式不一样。对于知识点的归纳整理也很重要，每过一个阶段，我就会对这一段时间学到的东西进行总结和梳理，厘清各个知识点的关系，构成一张知识网，唯有如此才能真正做到融会贯通，游刃有余。

最后，学得好不代表考得好。在现在的高考体制下，考场发挥得好坏，往往能很大程度地影响到最后的成绩。我很反对考前进行高强度的复习，我认为考前一定要优先保障睡眠，睡得好了，不会的题也可能突发灵感写出来，睡不好，考前一天才看到的题可能都会无从下笔。我认为学识的积累和方法的总结都该在平时一点一滴完成，而不是在考前一口气吃成一个胖子。当你的知识积累到位后，考前只要翻阅一些易错的点，然后轻松上阵即可。最后的考试，考的不仅是知识，更重要的是心态。

学习方法

我选的学科是物理，这是一个很考验逻辑思维以及考虑问题全面性的学科。总的来说，高中物理的主要内容就是"力、电、光"，选修的有热学和动量那些东西。其中力学是重中之重，可以说物理的题目十有八九涉及受力分析，而另一个重要内容电学经常会与力学结合出题。可以说，几乎所有的物理问题都离不开受力分析，压轴题往往是纯力学（涉及弹簧）或者电磁场与力学结合的综合问题。

那么如何学习物理呢？简单地说当然是课前预习、课上认真听讲、课后复习了，因为这是所有学习的通法。具体而言，我认为首要任务是吃透每一个物理概念，理解每一个物理量的含义，培养对物理的良好认知，打好坚实的基础。对于公式不能机械地记忆，而要理解公式从何而来，为何是这个形式。因为上大学后我发现，公式多如牛毛，只是机械地记忆往往容易忘记。虽然高中公式少而简，但还是以理解为主，记忆为辅，这是突破物理瓶颈的关键。

基本上所有的物理问题都是由一些典型的模型演化而来的，同一个模型变化而成的一系列问题做上千百道题，或许还没有搞清楚模型本身有效。所以，我认为每学习到一个阶段，就有必要把这个阶段涉及的模型整理到笔记上。我们高中的物理老师基本上学完一个阶段就会抽出一节课来专门提炼这些模型。乍看上去并没有讲什么新的内容，有些人听听就过了，而我总会将这些模型完整地记录下来，并加以整理。比如说平抛，一个很常见的模型就是在 α 倾角的斜坡上进行平抛，由此推演出几个与初速度、倾角、下落高度等等有关的公式。再比如说汽车以恒定功率启动或者恒定速度启动，以及与之相关的一些方程……吃透这些以后，做选择题往往一眼能看出结果，对大题的分析求解也是大有裨益。

然后很关键的一点是错题的整理。因为物理也是建立在做题上的学科，没有题量的积累，往往不会立刻有思路涌现。可是若你刷了好些题，却将卷子扔在一旁，未免浪费了你的成果。我不建议将错题一字不落地抄到本子上，这很浪费时间，而是要将"错误点"提炼出来，并且写下你的反思，分析错误的原因。这样考前复习起来方便，而且知道自己曾经栽在了哪些地方，往往能在考试时绕开这些陷阱。

最后强调一个良好的学习习惯，就是讨论思路。与同学讨论，与老师讨论，不要害羞，要敢于分享自己的想法。遇到想不出的问题，苦苦求索不得后，不要死磕，而要趁热打铁，求助高手，思路的碰撞往往能迸发出意想不到的火花。很幸运，我的物理老师是个年轻而 nice 的小伙子，我们经常会有交流。基本上每节课下课后，我就会找他讨论课上的一些东西，或者是我不明白的，或者是我认为有更好方法的。总之，完全独立的学习，往往很难达到巅峰。

至于考试技巧，首先是前面说的考前翻翻自己的笔记和错题，这个能起到很好的增加自信的效果。其次考前半个小时到一个小时不妨写几道热身题，因为物理这门课在考试时还是很注重"手感的"，写得慢了，大题来不及写也是常有的。高考的物理只有单题和大题，单选题方法很多，譬如排除法、特值法、极限法，总之是要又快又准地选出正确答案，为大题争取时间。做大题时，要养成分过程列方程的良好习惯，并附上文字说明。这样即使答案算错了，还是能得到一些步骤分。如果遇到解决不了的压轴题，不要慌了阵脚，能写多少写多少。20分的题往往拿 10 分并不难，千万别放弃，能拿多少分就拿多少分。最后也是最重要的，保持良好的心态，考前深呼吸，喝口水，轻松应考，或许能超常发挥哟！

第 13 篇
天津市——张仁杰

高中学校： 天津一中

就读院系： 清华大学经管学院经济与金融专业

年　　级： 2015 级

荣　　誉： 第 31 届全国中学生物理竞赛金牌

作者小传

我出生于美丽的天津市，这里主要说一些我学习上的经历。小学的时候我在班上不是很突出，但是很幸运我考入了区里面最好的初中。从初二开始，我利用自己总结出来的学习方法进行课内学习，学习成绩一直保持在班级的前三名。于是，我顺利考入天津市第一中学理科实验班。之后我的学习生活就离不开自己的一套方法，我也顺利地在第 31 届全国中学生物理竞赛决赛中夺取金牌，被保送至清华大学经济管理学院。

我的学习心得可以用很简单的一句话来概括：尽人事听天命。在学习的过程中，重心放在自己的学习上，不要过度关心别人的得失，更不可以因为他人能力的特殊性而自卑。只需要拿上自己最好的水准，考试就是成功的！放松心态面对一切，坦然才是成功的不二法门。

没有人天生比别人聪明，所以真正用功的人才是最后取得比较理想成绩的人。有努力的想法是很简单的，但是想要真正付诸实践去投入，可以说真的是有一定难度的。这就需要明确自己学习的目的，而我的目的就是增加自己的能力，为父母营造一个更好的生活环境。看似平凡，但是总会激励我去努力！

学习心得

小学时，我并没有意识到自己是所谓学习方面的能手（现在我也不会这样评价自己）。在平时的考试中，我并不会比班上其他的小伙伴成绩强很多。我当时没有自己的一套学习思路。进入了初中，经历了初一一年的磨炼以及反思，我渐渐意识到在学习方面是有一些规律可以遵循的。在初二的一次期中考试之前，我冥思苦想进行了彻底的分析。我把我之前扣的分数进行了仔细的分析之后发现，自己很大程度上失分都是因为不仔细以及心态的不端正这两方面。

第一方面，如果很多难度不大但是比较坑人的题目出现在试卷上（事实上有很多情况都是这样），一个不小心，我们就会在这上面失去大量的分数。这个问题很多人都注意到了，但是很少有人会想办法解决。

另外一个方面就是关于心态。很多时候，在考试之前的几分钟，你会听到同学们议论一些奇怪的知识点，或者有一些同学烘托出来一种奇怪的考试气氛，这都会让你三心二意，考试的时候自然很难集中精力。那么，这些问题该如何解决呢？并不难。

经过我的思考，我认为平时学习过程中要加强总结。在日常生活之中，我们会做各种各样的题目和练习，作业当然是这里面的重中之重。在平时，如果我们可以一直紧抓自己学习中的各种细节，那么就很容易在考试中避免再次出现类似的错误。考试之前你只需要拿出自己平时总结的内容进行一遍系统的复习，就可以很轻松地保证知识点的齐全。再有一点，平时作业和练习如果可以按照考试要求一样完成，那么你将很容易发现在考试的时候做题目的手感有很大的改善。

心态方面，我们必须要冷静面对所有的考试。不论你所要经历的是高考、中考还是期中考试、期末考试，甚至是平时课堂上不经意的小测验，对于每一个人来说，每一次考试都是一次锻炼的机会。我们就是要把握住所有这样的机会，锻炼自己的考试心态，才会在最后真正起作用的考试中脱颖而出。这样我们就很容易理解为什么所有的学校在大型考试之前都会进行模拟考试，为的就是让同学们进一步适应真实的考试环境。

仔细想一想自己以前每一次考试的过程，似乎都是一种享受，因为考试是一次自我展示的机会，在这个舞台上面，我们可以尽情发挥！

学习方法

我是一名物理较好的学习者，所以在这里我主要介绍一下物理这门学科的学习精要。

物理学是一门基于理解和认知的学科。我们可以通过日常的观察来进行物理学的理解，我们还可以通过深刻的理论分析来进行物理学的学习。不管怎样，我们都要知道这是一门神奇的，可以主宰世界的学科。

进入正题。物理学里面充满了数学公式以及计算，所以说数学能力是绝对可以对物理学学习有很大的帮助的。同时，物理还要求理解各种各样的概念和物理模型，在这时，有一些基本的美术功底和作图意识，可以很大程度上帮助我们理解各种各样的概念。现在为了方便和清楚，我来进行分类说明。

力学。这个是物理学基础中的基础。首先就是理解牛顿三定律的作用（第二定律是最重要的）。牛顿定律可以说是一种对于生活之中概念的直观解释。然而具体公式的给出完全就是将数学引入了物理的分析之中。有很多题目都是要借助于公式的推导和分析来进行判断的。学习了位移和加速度之后，我们平时的运动就基本上被数学化啦。在这个时候，我们要借助于画图的力量来分析各种各样的习题。比如说自由落体的球，我们可以画出一个简图进行分析，比一个人在那里闭门造车要好得多（当然这部分要熟练记忆所有的公式）。运动的分析无疑是打开物理大门的一个重要环节。此后的能量分析很抽象，但是真的不难理解。

这里我要特别说明天体运动。天体运动是很需要我们理解万有引力公式、牛顿第二定律以及圆周运动这三个基本概念的。当然我们会学到要求会的三个基本天体运动定理，但是重点还是之前的基础一定要学扎实。天体运动一定要多多背下来推导出的各种结论和公式，多多益善！

第二部分就是电磁学。这个部分是我们生活中基本上很难观察到的部分，所以学习起来就需要一些特别的技巧。在这个部分，我们不仅要理解电荷可以在电场的作用下进行运动，还要明白电荷本身就可激发电场，还可以把电荷受力理解成自己本身激发的电场和外加电场之间的相互作用的结果。既然电场里面涉及了运动，那么我们就一定要联想到我们之前在力学里面学到的关于运动和能量两部分的概念。两种概念的综合一定会不可避免地导致题目难度上升一个量级。最后就要学习磁场中的运动电荷了。由于受力和速度方向是垂直的，所以磁场作用力一般不会产生能量方面的转移。在磁场这个部分，我们唯一的武器还是作图，但是这里要注意，我们不仅要作图还要作好图，分析好粒子的转动方向以及转动半径。

有一类重要而且很困难的题目，就是重力、电场力和磁场力同时存在时粒子或者离子束的运动。在这个背景下，我们的分析就会变得十分复杂，所以要按照我们所熟知的内容一点一点分析。比如我们在力的分析图上清楚标明三个力的作用，使用模拟初速度合成的方法分解粒子的速度，利用平衡力的结论巧妙解题。

最后一部分就是其他要考的内容了，由于力学和电学是我们学习和考试中的重点，所以其他内容只需要多多练习一些题目，把知识点记熟就可以啦。

第 14 篇
河南省——宋天奇

高中学校： 郑州外国语学校

就读院系： 北京大学物理学院物理学专业

年　　级： 2015 级

高考分数： 666 分

荣　　誉： 2015 年郑州市物理单科状元；全国中学
生物理竞赛银牌

作者小传

高中阶段学习过物理竞赛，高二时获得物理竞赛市一等奖、省二等奖；高三时获得物理竞赛市一等奖、省一等奖并进入省集训队。还曾经参加"希望杯"数学竞赛获得二等奖，多次获得省市级数理化竞赛奖项。

除了物理之外，我还很喜欢看书。尤其喜欢罗曼·罗兰的《约翰·克里斯朵夫》、威廉·毛姆的《月亮与六便士》；除此之外，我还喜欢读些诗歌，海子、顾城都是我喜爱的诗人，《面朝大海，春暖花开》、《九月》等都是我喜欢的诗歌；偶尔我也会自娱自乐写点小诗自我陶醉一番。

说到我最喜爱的格言，那必然是莎士比亚在《哈姆雷特》中借哈姆雷特之口所说的经典名句"To be, or not to be"。不只生存和毁灭是一个问题，在生活中我们面对每一个选择、每一次挑战，都要做出抉择。"To be, or not to be"，去做自然艰辛，或许难见曙光；但不去做便必然没有结果。面对困难与挑战，不要泄气，不要着急，想一想哈姆雷特所说的话，随波逐流、得过且过只能让生活变成一潭死水，而只有鼓起勇气，坚定地朝着目标迈进，才能有所进步，走向成功。我相信，只要选择去做，即使苦难重重，我们也能找到解决问题的方法。

学习心得

有人说，学习是个体力活。因为想要学得好，学生就需要付出日复一日的努力。然而我觉得，在更大程度上，学习是个技术活，因为若是我们掌握了更高效的学习方法，就可以事半功倍，既能学习进步，又能玩得开心。而且，假如你注意的话，你身边学习特别好的同学，往往不是那种"三更眠五更起"靠耗时间而拔得头筹的；相反，他们能在最大限度上高效地利用时间，做到学习成绩突出的同时又能学习轻松愉快。

那么，我们就要问了："他们是怎么做到这一点的呢？有什么秘诀呢？"

我想结合学习过程中的经验，说一说我的观点。

一、学习时要保持专注

可能你会说，这我也知道啊，可我就是保持不了怎么办啊？那么，我们为什么难以保持专注呢？可能有很多人会说是因为外界的干扰因素太多了之类，但我感觉更重要的原因是学习时缺少一个激励反馈。什么叫激励反馈呢？比如说，我们常常能在玩游戏的时候专心致志，入迷到连老师来了都察觉不了，这是为什么呢？因为你在游戏中不断得到奖励与满足，一会儿杀死一个敌人，一会儿攻破一个城市，所有你做的事在短时间内都会得到奖励。但假如这个游戏一开始就是去打大 boss，而你却怎么也打不赢，这样的话你还会沉浸于这个游戏之中吗？学习也是这样，我们之所以不能专心致志，很重要的一个原因就是缺少这种正的反馈。比如说你正在做一道数学题，但做了十分钟没有任何进展，你这时一定十分沮丧，效率也变低了，而且这时你也很容易受到外界环境的干扰。那我们该怎么办呢？我想主要有两种途径，第一种就是把一个大的任务切分成一些小的任务，一些更容易完成的任务。这样你就能很快完成其中的一个小任务，这时就得到了一个正的反馈，就会激励你继续做下去。而另一个途径是每次学习时学习难度要符合自己的实际。比如说我现在要做物理题了，就要选择一些对我来说难度适当的题目。太简单的题目做起来没有价值，浪费时间；而过于困难的题目则会让我很快失去兴趣，降低效率。而所谓难度适中的题目指的是稍微高出你的能力水平，但稍加思索之后也能顺利完成的题目。这样的题目最能激发我们的学习热情，因为它能不断地给你一个正反馈，激发你的潜能。

二、学习时要多加思考

子曰："学而不思则罔。"缺少思考很容易让我们迷失方向，让我们找不到学习的重点。我们多做练习题的目的是为了学会方法，而很多时候，多加思考比盲目地刷题更能让你掌握解题方法。我建议大家每做完一个题目，先不要着急着手去做下一道题，而是回过头来看看这道题，问自己几个问题：我为什么要用这种解题方法？题目中哪一部分提示我要这样做？还有什么题目可以采用这样的方法？这道题有没有其他方法？我相信你只要能回答这几个问题，就能彻底掌握这种方法，而不必投身到茫茫无边的题海之中去了。

三、学习要有一个良好的心态

心态好才能学习好。有同学一到大考前就睡不着觉，担心自己考不好。我想对于这种情况，解决方案就是要把考试这件事想清楚。一方面，考试固然重要，然而考前紧张对自己考试考好并没有任何帮助，那么还紧张什么呢？另一方面，考试失利也并非你想象的那么可怕，就算你没有复习好考试失误了，你也许会痛哭一场，低落几天，但过一段时间不就又恢复过来了吗？所以说考试不可怕，紧张没啥用。放松下来好好学习才是正道。

四、要学会借助网络学习

在当今信息时代，知识的传播变得极为方便，你可以足不出户学习到各种各样的知识。特别向大家推荐的是世界各大名校的公开课，名校的教授往往对相关知识有着更为深刻而独到的观点，他们的课堂不仅妙趣横生而且发人深省，另一方面，这也是我们提高英语水平的好机会。所以如果大家有空余时间的话，建议多听听公开课。

学习方法

我觉得要想学好物理，首先要对物理保有浓厚的兴趣，其次是掌握正确的学习方法，而对于考试，一点小小的应试技巧也是必不可少的。

那么，该怎么做到这些呢？

首先，要发现物理的神奇美妙之处。罗素曾经在他的一篇非常著名的文章《Three Passions》中写道："我以同样的激情追求知识，我曾渴望理解人类的心灵。我想了解星辰为何灿烂。我还试图弄懂毕达哥拉斯学说，他认为数字是高居于万流之上的永恒力量。我在这方面略有成就，但不多。"小到电子质子，大到星系宇宙，这世间万物竟是由一套物理规则所约束，这怎能不令人感到惊讶？而我们学习物理，一个崇高的目标就是为了探索宇宙的那个终极答案。也许你会问，我们为什么要寻找它？我想说，正如我们为什么要登山？因为山就在那里。我们为什么要追寻这个答案？因为它就在那里，无时无刻不在吸引着我们。

其次，就是要掌握正确的学习方法。我觉得在物理学习中有下面几个地方值得注意：

一、及时复习

所谓温故可以知新，而在物理的学习中，对某些概念、某些方法，往往难以一次就掌握。而且许多时候，我们以为自己已经掌握了，但如果你再深入思考的话，就会对它有一个更深刻的理解。

比如说最基本的牛顿三大定律，也许你觉得这无非就是三句很直白的话，很好理解。但我问你几个问题你能顺利地回答吗？牛顿第一定律是第二定律的特例吗？牛顿定律在什么条件下是不适用的？惯性系是怎样被定义的？所以说对物理概念的理解不能浅尝辄止，物理书中几句简简单单的话，往往蕴含着丰富的内涵。像爱因斯坦仅仅从光速不变原理和相对性原理就构建出了狭义相对论的大厦；而麦克斯韦的四个方程则描绘出电磁世界的丰富多彩。

二、多加练习

这是不可避免的一点。想要学会物理，不能不刷题；想要学好物理，就不能不多刷题。但刷题也是有技巧的，首先要选择适合自己实际水平的题目，最好题目的难度比自己的水平稍高一点，这样既不会感到枯燥无味，又不至于做不下去。再者可以找些比较有趣的题目，比如我曾经做过一本习题书叫作《200道物理学难题》，里面的题目很有意思，从计算脑洞大开的小男孩冷冻猛犸的时间，到求萌萌的噬钛小绿人在隧道旅行的周期，以及计算只会朝着兔子奔跑的猎犬的追击时间……相信假如你刷的是这样的题目，刷题就不至于那么枯燥无味了。

三、多做实验

物理学中理论和实验是密不可分的两个方面。而实验往往能更直观形象地帮助我们理解理论。就像光学中干涉衍射的部分比较难以理解，而且书上的图样可能让你感到不知所云。但假使你亲手做了一遍实验，看到那五颜六色的衍射图样，你就会更容易地理解其中的内涵，同时你也一定会对这美丽的实验效果赞叹不已。

如果大题你都能轻松解决掉的话，我觉得小题就更不成问题了。做小题的时候，在保持正确率的前提下，要注意速度。一般来说，小题里面总有一两道题很难算，有的同学就算啊算，算啊算，虽然做出来了，但时间也过去了许多。我觉得，做选择题的时候，不一定非要每个选项都计算出来，能够判断对错就可以了。但你可能会说，不算出来怎么判断对错啊？其实有许多种办法，一来是量纲判断法，这也是最简便的一种，可以快速排除连量纲都不对的选项；二来是通过系数判断，有时几个选项只有系数不一样，这时候就可以抛开字母，只把系数往公式里边代，得出最后的系数就可以了，是不是好算许多？三来就是注意分析啦，比如有些题目的几个选项是相互关联的，是"一根绳上的蚂蚱"，如果是单选题，那当然这几个选项都不对啦。

以上就是我在物理学习中总结的经验，希望能对大家有所帮助！

第五部分 化学学科

第一章
·教师篇·

王金梅教师

作者简介
王金梅，中学高级教师，三十年教龄。山西省优秀教师，山西省巾帼建功标兵，山西省优秀班主任。

高中化学学科特点

很多人将化学定义为"理科中的文科"，由此可以看出化学的特点之一：内容多、知识碎。这样的特点会让不少只重理解不重记忆的学生，尤其是男生，在学习过程中败下阵来。

化学的特点之二：既有形象知识又有抽象理论；既有规律又有特例。不同类型的知识学习方法存在差异，一种方法单纯记忆明显是行不通的。

化学的特点之三：其他学科的知识、方法应用较多，如数学的极限思维、平均值应用、物理的电学等。

化学的特点之四：化学是以实验为基础的学科，正因如此，需要学生能考虑到实际过程中的可行性、缺陷等。

高中化学知识分类

现行的高中化学教材版本有人教版、苏教版、鲁教版等。就其内容而言，基本相同，包括元素化合物（包括钠、铝、铁、镁、铜的单质及化合物；卤素、硫、氮、碳和硅的单质及化合物）、化学基本概念和理论（包括化学计量；物质的组成和分类；离子反应；氧化还原反应；物质结构与元素周期表）、化学反应原理（包括化学反应与能量；反应速率和反应限度；水溶液中的离子平衡；电化学）、有机化学基础、物质结构与性质、化学与技术。

随着 26 省市一张卷的实施，更多的地方会选用人教版。

各部分知识的作用地位、侧重点不同，但相互联系。元素化合物知识是各类知识的载体、应用。没有元素化合物，其他知识都是浮萍，没法考核。元素化合物知识实验多、反应多、内容多，看似很乱，但有规律，其遵循的规律、原理就是化学基本概念和理论、化学反应原理的相关内容。物质结构与性质、化学与技术、有机化学基础在课标 1 卷中属于 3 选 1 的试题。其中的物质结构与性质是物质性质的更深层次解释，是前面物质结构的延伸和补充。进一步解决物质性质学习中"所以然"的问题。化学与技术所涉及的知识范围是上述元素化合物中应用于化工生产的几个重要反应及工艺。更侧重了实际的应用。因此在做题过程中答题的要求有所差异。有机化学基础完善了学生的化学知识体系，是不可或缺的内容。选做题以有机物的合成和推断为基本模式进行考核。

高中化学学习方法

多年的教学经验告诉我，学生学习高中化学时要注意认真做好几项功课：

一、读好教材。现行的课本具有很强的可读性。读课文，不是简单的认字过程，而是要读出关键字、关键词，深究其文字中的内涵。例如：在必修一第一章萃取实验中，课文详细描述出操作的过程：先加入密度小的碘水，后加入密度大的四氯化碳。（思考：为什么?）左手握住活塞部分，右手压住分液漏斗口上的玻璃塞，倒转振荡，拧开旋塞放气，放在铁架台上静置……这样的描述有很多。经过认真阅读的学生，在实验操作时不会出错，在做实验题目时叙述规范准确，不会丢分。再看一个例子：勒夏特列原理，"改变影响平衡的一个条件，平衡就会向着减弱这个改变的方向移动"。首先，我们可以看出，我们在中学阶段研究的平衡移动的前提是"只改变一个条件"，多个、相互矛盾的条件变化情况我们不予考虑。第二，平衡移动的目的是"减弱这个改变而不是消除这个改变"，即条件改变影响大，平衡移动影响小。第三，勒夏特列原理可以用来判断移动的方向，但移动的程度、快慢无法判断。第四，该原理适用范围是平衡移动，若没有发生移动不能使用。有了这样的理解，平衡移动的难题迎刃而解。学习过程中如果能持之以恒地这样做，大家的思维一定可以提高，思考和处理化学问题的能力一定大大加强。

二、积累记忆。没有知识的记忆积累，肯定谈不上灵活应用。化学的知识零碎，记起来多、乱、杂。怎样才能记得住，记得牢呢? 给大家提供几个方法：其一，分类记。分类思想是研究化学的重要思想。如：不同物质可以分类分析其性质：金属单质、非金属单质、酸性氧化物、碱性氧化物、酸、碱、盐；物质的物理性质：可分解成色（颜色）、味（气味和味道）、态（状态）、溶（溶解性）等；而化学性质主要分酸碱性（含复分解）、热稳定性、氧化性和还原性（含可燃性）；氧化性的气体有：氯气、氧气、臭氧、二氧化氮……有毒的气体：氯气、一氧化碳、二氧化硫、氮的氧化物……；学习了元素周期律后，又可根据位、构、性来推理；难溶氢氧化物热稳定性一定差，分解产物为相应氧化物和水等等。其二，理解记。氧化性还原性及相应的产物可以根据化合价应用氧化还原规律记。氧化铝的两性如何书写方程式可以根据酸性氧化物与碱、碱性氧化物与酸的反应规律记。其三，对比类推记。氯气的性质重点记，而溴、碘的性质采用类推法记，已

知 $Cl_2 + 2NaOH = NaCl + NaClO + H_2O$，则 $Br_2 + 2NaOH = NaBr + NaBrO + H_2O$；已知 $Cl^- + ClO^- + 2H^+ = Cl_2 + H_2O$，则 $Br^- + BrO^- + 2H^+ = Br_2 + H_2O$；其四，关键词记。如有机化学中，重点记官能团的性质，特别是官能团反应时断键和成键的规律特点。其五，规律和特例同时记。考试过程中一定是既要考规律，又会考特殊。同周期第一电离能的变化特点是从左到右逐渐增大，但ⅡA 族大于ⅢA，ⅤA 族大于ⅥA，因此第一电离能介于 B 和 N 之间的元素有三种；学完卤素，注意卤素单质及化合物的特殊性，学完碱金属注意碱金属家族成员的特殊性。通过这样的方法进行记忆，记得牢，不会混。应用起来更得心应手。

三、及时小结。对于物理、数学在小结时注重题型、解题思路的小结，但对于化学更重要的是对化学知识的小结。化学学得好的学生，小结工作一定做得很到位。每一章、每一单元一定要做个小结，内容包括主干知识、特殊点、关键词、易错处；学习过程中的小模块随时小结，用到棉花的实验：高锰酸钾制氧气、收集氨气……；玻璃棒的作用：搅拌加速溶解、搅拌及时散热、搅拌使液体均匀受热、引流……；不同滴加顺序可以鉴别的溶液：碳酸钠与稀盐酸、氯化铝与氢氧化钠、偏铝酸钠与稀盐酸、氨水与硝酸银……；常见脱色剂及不同原理：活性炭、物理吸附；次氯酸、臭氧、过氧化氢、过氧化钠、漂白粉，强氧化性；二氧化硫，简单化合。这样的小结，可以让你脑中的知识得到及时、系统的清理，形成体系，标注明确，不仅使"脑硬盘"安排更合理，运行起来更快，而且信息的搜索更准确。

四、强化练习。知识只有在练习中巩固才能掌握得更好。但大量练习的作用之大不仅仅是简单的巩固知识。巩固知识只是其最基本的功能。我们需要通过练习，体会、熟悉各类知识的不同应用、不同考法、不同出题角度；需要通过练习，积累不同题型的思维方法、解题思路、答题模式。而要想达成目标，在练习之后还必须对每个题进行进一步的分析，特别是有错、有出入的题，分析做题时的思维方式问题、对题目的理解问题、答题时的语言叙述问题等。把每一个做过的题落到实处，这样久而久之，我们化学的学习就不会有漏洞，学习效率会更高。

学习有法，学无定法。化学学习需要脚踏实地、用心对待，只要学进去体会到化学的内部规律，你会发现那真是个奇妙的世界。相信自己，明天的天空一定蔚蓝醉人！

第二章
·学生篇·

第 1 篇
新疆——艾尼亚尔

高中学校：乌鲁木齐一中

就读院系：清华大学航天航空学院钱学森力学班

年　　级：2014 级

高考分数：721 分（民考汉）

荣　　誉：2014 年新疆高考民考汉理科状元

作者小传

我热爱运动与音乐，爱读书，是巴塞罗那与阿森纳足球俱乐部的铁杆球迷，也是 NBA 雷霆队和湖人队的忠实支持者。日常喜欢踢足球，打篮球，打乒乓球。在绿茵场上司职边锋，也能客串中锋和边前卫，射门不错，还是班队主力；在篮球场上主打得分后卫，也能作为控球后卫为球队提供支持，水平不高，却是班队队长。喜欢器乐，拥有手风琴业余十级和钢琴业余十级的认证证书，分别在十岁和十二岁的时候得到。是清华大学艺术团键盘队成员，在校内演出中出场数次。热衷改编小型合奏与重奏，但老是作为独奏者单独演出；喜欢流行乐和通俗器乐，但表演时总被要求弹奏古典乐。

我非常喜欢数学和物理，但水平和其他大学同学相比暂时处于不甚高的位置。也喜欢文学诗词，偶尔舞文弄墨，不具入木三分之功力，惟余博君一哂之妙用。读书爱好博览，没有专精，举例而言通读了鲁迅、李白、雨果，以及马克·吐温、梁晓声、阿西莫夫，甚至金庸、古龙等作者的文集（真是惊人的搭配），深受他们的触动。性格非常乐观。

学习心得

自读书以来，收获了一些个人认为很重要的心得体会，下面我来分条阐述一下，分享给大家。

一、最重要的是上课认真听讲。这一项不止包括了精神的高度集中。在听讲的时候要积极思考问题，随时准备向老师提问（但不一定要提问）。中小学的时候，这样做给我带来了很大的收益。

二、独立思考问题。在学习的过程中会出现很多问题。很多同学倾向于一出现问题就请教他人，但我不很喜欢这么做。问题的出现很多时候都是因为自己思维的不到位，如果出现问题后仔细反省一下自身的思路，也许就会对解开困惑有很大帮助。独立思考的习惯是非常重要的，可以这样培养，即出现问题，产生询问他人的冲动后，克制自己三次。

三、多做记录。这个记录可以是文字的，也可以是符号的。一些很好的标记能在很大程度上帮助记忆。另外，对于需要理解的内容，文字解释也很必要。

四、心态影响发挥。考试的时候总是想取得高分，但是过于注重分数是不可取的，这样做很可能带来胜骄败馁的情绪。这种情绪会让人患得患失，反而破坏了追求知识的最初动机。一旦分数不高，就会产生一系列负面心理。因此考试讲究平常心。平静而舒适的心态中，发挥一般也会更稳健。

五、培养其他兴趣。我发现，身边学习成绩好的同学中，很刻苦很专注甚至很辛苦的好学生，通常没有什么业余爱好；那些学得很愉快并且成绩依然很好的学生，通常会有适量的业余爱好。说是适量，是因为业余爱好终归是业余，毕竟不能占用太多时间。如果要解释这个问题的话，我认为，一些业余爱好（比如运动、音乐、绘画、下棋）改善了学习者的情绪。暂时从繁重的学业中脱身从事其他事务，让个人的身心得到休息，从而效率得到提升。磨刀不误砍柴工。

六、培养乐天精神，磨炼坚毅品质。学习之路非常漫长，坚定与乐观是走下去并且走好的两大利器。

学习方法

一、化学学习非常重要的是熟悉理解知识点。为了实现理解知识点这一目标，我们可以分成几步。第一步是课前预习。高中课业较初中为重，系统而精细入微的预习通常是无法完成的。但是我们可以粗略地浏览课本，发现自己未能理解的问题。提出问题，是预习有效的标志。第二步是上课听讲。如果未能很好地完成第一步，那么有质量地上课听讲也是完全可以弥补这一失误的。这就要求我们集中注意力跟随老师的思路，适当地做一些笔记。第三步是在合适的时间复习所学。这个因人而异。以我个人而言，通常是学习结束后二十四小时、一周后，以及考前二十四小时这三个时间点的复习会比较有效。

二、要科学地阅读教材和资料书。高中的化学教材里写入了很多老师不讲但是趣味十足的内容，非常具有可读性。另外，教材的知识系统是相对其他资料最为健全的。这使得它具有极高的阅读价值。我们阅读教材，可以从逐步培养自学能力开始。首先要通读教材。这个阶段的阅读是非常有新鲜感的。因为事前对教材内容还未知晓，所以有大片的理解空白。在这个阅读过程中，一定会产生很多的问题。问题出现时，要在教材相关位置做出标记。紧接着我们来到第二阶段。

在这个阶段我们带着问题查找教材中的解释，寻找"答案"。如果观察够细致，理解够深入，大多数的问题都是可以一遍解决的。几经重复之后，我们来到最后的第三阶段。这个阶段是结束问题的阶段。我们通过广泛查找资料，询问老师等手段解决最后悬而未决的问题（当然，在以后的学习中问题也会继续出现，但是集中解决问题的步骤在这一过程中已经达成）。这样，我们就完成了对教材的熟悉工作。

三、注意学习化学方法与"诡计"。高中的很多化学知识只有逻辑联系，没有记忆联系。这给我们的学习带来了一定的困难。以金属钠与水发生反应这一知识点为例，在这一反应中，至少出现了五个现象：金属钠浮在水面，产物渐渐全部溶解在水中，金属钠在水中反应剧烈到处游动，反应过程中发出咝咝的响声，反应结束后溶液中加入酚酞试剂变红。固然，如果我们按照逻辑顺序来想象这个过程，是可以记全这些现象的，但是不可否认的是，这样的记忆容易出现失误，也容易遗忘。幸运的是我们可以寻找一些记忆技巧来获得帮助。在五个现象中分别提取一个关键字："浮""溶""游""响""红"；然后把这些字串联起来，编织一个故事：在长着"芙""蓉"的小河中，"小""红"在游泳。这样，记忆这一反应的任务简直就不能成为一个问题了。又比如，对于有变化趋势的离散性知识点的记忆，可以采取列表制图的方式。高中化学中碱金属元素的性质记忆就非常典型。碱金属性质相似，并且除了"密度"以外有递增性。我们可以做出一个流程表，以未知碱金属元素"R"出发，用黑色笔写出碱金属元素的共性，比如碱金属氧化物，"水化物"，氯化物等的相互转化等，然后再以红色笔在相应位置拉出箭头，强调写出某些碱金属元素所具有的特性。这样，碱金属的脉络就一目了然了。

四、高度重视实验。高中化学的实验含量比初中要高得多。如果我们以接受考试为目的学习实验，往往不能享受到很愉快的学习过程。但是我们可以转换目的。如果以"感受新鲜玩意儿"角度来看待实验，会有什么效果呢？也许，自主性就会大大提高了。积极学习的效率，显然是高于被动接受的。带着这样"探求新知识"的心态来学习化学实验，我们将非常有效并且舒适地将大量零碎的知识点记在脑袋中。另外，在这一思想指导下，我们将不满足于仅用书中方法完成实验，会很积极地动手改造实验，"发明"新的实验方法。为了发明新的方法，我们会做出很多尝试，也许会经历一些失败。这些失败敦促我们进一步反思实验过程，使我们更加清楚地理解书中记载的某些实验要领，激发我们进一步求知的兴趣。这就有利于培养自己的实验技能。

五、适当选取习题。高中化学习题可谓浩如烟海，不适当的习题选择经常使同学们陷入题海苦战。市场上海量的习题册，有着各种各样的目标定位，其功能并不相同或者相似。有的习题适合课前预习使用，有的习题适合课后随堂巩固使用，还有一部分很有分量的习题通常用于一段时间后为了抵抗遗忘所作的复习。在时间充裕的情况下，这几类练习册都很有价值。差别在于时间的分配。根据心理学记忆规律，通常情况下，课前预习习题、课后巩固习题、遗忘抵抗习题的数量配比大约为 1∶4∶5 时，记忆会最为牢固。遗忘抵抗习题中，短期遗忘抵抗和长期遗忘抵抗的比例在最优状态下为 1∶1。这就给我们分配自己的精力提供了一个参考。个人认为如果要进行习题练习的话，选取一本稍微高于自己当前能力的中等厚度阶梯模式练习册就行了。课前预习时勾画出预习后能做出的题目，并加以完成；课后巩固时完成本课其余习题；阶段性小复习时完成阶段性测试训练；总复习时，浏览全书业已做过的所有记录（包括错题记录和疑问记录），并消除所有疑问。这个目标是明晰而易于完成的，同时在这一过程中，往往伴随着漂亮地完成目标所带来的乐趣。

第 2 篇
江西省——颜世龙

高中学校：江西省莲花中学

就读院系：北京大学医学部护理学专业

年　　级：2014 级

高考分数：643 分

荣　　誉：2014 年萍乡市理科状元；全国中学生物
　　　　　理竞赛三等奖；江西省三好学生

作者小传

我的爱好比较广，也很热爱知识，尤其是对新鲜事物特别感兴趣。会手工，平时爱做些小玩意儿。擅长跑步，尤其是长跑，高中校运动会长跑还拿了奖，大一运动会长跑也拿了奖。我还喜欢摄影，今年在大学一个摄影比赛还拿了第一名，赢得了一个 Kindle 阅读器。擅长素描，今年受校领导老师委托给好几位受邀前来举办讲座的教授作画当作礼物，其中有国际关系学院副院长袁明教授、中文系主任陈跃红教授，以及医学部陈兴安教授。我对于社会实践活动和志愿服务活动很积极，大一参加了各种各样的志愿活动以及社会实践活动。我也很喜欢旅游，更喜欢穷游，觉得那样更有意义。从高中到大学我一直是班长，在高考后的暑假就组织过班上同学组成一个培训小组、给学弟学妹们分享学习经验和心得，效果很不错。在大学里组织班里同学举办了数次活动以及一些聚餐和秋游。

信奉的人生格言是：厚积薄发。因为我觉得，一个人如果想有所成就，必定需要经过长时间积蓄能量，包括你的知识、技能和经验，然后在适当的时候爆发出来。对于现在的我来说，也就是沉下心来，不要急躁，踏实做好现在该做的每一件事。

学习心得

说到学习心得，作为一名已经脱离高中"苦海"的过来人，我想从大部分高中生面临的问题和疑惑谈起。以下内容均是针对理科生来讲的。

首先是高一高二新课阶段的一些问题。第一个是好多学生觉得跟不上老师的节奏，这种情况大部分出现在基本功不太扎实的学生身上。那么一般解决方法就是预习，但是大部分同学预习的时候就是翻翻书、看看资料或者题，就图个眼熟，这虽然比没预习好，但是一般没什么效果，没有学到自己需要的，浪费掉了宝贵的一节课。我一般预习的时候，也是先大概浏览一遍知识点，再看几个例题，但最主要的是我会拿几道题自己先练着，这样在简单的即学即练中就知道自己有哪些知识没有理解透彻，需要重点掌握，那么上课的时候肯定就能抓住重点认真听，老师没讲到也知道自己该问什么。通过做题来预习，是个实用的方法，但选的题不要太多，难度可以随性，一般中等，千万别做一些知识点填空的。在这样做的时候，其实就相当于一种自主学习，我自己看知识点，自己初步记忆，然后做题来进行简单的运用。在这个过程中首先需要理解知识点，并开始将知识点联系到一起，理解它们的实际意义和使用的方法，这些都是自己在思考，没有别人的协助，虽然过程有时候有点儿痛苦，比如说有时候就因为没注意定理中的条件而在一道简单的题上纠结了老半天，但是这是非常值得的，从学习上讲，你会形成深刻的记忆，从考试上讲你在预习阶段可能就已经拿下了高考中的一分。当然，在做完后检查答案和看解析过程的时候，你也会更有效率，能够挖掘出解析里实用的东西来，加深你的理解，顺便也就提前了解到这个知识点的考点在哪儿。到时候，老师的新课也就变成了你的巩固课，效率真是很高，复习的时候还很轻松，毕竟自主学习和被动灌输之间的效率差是十分巨大的。

一般来讲，在高一高二新课阶段，时间还是比较充裕的，相比于高三紧张的备考，高一高二也是比较放松的。这个时候要注意一点，就是对所学的东西加深理解，对需要记忆的东西加强记忆（对于一些必须背诵或默写的知识点来讲，按人的记忆周期来记忆也是不错的）。那么对知识加深理解该怎么做到呢？有两个特别管用的方法：一个是所谓的开放思维，就是一般老师说的"做题不在多，在精"，也就是做一道题用多种方法尝试去解决或者做一道题联想到其他相类似的题，自己出题，这的确十分有效而且特别锻炼人的思维。但当我做的时候发现的确太难受了，能一直安安静静做的也就遇到自己最喜欢的物理的时候，数学一般一次坚持不了多久。这过程其实是很有趣，但需要静下心来，这对于现在的学习状况来讲有点困难。那么还有一种我喜欢的方式，那就是给别人讲题或者讲知识点。这是特别有趣的，而且特别能加深理解，效果有时候比自己摸索更好。首先你在讲的时候会发现你的解题或者理解知识点的方式不一样了，不管是自己的潜意识还是听者的思考，都会让你的逻辑性以及思考的缜密性得以提高，你需要在自己理解的基础上再加以整理并表述出来，尽力让别人听懂接受，而且两个人或者数个人的同步思考是不容许你推理上出现漏洞的。当你成功讲解一道题或一个知识点时，它也彻底进入你的脑海里了，成为你的东西了。当然，你讲解的过程也是和别人交流的过程，是一个讨论的过程。交流讨论有什么好处就不用我多说了吧。我在高中的时候就喜欢给别人讲题，讲出自己的想法，物理课上更是到讲台上给全班同学讲。

其实，前期学习踏实，基本功扎实了，后面的复习并不会很煎熬。当然对于学习习惯，主要就是作息，一般根据自己喜好吧，在自己最有效率的时候做最重要的事。刷题刷试卷的目的只有一个，那就是提高解题速度和熟悉题型分布从而合理分配时间，提前适应考试。但当你对知识点不熟悉、知识还未掌握的时候，题海战术只会浪费时间，还打击人的自信心。

所以，我在高中就一直是把知识点吃透，一个一个慢慢来，算起来三年时间解决那些知识点绰绰有余。当把这些知识点都掌握的时候，再刷几张试卷，做几套题，那感觉也是很棒的，但是重点是之前能静下心来踏踏实实地把每一个定理、公式都理解透彻，这是比较难熬的，最后高手与别人的差距也就体现出来了。

学习方法

首先要学会与同学或者老师交流。之所以把这一点放在最前面，是因为这一点对于我的化学学习乃至其他科目的学习影响最大，这也是学习中最有乐趣和最能激发灵感的方法。首先，就本人而言，在初中喜欢自个儿一个人思考，上课也不听讲，虽然也学得不错，但初中的知识很简单量也很少，自己可以应付。到高中乃至大学就不管用了，记得刚进高中时成绩特好，数理化都在前列，可是自己按着初中的一套方法来学习导致成绩直线下滑。之前自己成绩好，觉得自己都懂，不想和别人讨论，后来自己成绩下滑了，看着好些同学成绩在自己前头，便开始向别人请教。正是在这个过程中发现了通过讨论可以使学习效率迅速提高。这里的效率体现在两方面，第一是对当时所讨论的知识点来讲，讨论过程中注意力集中、大脑运转加快，记忆深刻；第二，是对整个的学习兴趣而言，与人交流，不论是讨论还是给他人讲解，自己都会感觉到原来学习并不是那么枯燥乏味，还是充满乐趣的，这对以后的学习起了催化剂的作用。学习中多交流，你会发现自己的思维更加开阔，也会发现原来身边的同学也很有才。

其次要重视课本知识。好多同学对课本不屑一顾，大都看参考书，上新课也直接拿着参考书，说课本内容简单，在一些学习成绩偏好的学生里，甚至跟风似的买竞赛书、大学课本。首先这就犯了一个错，学校的课本毕竟是由教育部组织在高中各个学科研究领域的领军人物编写的，这说明课本中的知识含量是很高的，虽然读一遍之后感觉文字不多而且浅显易懂，不像参考书上那么多的重点和难点。其实课本上所隐含的和需要学生去思考发掘的知识点有很多，那些参考书上的东西不都是从课本上的知识点所引申出来的吗？所以要重视课本知识，多思考多问，这才是真正的学习过程。看参考书看的是别人思考出来总结出来的东西，你失去了自己思考的过程，失去了创新。比如说课本中在氯化亚铁溶液中滴加氢氧化钠溶液，先是出现白色絮状沉淀，然后白色沉淀迅速变成灰绿色最后变成红褐色沉淀。这个反应其实大家都懂其原理，是白色的氢氧化亚铁遇氧气和水生成红褐色的氢氧化铁。那么看到这个，有多少人会想灰绿色的是什么物质呢？如果这个反应中我要得到氢氧化亚铁沉淀该怎样改进呢？当你思考得出自己的结论之后，会发现资料上也有这些的讲解过程，做题的时候也考查过这些知识的题目。区别是，你是自己思考出来的，这个过程其实就是科学家研究的过程。看参考书、刷题谁都会，创新却难能可贵。而真正要学好化学，就要能自己主动思考，有创新思维。

然后是学会预习和复习。学会预习其实在一定程度上体现了一个人的主动接受新知识的能力，首先要了解每个章节知识大体的框架，这就有点像英语的阅读理解，大概理解这一章节的内容，之后对那些出现频率比较高的知识点重点记忆，然后再看看其他难以理解的地方。自己实在无法想透的记下来之后请教老师。这样预习效率往往很高，就自己的经验来讲，这是最好的。然后就是复习，到了高三，一般新课都已经结束，进入了复习阶段。此时，好的学生往往能在知识层次甚至思维方式上超过老师，因为只要高一高二的学习过关的话，高中的知识点已经学完了，老师对于学生来说更多的是经验性的引导。这个时候做题就要有方向性了，不要盲目地刷题，陷入题海战术。

当然还有一个就是学习的心态问题了。毕竟大家从初中进入高中时，知识水平已经有高有低了，而且大部分学校都是分层教学，学习好的在一个班，差一点的在一个班，相应的好一点的班讲课的深度、速度都要快。所以要给自己合理定位，好的应该朝更好的努力，差一点的不要想一步登天，从基础的做起，一步一个脚印，有两年多的时间，可以达到和入学时成绩好的同学一个水平。因为顶尖的学生也是在打好基础之后拓展拔高的。

第 3 篇
湖北省——汪国庆

高中学校：十堰市郧阳中学

就读院系：北京大学化学与分子工程学院

年　　级：2015 级

高考分数：683 分

荣　　誉：2015 年十堰市理科状元；全国中学生数
学竞赛二等奖；十堰市三好学生

作者小传

我的家乡是湖北省十堰市，也就是那个被称为"东方底特律"的车城十堰。由于整个十堰的工业发展与汽车息息相关，所以从小开始，我对理科便有一种热爱。高中时，我也就毫无意外地选择了理科。

就我个人而言，我的兴趣较为广泛。当然，兴趣广泛的一个结果是我有很多兴趣但都不是特别精通。OK，接着介绍自己的兴趣。我比较喜欢篮球和羽毛球，以及乒乓球。因为身高的缘故，所以，打篮球时我担任的角色一直是后卫。除了运动之外，我也有其他的兴趣爱好。比如我对台湾问题比较感兴趣，因此，进入北京大学后不久，我就加入了北京大学的台湾研究会。

在学习上，我一直信奉的是努力不一定有收获，而不努力一定没有收获。正因为如此，在高中阶段，每当我想要放弃时，我便告诫自己，如果此时放弃了，那么我以前的努力也就全部都打水漂了。既然如此，那还是努力吧！尽管努力的结果可能不是成功，但不努力的结果一定是不成功。生活方面，我认为要有一颗向善的心。只要心中存有善意，那么我们眼中的整个世界便都是美好的。

学习心得

距离我的高考已经过去差不多半年了，有时候想想，其实觉得自己高中时期的学习似乎没有什么心得。但如果一定要说的话，那我就按着我的高中心路历程来说一说我的高中学习经验吧。也许现在回忆起来的心得和当时的心境有一些差异，但我还是尽量以一个局内人的视角来谈这个问题。

距离你的高考或许只有半年，或许是一年半，抑或你对高考还是只有一个模糊的概念。但不管你对高考的认知是一种迫在眉睫的紧张备战状态，还是仅仅停留在各种教辅书的高考题目上，我想说的是，你必须要对你必定会经历的高考有一个心理上的准备。（当然，此处把竞赛保送生等除外，他们经历的是不同于普通高考生的另一类考试选拔制度。）

那么何谓有一个心理准备？就我自己的经历来看，首先，要端正心态，要有直面考试和排名的勇气；其次，需要的是理性分析考试结果的能力；最后，最为重要的是整合知识、善于学习的能力与坚持的决心。

首先，直面考试和排名。我清楚地记得进入高中后的一个明显的不适就是考试太多了，从高一的月考，到高二的周考，到最后高三的每天都在考试，高中三年，陪伴我最久的也许应该就是考试了。我想，每一位经历过高中的人，高中经历应该都是差不多的。既然有考试，那么必然就有排名。高一的时候，我对考试一直都比较畏惧，而究其原因，主要就是因为考试之后的排名。而不巧的是，我的高中学校总是会在差不多考完后的第二天早自习的时候就出成绩。现在想想，那时候干过的最傻的事应该就是考完之后祈祷晚点出成绩。但后来，考得多了，也就慢慢地不再惧怕考试了。我那时候之所以会害怕排名，感觉主要是虚荣心在作怪，害怕哪一次考试不是班级的第一名了，更害怕考差后会被同学嘲笑。其实，没有人会去嘲笑你，只要努力了，就没有理由去惧怕考试。更为关键的是，考试中体现出来的问题，也只能在考试中去解决。比如很多人考场上习惯于马虎粗心，而解决这个问题的最佳地点就是考场本身。所以，我觉得有直面考试和排名的勇气是非常重要的。

其次，要有理性分析考试结果的能力。三年高中下来，我身边的很多同学都会在考完后非常失落。我记得比较清楚的是每次我们考完英语（我们每次考试英语都是最后一科）的那个晚上，每科老师都会发答案，让同学们先自行订正估分，然而每次很多同学都会在对完答案之后显得非常郁闷。我承认，每次考试都会有一部分人是考得严重低于自己的正常水平，但大多数人都还是处于正常波动范围之内的。但问题在于，很多人把宝贵的时间浪费在了一味地叹伤和失落当中，而没能意识到刚考完后的那一段时间实际上是最好的反思和分析时间。后面的所谓的考试分析实际上都难以再现考场上的真实情景。所以这个时候，抓紧时间对完答案，明白自己错在哪些地方，预估出自己这次考试大概有多少分之后，就不要再去无谓地感伤了，因为更重要的事是你要去理性分析自己的成绩，最好是能把分析的结果记录下来，时间久了，你就会发现，其实自己经常犯错的往往就是那么几个地方。这样一来，你就可以在后续的学习中更有针对性。

最后，再来说说坚持和知识整合。一般来说，高考会有半数的题目考一些综合性的问题，这就要求我们要有一定的综合分析问题的能力。而综合分析能力怎么来？我想只有靠平时的不断练习和积累。比如，处理一个问题时，如果你只能从某一个方面去考虑，只能从某一个或者某两个方面去入手，那么毫无疑问你的思考起点就比别人要低，导致的结果也就可想而知了。再说坚持，高中本身就是一场时间上的马拉松赛。越到后面就越会有一批人倒下，真正能笑到最后，走到最后的必然是那些能坚持不懈的人。或许在你前进的途中，会遭遇各种挫折，经历各种不顺利，但请相信，只要成功地挺过了这些考验，那么你就是成功最终要垂青的那个人。

写了这么多，真的希望能对你终会到来的高考有所帮助。

学习方法

和北大化学学院很多人不一样的是，我并不是一名化学竞赛生。那么作为一名纯正的高考生，我眼中的高中化学又是怎样的呢？

对于高中化学，有一种说法是它是理科中的文科，为什么这么说呢？一个主要原因是高中化学很大程度上要看学习者是否背过一些东西。当然，对于这个观点，笔者认为只是说对了一半。确实高中化学有很多需要我们去牢记的，但切记，不是背诵。但除了牢记的一些东西之外，还有就是要有一定量的训练，并加上长期的归纳总结。

下面我就谈谈如何学好高中化学。

一、牢记一些东西

牢记什么东西呢？比如一些化学反应方程式。在这里我觉得我当时的方法就很好。我当时在记忆这些化学反应方程式的时候，是按照元素来记忆的。也就是说，我把钠元素的方程式放在一起记忆，把硅元素的方程式也放在一起记忆。而在每种元素内，我又是按照元素单质、元素氧化物、元素氧化物的水合物与该元素相关的其他元素和其他反应这样四大块来记忆的。显然，这样记忆条理清楚，自然记忆的效果要好一些。

除此以外，原子结构与分子结构这一块儿，你可以听不懂，但听不懂的结果就是你要记。无论是知识点，还是常见的题目、题型都是可以记忆的。

最后，强烈建议大家记一下酚醛树脂的反应方程式。

二、适当量的训练

俗话说，没有量变，不可能有质变。学习也是如此，化学的学习则体现得更为明显。个人认为，高中化学的考试题型其实是差不多的，在此仅以全国卷的考法为例。一般认为全国卷的最后几道选做题是送分题，所以强烈推荐在做理综试题时，首先做最后几道选做题，而最后几道选做题的题型多年来差不多已经固定，所以这就要求我们平时要多做题。做多了自然就会熟悉题型，知晓常考的题型和知识点，进而牢记这些知识点。所以不要幻想还有所谓的不劳而获，唯有不断地练习，熟能生巧，能力才会增长。

三、及时归纳总结

我一直认为及时的归纳总结对于高中学习是非常重要的。每一次考完之后，甚至是做完题目之后，不妨花三四分钟仔细思考一下这个题目主要考查了哪方面的知识点，这个知识点还会有哪些考查方法。这样，不断反思，不断总结，不断提升自己。唯有如此，知识才会融会贯通，学习才会如鱼得水。如果不反思，那么做题就会变成盲目的刷题，没有丝毫目的的刷题是不可取的，也是愚蠢的。

写了这么多，真的希望我的经验对你的人生会有所帮助。

第4篇
黑龙江省——刘天宇

高中学校：佳木斯第一中学

就读院系：北京大学医学部临床医学专业

年　　级：2015 级

高考分数：672 分

荣　　誉：2015 年佳木斯市化学单科状元

作者小传

我是一名来自黑土地的东北汉子。完美地继承了东北大汉豪爽、热情的性格特点。同时，来自母亲的优秀基因也让我并不是项羽那种鲁莽、不知进退的"野蛮人"，而是像张飞那样的粗中有细。平时，我是同学、老师眼中的小胖子，好玩，不生气，随便逗，但是一旦开始学习工作，我就会开启第二种模式——摇身一变成为一丝不苟的包拯。

虽然由于体重的原因，我的体育成绩注定惨不忍睹，但是课下的时候，我还是喜欢和哥们儿一起踢足球，打篮球。我想，我应该是沉迷于与哥们儿在一起的那种气氛和情绪吧。不得不说，虽然是个标准的汉子，但是我的性格多了女生的感性。我很注重我的亲人、我的兄弟、我的朋友。我觉得在这个分豆大家庭里，除了能提高我的能力外，更多的是多了很多亲人。

我信奉的人生格言是：放弃该放弃的是无奈，放弃不该放弃的是无能，不放弃该放弃的是无知，不放弃不该放弃的是执着！我出身于一个小乡村，小的时候，家和学校构成了我人生的全部。那个时候，我就在心底暗暗决定：终有一天，我要出人头地，我要走出这里，我要站得很高、很高。

当然，有的时候做出了决定却让自己很心痛，不过可能也是没有选择吧。但是，正是抛开感性，完全理性地思考问题才让我在高考时取得了理想的分数，考上了理想的大学，正所谓有得必有失。学弟学妹们，做出了选择就好，都是对的，只要你能坚持！

学习心得

我觉得要想学习好，首先你要先认清学习的目的，摆正学习的地位，找到学习的动力。先说目的：在我看来，目的即为方向。学习不是一朝一夕，一蹴而就的。而是一场漫长的战役，一次浩大的"长征"。学习如行军打仗，欲取得最后的胜利，我们就一定要认清行军方向。因此，明确学习目的至关重要。接下来我们谈如何摆正学习的地位。我们要先明确这两件事：一、我们的身份：学生。学生也是一种职业，而学习就是我们的工作，也是我们的本职抑或天职。二、我们的出路：学习，考研，读博并不是成功的唯一途径，然而学习却是我们目前眼前所见离成功最近的一条路。我相信没有人不喜欢成功。学习的路上，注定充满了荆棘坎坷，为了修成正果，我们注定要经历"九九八十一难"。遥想当年玄奘大法师西出长安，前往天竺求取真经。为的就是能教化众生，引人向善，还天地一个清明太平。而我们也需要找到支持我们前往我们的"天竺"的精神支柱。

学习习惯：首先我认为学习是一个持续的过程，从小学开始我便养成了每天在固定的时间好好学习。下面，我详细说一下具体的学习习惯。

一、课前

课前一定要认认真真地读一遍教材，将下节课的定义、公理、推论全都做好标注。将例题看一遍。不要强求自己将所有的内容全部看懂，有不会的将其在页边做好标注，这样在老师讲课的时候你就能更认真地听这块儿。

二、课上

上课的时候不能着急做作业，课下做作业的时间有的是，然而老师讲课只有一遍，过去了就过去了。而且，老师上课讲的东西不认真听的话，课下你需要花费几倍的时间来补，还不一定能补回来。除此之外，上课的时候不要太热衷于记笔记，笔记虽然重要，但是听课却是最重要的。笔记的话，应该课上记关键词，即骨架，课下的时候再对其"添肉"，使其完整。

三、课后

当天一定要认真地将新课的内容看一遍，然后将例题和课后习题做一遍，考试的题全是老师根据书上的例题和课后的习题改编的，因此，这些才是母题，把握了这些，才是真正抓到了根。

四、备考心态及调整

1. 尊重事实

距离高考就那么多天了，我能做的就只有这么多，我没有必要再去埋怨自己过去多么不用功，埋怨曾经有那么多时间可以再努力。我能做的，我要做的只有一件：此刻开始，拼尽一切，为高考做准备。

2. 看看蓝天

不要太压抑自己，给自己太多压力。经常抬抬头，看看蓝天。高考说明不了什么，即使考砸了，天还是不会塌下来。

3. 避难就"重"

考前不要再去抠那些难题、拔高题，要把重心放在重点上。一方面，你去琢磨那些难题，会花费很多很多的精力，而且考试的拔高题不会让你在平时的练习中找到影子，到时候你还得重新思考，所以很不划算。另一方面，纠结于难题，会让你的心情不佳。心头发堵，影响你之后的学习情绪。

学习方法

我所选择的科目是化学，那么我就来简单地介绍一下我学化学的方法，希望能对学弟学妹有所帮助。

一、上课认真听讲，好好做笔记

可能我提了这么多次，都有人烦了吧，不过，这个在我看来确实是重中之重。化学的记，不仅要会记，还要会听。听出老师偶尔透露出来的课本中没有提及的、一些课外辅导书也没有详细介绍的东西。这些可能就是一些冷门考点，也是你与其他人拉开分数的地方。

二、课前一定要看教材和辅导书

化学在我看来是理科中的文科，虽说抽象的、计算的、理解的东西不少，但是上面所说的一切完全是建立在你将基础知识记牢的基础上。看辅导书，更容易让你在老师课上梳理思路时将其融会贯通。而且，有的地方，看了辅导书并结合老师讲的你会有一些奇特的想法和问题，都可以当堂就提出来，不要等，那一闪即逝的灵光很宝贵。

三、实验课需要注意

实验前，在看书上的实验步骤时要将自己感觉是容易出错，考试容易考的圈出来，再结合课上老师的介绍，对其进行审核，是否与老师提醒的一致。课上抢着做实验是因为做实验的机会有限，课上做，老师在一旁看着，如果有操作上的错误，老师会指出来，这样你才能记得更牢固、更扎实。至于可能会被人指指点点这个问题，我们高中班主任曾经教导我们：学习就得"不要脸"。课上 45 分钟就那么多资源，你多站起来回答问题，多跟老师交流，那你就多得到了机会，知识学到手才是最重要的。所以在"大局"面前，不要在意这些"小节"。

四、课后习题很重要

即使老师不留，也要把课后习题做完。同时还要配套做练习册，最好能有两本。一本是概念多，讲解多，例题多的。一本是纯纯的练习题，这个市面上就很多了。当然，这些题是你在学习新课时需要完成的，当你到了高三复习的时候，我觉得你可以做做《五三高考》和《必刷题》。《五三高考》是让你梳理知识点用的，《必刷题》是让你总结知识树、总结题型用的。(我说一个办法，仅供参考：当年我是把所有科的《必刷题》都做了三遍，第一遍：很简单地做，把错题挑出来，用胶布粘上。第二遍：我再做错题。第三遍：对照我总结的题型册子将题分类，几乎只需要在题干上打对号过一下就可以了。当然花费的精力确实很多。）

五、要善于找出化学学习中的联系

重点在于其中的相似性和相异性。这个重点在元素化学部分，可以有以下几个方面的考虑：族内，族与族之间，同周期内，金属与非金属……

说完了学习方法我们再来谈一下应试技巧：

第一，气势上不能输了，输人不输阵。

不要管考试时周围的异动，有人或是拍巴掌，或是捶胸顿足，或是飞速地翻页，不要理他们，都没用。装呢都在那儿，他们都没你会的多。一定要有，哦不，要坚定这个想法。狭路相逢勇者胜！

第二，读题。

审题最少要审三遍以上。要达到闭上眼睛能将题干复述出来的程度。不要着急去往下面答题，留出来时间去检查。那样是不对的。因为你之所以有多余的时间去检查，是因为你前面节约出来了，怎么节约出来的？减少审题次数，降低思维深度，降低运算准确率。所以，不要太着急，审题是做对一道题的先决条件。同时，在读题的时候，用笔将题干中的关键词圈出来，这些可能就是出题组老师们设的陷阱所在。

第三，要会取舍。

如果一道题浪费了你太多时间，那么过。先跳过去，学会二次答题。第一次答简单的，一定能拿到分数的。第二次答那些需要思考、思维深度的。这样才能保证在有限的时间内能拿到你所能拿到的最多的分数。

第四，要掌握答题节奏。

这个主要是看平时，平时你就要养成你自己的答题习惯。一张卷子，几分钟你能做到哪儿，这个心里一定要有数，这个要达到什么境界呢？给你们一个标准：看着自己答题答到了哪里，不用看表就知道现在几点了。我当时预测的误差不会超过三分钟，前后一分半以内。当然我练了整整半学期。

第 5 篇
新疆——庞亮

高中学校：石河子一中

就读院系：北京大学城市与环境学院城市规划专业

年　　级：2015 级

高考分数：666 分

荣　　誉：2015 年石河子市生物单科状元

作者小传

三年的寒窗苦读，过程中总是或喜或悲，乐忧参半。一路走来，很少有人能够顺风顺水地从容经过。实际上，更普遍的情况则是迷茫、烦躁、焦虑、担忧对备考学生进行着轮番轰炸。我也曾体验过诸如成绩的大起大落、心理上的波澜起伏这些并不愉快的经历，可是面对这些，本就倔强的自己不愿就那么束手就擒、萎靡退缩，而是投入更多的精力磨平绊倒自己的坎坷。往往这种努力并没有辜负自己，而是给我带来更加丰厚的回报。这些回报有的是短期见效，而更多的则是需要长时间的沉淀积累才能显示出别样的效果。我在奋战高考的三年时间里，始终坚信：每一份努力都会取得回报。不要整日里把"努力也不一定成功"这句话挂在嘴边，作为自己失败的托词。如果现实真是这样，只能说明自己付出的太少，努力的程度欠缺，还需要进一步提升自己。

自然和社会的法则总是公平的。不努力的人显然是得不到回报的，而努力的人也将永远不会被辜负，每一份努力都会取得回报。

学习心得

人在不同阶段总是会有些不一样的体验和感悟，虽然大体上是类似的，却也有着属于自己的独特之处，闪耀出不一样的光彩。

人生求学的经历并不复杂，数十年来，在新疆的一座小城顺次读完了小学、中学。自认为在全国范围内，新疆的高考压力相对较小，因而我也未曾有过类似于悬梁刺股般苦读的学习经历，更多的学习动力来自于自己的兴趣爱好，这也为我的学习带来了数不清的优势。

简单地介绍一下自己曾经就读过的学校。初中是家乡小城里的三流学校；高中是全省的二流学校；大学是全国的一流学校。初中时期，教育环境与资源的先天性劣势，让我并未对北大这种高等学府产生过丝毫幻想。仅仅是跟随自己的偏好，学到了些自己感兴趣的东西，而后幸运地考入当地最好的高中。高中阶段，狂热地爱上了化学，每天抽出大把的时间精力去了解学习更多的化学知识。但自己的其他科目成绩却一直处于高低巨变当中，唯一的优势便是化学成绩非常领先，这也是我义无反顾地一直参加化学竞赛的第二个缘由。高三初，化学竞赛败于全国决赛，于是将重心转移到高考上，从头开始备战高考。这一切的经过，看起来都是那么不值一提，没有亮点，然而当我开始回想到一些细节时，却强烈地感受到学习中的点点感悟。

不要惧怕眼前的落后局面。我的学习成绩并没有从头至尾保持在高水平。初中的第一次期中考试，我创下了初中三年的最低成绩；高中的第一次月考，创下了高中三年的最低成绩；高三第一次模考，创下了高三一年最低成绩。这么多年来，我仿佛一直都是落后的，之后不停地追赶而实现部分超越。落后的人没有可以用来患得患失的资本，只管付出努力，不断追赶便好。慢慢地，你就会发现落后的局面已经被自己成功地扭转。这一过程是对自己抗压能力的磨炼，同时具有调节心理状态的次生效果，有利于形成一种积极健康、乐观向上的情绪心态。

懂得平衡兴趣与学习的关系。一直以来未曾放弃过的对于化学的热爱，不仅让我的生活显得更加多彩而充实，而且无形之中帮助自己轻松获得优异的化学成绩。兴趣永远都不会站在学习的对立面上，但兴趣也绝对不是玩物丧志，就个人而言，这是一种单纯不含目的的热爱之情。而这纯粹的热爱终有一日会给自己带来好运。所以，在高中前两年，建议培养部分自己的兴趣（可以是学习竞赛，可以是尝试写小说，可以是参加辩论、模联等社团活动），通过实践掌握兴趣与学习的关系，使二者能够协调发展。

做题要找到自己的"饱和度"，宁缺毋滥。在做题的方面，每人都有自己的"饱和度"，所以题不要做多，但求做精。题海是方法，不是必需的。当你真正理解一道题背后的逻辑，以至于你可以用它解决所有这类问题时，你才是真正掌握了这个知识。基本概念大家都学过，辨别高低就在于应用的意识和应用的方式。对于理科题，无脑地砸公式是没有意义的，一道题不会就要问，询问要问懂，懂得方法，懂得为什么这样做，懂得公式使用的真正目的。每一道题，思想是首要，公式只是辅助思想解决具体问题的方法。学习的是方法，思想是差别的原因。对于文科，则要不辞辛劳地背诵记忆，做题，找手感，练习阅读能力。有时，你会被成吨的题海吓到，不过所有的题目只是浮于表面。做一道题需要从头到尾都精确无误，要将题中的思想纳入自己的脑中，才算是真正做会了这道题。

上述三点感悟，都是我曾经受益的地方。综合来看，其实讲的便是备战高考的态度与方法。一种端正的平稳心态，不是整日忧心忡忡，也不是时刻骄傲自满，而是充满希望与自信的同时注意到自身现存的缺陷与漏洞；一种屡试不爽的方法，不是题海的汹涌澎湃，也不是精简至上疏于练习，而是粗中取精、以点带面掌握解决知识的方式原理。

一言以蔽之，端正态度，掌握方法，决胜高考。

学习方法

高中化学的学习内容可以用"均衡"一词来概括特征。化学对很多方面都做出了要求：逻辑推理能力，运算能力，碎片化知识的记忆能力，描述性表达能力。但相较于其他理科课程，这些方面的能力要求并不高。化学相比于生物，知识的碎片化程度、丰富度有较大的差距；化学相比于物理和数学，运算能力和逻辑推理分析能力有较大差别。然而，即使对这些能力的考查难度并不大，但是由于综合性过强，使得考生的短板效应成倍增加，产生阻碍。

下面进行一些更细致的方法分享：构建自己的知识网络。

高中化学的内容多且烦杂，死记硬背显然是很难做到的。仔细观察便可以发现，高中化学看似零散分布的知识点，实则构成了一张相互交织的网络。不论是有机还是无机，不论是元素还是分子构型，我们都可以通过网络将他们连接起来。即使你忘记了某一处的知识，你也可以通过其他相联系的知识点合理推出。怎样才能在头脑中逐步建立起化学知识网络体系呢？我认为关键在于"勤思多想"。即通过对已有知识的归纳总结，发问思考，找出各种事物之间的相同点和不同点，建立起一定的联系。

化学的学习中，很多时候你会想不明白一些问题，而深入思考的核心就在于不要过早借助老师和同学等诸多外部力量来获取知识，自己一定要先想一想。运用自己的知识储备分析问题，试着提出一个解释。不论解释是否正确，在这个思维的过程中你可以收获很多。这里有几个简单的例子，很多人曾纠结过"氯化钙能不能和二氧化碳反应生成碳酸钙沉淀"，然而很多人未经过自己的思辨，便直接伸手询问答案。其实这个问题并没有难度，自己通过简单的思考就能顺利解决。自己提出设想：如果二者相互反应，那么预测产物是什么？显然是碳酸钙和盐酸。但是它们两个又会反应回去，所以氯化钙和二氧化碳不反应。同理，我们经常遇见多个反应物发生反应的顺序的问题，这时如果死记硬背就会变得呆板而复杂。

第 6 篇
北京市——唐子琦

高中学校: 人大附中

就读院系: 清华大学药学院药学专业

年　　级: 2014 级

高考分数: 699 分

荣　　誉: 2014 年北京市化学单科状元;2013 年全
国化学奥林匹克省级一等奖

作者小传

我的性格比较沉稳、冷静，能够踏踏实实地完成自己的任务，在与他人的合作中也能相处融洽。平时我喜欢进行体育运动和旅游。我认为对一个人来讲最重要的便是身体的健康，这是其余一切的前提，在强健体魄的同时，运动也能让我放松身心，以更好的精神状态迎接工作和生活。旅游带给我开阔眼界和认识自我的机会，在有限的生命里能够去见识更大更广阔的世界是非常美妙的，欣赏各地的美景，体味风土人情。同时一个人的旅行更能让我沉下心来，获得内心的宁静，从中产生许多的感悟，实在是一种享受。

关于人生我做过一些思考，对曾经看过的一句话印象深刻也较为认同："鱼，是对垂钓者的意外犒赏。"在我看来，人生就像一次旅行、一次难得的体验，人生的意义就在于经历，经历悲欢离合，体会人生的跌宕起伏，发生在自己身上的每一件事，不管是好事还是坏事，都是自己一笔宝贵的财富。所以我觉得没必要活得很累，太过于讲究成果和目的性，而应将重点放在过程上，能够做好自己就够了。哭过，笑过，便是一生。

在高中时我学习了一年的化学竞赛内容，现在所在专业的基础课程也主要以化学和生物方面为主，可以说这么长时间以来对化学的学习，不仅让我对这门学科有了广泛的了解、体会其学科特点，同时也不断提高我的兴趣。渐渐我发现，相比于科学研究，我更喜欢一点一点成系统地学习新的知识，我很愿意和大家分享自己的学习经验。

学习心得

每一次的升学常会伴随着新的环境、新的老师同学、新的教学体系，这些都需要我花费一定时间来调整和适应。中考考入了人大附中这所被"牛人"和"大神"充斥的学校，作为一个普通学生的我，心里还是会有些忐忑和不安的。但是随着学习、生活渐渐走上正轨，我也迅速融入到了这个新的环境当中，切换到适合自己的学习方式和步调。

　　许多传统的学习方法可能只适用于一部分人，并不一定对于每个人都完全适用，所以也不需要强求。对我而言，最好的学习方式便是读课本，尤其对于数理化生这些理科来说，我认为这样学习的效果最好。初次学习一个新的知识或者学科，首先需要的就是搭好一个框架，能够让所学的知识成体系，这样对于之后的学习会更有帮助。而看教材便是很好的一个选择，一般教材的编写都很有逻辑性，也较为系统，通读一遍教材会对所学的这门课有很好的掌握，对每一章节都能很好地理解。所以从初高中一直到现在，基本上每一门课我都把教材读过好几遍，这样学习的效果也不错。每位作者或者老师的思路不同，对一个问题的理解也会有差异，如果有时间和精力，能够阅读多种版本的书，会对各个知识点或者这门学科有更全面的认识和更好的理解。当然，老师有着更为丰富的教学经验。对于考试而言，老师所强调的重点需要格外注意，所以听课的时候也要有所选择，明确了课程要求的重点，在之后的学习中也能够分清轻重。在学习知识之余，一定的练习和巩固也很有必要，比如做课后的作业题，便是对所学知识的一个复习提高的过程，也能使我体会到不同的解题技巧和方法，对于学习新知识和复习考试而言都很重要。我对待作业的态度很认真，尽量要自己把每一道题目都弄明白，实在想不通的也要向别人请教，对于自己觉得重要的题目要更加留心，强化记忆。但是我不赞成那些题海战术，一定题目的练习是必要的，但却不是越多越好，不说题目本身质量参差不齐，不是所有都有做的必要，更重要的是做题本身是为了复习巩固知识并掌握一定的解题方法，如果反倒以多做题为目的，岂不是本末倒置了？

　　在考试之前，我会对这一阶段所学的内容进行总结，可以进行书面的总结，也可以在脑海中对整个所学的内容进行回忆和梳理。在复习过程中，再次翻看一遍教材，巩固其中的重点内容，同时还要对一些典型的题目进行复习，总结方法。对待平时的考试要认真，把它当成对自己这一阶段学习情况的检验；高三的各次模拟考试呢，就更是要认真，心理上和身体上都要做好准备，当成对高考的练兵；对待最后的高考呢，反倒要注意放松心态，不要考虑太多，在考试前放空自己，不要将考试和其他的事情联系在一起，给自己太大压力。除此之外，在考试前非常重要的一点就是要对自己充满信心，相信自己有这个能力，可以发挥自己的水平，取得好的成绩，有时候情绪在考试中的作用可能比真正的硬实力还会更大，自信会让整个人的状态都变好。最后，在考试的前一个晚上或者中午的时候，我会在脑海中进行一个简单的模拟，从头到尾过一遍试卷的题目，对于考试有更好的把握。在考试的过程中，心态要平和，控制好答题速度，遇到了难题也不要慌张，静下心来分析，一点点攻克。实在过于困难也可以先跳过，不要在一道题上耽误太长时间影响了整体的作答，跳过之后就要将它暂时忘掉，专心处理后面的问题，之后有时间再来继续想。每一门考试之后，考过的就不要再去想，好与坏都无法改变了，要专心投入到下一门考试之中。利用两门考试间隙的时间，再简单回想一下下一个科目自己需要注意的地方，切换思路，调整好状态。在平时的每一次考试过后，要格外注意总结自己这次考试的不足之处，包括答题的错误还有考试心态、时间把握以及复习等各个方面的问题，提醒自己以后要注意避免。整个高考的复习是一个循序渐进的过程，一点点地巩固和提高、一遍遍地反复操练，保持好平稳的步调，不懈怠也不慌乱，尽自己的努力做到最好就是了。

学习方法

　　我最擅长的科目是化学。对于很多同学来讲，化学是一门需要背记很多繁杂内容的科目，如果找不到学习的套路，就会在学习过程中遇到困难。化学研究的是原子、分子层面物质的性质和反应，同学们日常接触的较少，较为抽象，所以学习、理解的方法思路也和物理、数学这样的学科有所区别。高中化学的知识，主要包括了无机物、有机物的性质和反应，原子、分子和晶体的结构特点，化学反应原理以及化学实验这几方面内容，涉及的内容较多，对于不同部分的学习方法也有所区别。

　　无机物的性质和反应里面涉及的化合物种类很多，各类反应也比较多，不太容易记忆。实验是化学的重要组成部分，通过实验学到的知识也更容易记牢、掌握，对于无机元素化学，最好的方法就是观察老师演示的实验或者自己做的实验，每个实验对应了一种或几种化合物的颜色、特征等，通过实验来记忆相关的反应和现象会更加高效，也能印象深刻。对于具体的反应式，没有必要把全部的反应物、产物都背下来，只是需要知道关键的反应物和对应的产物，其他的完全可以通过配平得到，不要刻意去记忆。

　　有机化合物的反应更加抽象，之前可能也没有接触过，较为陌生。最好的学习有机化学反应的方法就是熟悉反应机理。有机反应的本质其实就是电子的转移，反应只分为氧化还原、周环反应和酸碱反应三类，掌握了各类反应的本质，对所有的反应便能充分掌握。再加上各个化合物的结构特征，不同的结构有不同的性质，能分析清楚结构和性质、反应之间的关系，有机化学便没有什么难的了。有机合成是一个较为综合的问题，但有了各种反应作为基础，充分掌握了几个基本反应的产物结构性质，便能够根据目标化合物的结构特点进行逆合成，一步步倒推回最初的反应物。

结构这一部分新的概念性内容比较多，但许多概念比如原子核外电子的排布、分子结构、轨道杂化等都十分重要，对于无机和有机化合物的结构性质、反应特性等的理解有很大帮助，需要着重掌握，好好理解。晶体结构也是不太好理解的地方，需要比较好的空间想象能力，最好把每一个类型的晶胞都自己动手画一遍，熟悉各个参数和结构特点，加深记忆和理解。

"化学反应原理"包括化学热力学和化学动力学，比较偏向物理，计算的内容比较多。这一部分出现了较多的计算公式和化学模型，需要在理解概念的基础上，明确各个量的物理含义以及他们之间的关系，各种公式需要牢牢掌握，并注意他们的适用条件。化学热力学的关键内容是平衡，也要注意系统和过程，在处理问题时要选好系统，分析清楚不同的物理化学过程，运用公式来进行求解。化学动力学的重点内容是化学反应速率，要掌握好不同的速率方程，平时通过一些题目加以练习。

最后，关于化学实验这一部分的内容与实验的联系紧密，主要也需要靠实验来掌握。化学是以实验为基础的学科，实验的地位显而易见，主要的实验内容包括物质的分离、提纯，物质物理、化学性质的测定，物质的合成和反应等，需要掌握各个实验操作的原理和注意事项。这些内容主要通过与实验相结合的方式来进行学习，观察或者实际操作之后，会对所学的内容有更深刻的了解和认识。

总之，化学这门学科需要掌握的知识较多，每一方面都需要照顾到，但只要根据每部分的不同特点，掌握相应的学习方法，真正能理解各个概念、反应之中的化学原理，还是可以比较轻松地学好化学的。

第 7 篇
北京市——马福崑

高中学校：中央民族大学附属中学

就读院系：清华大学软件学院软件工程专业

年 级：2015 级

高考分数：691 分

荣 誉：2015 年北京市物理单科状元；全国中学生化学竞赛二等奖

作者小传

我的性格乐观开朗，态度积极向上，待人友好，具有不错的沟通能力，特别擅长倾听，还有很好的抗压能力和高度的自信。我能够吃苦耐劳，对待工作认真热情，专注投入，同时有责任心且有学习能力。在学校里有着很不错的人际关系。此外，我还具有社会服务意识，生活上也勤俭节约。

兴趣爱好方面，我比较喜欢的运动是乒乓球，同时也练过一段时间的毛笔书法。至于个性上么，我是有一点宅的，不太愿意和他人主动交流。但是，一旦慢慢熟悉起来，就会显露出活泼的一面了。

人生格言：与天奋斗，其乐无穷；与地奋斗，其乐无穷；与人奋斗，其乐无穷！

学习心得

经历十年寒窗苦读，我不断学习成长，最终考入清华大学。回忆这个过程，从中可以总结出不少心得和经验，现在用本文和大家分享一下。

在所有的经验之中，首先强调一条我觉得最重要，也是给我帮助最大的结论，尽管它是一个相对理论性的结论：习惯和态度很重要。只有拥有好的学习习惯和学习态度，才能将具体学习方法的作用最大化，才能让个人的努力事半功倍，取得更大的成绩。下面我自己的亲身经历都可以说明这一点。

我认为自己能取得今天的成绩，和从小养成的良好学习习惯和学习态度是分不开的。而在我养成的所有学习习惯和学习态度中，有两个好习惯的养成过程给我留下了深刻的印象。它们和我在小学课堂上的两次经历密不可分，而现在这两次经历几乎是我对小学剩下的全部记忆了……

一次是在一年级时，我上课走神，老师发现后便提问我："刚才讲的是哪个词？"同桌很好心地小声提醒我，可惜我听错了。正确回答是"西瓜"而我听成了"青蛙"。于是老师批评了我几句便让我站到墙根去了。从此，我上课几乎再不走神。

有了这个"课上专注听讲"的习惯，几乎所有的知识点我都可以在课上掌握。在这种情况下，我完成课下作业就十分顺利。而在完成课下对应的练习时，知识点又进一步得到了熟悉和巩固。这又为下一阶段的学习打好了基础……这样就开始了一个良性循环，只要保证课上的专注和课下的必要练习，就可以轻松取得优秀甚至顶尖的成绩，而且还有大量的时间可以自由支配。

不得不说，"课上专注听讲"的习惯很简单，很重要，性价比很高，但是有很多同学并没有这样的习惯。在从小学、初中到高中的过程里，我的成绩不错，又算得上乐于助人，给不少同学讲过题目。而在讲解的过程中常常出现这么一种情况：

我："这里用 X 方法（X 知识点）。"

同学："啊？"

我："老师课上不是说……？"

同学："额……"

所以关注课上时间不仅是很重要的，更是很必要的。

另一次是在二年级。一次语文课的词语听写过后，作为当时的好学生，老师对照我的听写作业把所有词语给全班同学又读了一遍，于是我就得意扬扬地认为自己的结果全对。然而，老师却突然在黑板上写下一个少了一横的"足"字，说道："有位同学把'足'字写成了这样……"自然，是我写的。于是我羞愧地默默改正了错误，从此不敢骄傲自大，得意忘形。

有了这个"虚心学习"的态度，我以后无论是课堂还是考试，都很少"大意失荆州"。这种态度也是很重要的。

有了以上两个学习习惯，我学习理综科目如鱼得水。但是对于文科科目，比如语文、英语，还有需要大量计算的科目——数学，上述方法虽然很有用，但是并不足够。因为对于这两类科目，一类需要大量的积累提升"素质"，一类需要大量的练习来锻炼"能力"，这些事情只依靠课上时间是不够的，必须在课下完成。因此，"勤加练习"也是一个重要的学习方法。

再说点具体的学习方法吧。很多同学，包括我在内，都曾面临一个问题，就是"粗心大意"。有的问题明明已经掌握，考试时莫名其妙就做错了，什么看错题、算错数、丢个符号之类。这种情况实际上还是练习不够导致的。

在深层次上分析原因，这类错误有两种情况。一种是知识点或者方法不熟练，这种所谓"粗心大意"的错误，出错的点并不是完全没有规律，掌握不牢固的地方往往出这种问题的概率也大。另一种情况就是计算能力不够强，不够熟练，算多了算快了就容易错。所以，对于这类问题，最好的解决方案包括两个方面：一是记录下每个这种类型的错误，然后复习对应知识点；二是多加练习，在练习的过程中，养成注意易错点的习惯，同时也通过练习提升计算能力。

总结一下，态度上"专注""虚心"，所有科目都要"注重课堂"，某些科目还要在"课下练习和积累"。比较重要的学习心得大概就这么多了，希望能对学弟学妹们有所帮助。

学习方法

我擅长的是理综，其中最擅长的是化学。在化学这个科目上，我刚开始的学习全凭兴趣，小学就翻看过初高中的化学课本。但是，随着对化学了解的逐渐深入，我很快就发现了一些窍门，掌握了一套学习方法，在这里汇总一下。

首先，化学的内容包括两方面，知识点和解题技巧。

所谓"知识点"就是需要记忆的具体内容，再分细致一点，可以分成"规律"和"知识内容"，分别举例如：元素周期律和具体化合物的结构和性质。而所谓的"解题技巧"就是如何灵活地应付针对这些知识点的考题，比如化学方程式计算时常用的"差量法"，还有提供解题思路和计算依据的各种守恒，比如：化合价升降守恒（得失电子守恒）、电荷守恒等。

对于这两点，我认为没有必要讲太多，毕竟对于化学这样一门严肃的实验科学，具体的知识内容是固定的，因此对应的题型也是相对固定的，对应的解题技巧也是有数的。总之，这些内容是几乎所有的化学老师，无论水平高低都了解的，而且都会讲给学生的，关键在于要让学生听懂，记住，会用，得分。如何在化学这门科目上做得更好，就需要我接下来讲的内容。

在明确了学习内容的基础上，学好化学重要的另一点是：形成一个化学学习的体系，一个网状的结构，在其中联系起所有的知识点和解题技巧。其实，这一条对几乎所有科目都是成立的，不仅仅是化学。

同时要多说一句，对于尚未形成知识体系的同学，为了尽快有所提升，同时又不影响最终的知识结构，即网状的结构的形成，一种可取的方法是：主体按照课本编排形成树状知识体系，同时在添加每一个"树枝"（即学习新的知识点）时，注意和已掌握的知识点之间的联系。形成以树形结构为基础，互联互通成网状结构。只要形成了完善的知识结构，学习化学就不再是难事了，无论是学习新知识还是复习旧知识都会很轻松。

上面讲的是学习化学的方法，而我现在想强调的另一点是学习化学的思路，或者说，如何形成化学的网状知识结构。和上面的方法不同，这个思路是针对化学学科独一无二的，可以算是化学的主线。一句话："结构决定性质。"这句话为什么这么重要？先回顾一下化学的学科定义："在分子、原子层次上研究物质的组成、性质、结构与变化规律，创造新物质的科学。"那么，只要我们从化学最底层的原子出发，按照元素周期律掌握各元素的性质，就可以了解原子如何构成分子，即分子的结构，进而就可以去推测出由原子构成的分子的性质，进而去了解物质的组成和性质。当然，实际的科学研究中不可能只看理论推测，同时要重视实验现象，使之互相配合。

但是，对于化学学习来说，上面这句话却意义非凡。因为，按照这句所述，就可以把整个化学知识联系起来，形成网状的知识结构。简单说，原子结构决定原子性质，原子性质决定分子结构，分子结构决定分子性质，分子性质决定物质结构，进而决定物质性质。同时，结构和性质又是多角度的。这样一来，既可以横向对比不同原子、分子、物质，又可以纵向交叉联系，再加上某些独立的特殊关系，结果就是一张收集各种化学知识的大网。这样一来，化学的学科之美才得以展现，同时也大大减少了需要死记硬背的东西。

我认为，学习化学最重要的方法就是如此，至于其他方面则要更具体、更狭窄些，不再详述。

第 8 篇
浙江省——洪鹄

高中学校：杭州二中

就读院系：北京大学化学与分子工程学院

年　级：2015 级

荣　誉：第 27 届全国高中生化学竞赛（决赛）金牌

作者小传

因鹄之名，人呼以鹅。温文尔雅，文理兼修。前溯风雅之颂，后思文艺之兴；上观宇宙之大，下察波粒二象。逢化学，若鹄之脱笼。硝镁为炬，烧烤鹅掌；铜锂为染，焰色青红。滴定热重移液枪，举重若轻；物化分析有无机，挥斥方遒。及保送，天高共海阔。功成而不郁郁，只郁郁葱葱。前入乐队，鼓点上穷碧落；后居陋室，沉心下饮黄泉。持桄击鼓，海倒山排；执笔书绘，月静云默。核舟琥珀贝壳梳，玉雕幽兰鸣涧鸟，皆出掌中。盘玉久久，昔少年锐意，渐藏锋。不争、不惑、不器，君子谦谦，当温润如玉。入燕园之殿，踏修身之基，触济世之心。有所思，有所梦，安得奇药千万种，大庇天下病者俱欢颜？有所感，有所愿，安得霞光独一道，广播天下桃李满华夏？人之游世，生无所带，死亦无所携，唯愿此行安乐，诸有所留。

学习心得

有的时候，人生轨道的方向，竟起于一个微不足道的选择。

初一时，我选了科学实验选修课，开课后才知道是化学方向。那时课程中还没有化学，我却得以提前做了不少实验。一个实验涉及很多东西，三次课才能完成一个实验，而其中的第一节课总是由老师讲解实验涉及的知识点，比如测空气中氧含量时为什么不用铁、碳、镁而要用红磷。而更早些时候，小学四年级时，科学老师给我们展示了几杯稀高锰酸钾溶液。我对颜色一向敏感，那浅紫色，我至今未能忘却。同样是一次偶然的机会，我路过一家化学用品商店，央母亲买了不少瓶瓶罐罐，捧回家里，如获至宝。而初中那选修课里，我得以接触到更多更美的试剂，那些漂亮的光彩与神奇诡谲的变幻，让一个自幼立誓做科学家且十年未改初心的男孩发现了科学中最美丽的一面。我现在依然为化学的美所折服，当然已不止于颜色的美丽，而是深入到理论的精妙乃至合成的艺术。正是这些美吸引我走上化学道路，并在接下来数年的探索中让我有更多的发现。

大概是我这个人特别喜欢不务正业。能超前获得他人未及的知识，似有种特殊的喜悦。因此，我总是把大量的精力放在课余的东西上。兴趣大概是最好的老师，在初中三年，我已将高中的化学课程基本修完。进入二中后，我毫不犹豫地选择了化学竞赛。已经有了基础的我进入竞赛团队之后顿感如鱼得水，实验班的宽松氛围也允许我将足够的精力投入到竞赛的学习之中。那个时候，几乎每次去食堂，都会带上一本竞赛书。几个月后，每一本书都已经被翻得有些破旧，有些更是已然沾上羹汤。

即使是在竞赛团队中，我亦渴求着更进一步。"化竞"学长们介绍我加入了更高一届的团队，我便同时听两个年级的竞赛课，同时更多更细致地看书，不断地学习、积累。这里倒是有件趣事：高一上学期时，我在高二的竞赛团队中考试从未能够上平均分。而在下学期第一次考试，却直接考了团队的第一名……在接下来的四月竞赛中，我小有收获，取得了全省第六名；而绝大多数的一等奖获得者，都比我高一级。这更坚定了我的信心。然而为了取得这样的成绩，亦付出了代价。高一的前三次课内的考试都是年级前十五名，然而到了高一下学期末，已退至百名开外。

那时我已渐渐地相信，若自己随心而行随性而学，一定能斩获自己想要的成就。于是在那个暑假，全身心地投入到了竞赛之中。那些日子将已经看过的书认认真真看了数遍甚至抄了数遍，真的是把书读厚了又读薄，一开始的笔记和练习叠起来比原书还厚，最后摘了数本书要点的笔记却仅薄薄一本。

面对考试，我的心态从来都无比平静，走进全国初赛考场时亦然。走出考场时，我知道自己发挥到了最好。初审传出，竟是全省第一名。省选之后，以第五名的成绩入选省队，又在北京的全国决赛中获得全国第二十八名，保送北大，终是功夫不负有心人。这一路走来，每一位老师都非常关照我，学长们更是无私帮助。没有他们，我绝无今日成就。

保送之后，我又开始做一些不务正业的事儿，在实验室辟了个工作台搞手工艺，玉雕、蛋雕、琥珀、贝壳等等都有涉猎，小有所成。参加了朋友的乐队，在学校和音乐节上都作为鼓手演出。实验室的黑板也成为我的创作园地，曾经用粉笔临摹过《创世记》《星月夜》和《神奈川冲浪图》等，为班级出的板报和纯手绘的成人节海报也广受好评。

在此同时，我也选择了最感兴趣的有机化学进行深入钻研，而后又提前进入北大就读，与学长们一起听课。果然感兴趣的东西才能做到最好，还没正式入学，便有有机化学的教授抛出橄榄枝，希望我进入研究组开始做研究。而今身在燕园，遥闻赤子钟鸣，踏未名湖心三尺冰冻，忆碎心湖畔千日窗寒。回头看看走过的路，似是一直初心未改，每一步都向着自己深爱的领域不断前行，此乃我之大幸，愿此生恒行。

学习方法

总体说来，我的学习心得只有两条：海纳百川，择善固执。

达到现在的成就，我依靠的主要就是兴趣。兴趣是最好的老师。兴趣，即择善固执。在做出决定前，要去尝试更多的、更多的、更多的东西。总有一些事情尝试之后才发现乐在其中。我也是尝试之后才发现自己真的喜欢化学。我识字早，上幼儿园前就能看报纸，小学低年级就对科普书籍感兴趣，高年级已开始读中学课本，初中就自学了几乎所有的高中化学内容。我搞化学竞赛，也实在没有什么功利的目的，全然是出于兴趣。

有了兴趣，努力便有了动力。对一件东西有兴趣时，我可以全然乐不思蜀，废寝忘食。我认真对待的那些书，往往不算干净，除了翻阅导致的破损与黯淡，甚至还有菜汤与油渍。常常上着正课，还忍不住偷偷翻出竞赛书来看。我在实验室待了两年，从未觉得腻味。《基础有机化学》两册共一千多页，我在高一的半年里就认真看完数遍，习题做了两遍——同时还要学习课内的东西。而准备省选前，一套三卷数千页元素化学知识，几乎看到能够背诵。

我相信，若自己随心而行随性而学，一定能斩获自己想要的成就。

我不喜欢在书上做笔记划重点，即使做，也总是用铅笔。什么是重点？是自己不知道的东西。而自己不知道的东西，会越变越少，而画上书本的笔迹却无法消除，反而会造成干扰。比起笔记和重点，当面临大量知识的时候，抄写其实不失为一种好的方法。两册《基础有机化学》我誊了三遍，第一遍用了一本半笔记本抄，第二遍用了大半本，第三本只用了十页左右；《无机化学》下册的化学反应，我开始用蝇头小楷抄了一印张，后来只需要写三页。记住的理解的越来越多了，对知识的掌握便越来越好，不需要划重点也能知道何为真正重要的东西，而这些东西之中，需要写下来强化记忆的就越来越少了。

还有一些值得一提的细节。我有许多很好的老师，其中一位姓林，他经验丰富，数次替我把好了努力的方向，让我比别人提早一年多就取得丰硕成果。我与高一级的同学一起学竞赛，努力过程中少不了学长学姐们的帮助。在择善与固执两方面，都需要虚心。同样，努力时需要及时反思，有需要时可以请教师长；当然，更重要的是自己的思考。偶尔也需要懂得放弃。学校组织的前三次大考，我都在年级前十五名内，但在做竞赛冲刺的时候，名次掉得很快。选择真正适合自己的路子很重要。

然而，做事可以仅凭兴趣，人却没有办法只做感兴趣的事情。总有些兴趣之外的事是必须要做的，如果仅凭兴趣而不去完成它们，它们就会成为真正的绊脚石。请用海纳百川的心态去包容它们，甚至喜欢它们。此时可以用心理暗示法等方法激发自己的兴趣。对于化学，可以自己买器材来实验，感受化学的神奇。每学会一点，理解一点，就自言自语给自己心理暗示，将学习的行为对求知欲的满足尽可能放大，也是可以的。如果实在没有兴趣，就只能老老实实刷题，完成题目时告诉自己"诶，原来我也能做到"来建立成就感，也是有效的。因此我确认，兴趣真的是可以培养的；给自己一个感兴趣的理由，忘掉别的所有不感兴趣的理由，就能用兴趣作为推动力。

关于化学这门学科的学习，我最想说的一点是：站得高，才能看得远。

我曾记得自己在不懂得什么是化合价时尝试做酸碱盐的题目的痛苦，曾记得不懂周期律时死记硬背化学反应的繁复，曾记得不懂得机理时去理解有机反应的歧途。而现在再去看中学化学，我甚至觉得它的编排极端不合理，甚至知识点本身都错误百出。现在的中学教材把化学教成了生物，很多可以理解的知识因为缺乏对于规律性的描述而必须死记硬背。

何谓站得高？掌握化学的规则，掌握本质的元素周期律、平衡常数、有机机理！彻底掌握本质性的规律，用这样的眼光去看待零碎的反应与知识，才能把珍珠串成项链！

做一个简单的总结吧。虚心听取他人的建议，尽可能正确地择善；决定之后，让兴趣成为执念推动自己前行，途中不要忘记反思；对于兴趣途中的绊脚石，努力使自己对它们感兴趣，或至少付出足够的努力把它们踢开；去尝试更多的东西，发掘新的兴趣，成为更好的人；去学习更本质的规律来看待基础的知识，使之更容易掌握与理解。

第 9 篇
吉林省——闫丙松

高中学校：东北师大附中

就读院系：北京大学元培学院经济数学专业

年　　级：2014 级

荣　　誉：第 27 届中国化学奥林匹克竞赛金牌

作者小传

生活中，我是一个 GEEK，喜欢了解和前沿科技相关的东西，一度是科技杂志和果壳网的重度爱好者。同时，我常常自诩文艺却也难逃"中二"的本质。喜欢读书，完完全全的"杂食动物"，什么书都看，也不论它是不是传统意义上的好书。喜欢音乐，虽对音准有概念但唱起歌来却也五音不全。热爱厨艺，煎炒烹炸样样精通，经常创造一些新奇的蘸料和菜品。

曾经是"理科癌患者"，觉得理科的内容才是最靠谱的，完全没有任何差错的，并且会因为自己学的是理科而产生一种谜之优越感。现在的我，没有曾经的偏执，在文理世界各取所需，也是一种成长吧。

新搬了宿舍，在新窝的床头有这样一句话："为时已晚之时，恰是最早之时。"是上一宿客留下的笔迹，想来觉得甚是有理。反思自己的行为并意识到错误，恰恰是有所改变的开端。我把这句话送给大家。

学习心得

一、时间管理

在人生的任何一个阶段，时间都是我们每个人拥有的最为宝贵的资源。我在大学所学习的专业是"经济学"，她就是一门研究如何分配整个社会中稀缺资源的学科。那么具体到每一个个体，人生当中的头等大事就是如何最优地分配他所掌握的资源，而重中之重，是如何管理自己的时间。

1. 时间有长短，术业有专攻

在高中，我们有大把整块的时间，比如课堂、自习课、午休、晚自习、在家的时间，等等；也有相当丰富的零散时间，比如课间、茶余饭后、等公交时、操课结束后，等等。不同长度的时间，一定要差别对待，才能使他们发挥最大的价值，这也是时间管理的第一个技巧。整块的时间，是攻克任何"有逻辑"的知识体系的撒手锏，因为有逻辑的知识往往都是有些难度的，且是对"前文"依赖性比较强的，因此我们就需要投入长时间的专注高效的学习来对付它们。课堂上就好好听课，否则课后会花费更多的时间，可能还达不到相同的效果；自习课没什么好说的，别带手机就成；午休的时候，休息或者学习都是很好的选择，切记不可二者兼得；对于在家的时间，一定要走出舒适圈，床和沙发都不是适合学习的地方，电脑、零食、闲书等等都不宜出现在自习区。而零碎时间的作用，便是攻克那些"没有逻辑"的知识体系。语文的背诵、英语的词汇、化学和生物的知识点，这些不成体系的知识就可以通过这些时间来搞定。最后也是最重要的一点，生在这个时代的我们，都是重度的"信息成瘾症患者"，这种碎片化的时间，往往刷个微信微博也就浪费掉了，所以，学习的时候，切忌"机不离手"。

2. 要做到在不同的状态间无缝切换

举个简单的例子，体育课后的我们，万万是不会去想着学习的——"刚下课的工夫跟我提学习，学习是什么，可以吃么?"这个时候的我们需要缓一缓，而"缓一缓"所耗费时间的长短就因人而异了。运动是一种状态，学生活动也是一种状态，研究自己新买的玩意儿也是一种状态，玩电脑游戏也是一种状态，而和这些状态相对立的就是学习的状态。缘何如此? 因为从这些状态到学习状态的切换过程，多多少少是要耗费些时间的，这些时间往往是无效的。怎样将这些"无效的时间"消除，是一种智慧，也是一种能力。首先，我们要对此有所知觉，其次，我们才可以一次一次不断地调整自己的心态，慢慢地削减调整状态所耗费的时间，直到最后可以做到该学的时候学，该玩的时候玩。另外，我们还可以直接主动回避这种无用时间，比如刚锻炼完身体，去洗一个澡再去学习，调整了状态，也让这些无效的时间充分有效化，直接削减掉了所谓的无用时间。

二、自我激励

我曾经思考过一个问题，为什么游戏可以轻易地让人成瘾，而学习却不能。

我发现了其中的一些差别，在游戏中，我们可以及时地获取奖励(打死一个怪物，就掉一回钱)，而学习的收益，短期内往往没有体现，甚至还是亏损的(付出了大把的时间，成绩却没有任何提高)，它的巨大收益会在长期实现(考上理想的大学，找到理想的工作，走上人生巅峰)。单纯的学习过程明显是和人类天性背道而驰的，所以不妨让你的学习开启"游戏模式"，这样久而久之才不会倦。做出一道题，来点好吃的犒劳一下自己；看完几个章节，清空购物车爽一下；跟家长谈判，考试进步多少名，就让他们给自己什么礼物。这样类似于游戏一样，及时的、持续不断的反馈可以让学习真正成为"一件小事"。这样的方式，可比一味提升专注力靠谱多了。

除此之外，还有研究表明，只有当你的水平和游戏难度相近的时候，你才会获得最大的快感。这对我们的学习也有一定的借鉴意义，我们设立目标的时候万万不可好高骛远，一定要量力而为，学习知识的时候也应该循序渐进，挑战过高难度是看似酷炫实则痛苦的行为。

学习方法

学习方法这个概念太过泛泛，听起来毫无头绪。那我不妨从几个能够大幅度改进一个人学习效率的方面来谈。

零散时间法。我们在高中阶段接触到的化学，逻辑性不是很强，知识点繁杂。所以，我建议大家把自己零碎的时间通通利用起来，来学习化学。网上有卖那种高中化学知识点汇总的小册子，小巧便于携带，可以时常拿来翻看。大家一定要利用好一切你能想到的零散的时间——甚至吃个水果这种空档来记忆这些内容，并且高效地执行它，不要浪费这些时间无所事事，或者刷手机。

归类和总结。化学从某种角度来讲，也是一门分类的科学。我们可以通过研究元素周期表来学习化学。在每一个周期里，元素同时呈现某种一致性和递进性，在每一族中亦如是。弄明白了元素周期表的内在逻辑，以及大部分常见元素的性质，高中化学内容基本也就没剩下什么了。这是最直观的归类，而且是前人为我们做好的归类，其实在学习过程中，自己也可以不断地对所学的内容进行匹配和归类，比如说化学反应方程式，可以按照反应条件来分类。归类和总结几乎是不可以区分的，勤奋的孩子总会交到好运。

通过更为系统的化学知识来理解化学，这也是我自己的选择。在高中生活刚刚开始的时候，我的化学成绩并不好，常常在70分左右徘徊，化学是我六门课中成绩最差的一门，讽刺的是，也是我投入时间最多的一门。我逐渐意识到，单纯地投入时间，加大练习的强度，这种量的层次的积累，或许并不会起效。恰巧，我高中所在的班级是竞赛班，理科的老师都有竞赛的背景，班级也有很浓的学习竞赛的氛围。我最初是抱着好奇、死马当活马医等复杂的态度来学习化学竞赛的，最初，竞赛带给我的最直接的好处有两点：第一，很强的自学能力。因为老师在竞赛课上，只讲授特别少的内容，大部分还都是知识框架，所以大量的内容只能自己课后去了解，直到最后我慢慢才发现，课堂的效率并不如自习的效率。第二，对化学的兴趣。1. 这个跟竞赛的趣味性有关。2. 这可能也和我好强的性格有些关系，愈挫愈勇，不信自己的高考化学永远只有 70 分左右的水平。高一整个学年，竞赛的基础内容就是学习完高中化学。有了这种知识的超前积累，做起题来比最开始的时候有了很大的提升，但这种提升只会让我拿到还算说的过去的成绩，并不是特别优秀。这让我懊恼不已，学了竞赛，结果居然这一科的成绩还不是班级里最好的。后来经过我进一步的分析，觉得可能自己并不是特别擅长学习高中化学这种知识点特别杂，甚至很多地方毫无逻辑漏洞百出的学科。于是，我选择在超前学习完高中化学全部内容的基础上，继续跟进竞赛的进度。高中化学竞赛，说到底，就是大学化学的内容，甚至高中竞赛拥有更强的学习密度，把大学化学不同专业不同年级的课程，都压缩到高中竞赛这么短短一年的学习里。

大学化学的内容更为丰富，很多知识的构建更成体系，有了比较完善的知识体系，理解起来就轻松很多。渐渐的，我学习了元素周期表每一族元素的典型性质，学习了杂化轨道理论的发展历程，学习了各种官能团的有机反应等等。化学这个学科的全貌，完整地呈现在我眼前，高中化学很多被阉割的地方，我也就理解了为什么它会遭到削减，因为如果要真正理解某一个知识点，所需要的是非常复杂的背景知识。竞赛归来之后，再回看高考的化学题，绝大部分的问题迎刃而解，但是为了提升化学成绩如此大费周章，究竟值不值得，我觉得这是一个见仁见智的问题，需要从每个人自己的情况出发来考虑。

第 10 篇
河北省——葛诚浩

高中学校： 河北衡水中学

就读院系： 清华大学生命科学学院医学实验班

年　级： 2014 级

高考分数： 698 分

荣　誉： 2014 年衡水市化学单科状元；第 27 届中
国化学奥林匹克竞赛金牌

作者小传

我向往自由，我喜欢无拘无束的生活；我向往远行，我想要没有烦恼的生活。我享受每一刻的生活，我认为做人开心最重要，做人要真诚与善良，我对这个世界友善，这个世界就会待我友善。仁义二字是我做人的基本准则，我认为对周围的一切都要有仁爱与义气。

我不信教，但我认为人一定要有信仰，我有信仰，因为我相信我自己。

我爱好旅行、电影、音乐、美食。我喜欢做科研，我想做一名医学科学家，因为我想尽自己所能，推动中国医学发展，做一些有利于生命科学发展的事情，同时胸怀家国天下，做真正惠及亿万人民的科学研究。要实现我的人生目标首先要能做一名好医生，中国医疗现状的改变需要我们的一份力量，还有很多疾病没有攻克，很多人需要医学的进步，但我不想只做一名普通的医生，一个人能医治的病人很有限，只有推动科学的发展，研究疾病的致病机理、发展以及治疗，才会对整个人类社会的进步更加有意义。

我的人生格言是：俱往矣，数风流人物还看今朝！

学习心得

首先感叹一下，时间过得好快，想当年那自由不羁的高中生活啊，再也回不去了，太多美好与快乐，也许这辈子都不会再有那种感觉了，所以我想分享的最重要的一点就是，我们要珍惜中学生活。唯有珍惜，我们才会认真对待，不要等到错过，再去后悔。身处在"围城"中的高中生们，你们可能感觉现在的生活很苦，很无聊，可是很多年之后你会发现，现在的生活很幸福。在平淡中体会爱的味道，体会奋斗的幸福。珍惜中学生活，去做自己想做的事，去拼搏，给自己留下一段刻骨铭心的美好回忆。

我觉得我高中过的还是相对比较开心的，可能很多人会因为高中的忙碌而苦恼，我想有一句话说得非常好：你忙不是因为事情多，是因为你笨！当然，我这里所说的"笨"并不是指智商与大脑生理发育，是指战略上的愚蠢。大部分人看似很努力，什么熬夜看书到天亮，每天只睡几个小时，好久没放过假了之类的，其实这些都不是刻苦，也不值得你去夸耀。不是吗？其实你要明白你勤奋是为了什么，你的目标在哪里，看路和选择远比盲目的勤奋更重要。雷军有句话讲得很好："不要用你战术上的勤奋去掩饰战略上的懒惰。"你可能学习很刻苦，但在战略上你可能选择了逃避，你不知道自己努力的方向在哪里，不知道自己的人生巅峰应该在哪里。在战术层上低头努力再久也玩不到战略层上来，醒醒吧，战术上的飞奔到头来不过是自欺欺人，战略上的勤奋才是真勤奋。

其实这里可以提一下那个经典问题：你如果问一个人："你这么努力学习是为了什么？"他会回答是为了考试有个好成绩。那么好成绩有什么用呢？是为了能顺利保研。保研后又怎样呢？保研后读研究生，就可以有个高一点的学历，然后再有个好成绩，今后好找一份好工作。这样的生活，是不是很无聊，是不是很没有热情？是的！是不是会低效，是不是不会有很大成功？是的！

关于学习效率，我想说，这很重要，比打时间仗更靠谱，也更加来得划算。提升效率的一个很好的方法就是压缩自己的学习时间，每天最多学习 8 小时，不允许自己低效，剩下的时间去玩，去睡觉。到头来，你会发现你收获的是比一天 12 小时的低效学习更多的东西，而且你还很开心。在学习时，思路一定要比手和眼快，不然你的效率会被你的手速和阅读速度所拖累，可以写得很潦草，可以敲的有错字，可以一目十行，但是不要让你的脑子懒惰下来。其实中学比较拖累你提升脑速的一件事情就是作业，很多作业会很烦，千篇一律，或者说你认为它没意义。对待你内心有抵触的东西，我建议最好不要做了，或者说先克服内心的抵触。作业的质量水平会很大程度地受教师水平的限制，当然前提是你不能很好地围绕作业去扩展学习。对于意义不大的作业，学会拒绝，前提是你用省下来的时间在你脑中进行了超过作业若干倍的思维量。

再一点很重要的就是，一定要保证充足的休息。只有会休息的人才会工作，中午睡一小时左右，晚上睡 8 小时左右，早睡早起。身体是革命的本钱，其他的一切跟你的好身体比起来，都微不足道。生活的品质是一定要保证的，吃得好，喝得好，玩得好，才能学得好。

什么事情往往你太在意最后总会出差错，其实放宽心想想，高考算个什么，只是一种达到目的的手段罢了，才能永远比文凭重要。保持一个好心态，中学阶段只是你人生中的很小一部分，若干年后回忆起来，是满满的幸福与开心，那就够了。

我说这么多，其实就是想告诉大家，一个好的心态很重要，有个好心态，没有什么事你做不成。从容备考，从容应考，好的结果自然就来了。认清现实吧，高考这条路是自己选的，借最新上映的《老炮儿》里的一些台词做结尾吧：男人要有男人的样子，自己惹的事自己圆（自己选的高考路自己搞定）。可以挨打，但决不能认怂（笑对高考，不能怂）。

学习方法

希望能给大家一些启发，启发而已，每个人都有最好的最适合自己的方法，模仿别人没意思，互相交流，互相启发，共同进步。不一定是只针对化学的，有些适用于各个学科。

一、重视听讲

课上能搞定的不要拖到课下，课堂上要注意听，而不是记，七分听，三分记，足矣。不要比老师的思路慢，去揣摩他想说什么。

二、敢于质疑

不要认为书上都是对的，中学课本很多不完善不科学的地方，要敢于大胆去质疑，去探索。对课本要质疑，那对老师，当然更要取其精华，弃其糟粕。去跟老师沟通，去跟同学讨论。

三、培养强势学科

培养一两个特别突出的学科，不仅对提高成绩有帮助，更重要的是能提升你的自信，带动全局发展。

四、善于总结，借鉴经验

不是每一个问题都需要你去自己做一遍的，学习要站在巨人的肩膀上，才能思路开阔。自己推理一些经验性的结论、技巧。

五、错题总结

不要放过、敷衍错题，发现了哪里不会就要及时解决，错题中的财富是巨大的，整理错题远比你刷大量的习题有价值。可以准备一个错题本，对考前复习很有帮助。

六、不钻牛角尖

看问题的面要广，不要钻进某一个点去出不来，高空俯瞰全局，你才知道往哪里走。

七、做好预习，有取舍地听课

一节课 45 分钟，全部认认真真地听实在太难了，无形中会造成低效。这就要中途放弃某几分钟，课前做好预习，讲到你完全会的地方，就远眺一下窗外，放松一下脑子，当然，讲到你不会的地方，就要提起百倍精神来好好听。

关于化学我们要：重视反应机理，结合实验现象理解问题；反应归类总结，高中化学反应总而言之就是酸碱反应＋氧化还原反应；做好总结，可以从每一族元素单质——化合物——反应等思路将知识点总结成知识网；多读书，拓宽知识面，化学毕竟是一个知识性比较强的学科，读的书多了，了解多了，站位就自然比较高，理解知识和解题也就更加容易。

首先谈谈上课重视听讲吧。听讲的技巧有很多，做笔记的时候不要看本子，眼睛盯着黑板，紧跟老师思路，做笔记可以用一些自己熟悉的符号，可以简写某些句子。听课的时候桌子上不要摆太多的东西，与此堂课无关的放到书包里，一个干净的桌面对听课效率的影响也很大。

然后说一说如何预习吧。带着问题去看书，不会之处记下来，重点之处也做好标记。不过预习最重要的是对这一章节的知识有个整体的框架，可以在脑中或者纸上列出思维导图。其实不仅是在预习，它在学习过程中和学完之后的复习中都很重要。你统领了知识的全局，才能将它们运用得淋漓尽致。我原来经常有背目录的习惯，一般学完了某本书，我都能将每一章每一小节的内容说出来，甚至将目录背出来，这样其实可以让你心中有数，将来解题或者考试的时候才能不慌。

接下来说一下那个强势学科的问题。在学习中关注你的强势学科远比整天纠结于你的弱势科目有价值得多。强推一两个特别强的科目，考试时保证这些强势科目尽量满分或者接近满分，这会给你带来很强的自信，之后复习的时候也可以在这些强势科目方面轻松一些，对你的整体成绩的提高很有帮助，无形中也给你的弱势科目留下了更多时间。

最后说一说如何对待错误，在学习中简单讲就是错题啦。高中阶段做的题多了去了，错的也多了去了，其实这些错题都是你宝贵的财富。及时改错，归纳错题，分析思路，弄清背后的知识根源。可以准备一个错题本，将有价值的错题归纳总结到这个本子上，复习的时候这个本子会对你帮助很大。

第六部分 生物学科

第一章
·教师篇·

王建平教师

作者简介

　　王建平，衡水中学生物教师，从教八年，孜孜不倦，成绩突出，深受师生好评，被评为衡水中学高考明星教师、最受学生欢迎教师，曾获得河北省优质课展评一等奖、衡水中学教科研标兵等荣誉称号。

高中生物学法分享

高中生物是一门基础学科，虽然主干知识突出，但细节知识庞杂、繁多，理论性较强；虽然有一定的抽象性，但与生产、生活联系紧密，也具有很强的实用性，生物学更是一门实验学科，注重实验探究能力和综合分析能力并且具有发展性。我们认识到这门课程的特点，对于学好生物非常重要，同时本学科兼具文理科性质，所以要勇于探索方法，在挫折中历练，在反思中打磨，适合才能高效。下面一些想法，是否能够激起你智慧的火花？

一、科学方法巧记忆，夯实基础效果佳

记忆是探索新知的基础，是创造的前提，该记就得记，不记准吃亏。近年来高考非常重视基础知识的考查，完善知识细节、提高知识准确性尤为重要，学习生物可依据不同知识的特点，配以适宜的记忆方法，有效地提高学习效率和质量。记忆方法很多，下面仅举几种常见的记忆方法。

1. 直观记忆法

内容形象、直观，记忆就深刻、难忘。例如：U——（像尿桶）尿嘧啶，C——（cell 首字母）胞嘧啶，T——（像胸前的十字架）胸腺嘧啶，记住这三个，那剩下的 A——（腺嘌呤）自然就不会混淆了。

2. 简化记忆法

通过分析，找出要点，将知识简化成有规律的几个字来帮助记忆。例如 DNA 的分子结构可简化为"五四三二一"，即五种基本元素，四种基本单位，每种单位有三种基本物质，两条脱氧核苷酸链，一种规则的双螺旋结构。再如：学习"有丝、减数两类分裂图像的区分标准"这一难点时，就可以简化为非常熟悉的一部电影——《无间道》：①无：看有无同源染色体（如果无，则为减数第二次分裂；如果有，则为有丝分裂或减数第一次分裂）；②间：看同源染色体之间有无被其他染色体间隔开（如果有，则为有丝分裂；如果无，则为减数第一次分裂）；③道：赤道板（如果每条染色体的着丝点排列在赤道板上，则为有丝分裂中期或减数第二次分裂中期；如果同源染色体排列在赤道板的上、下两侧，则为减数第

一次分裂中期；如果同源染色体彼此分离，正远离赤道板，则为减数第一次分裂后期；如果姐妹染色单体彼此分离，正远离赤道板，则为有丝分裂后期或减数第二次分裂后期）。通过以上联系，复杂化为简单，激发学习兴趣，增强记忆和理解效果。

3. 谐音记忆法

根据教材内容，巧妙地利用联想帮助记忆。例如记微量元素：铁锰硼锌钼铜这六种元素，可以用谐音记"忆铁猛碰新木桶"，这样就记住了，而且不容易遗忘。

4. 对比记忆法

在生物学学习中，有很多相近的内容易混淆、难记忆，可以运用对比法记忆，有对比才有鉴别，将有关的问题单独列出，然后从范围、内涵、外延乃至文字等方面进行比较，存同求异，找出不同点。这样反差明显，减轻记忆负担。例如光合作用与呼吸作用、有氧呼吸与无氧呼吸、激素调节与神经调节、物质循环与能量流动等。

5. 思维导图记忆法

各章节知识既相互独立，又前后联系，瞻前顾后、左顾右盼，通过思维的发散过程，把与之有关的其他知识尽可能多地建立起联系。这种方法多用于章节知识的总结或复习，也可用于将分散在各章节中的相关知识联系在一起。例如，以细胞为核心，要衍射出细胞的概念、发展、细胞学说、细胞种类、细胞成分、结构、功能、细胞分裂等知识。再比如：以高中生物史为主线，按着教材顺序从细胞的发现者和命名者虎克到生态学家林德曼串联起来，这一定会使那些枯燥易混的内容变得清晰有条理。尝试着去构建自己的知识网络世界，会使学习变成一种乐趣。

高中阶段，学会学习，跟紧老师的节奏，在有效的引导下学习思维、方法技巧等方面时一定要有自己的理解和思考，适合自己的方式才是最好的，考场上终须你一个人面对，大胆去探索、去挖掘、去创造，你一定会找到你的记忆利器，事半功倍！

二、理论问题实践化，抽象问题具体化

新课程标准要求全面提高学生的生物科学素养。生物科学素养是指公民参加社会生活、经济活动、生产实践和个人决策所需要的生物科学知识、探究能力以及相关的情感态度与价值观，这就要求将生物学知识与广阔的社会生活相联系。

就教材体系而言，主要的思路是沿着科学家们对生物学的认识过程来呈现知识内容，使学生体会探究的乐趣。同时希望学生通过高中阶段的学习，对生命科学有基本的认识，并且能够在现实的生活背景中学习生物学，为现实生活服务。

比如：为什么人会有"白化病"？为什么要禁止近亲结婚？为什么说人不是上帝或神创造的，而是从古类人猿进化来的……这些问题是不是激发了你学习的欲望？许多的研究成果已经或将要走进我们的生活：植物细胞在培养瓶中悄然长成幼苗；动物体细胞核移植诞生了克隆动物；不同生物细胞间 DNA 的转移创造出新的生物类型及其产品；病危的生命期盼着干细胞移植的救助。不得不承认，生物学科与人们的日常生活、医疗保健、环境保护、经济活动等密切相关。

再如：日常生活方面，如果酒和果醋的制作、腐乳的制作等，与我们的生活密切相关，我们可以试一试自己的动手能力，展示自己的制作成果，相信你一定会对微生物知识有更加浓厚的兴趣和深刻的理解。

另外，生物教材中创设学习情境的"问题探讨"、"资料分析"、"思考与讨论"和"旁栏思考题"等栏目，问题设置都与本节内容密切相关，将课本内容与社会生活联系起来了，既有思维拓展，也有知识应用，富有思考价值和探究意义，同学们认真对待，通过查阅资料、讨论交流等方式解决这些问题，你会感到生物学的乐趣和实用性。例如，必修一第三章的知识迁移，提到肉类的烹饪与细胞的溶酶体有关。细胞死亡后，溶酶体膜破裂，各种水解酶释放出来，分解细胞中的蛋白质等物质，这时的畜、禽肉烹饪后更鲜嫩。第五章的知识迁移，探讨了松土与农作物生长的关系，将农业生产与本章所学的细胞呼吸联系在一起。这些可以让学生利用所学的知识来分析、解释一些生产生活现象，既能巩固所学，又能培养大家的知识迁移能力。

总之，生物学科"源于生活、高于生活、回归生活"，只有联系生活实际，培养综合分析能力和知识应用能力，提高科学探究水平，才能真正体现课程改革的精神，才能使自己的知识、能力水平达到"问渠哪得清如许，为有源头活水来"的境界。

三、培养良好习惯，打造完美分数

良好的学习习惯是学好生物学的重要保证，我国当代教育家叶圣陶曾明确指出："什么是教育？一句话，就是要养成良好的学习习惯。"学习习惯有很多：合理计划、独立思考、限时训练、规范作答、做好预习、认真听课等等，特别要注意以下三点：

1. 有效预习

预习是在老师讲课前，浏览一遍讲课内容。在浏览时，应用笔将自己认为是重点的内容画出来，将自己看不懂的内容标出来，将浏览后产生的问题记下来，做出预习笔记。通过这样的预习，使自己听讲时更加有的放矢，就可以对自己不太熟悉的或重点的知识加深印象，并比较一下老师的理解与自己的理解有什么差距，如果自己理解得不深，则可以进一步加深理解。自己预习时还不懂的问题，则是听讲的重要内容，一定要当堂弄清楚。对于在预习中产生的问题，如果老师讲到了，则要听懂，如果老师没有讲到，一定要向老师问清楚，这也有利于提高独立思考和分析问题的能力。

2. 高效听课

课堂是关键，手不离笔，眼不离师，口不离题，专注而高效。那么课堂听什么？首先是听思路。听课时要注意听老师是怎样引出新课题的，又是怎样把新课题展开的，怎样讲解重点的，怎样归纳小结的。上课时把自己预习的情况与老师讲课的内容进行比较，这样，就可以在听课时更加明确老师的思路，那很可能成为我们自己掌握、梳理知识的思路。第二是听知识的联系。例如，关于叶绿体、线粒体等细胞器的结构和功能的知识，是后面我们进一步学习光合作用、呼吸作用的基础。第三是听重点、难点以及典型题解隐含的规律。把课堂的这些精华及时有效地记录即为笔记，可能做笔记的突出矛盾是记的速度赶不上讲的速度，那么课堂怎么记，记什么？要做到"三记三不记"，即重点问题、疑难之处、教材或手头教辅资料没有的记，次要问题、易懂之点、书上有的不记。记笔记要学会留白，以便下课后消化整理提升。

3. 改错反思

习题训练之后针对自己的试卷，整理自己的改错本，再现解题思维过程，领悟试题的命题意图，查漏补缺，总结提炼，只有善于在错误中总结经验，能够在经验中整合知识，才能最终达到融会贯通的境界。不要轻易放过一些一时想不通的问题，平时的一点疏漏可能给竞争激烈的高考埋下重大隐患。平时通过改错环节及时解决遇到的问题，可以每逢考前看看，复习的针对性一定会大大提高，再次翻看的过程中还要进一步地筛选，哪些需要再看的重点标记，哪些已经彻底解决的就直接删掉。当然改错中除注意知识点的总结，更要注意解题能力的提升。多开展"举一反三"的变式训练，练活自己的思维，提升应变能力。例如：在光合作用过程中光合作用强度随时间的变化，如果把纵坐标变换为 CO_2 吸收量，O_2 释放量、CO_2 含量、C_3 化合物相对含量、C_5 的含量，就会使你更加理解光合作用与呼吸作用的关系以及曲线题的解题规律，提高图表分析题的解题能力，提高解题质量。

今日的你是你过去习惯的结果，今日的习惯将是你明日的命运。培养良好的习惯是一次与自己的较量，在这场持久战里，所有的坚持和努力，都会在自己的成长中刻下印记，无论结果是什么，我们终将成为更好的自己。

四、限时训练重实效，应试能力速提升

1. 稳准审题

经常有学生反映：课本上该记的知识点都记牢了，可考试就是拿不到高分。原因可能有三点：一是审题能力不足，不能从题干中准确获取有效的信息；二是逻辑思维能力和分析推理能力较差，不会根据题意做出合理、科学的判断；三是语言表达能力较差，答题不规范，专业术语常写错。所以只有提高审题能力，培养审题稳、准的良好习惯，解题时才能有效作答，但要注意，限时训练时表现出的审题能力才是你真正的审题能力，因为限时训练才能模拟考试的心理状态和实战能力，很多平时不存在的问题在限时训练的情况下就会出现。限时训练会让你更加了解自己，限时训练才是有效训练。

2. 规范答题

在准确审题的前提下要有答题规范的意识，用生物学语言准确表达自己的观点很重要。生物学是一门实验科学，其培养目标与学生学习方式、能力、技能和态度有着紧密的联系，对于实验，尤其要注意实验原理、实验步骤、实验结论的标准写法，尤其是探究实验、验证实验等不同实验的结论的书写规范和特点需要注意。再比如遗传图解的规范化书写、遗传学符号的正确使用，用专业术语描述现象和给出结论，不写错别字，等等。只有规范才能得满分，只有满分不会被超越！

分析近几年高考理综生物卷的非选择题发现，逻辑思维能力、对比分析能力和语言文字的表达能力的考查已显得越来越突出。建议大家主观题的解答可尝试先草拟解答问题的提纲，然后作答。答卷要层次清晰，言简意赅，逻辑严密，语言规范，文字工整，卷面整洁，最后检查答案。

3. 规划时间

理综试卷普遍题量大、时间紧，需要考生摸索适合自己的答题顺序和时间分配，全国卷的最后两道生物题需要一定的时间去思考和解答，如果时间分配不合

理就可能难以应对，更难以做到卷面整洁、表述准确，所以要提高应试技巧和做题速度，做好最充分的准备。可以通过教辅资料对自己的理综进行时间分配的训练，当然也可以通过教辅资料找出自己的薄弱环节，及时补救。方法是，对照自己平时练习中发现的问题，以及自己在知识、思维、能力方面存在的缺陷，有针对性地练习，进行查漏补缺。

以上是我的一些分享，无论你现在是什么样的基础，期待看到你选择性地吸收，期待你在一些方法上有所改进，期待有一种叫作灵感的东西不断涌出你的脑海。相信你的老师，发自肺腑地喜爱生物，生物是有生命的物体，用生命感悟生物，用生物润泽生命。愿你秉持着"采蜜"的原则，去吸取知识的精华，持续地成长！

梦想属于每个人，高三仅有一次，你该用怎样的笔墨去书写你终将逝去的高三？我想最美好的生活方式，不是躺在床上睡到自然醒，也不是坐在家里无所事事！而是和一群志同道合充满正能量的人，一起奔跑在梦想的路上，回头有一路的故事，低头有坚定的脚步，抬头有清晰的远方。和一群有梦想的人一起奔跑，就是最美好的生活方式！

第二章
·学生篇·

第 1 篇
四川省——冯丹

高中学校：成都七中

就读院系：清华大学经济管理学院经济与金融专业
（国际班）

年　　级：2015 级

高考分数：689 分

荣　　誉：2015 年四川省理科状元；全国高中生化
学竞赛决赛金牌

作者小传

　　我的故乡是四川省西南边隅的攀枝花市，在那里我度过了我的小学和初中生活。初中毕业后，我通过外地生考试升入成都七中就读高中。因为我还有个双胞胎弟弟（他现在就读于清华大学建筑系），他也和我一样考入了成都七中并就读于高新校区，我们家也就因此搬到了成都。

　　成都七中是一所非常注重培养学生综合素质、促进学生全面发展的学校，我在这里收获了许多。我们有非常丰富的校园活动和社会实践机会，例如模拟联合国，以及众多的志愿者活动等等，不胜枚举。它们让我在享受乐趣的同时，极大地锻炼了自己的组织策划能力与表达交流能力。

　　我高中时参加了化学竞赛的学习，并从高二开始，停了将近一年的课搞竞赛。高三时进入四川省代表队，参加了全国化学竞赛决赛（冬令营）并获得了金牌。竞赛结束后，很快投入了高考的复习准备。尽管我已经欠了很多的课，但我还是很努力地跟上了进度，并最终在高考中取得了不错的成绩。

　　我的兴趣爱好非常广泛。热爱体育运动，每天在篮球场上都能看到我的身影；在运动会上我也摘金夺银，高中三年一直都是校运会男子 400 米的前三名。我也喜欢唱歌，是班上有名的"麦霸"。

　　我这个人性格比较简单，喜欢想，但不喜欢纠结其中，也不喜欢说，也没有什么一直信奉的人生格言……

　　但如果一定要说些什么的话，还是有一些我始终认为正确的话想告诉同学们：勤于思考，善于行动，敢于挑战。别放弃自己的理想，相信自己，你就一定能做成你想做的事！

学习心得

　　开学时的入学摸底考试，我考了年级第 86 名。当时我竟然感觉自己在七中这样高手云集的学校里还能排进年级前 100 还挺不错的。浑浑噩噩地又过了两个月，半期考试考了第 70 名，我还在自我安慰说："有进步！挺好的。"

但让我清楚地面对现实的事发生在半期考试后：我得知与我一同进入七中的攀枝花同学（这里就不透露他的名字了，他是四川省高考理科第三名，现在就读于北京大学光华管理学院）考到了年级第二名。一切在自我安慰下压抑着的挫败感终于完全爆发出来，我从不认为我和那位同乡在实力上有多大的差别，但现在却有着如同天与地一般的差距。我感到很不服气：为什么他可以继续名列前茅，而我却要选择接受这样平庸的成绩？一场爆发式的发泄之后，从前的不自信被我一扫而光。我坚定地认为，他可以做到，我也可以做到！

从那个时候开始我才真正地想要去学习，自己会投入时间和精力去想方设法地改善自己的学习。尽管当时还没有积累出一套像高考时那样成熟的学习方法，但哪怕仅仅是上课跟上老师的思路，下课通过作业、练习把每个问题都搞懂，考前梳理知识点，对学过的知识进行复习和回顾，其实就已经足以应付高一的新课学习了。那两个月里，我的心情其实也是很平静的：并没有想太多，也没有一直期待着在期末"翻盘"，更没有想过"翻盘"失败了会怎样，只不过踏踏实实地做着自己的事。期末考试终于来了，考前我根本没有给自己设定诸如"我这次一定要考进年级前十"之类的目标，只是在想我不应再受到自卑心态的束缚。考试结果出来了，我拿到了年级第六名。也不是说这个成绩就很好甚至值得炫耀或怎样，但它最有意义的地方在于它向我证明了别人可以做到，我也完全可以做得到，我有实力做到。这次的经历让我明白，自己有想要学习的那股劲儿才是最重要的，只要自己愿意学，就会想方设法地去完善、改进；而至于方法倒是次要的，参考着别人的经验，在你学习摸索的过程中便会自然产生（当然，对于某些同学来说找不到有效率的学习方法也是一个问题，我将在第三部分中讨论）。从那以后，我基本上所有的大型考试都再没有出过年级前十。

这个故事讲的是我如何醒悟到我为什么要学习。而至于我如何在高考中取得较好成绩的所谓"心态"问题，则不得不提及我的化竞历程。

竞赛的生活是非常辛苦的，尤其是对于像我这种也不愿意放弃常规学习的同学来说更是如此。有时我上午在教室里把一天的知识都学完，然后下午跟晚上投身竞赛之中。我平时睡觉从不超过晚上 11 点钟，但到了竞赛阶段，加班熬夜到一两点也是常事。仍记得高二结束时的那个暑假，应该是竞赛准备最为艰难的阶段。那时候每天要看很多的书，刷完的卷子垒起来有半个人那么高。尽管我从不在心里承认自己有些"来不起"了，但就连身体也已经有些吃不消：鼻炎、耳鸣、失眠，一个月感冒了好几次，脑子也一直处于半晕半清醒的状态。最后拖着疲惫的身子参加了初赛，我认为我没有发挥出最理想的状态。但我终究还是考到了全省第四，顺利进入了省队。

进入省队以后的准备则更是艰辛。在湖南师大，十多天里我从未在半夜一点钟之前闭过眼，而第二天清晨八点仍然准时出现在教室；在四川大学，我们每天白天泡在实验室里做实验，晚上还要回寝室继续做题直到熄灯。与此同时，和初赛前的准备不同的是，我开始有意识地调整着自己的心态，不再去刻意地追求所谓的"最佳状态"。我想，反正我已经尽了我最大的努力，至于最后的得失成败，便没有什么好在意的。正如王安石在《游褒禅山记》里的一句话："尽吾志也而不能至者，可以无悔矣，其孰能讥之乎？"的确，只要我已经尽到了自己的一切努力，哪怕最后的结果不是最好，也没有什么好遗憾的。带着这样的心态，我参加了冬令营。尽管最后并没有如愿以偿地走得更远，但我的内心却非常坦然。我一直认为，冬令营带给我最大的收获，不是一块金牌，而是这样一句"尽志无悔"，让我不再受到功利心态的困扰，让我可以淡然地面对得失成败。

有了竞赛的那些经历，回到教室，感觉跟竞赛之前完全是两个不同的状态。回到教室准备高考，对我来说甚至更像是一种放松。我甚至还不太习惯十一点就能睡觉的生活。复习的时间过得很快，也不再去关心每一次考试的结果；很快，高考就要来了，我却感觉不到丝毫的压力。心中只想着我要考好，我会考好，而从不去担心考不好的后果。或许是因为看过了太多成败，所以便觉得即使没考好也没什么好担忧的；反正我已经向着自己的志向尽到了全力，无论结果是好是坏，都没有什么好后悔的。或许正是因为我有了这样的心态，所以才能在高考中发挥出正常的水平吧；尽管也不是处处都做到了最好，但我觉得无论如何，结果都会是令我满意的。

我的故事到这里差不多就讲完了。当然了，对于低年级的学弟学妹们，高考离你们或许还太遥远，而你们也不一定都接触过竞赛；然而尽管如此，关于我心态上的这一点点想法，我相信对于你们来说都会是受用的。仔细体会，深入思考，相信你们都能有所收获。哪怕你们之中只有一个人真正有所感悟，那我也会感到很高兴啦！

学习方法

形而上的"道"讲完了，我最后想跟大家分享的是形而下的"术"，也就是所谓的学习方法。首先要强调，学习方法没有好坏之分，只有适合自己的和不适合自己的。别人推荐的学习经验可以借鉴，但切忌生搬硬套，一定要把它放到具体的实践之中去检验，"摸着石头过河"，随时调整，选择有效的学习方法。久而久之，自然就能摸索出一套适合自己的、最有效率的学习方法了。如果你是那种有意识地在改进自己的学习并且感觉自己已经学得很努力了，但却依然没有什么明显的长进的同学，那么你或许就需要好好阅读下面的文字了——因为你很有可能是没有找到适合自己的有效的学习方法。

　　我在这里与大家探讨一下关于生物这个学科的学习方法。

　　首先总的来说，生物这个学科虽然是理科，但却跟数学、物理的学习方法有所不同，记的背的东西可能会多一点，因而也被很多同学视作是"理科中的文科"。这样的说法不是没有道理，但需要纠正的是，如果有的同学把它仅仅看成是记了、背了就能学好的科目，那可就大错特错了；另外一个需要提醒注意的地方是，有的同学对于生物这个科目没有足够地重视，认为记一点、背一点，就能拿到跟所有人差不多的分数了，而事实上，这个科目也同数学物理一样可以拉开极大的差距，如果你没有投入足够的精力学好这个科目，哪怕你数学物理学得再好也难免受到拖累，整体成绩无法再上一个层次。因而学好生物非常重要。那么，我们应该如何学好它呢？下面我分点列举几个我认为重要的学习方法，仅供各位同学参考。

一、打牢基础，要从课本抓起

　　很多同学在跟老师交流自己学习上存在的问题时，可能都听到过"基础不扎实"这样的说法。但其实很多同学会感到纳闷（至少我以前是，哈哈）的是，什么叫基础不扎实啊？我怎么才能把"基础"弄"扎实"了呢？其实在我看来，所谓的基础不扎实，就是指有一些细节的知识点没有掌握得很准确。大的框架知道，但当问到一些更为深入、具体的问题时，或许就答不上来了。例如在问到假说—演绎法时，同学们可能会立马联想到孟德尔的豌豆实验、摩尔根的果蝇实验。但要问到假说—演绎法有什么步骤时，很多同学可能就支支吾吾说不清了。而事实上，完全可以据此就出一道选择题，或至少作为高考选择题的一个选项。那么我们要怎样做才能打牢基础呢？我认为，最重要的就是回归课本。高考复习，不完完整整地把教材通读一遍是绝对不行的；就是到了考前的最后几天，老师给的复习建议也是重新阅读教材。

　　这里的所谓精读教材，不是指随手翻阅、浏览，而是从前言开始，一个字一个字地看，无论是黑体字、小字，甚至旁栏和注释都得仔仔细细地看一遍；这可不是一天就能完成的工作。由于高考出题大多源于教材，你把教材吃透，许多容易考到细节的知识点也就掌握得很清楚了。

其次，要带着思考去阅读教材。看到一个概念，不是说"哦，这个我知道"就过了，而是要先想一想自己能否阐释得清它是什么，试试给它下个定义，这样可以避免"知其然而不知其所以然"的问题；然后仔细在脑海里回忆跟它相关的所有知识点和做过的经典的题目，试图把它跟相关的知识点联系起来。这样仔细地读一遍教材下来，相信你的"基础"已经很"扎实"了。如果有时间，我建议完全可以多读两遍教材，因为一遍很难说可以做到完善，当你第二遍、第三遍阅读教材时，会逐渐把知识点复习全面，并且对之前看过的内容有更深刻的理解。不夸张地讲，教材每读一遍，都有新收获。

二、总结归纳是学好生物最为重要的方法，没有之一

我曾经看过年级上一位生物非常顶尖（当然她其他科也非常好）的同学高三复习阶段的笔记，深感之所以她能把生物学得那么好，确实是有原因和道理的：所有的实验对应的操作步骤记得一清二楚，甚至不同实验中同一药品的不同作用和使用方法都分门别类地记在一起；每一节的内容，都以一条清晰的线索梳理下来，显得那么简单而容易记忆；凡是有关联的知识点，全都总结在一起成为一个小专题；而她归纳的遗传计算题中常见的题型和考点，真的是每一个都有涉及。

除了记好总结笔记之外，我还有一个好的总结归纳的方法推荐给大家，那就是画思维导图。这种方法相信很多同学都听说过，它对于复习回顾、梳理知识点的巨大作用恐怕无须我再赘述。但我觉得其实真正把它付诸实践的人或许并没有很多；而且很多这样做的同学可能还都陷入了某一个误区，以至于并没有达到理想的效果。

怎么画思维导图呢？很简单，拿一张纸（随便什么纸都可以，没必要非记在本子上），就可以开始往上写东西了。画图的时候千万别翻书！仅凭自己的记忆，以树状图的方式，在图上逐步画出某一个章节的所有知识点：从大标题开始，写出每一节的小标题，然后想这一节里有哪些内容，对应哪些知识点，每个知识点相关的定义、内容和注意事项等都有什么需要记住的东西……只要你能回忆起来的都是记住了的东西，而那些记不清的则可以赶快翻翻书查阅一下，这样就会对它印象深刻了。如此分门别类地梳理一遍下来，你会觉得你对这部分内容掌握得非常清楚了，每一节里有哪些知识点，每个知识点有哪些需要记住的东西，都在你的脑海里一清二楚，你甚至可以把一本书的所有大小标题按层次依次背出来；这样一来相信你对整个知识的掌握已经形成了体系，而这就已经达到了理想的复习效果了。

最后，有个需要再次提醒注意的地方，就是不要太拘泥于形式，这其实就是我之前说过的很多同学的误区——太过纠结于表面形式，用花花绿绿的笔把那张图画得非常精美，其实这样做没有必要，也没有达到好的复习效果，只是白白浪费时间。在我看来，思维导图只是在你回忆、梳理的时候起到一个辅助的作用，它是一次性的，而不是拿来你每次考前看的。这就跟你背了一篇课文把它默写下来一样，难道考前还要把你以前默写的底稿拿出来看吗？重新默写一遍不就又背下来了吗？既然如此，你默写的时候把字写得那么漂亮，就是写成一幅书法作品，又有多大的意义呢？因而正确的做法是，每次考前都重新画一遍思维导图，不用管是什么纸（我一般都用草稿纸），也不用管画得好不好看；画完之后觉得知识点都很清楚了，那张纸就大可扔掉了。

三、学习生物不用大量刷题，做题要讲求精致

与数学物理需要大量做题以求"熟练"不同，学习生物这门学科不用做很多题，完成了足够深化你对这个知识点理解和掌握的基本数量的题目以后，再做更多相同类型的题目就没有多大的意义了，这样做效率是很低的。那学习生物要做哪些题呢？应当是做好题、做经典题。生物做题更讲求"精"（当然数学物理也不是不讲求）。所谓"精"，就是把经典的、有价值的题目积累起来，反复揣摩，并能够以一道题为发散，掌握一个类型的题目。能代表一类题型的题目才是好题，而仅仅是同样知识重复训练的题目则没有多大价值。要做到"精"，建立"错题本"是一个不错的选择，其实与其说是"错题"本，不如说是"好题"本，仅仅是因为自己粗心大意而做错的题需要记吗？——不需要；一道自己没错但代表着一类题型的好题需要记吗？——当然需要！

当然，正如学习方法没有好坏之分只有适合与不适合一样，是否建立错题本取决于你自己的情况。如果你觉得抄题或是剪题粘题太过于浪费时间，而自己记忆力还算可以，且有收拾资料的好习惯，不至于想要找以前的一道好题却怎么也找不到，就大可不必专门建立一个错题本，在卷子或资料上标注就好（比如我就是这样）；而如果你常常面临想找一道题却半天找不到的尴尬局面，你或许就可以考虑建一个错题本了。

以上几点是我认为最为重要的平时学习的关键方法。其实同学们可以发现，

这几点都是比较大众化的，是很多老师、同学都分享过的一些学习方法，确实是这样。在我看来，这世上并没有什么可以称之为捷径的学习方法。以上几点，都是我们在长期的学习经验中总结出来的最为精华、普适的学习方法，它们的正确性毋庸置疑。我觉得，对于同学们而言，若要想在方法上有所进步，其实关键并非苦苦寻找所谓的"捷径"，而是把这些别人总结的方法与自己的实际情况相结合，并把它们落实到实际行动中去，倘若果真如此，我相信你一定是会有所收获的。

**第 2 篇
贵州省——邹林苇**

高中学校：贵阳市第一中学

就读院系：清华大学经管学院信息系统与信息管理
专业

年　　级：2015 级

高考分数：675 分

荣　　誉：2015 年贵阳市生物单科状元；第 31 届中
学生物理竞赛省二等奖；2013 年第 29 届
中国数学奥林匹克竞赛全国决赛省级三
等奖

作者小传

我从小到大都是在贵阳念书，小学在一个教学资源比较匮乏的厂办学校就读。由于我识字比较早，小学一年级的时候班上考试，老师要给我们念题目之后才能做，但是由于我认字多，老师整张卷子还没念完我就交了卷。小学我从来都是年级第一，后来数学老师直接让我上讲台讲课。再后来老师让我尝试奥数，在没有辅导老师的情况下我自己做题思考，年年获得"华罗庚杯"一等奖。英语我在五岁时就开始接触，总是和比我高两届的学生一起上课，从三年级开始每年都获得英语奥林匹克一等奖。但其实现在回忆起来这些都不算什么，小学教学难度非常低，我只不过是其中略为勤奋的一个罢了。初中进入了贵阳市一所私立学校，初一期中考拿了年级第二，其后学习态度略有放松，但还是能保持在班上前三、年级前十的水平。上了初三之后包揽年级第一长达一年，学校希望我能在市里面考个好名次，但遗憾的是我中考遭遇滑铁卢，排到了市里第 21 名，辜负了学校的期望，但还是勉强进了贵阳市最好的学校的理科实验班。在这里我遇到了前所未有的强大的对手们，他们从全省而来，均为省内最顶尖的学生。我除了英语从五岁开始学以外从来没有参加过任何补习班，然而在实验班的压力曾经让我一度考虑参加课外补习班，但幸而我的成绩逐渐好转，最终进入了较为靠前的位置。高中阶段我的成绩波动非常大，从年级前三到前七十不等，这让我自己心里也经常没底。但逐渐形成自己的一套知识体系之后学习就变得轻松很多。我积极参加各类课外竞赛，数学、物理、化学均获得过全省二等奖；信息学奥林匹克竞赛（NOIP）我从初二开始就一直是省级一等奖，复赛成绩通常是前三，高二那年进入了省级代表队，代表贵州省参加全国冬令营，但遗憾的是成绩非常不理想。英语方面，高一寒假我突发奇想想考个雅思，我在 30 天之内从零开始突击，上了 8 节雅思课，最终得到了雅思 7 分的成绩。同时我曾经在贵阳市盲聋哑学校给盲童教授英语，与他们结下了深厚的友谊。接触这些孩子之后，我发现与其说是我在教他们，不如说他们在教导我，教我人生的意义和另外一种更加光明地看待世界的方法。

我特别喜欢希尔伯特的这句话：Wir müssen wissen, wir werden wissen.（我

们必须知道，我们必将知道）。其实我刚接触到这句话的时候，它的中文翻译是"我们将要得到，我们必将得到"。我非常喜欢这句话里面蕴含的霸气与舍我其谁的气概。任何事只要我们想要得到，我们就奋力去争取，虽千万人吾往矣，最终一定会属于我们。只要有这样一种信念与决心，我想高考并不是一件登天一样难的事情。更何况"合抱之木生于毫末，九层之台起于累土，千里之行始于足下"，我们将要得到，我们必将得到。

学习心得

　　我初入理科实验班的时候，被班上同学的实力惊呆了。这里汇集了全省最顶尖的学生们，许多在各类比赛中如雷贯耳的名字就出现在我的身旁，"大神"们早已互相熟识，相互打着招呼。高一上学期我的成绩并没有很拔尖，仅仅处于班上中游水平。这和我初中大杀四方的状态有着云泥之别，心理落差一度让我相当沮丧。不仅如此，班上绝大部分人都参加了课外补习班，有的人甚至在高一结束的时候就已经学完高中全部的内容，开始疯狂地刷题。在这样的高压之下，我始终相信，万丈高楼平地起，别人尽管比我先起步，但是我们的终点却都是一致的——高考。尽管他们学得比我超前，但只要我在现在的每一个阶段都比当初的他们掌握得更扎实，那么最终我的实力一定会强于对手。抱着这样的心态，我没有与同窗们展开恶性的军备竞赛，互相比进度快慢比刷题多少，而是按部就班地按着老师设定的路线，结合自己的权衡取舍而制定自己的学习方法，高一下学期就首次进入了年级前十。

　　我个人是不支持刷题的。我认为做题有两个功能：一是提高熟练度，二是加深对知识点的理解。提高熟练度那是期末复习或者高三才需要考虑的，所以在总复习之前我做题主要是为了加深理解与学会应用，加上识别一些基本的陷阱。我认为我所做的每一道题都应当产生它的价值，一些重复的题目对我来说意义不大。我觉得设立错题本虽然是一个非常好的主意但是太耗费时间，我们宝贵的精力应当分配在刀刃上。

　　具体到我自己，我是做了一个方法归类，将一个模块下的所有题型分门别类，每种题型又有着哪些让我自叹不如的解法，统统集成到一个本子上。这个本子是我经验的总结，也是我记忆的延续。我们都知道刚刚学一个新事物的时候我们总是记得最牢，对各种解题方法、思路、手段都烂熟于心，但等到再过一段时间就会生疏。一旦忘掉，那么这段时间的努力就成了一次性的沉没成本。我希望我的每一分努力都能可持续，都能在日后我需要的时候立即给予我帮助。这样一来，我只需要花很短的时间复习我的"经验本"就可以将当初的努力全部找回。这更像查一本字典，遇到问题先判断是哪个方面的知识，再逐步细化，看有没有现成或者相似的题型，能否套用已有的解决方案；若是没有，则补充在后面。这样一种结构化、程序化的学习方法让我省下了不少脑力，这就像一棵树，能沿着主干一直细化到最尖端那是最好，否则就在合适的层面新添加一条枝干，最终形成这个知识模块的一棵只会越来越茂盛的树。这整个过程是一个动态的过程，直到高考之前我都难以相信，某些具体问题的变式居然能总结出如此多的方法与思维，所以我一般都采用能够随处添纸的活页本。至于错题，我个人倾向于用极其简短的话记录在一个小本子上，只记录最核心的部分，比如"开根号的时候留心正负号和定义域"，用画"正"字的方法累计频数。久而久之，做题完全会退化成一种流程化的操作，看一眼题目立即知道是哪一块儿的内容、有哪些方法，剩下的就是熟练度、运算速度和别犯低级错误的问题了。

　　高考之前的心态调整，我是经历过大起大跌的。最后几次模拟考我成绩波动非常大，高的时候前三名也有低的时候七十名也有。临近高考的时候，我就像打了鸡血，每天亢奋不已，尽管成绩依旧不稳定但还是一股脑地往前冲，仿佛自己可以改变世界将对手全部踩在脚下，壮志凌云可上九天揽月。现在想来，当初的自己真是傻得可爱，然而事实就是如此，这又何尝不是一种自我麻醉呢？纵然可能是对命运的不自量力的还手，但我也会至死方休。

学习方法

　　关于生物的学习方法，由于这是整个理科体系之中比较偏文科的一个学科，需要背记的东西很多，首先需要一定量的时间投入以及定期的回顾。其实在我看来，月考之类的考试已经足够起到督促我们定期回顾的效果，而不用花太多时间重新背记。所以最初的理解一定要透彻，辅以适量的做题来巩固记忆以及学会应用。其实从这个角度来说，生物是最没有技巧性的一科，只要你肯付出，你就一定会有收获。

　　但是，收获的多少却有差别。我还是有一些小技巧，虽然很少，却可以帮助我在有限的时间内获得更大的收益。其中我认为最核心的一个方法，就是研究答案。研究答案非常重要，许多同学做完题匆匆对完答案了事，总是觉得自己说的和答案差不太多就是正确的，但是在考试的时候又总是莫名其妙地被扣分，然后去埋怨改卷不公。但天下哪里有完全公正的改卷，放到高考也依然是这样。提高分数只能从我们自身开始做起。研究答案这个方法是我从语文学习当中迁移过来的，因为生物不仅考知识点还考表述能力。我们没必要将每个细节都描述得面面俱到，但是太粗糙了又不能显示自己充分掌握了这个知识点而难入老师法眼，所以把握表述的"度"是非常重要的。其实最简单的方法，就是将自己的答案与所谓参考答案做对照，找不同，看看逻辑思路是否正确，哪些地方该详哪些地方该略。其实据我了解，在现在标准化阅卷的时代下，需要一个统一的度量标准来衡量所有试卷，那就是关键词。至少在我所在的省份，与文科一样，关键词是踩点给分的，也就是说答到了就给分没答到则不给分。当然这并不意味着答得越多越好，老师最希望看到的是精准的命中。当然，这相当难，需要许多磨炼，但是其实只要我们练就一双火眼金睛，能准确识别出哪些概念是不可或缺的关键词，也即少了它答案的逻辑就不连贯，然后用简洁凝练的语言将其表述出来即可。

而同样，简洁凝练的语言风格也不是随随便便就能学来的，除了勤加积累练习，还需要良好的参照模板。市面上卖的辅导书除了有些大牌出版社的答案确实由专家编写之外，其余的仅仅是答案正确而表述语言让我不敢恭维。那么，最准确的、万无一失的模板有吗？当然有，那就是我们的生物书。书上的语句是出题人的唯一参照系，题目答案的撰写当然也与教科书中的语言脱不了干系。而同时书中的一字一句都经过了严密的推敲，逻辑严谨递进层次清晰，是我们模仿的良好对象。就我自己而言，我经常睡前拿出生物书随手翻翻，看个十五分钟熄灯睡觉。也不追求背下来，也不追求联想考点什么的，只需要读一读书上的语言，感受一下叙述方式，在心里默默地学着这样的风格来改写某道题的答案。信手翻阅，看到哪儿算哪儿，下次接着看，几本书循环往复一直看下去，最后我的答题风格已经和书上的语言别无二致，甚至可以精确到和标准答案只有几个字之差。这一切都和读书有着密不可分的联系。

说到读书，我们老师总说要熟读教材，此话不假。除了学习语言风格之外，考试还经常考一些书上现成的套话和原话，若是能精准地默写出来会显得非常专业，给改卷老师的印象分会大大提高，一整道大题得满分的概率就会提高。而所谓的默写当然不是机械地背诵，读书读多了自然而然就会记下来，而且记忆持续的时间更长。

　　和我的学习方法一脉相传的就是制作"经验本"。生物的"经验本"尤其简单，即便是最难的变式最多的遗传部分，也不过只有几种大的题型，只用几种很少的套路即可解决。但由于生物许多大题的不同模块之间的知识交错紧密，一个题可以考查非常多个模块的知识，而导致很难归纳整理，所以我也仅仅做了遗传部分、细胞分裂专题（有丝及减数）等相当有代表性的模块。同时，可以多使用图形和坐标来便于理解与记忆。我们都知道，人对图形的记忆能力是远超过文字和声音的，"图解助记"是很好的一个方法。举个最普遍的例子，细胞分裂过程中的染色体数目及形态位置变化通过一张图就可以清晰地描述出来。再举个例子，关于能量流动的题目，通过一个又一个的不同宽窄的箭头来表示能量的流动与转移，让我从此对能量流动有了非常清晰的认识。当然，根据我做题的经验，能量流动图也有很多表示方法。

　　最后便是概念问题。书上的概念非常重要，经常作为选择题的出题来源。我们都知道，选择题是 6 分一个，在满分才 90 分的情况下占有了相当大的比重，可以说是非常"昂贵"的，错一题就可以拉开相当大的差距。而选择题考查的范围有限，仅仅 6 道题，每题才 4 个选项，要想考出层次只有抓细节。实际上，生物选择题的出题点，经我研究发现大多落在概念或者定义前面的定语，一些形容词或者表示范围的副词。打个比方，书中"同源染色体"的概念中包含了"一条来自父方一条来自母方"、"形状大小一般都相同"，那么选项中的陷阱就可以设为"形状大小相同的染色体为同源染色体"，很多同学因为不细心，没有关注定语而造成失分。其实说到底，选择题只有一个正确答案，做错只能是同时对两个知识点都掌握不牢才会模棱两可左右徘徊，核心还是基本功不够扎实，要从平时的多看书，细心关注书中定义开始。

第 3 篇
河南省——李锦

高中学校：河南省确山县第一高级中学

就读院系：清华大学工程物理系工程物理专业

年　　级：2014 级

高考分数：710 分

荣　　誉：2014 年确山县理科状元；河南省三好学生

作者小传

我出生在河南省南部的一个农村家庭，家里世代种地为生，并不富裕。在我四岁时又意外丧父，对我的家庭来说更是雪上加霜。然而这些并没有成为我成长的障碍，相反，我觉得幼年时的惨痛经历是我之后成长中的一笔财富，经历了这些之后，我不会再畏惧生活中的其他困难。

虽然家庭条件不好，但家人始终非常重视对我的教育。我在小学四年级之前对家人的良苦用心还没有任何体会，也就没有好好学习的意识，后来随着年龄的增长，了解到的也越来越多，加上老师的教导，我明白了家长的不易，也慢慢开始努力学习了。到小学毕业时我的成绩已经能在乡里排上名次了。我的初中只是乡镇级中学，教育条件落后，不过我在第一次考试中就取得了年级第一，这大大增强了我的信心。信心对于一个人的学习真的非常重要，即使第二次考试我就落到了第五名，但我明白，我有第一的实力。初中三年，一直都是这种信心支撑着我的学习，因此学习显得游刃有余。

然而中考我却意外失利，在县里排名五十开外，只得上了县里的高中，同样，高中也是我们地区比较落后的中学，但竞争依然激烈。不过令我意外的是，正如三年前，我再次在第一次考试中拿了第一，从而后来的文理分科时我被分到了最好的一个班，中考失利的阴影一晃而过，我再次获得了强烈的自信。由于我们班是学校里最好的一个班，所以竞争非常残酷，但是学习氛围非常好，这对于学习来讲是非常有利的。只有处在竞争中，人才不会懈怠。后来我几乎一直排名年级第一，高考时发挥稳定，取得我们市的理科状元，如愿被清华大学工程物理系录取。

进入清华之前我早有准备，知道竞争会更加激烈，但现实比我想象的还要残酷。我作为一个农村出身的学生，在各个方面都受到了"碾压"，但是正如高中时所经历的，只有残酷的竞争才不会让人懈怠。我相信，在清华的生活将成为我人生中最宝贵的财富。

我信奉的人生格言是：有些梦，虽然遥不可及，但并不是不可能实现！

学习心得

对于学习来讲，我认为最重要的是兴趣。从小学开始，我就对学习有着浓厚的兴趣，无论是理科还是文科。在数学中，我能发现很多有趣的规律。在语文中，我能领略汉语的美妙。小学时对我影响最大的是《小学生学习报》，我深深地为上面介绍的课外知识着迷，尤其是数学中很多美妙的规律，比如高斯算法、三角形数、水仙花数等等，一切都是如此美妙。于是我在五年级时已经自学了六年级的数学内容，六年级时已经基本学会了初中近一半的知识。到了高中之后，我对自然科学产生了浓厚的兴趣，我深深地被物理公式的简洁与美丽所震撼，物理学家们只用一些简单的公式便描述了整个世界，这是任何其他学科都无法媲美的。此后，我一直没有丢失掉学习的兴趣，一直认为学习到新的知识是最幸福的事。兴趣是学习最大的动力，一定要培养自己对于学习的兴趣。

其次是信心。正如我之前所说的，如果说是兴趣支撑我熬过了中学单调的生活，信心则支撑着我闯过了激烈的竞争。信心的重要性相信我不必多说，美国作家爱默生曾说：自信是成功的第一要诀。但是培养自己的信心是非常不容易的，我在中学时学习的信心来自于两次考试，或许有一部分是幸运吧，初中和高中入学第一次考试我都拿了第一。这两次考试使我相信，无论面对的竞争有多激烈，也无论我周围的同学有多强，我并不比他们弱。当然，不可能每个人都有这样的经历，所以培养自己的信心就显得更为重要。尽管自己目前的学习成绩可能并不令人满意，但是我们始终都要相信，自己并不比别人差。自己目前的学习成绩不好是因为自己之前没有用心，但是自己是有能力学习好的。

当然，谈到学习自然离不开学习方法，但我想说的是，比学习方法更重要的是学习态度。不管自己的学习成绩如何，首先态度一定要端正。我想，这一点是显而易见的，如果学习态度不端正，那么即使自己天资聪颖，也可能半途而废；如果学习成绩本来就不太好，那么态度不端正会导致成绩越来越差。学习态度不端正主要表现在对于学习的漫不经心。有的人认为老师讲的课一听就懂，于是就不认真听讲；作业一看很简单，就不认真完成。这样只会使自己变得眼高手低，学习不扎实，最终自然会吃大亏。此外，有些人因为学习成绩比较差，就开始破罐子破摔，导致自己越来越堕落。显然，这些学习态度都是很不好的。学习态度是自己能够学习好的前提，不论处在什么学习时期，端正的态度都是必不可少的。

最后说一下学习方法。其实，每个人都有不同的学习方法，不同人的学习方法往往十分不同，不同老师向学生介绍的学习方法可能也有着巨大的差别。学习方法没有严格的优劣之分，只有适合不适合。比如我在高中时的数学老师和物理老师对我们的建议就完全不同。数学老师要求我们背下来所有的定理及公式，而物理老师则只是要求我们理解就行，没必要记下来。其实两个老师的要求虽然十分不同，但他们的建议都是有道理的：数学老师之所以要求我们背下定理是相信"书读百遍，其义自见"，背下定理是最基本的要求，背下来之后可以慢慢理解；而物理老师相信理解了定理及公式之后自然会记住，所以没有必要刻意去背。两个老师的建议我在高中时都进行了尝试，最后发现其实二者的效果是相同的。不同的学生自然也会有不同的学习方法，有些人喜欢做笔记，课后细细品味，而有些人则喜欢做大量的习题来锻炼自己的解题能力。这关键还是要看什么样的方法是适合自己的，没有确定的最好的学习方法——适合自己的就是最好的。如果不知道什么学习方法是适合自己的，那就多尝试吧，跟着同学和老师的建议慢慢摸索，总能找到适合自己的。

学习方法

生物学在四门理科（数学、物理、化学、生物）中算是最不像理科的一门，其原因在于生物学不是一门基于纯理论的学科，而是基于归纳总结的学科。这要求我们在学习生物时要采用与其他几门理科不同的方法。

由于生物学的特殊之处，我认为学好生物学需要做到以下几点：

一、熟悉课本

不管用的是哪个版本的课本，对课本了如指掌都是学好生物学的必要条件。生物学的很多知识点都是直接在课本上出现的，而且，生物学的知识点非常琐碎，只有对课本非常熟悉才能清楚地知道知识点之间的关系。除此之外，在考试中往往会出一些从现有知识点引申出来的题目，如果对课本上的知识点不清楚，那么见到这些题目时就会因为不熟悉而产生一种恐惧感，从而在心理上受到影响。这就要求我们在生物学的学习过程中不仅要注意课本上那些正文部分的内容，也要注意那些拓展的内容。我的建议是，在学习时首先做到将课本一字不落地看一遍，即使是旁边的注释和图片等也不要放过。然后总结一下都有哪些知识，再通过一些题目的练习来确定哪些是重点的知识点，据此合理分配自己的精力，把主要的功夫花在重点上面。

二、理解

和其他学科的学习一样，生物学的学习过程中，对知识点的理解也是非常重要的，尤其是自己的理解。什么叫自己的理解？其实，这个问题不仅存在于生物学的学习上，在其他学科上也一样。所谓自己的理解就是自己对某个知识点的看法，课本上的语言写得非常严谨，并且比较凝练。这些话中往往蕴含着很多信息，这需要我们把它们"理解"出来。比如，在讲到细胞核时，课本上说"细胞核是遗传信息库；是细胞代谢和遗传的控制中心"，我的理解是细胞核内有遗传物质 DNA，所以是遗传信息库；细胞代谢是由 DNA 控制的，所以被称为细胞代谢和遗传的控制中心。当然，更深层次的理解牵涉到遗传的机理等，这里仅仅作为一个例子，就不具体展开了。

三、背

没错，就是背。生物学是一门偏向"文科"的理科，很多知识点都是一些概念性的东西，并不像数学物理更偏向于运算，因此，记忆是必不可少的一项。背书自然也是不能死记硬背的，最好是带着自己的理解去背，这样可以达到事半功倍的效果。此外，还要有主次之分，背之前先标好知识点的重要性，有些重要的概念，比如细胞器的功能、酶的特性等是重点，而有一些知识则相对不太重要，只要了解就行，比如生物体内元素的种类、蛋白质的结构等等。分清主次才能把精力放在有用的地方，也能减少自己的负担。

四、总结

除了一些偏文科性的记忆性的内容之外，生物学还牵涉到一些偏理科性的内容，比如有氧呼吸的三个阶段、光合作用的卡尔文循环，遗传概率计算等等，这些知识需要做好总结才能获得好的学习效果。总结知识最主要的两点是要做到弄清知识点的特点以及与其他知识点的相同和不同之处，比如，遗传概率计算的特点是清楚不同遗传类型的概率分布特点；有氧呼吸与无氧呼吸的相同点在于第一阶段，而不同点在于第二和第三阶段，等等。有效地总结知识点，能让学习变得简单和高效，也有助于加深自己对于知识点的理解。

最后，学习方法因人而异，没有最好的学习方法，只有最适合自己的学习方法，因此，要在学习过程中不断摸索、尝试才能找到适合自己的学习方法。学习是脑力劳动，千万不要把它变成体力劳动。

第 4 篇
河北省——侯云飞

高中学校：河北定州中学

就读院系：北京大学公共卫生学院预防医学专业

年　　级：2014 级

高考分数：689 分

荣　　誉：2014 年定州市理综状元；全国中学生化
学竞赛二等奖

作者小传

　　我是来自北京大学公共卫生学院 2014 级预防医学专业的侯云飞，2014 年毕业于河北定州中学，于当年高考取得 689 分的好成绩，荣获单科状元，曾获得化学全国二等奖。在北大，凭着我的优异表现分别获得了北京大学五四奖学金 、北京大学三好学生、"新生杯"辩论赛一等奖、"派蒙杯"读书交流大会二等奖等荣誉。平时喜欢篮球、象棋、读书，个人具有相当的实干精神和创新思维，此外，组织能力和团队意识也很强。

　　人生格言：以颤抖之心追赶，以敬畏之心挑战。

学习心得

　　回忆起备战高考的那段日子，那段成就梦想的日子，那段为了信念，可以牺牲一切的岁月，那是我们刻骨铭心的故事，是我们刻骨铭心的青春。在那段岁月里，我们创造了属于我们自己的高考奇迹，我们曾经为了一个共同的梦想相聚在一起。

　　我们既然选择了这条路，平坦也好，崎岖也罢，就要走下去，走得出彩，走得无怨无悔。"此时不搏，更待何时！"为自己努力地疯狂一把吧，再不疯狂，我们就老了！

　　还记得那篇让人落泪的文章《花开不败》，还记得那个战胜一切的复旦女孩。是啊，因为执着，我们使绝对不可能的事逐渐地一步步闪现出希望的曙光；因为执着，才使得花开不败。

　　踏实，是每一个高考生的必备品质。我们必须和自己的散漫、不负责任说声再见，要改掉千疮百孔的坏习惯。"心似平原放马，易放难收。"放纵是每个人的敌人。高中三年，需要踏踏实实地走下去，既要懂得胸怀天下，又要做到卧薪尝胆；既要看到远处的山，更要看到脚下的路。

　　强大的内心，不可战胜。要时刻拥有"收拾旧山河"的勇气与激情，要把每天当成终结前的最后礼物，把每道题都当成训练能力的必备武器。"即使明天天寒地冻，路遥马亡，也必须到耀眼的地方去"。要拿出"神挡杀神，佛挡杀佛"的勇气，像一匹饿狼，不顾一切地、发疯一样地冲向猎物。

除了踏实的精神、强大的内心，形成属于自己的良好的学习习惯也是必不可少的。

一、主动预习。在浏览教材的总体内容后再细读，充分发挥自学能力，厘清哪些内容已经了解，哪些内容有疑问或是看不明白，分别标出并记下来。这样既提高了自学能力，又为听课"铺"平了道路，形成期待老师解析的心理定式；这种需求心理定式必将调动起学习热情和高度集中的注意力。课前预习10分钟，课上就会轻松许多。

二、正确听课。听老师讲课是获取知识的最佳途径。为提高课堂效率，听课时应保持精力旺盛、头脑清醒，这是学好知识的前提条件。课堂上，集中注意力十分关键，不要思想开小差。在老师讲解时，应做到认真观察、积极思考。老师讲课的开头和结尾是十分重要的。开头，是全堂课的提纲。抓住这个提纲去听课，下面的内容才会眉目清楚。结尾的话虽也不多，但却是对一节课精要的提炼和复习提示。同时，听课中还要注意老师反复强调的部分。听课时，应做好课堂笔记。俗语说，好记性不如烂笔头，为了充分理解和消化，必须记笔记。做笔记时，充分调动耳、眼、手、心等器官协同工作，可帮助学习、记忆。

三、及时复习。通过复习，可以让遗忘的知识得到补拾，零散的知识变得系统，薄弱的知识有所强化，掌握的知识更加巩固，生疏的技能得到训练。有的放矢、对症下药是有效复习最起码的。反之，主次不分、不顾轻重缓急、漫无边际，往往收效甚微，复习必须要加强针对性。考前复习切忌一步到位，要螺旋式上升，循序渐进，这才符合认识规律。围绕复习内容，我们可以从理解概念入手，解剖典型例题找感觉，由浅入深，由简单到复杂，递进式进行，这样基础才能夯得更实。复习区别于平时的新授。通过复习能使你站得高看得远，观察问题不再孤立，思考问题不再狭隘，形成前后呼应、上下贯通、纵横交替的思维空间。所以，要提高复习的有效性，必须在知识与技能的系统性、综合性上下点功夫。

柴静说："失败不是悲剧，放弃才是。"失败，并不可怕。我们一直被打击，但从未被打倒。要对自己说："我可以一落千丈，我偏要一鸣惊人。"我们会有大考小考的失败，但永远不会放弃努力。输输输，输到赢为止！

"苦，是从来不会白吃的。"还记得考前每天第一个进入教室，最后一个离开教学楼，以至于门卫叔叔都认识了我的那段日子；还记得每晚 12 点后离开教室才会安心，才肯踏实地躺在床上的那段日子；还记得那句话"我们都不是神的孩子，我们只是有梦的孩子"。

再回首，我们每个人都有可以创造奇迹的岁月。那年，我们曾经共同歇斯底里过；那年，我们用一种破釜沉舟的心情和现实做出最后的搏斗。

学习方法

总体来说，高中生物是各门理科中较为简单的科目，大家要放松心态，乐观应对。

一、高中生物是一个偏文科性质的学科，需要大量记忆，但又不同于一般的文科学科，所以尤其需要掌握记忆的方法

1. 记忆的主体是课本，课本要熟记于心

教材是关键，抓住教材就是成功的开端。对于书中的重点知识，要反复记忆，善于归纳。例如，在验证 DNA 的复制方式的实验中，要弄清原理、步骤、原料、注意事项、实验结果等各个关键点，这些都是易考点，缺一不可。另外，对于书中的一些关键语句，要从多种角度理解，灵活运用。例如，"DNA 的复制方式是半保留复制"，这句话会在考题中以多种方式考查。

2. 掌握多种记忆方法，核心是轻松记忆

（1）对比记忆

对于相近、易混淆、难记忆的名词，尝试运用对比记忆。将几个名词从各个方面进行比较，找出相同点和不同点，从而达到轻松记忆的效果。例如物质循环、能量流动和信息传导三者的区别和联系等。

（2）简化记忆

对于一些难于记忆的知识，可以尝试编制顺口溜的方法来记忆。例如，8 种人体必需氨基酸可以记忆为"一家携两三本书来"。

（3）构建记忆网络

学习完某一章节后，要构建整个章节的网络。例如，"呼吸作用"章节，要构建起原料、产物、化学式、作用、对人体的意义等涵盖各个知识点的网络。

3. 经常复习

因为生物知识点多而杂，所以要经常复习，温故而知新，只有在不断复习中才能达到记忆的效果。

二、作为一门理科,学习生物需要大量做题

做题既是学习新知识的一个过程,又是复习旧知识的一个过程。通过做题,可以从多个角度去理解书中的知识点,加深记忆。

在初次学习时,要准备一到两本跟随教学进度的辅导资料,这样可以在学习中打好基础。在高三复习时,要着重于高考题的练习。同时,由于最后的考查形式是理科综合,所以物理、化学和生物三者要结合在一起练习,做好时间分配等。

三、要注重总结和反思,做好改错

做题的目标即是更好地掌握知识,那么做题之后的反思和总结则尤为重要,做完一道题之后,涉及的知识点有哪些、重点有哪些、难点有哪些,都要弄清楚,当这些弄清楚之后,举一反三就是一件十分容易的事。

另外,要做好改错。做错一道题之后,错在哪里、为什么错、以后怎么避免,这些也都要在心里想一遍,最好再在本子上再写一遍,这样印象会非常深刻。

总之,在学习高中生物的过程中,要多记忆、多总结,时常回顾学过的知识,这样就可以做到举一反三,在学习当中也会游刃有余。

第5篇
山西省——焦中罡

高中学校： 山西大学附中

就读院系： 北京大学生命科学学院生物专业

年　　级： 2015 级

高考分数： 657 分

荣　　誉： 2015 年太原市生物单科状元；生物单科
满分；全国中学生生物竞赛铜牌；化学竞
赛山西省一等奖

作者小传

回望自己的高中生涯，有过挫折，也有过彷徨，但最终，仍坚定地走了下来。高三最后一年，或许很累，或许"压力山大"，但只要你坚持、坚定，一定可以走到最后。除此之外，这一年你也会面临许多选择，无论艺考还是特长，自主还是竞赛，国内还是国外，抑或是专业的选择等等，都是人生中第一次面临如此重大的选择，一生的轨迹，从这一步开始走起。我在生物、物理、化学中，毅然选择了生物专业，我认为生物对学科整合能力的高要求恰恰符合我的条件，我也希望每个人都能找到适合自己的方向，并为之努力。

我的人生格言：You are never as good as everyone tells you when you win, and you are never as bad as they say when you lose.

做最好的自己，不必在意他人的闲言碎语，只向着心中的太阳，前进。

学习心得

回想这么多年来自己走过的一桥一路，看过的一花一草，每一步都走得与众不同。那么现在，就让故事从三年前的那个夏天讲起……

2012-8 Believe that God puts someone in your life for a reason…

人的一生会遇到很多人，每一个人的出现都不会是偶然的，都是有缘由的，或许让你学会什么，或许让你懂得什么，或许让你经历什么。正如电影《失孤》中那位方丈所讲的：缘聚缘散，缘起缘灭，万事不过缘分二字。

这一天，在这里——山西大学附属中学，我开启了一段新的生活，那时的我不会知道，未来三年，我将在这里经历多少起起落落，将会多少次承蒙上苍的恩宠，多少次承受命运的捉弄。我知道的只是：今天，我成为了一名高中生。

2014-9 得之，我幸；弗得，则命。

谁能想到物理复赛和会考补考会恰好在同一天？谁能想到两年的努力不得已付之东流？其中的苦楚、难过，除了自己，没有人会知道。有的人说：会考没什么用，你去考竞赛就好了。也有人说：以后出国要看高中毕业证的，你可得想好。那个晚上，我静静地想了好久，最后，做出了自己的决定——都考。尽管会考两场考试中间最多只能挤出大概一个小时的间隔，我还是决定，在会考考场和竞赛考场之间赶，即便物理竞赛自己只能考大概 40 分钟，我还是决定去考。我不求成绩，不求奖项，只求能参与这次考试，不辜负我两年的努力，哪怕只是在考场上看看题。

在那两天的 48 个小时内，我参加了 13 门考试，包括十门会考、一门物理竞赛、两门月考。现在想想，自己当时也是颇为疯狂的。有时候命运就是这样，当你在感叹自己生物竞赛所取得的出人意料的优异成绩时，却失去了物理竞赛。幸好，失去的只是竞赛，而不是物理。不得不感慨：得之我幸，弗得则命。

谈起我的高中生涯，最令我自豪的，不是最后拿到的北大录取通知书，不是高考令人满意的分数，不是两个月生物进省队的传奇经历，而是我所遇到的这些同学们，这些老师们，这些学姐学长们。从进附中大门的那一刻，到现在即将走进园子，每一步背后，都有太多朋友的铺垫与帮助。还记得刚进附中，创办社团，认识了好多可亲可敬的学长学姐们，尽管之前彼此根本不认识，但他们设身处地地帮助我。

在课堂上，班主任老师总是向我们介绍他上一届带的学生，我们也一直活在他们的阴影下，但他们也给我们介绍了好多宝贵的经验。通过私下和他们的聊天，慢慢对高中生活、竞赛生活有了更细致的了解，学长学姐们从紧张的学习生活中抽出时间给我解决问题也令我十分感动。

直到现在，我依然感受到学长学姐们所带给我们的温暖，让我感受到作为一个北大人的幸福，大家一起玩，一起浪，一起工作，一起度过很多美好的时光。

曾经有人问过我，你觉得学习的意义是什么？我记得，曾经我的同桌的妈妈这样告诫我们：努力学习，是为了之后能遇到一些和你自己一样优秀的人。我很庆幸，与你们相逢。

PS：很庆幸能通过分豆和这么多优秀的人相逢。

刚刚经历，还不是很有感触，而半年过去了，往事历历在目，静下心去想，相比成绩的提高，这种心境的成熟才是真正的成长。愿与诸君共勉。

学习方法

在高中阶段，生物一直是我的强项，曾经多次连续获得满分，并对生物的学习有着自己的理解与经验，特地在这里分享给大家。

　　在高考中，生物是一门比较特殊的学科，特殊性在于生物并不像数学物理需要大量的计算与技巧，或者说有一部分影响得分的原因在于到底有没有背会！

　　所以，很多时候生物考不好，学生就会有"我只是没有背会"或者"我背过但是忘了，这不怪我"，甚至是"不就是背么，太麻烦"等想法，而且对生物的重视程度远远不够，只拿出很少的时间与精力学习生物，以这种态度学习生物，最后的生物成绩会是什么水平可想而知。

　　首先，在我看来，这种想法并不正确，甚至是完全错误的。的确，生物计算题少，一般只集中在遗传部分会有那么几个空，试问这为数不多的几个空诸位能全部做对吗？除此之外，生物其他部分一般没有计算题，但一出计算题往往就是盲点、难点，比如生态链中能量的计算。所以说千万不要以为生物只是依靠背诵的学科。

　　其次，生物除计算外的其他题，也有一定的技巧和答题规范，仅仅依靠背诵是很难拿高分的。而掌握了这些技巧之后，背诵也会变得容易许多。比如反射弧的书写方式等，有的时候确实掌握了相关知识，但由于答题的不规范造成白白丢分，这样是非常可惜的。

　　最后，生物重在理解。这是这份经验介绍的重点内容之一。死记硬背的方法在生物学习中是万万不可取的。原因大致如下：

　　一、记不住。背诵是有技巧的，死记硬背即便今天记住了，明天也得忘，又需要花更多时间巩固，这样一来效率低下，二来打击学习积极性。

　　二、记不透。什么是记不透呢？你明明记住了，但你却不知道在哪里用，不明白其中的含义。等到看到答案时大呼：原来是要答这个！我记住了但是没想到！然而归根结底，是因为你没有记透这个知识点，知其然而不知其所以然，没有完全掌握。

　　三、记不全。生物难就难在知识点琐碎且复杂。要背的量大，而且边边角角都是知识，有时候考出来总令你防不胜防。比如我记得有一次月考考查了反馈调节的定义，一时间难倒无数"大神"。所以说，生物琐碎的知识点也给我们带来很大的困难。

　　我们讲了这么多学习生物、备考生物中的问题，那么，怎样才能学好生物呢？怎样才能背得又熟又懂又不费力呢？这就是我们接下来以及之后授课过程中要讲给大家的。

　　我认为：生物学习的关键在于理解性记忆！理解性记忆！理解性记忆！（因为很重要，所以说三遍。）没有理解而盲目地去记忆是十分困难而且不长久的，更重要的是，在考到你所记忆过的知识点时，你不一定能意识到要答的究竟是哪句话，甚至有的时候还会导致你在几句话之间纠结，使得自己更加紧张，更加慌乱。要知道，考试过程中手忙脚乱只会使你把会做的题也做错。所以说，记忆固然重要，但建立在理解这一基础上的记忆才能发挥真正的作用。

既然这样，那么如何才能做到理解性记忆呢？无非两个部分，理解和记忆。第一步是理解，上课是否认真，是否做到了课前预习和课后复习，只有在充分学习并且学懂的前提下，再加以自己的思考，才能称之为理解。这里我尤其强调一点：加入自己的思考。没有自己的思考，单纯把书上的东西记住或者抄下来，归根结底是别人的东西，而不是自己的理解，只有加入自己的思考，才能把知识融会贯通，才可以做到"理解"二字。

"理解"过后，便是记忆。一说记忆，大家可能会觉得很简单，不就是背吗？一遍背不会背两遍，两遍不行背三遍，然而这样的记忆方法是大错特错的，那么究竟应该怎么背诵呢？

首先第一个问题，背什么？答案是五花八门的，背学案，背教参，背笔记本。而且我听到的最多的答案是背笔记本。往往在学习过程中，笔记是自己写的，自己更熟悉，而且基本上覆盖了老师授课的内容。一般来讲，由于是与老师授课同步进行的，基本上不会有错误。那么笔记本似乎是最好的答案。

我还建议，每隔一段时间认真看一看课本，关注那些平时学习中注意不到的知识点，比如生长素产生的部位，比如假说—演绎法的过程，等等，只有把那些课本上零碎的知识点都理解并且记住，才能克服学习中的漏洞，从而学好生物。

做到理解性记忆，可以说已经学会了学习生物的方法，基本上可以完成生物卷子上的大部分内容。但从完成到拿到相应分数又需要一个过程，那就是不断做题、周期性复习，这样才能达到巩固的目的。

至于剩下的那部分计算题，尤其是遗传部分的计算题，一方面需要更多的练习，另一方面归根结底还是理解的过程。是否理解了孟德尔的两个定律，是否理解遗传与变异的具体过程。所以说虽然是计算题，但考查的还是你的理解能力，而对数学的要求往往只有初中水平。（当然还是要细心，避免算错。）

作为结尾，我希望大家能在我们的帮助下，在自己的努力下，掌握学习生物的技巧，做到理解性记忆，从而轻松战胜生物高考。

第 6 篇
河南省——许鹿冰

高中学校：淮阳一高

就读院系：清华大学汽车工程系车辆工程专业

年　　级：2015 级

高考分数：685 分

荣　　誉：2015 年周口市生物单科状元；河南省三
　　　　　好学生

作者小传

应该说，高中三年成长史是我个人的一部奋斗史。高中入班时我在我们班里成绩处在后几名，可以说就是班里的"学渣"，但是最后我们班只有我一个人来到了清华。高中也好，大学也好，你所去的地方、所处的位置只是一个起点，它不能表明你能够走多远。

举个例子，清华北大每年招收的学生基本上都是各个省的佼佼者，其他学校的生源质量和清华北大是没有可比性的，但是每年"清北"都会有人毕不了业，都会有人不同场合下表现得还不如高招中那些不如自己的人，所以大家要戒骄戒躁，勤奋如初。

我的人生信条是"勤能补拙是良训，一分辛苦一分才"。我践行了这句话，所以今天才能有机会站在这里。说真的，很多学生都能对格言倒背如流，我也是这样，但是能践行的却是寥寥可数。或许只要能够践行一两点，各位就能成就一个不平凡的自己！一切的一切也就一句话：贵在坚持！只有当你真正坚持下来，真正坚持过，你才会知道坚持是多么不易，坚持后的成就感是多么强烈！

学习心得

记得刚步入高中时，我在班里成绩处在后几名，当时我的心情很是失落。从初中我便立下了要来清华的誓言，看到那么多人名列前茅，我又怎么能够不感到失落？

我开始反思自己的初中生活，想到了自己当了班长，加入了广播站，加入了书法社，加入了学生会，平时学习松松垮垮，取得一点成绩就得意扬扬，觉得没人能和自己比了，然后自己就开始懈怠，这也最终导致自己基础不扎实，中考也就自然而然考不好。于是我决定高中什么社团都不再参加，一心一意搞好学习。记得高三时有一次自己得了重病，一直眩晕，根本没法听课，我到医务室打点滴，时间一分钟一分钟流逝，我感觉自己已经好了很多，于是偷偷一手举着吊瓶，跑回了教室，只是为了赶上第一节早课。班里学生看到如此场景，都很惊异，这样的场景若非是亲眼所见，真的不敢相信是真的。"勤能补拙是良训，一分辛苦一分才"，我的努力还是取得了成效。

当然，取得好的成绩不能只是靠着一味地蛮干，要有一定的策略才行。我最想与大家分享的就是时间的管理与分配。高考是一个系统的工程，经不起某一科些许的偏差，尤其是在我们河南这个人口大省，或许一分之差就是几千名学生。我们老师时常给我们讲的是"培优补短"，优势学科要保持住，差科要尽可能提升起来，这样一来就需要我们积极应对，好好安排自己的生活。时间规划首先要知道有哪些时间是自己可以支配的，不然所谓规划，只是空谈。我们要看自己有哪些固定自习时间，有哪些时间稍作调整可以成为自习时间，又有哪些零碎时间。列出清单之后便是安排自己的时间了。首先给自己的弱科留出时间来进行提升训练，给自己的强科留出时间来巩固，然后划定作业时间、预习时间与复习时间。之后便是每天稍微抽出两分钟考虑一下自己明天有哪些知识需要强化训练，有哪些习题需要做完，自己的进度和老师有什么差别。看看哪些要处于优先完成地位，哪些可以稍微推一下，准备个小本，想完了就记下来，第二天优先完成优先级任务。

学习方法

生物这一学科，应该说是理科里面最容易的一科，记忆性的内容相当多，所以学习时有一个总领性的原则，那就是记忆。魏书生在给学生讲如何学习时说：记不住就学不会。就我而言，这句话相当正确，在生物的学习中尤其如此。

我刚上高一时也很不适应，尤其是第一次期中考试，我的生物考得非常差，题目很简单但是我只考了八十多分，还没有平均分高，所以我很是伤心。看看自己的试卷查找问题，发现很多分都是零零星星被扣，最后导致了整个试卷得分不高，而这些零零星星被扣的分是因为自己写得不贴切，很多东西只是点到为止，该写的没有写出来。这时我认识到记忆的重要性。其实个人认为，记忆有三个层次，一是记住，二是理解，三是理解之后准确地记住。我们平时的学习中追求的就是第三个层次，理解之后准确记住，只有这样才能拿到全分，其实也很无奈，因为应试教育下，分才是关键，尽管这与教育的本真并不符合。另外呢，注意提高自己的知识储备，目光不能只是局限于课本，还要适当扩展到课本之外，只有拥有课本上的知识是不够的，稍微考得超出课本一点，可能你就不知道该怎么做了，储备的知识多了，知识面广了，考试考什么你都没有必要再去害怕了。下面讲一下应试技巧。

一、回答要准确，不能似是而非，尽量用课本原话

这个要求看似有点苛刻，不过仔细想想也是有道理的，因为我们还是高中学生，生命科学中很多知识我们还没有准确而又全面的了解，加上生命科学还有很多未知的东西，很多最新的研究可能都已经把你所学习的课本里面的知识推翻了，这就造成了答案的可变性、不唯一性。在这种情况下如果你回答出一个似是而非的答案，改卷老师是给分呢，还是不给分呢？答案基本肯定，不给分，所以要抓好课本，以之为纲。

二、把握好做题时间，平时做题优化方法，考试做题用最熟练的方法

理综总共两个半小时，如果大家不能很好地把握好时间很有可能做不完，该拿的分拿不到。生物这门学科很简单，如果这里你做得很快，那你就能为其他科目争取出大量的时间，其他科目也就可以相对轻松一些了，所以平常的训练要卡着时间进行，提高自己的准确度和速度。这样来说也就要求大家在解题方法上多下功夫。高中有位老师说："你们是不是时常感觉做题时很多方法都用不上，或者用上了也很吃力，有些方法用着很笨拙？"我们异口同声回答到"是"。很多学生都有这方面的问题，这也是一个亟待解决的问题。对于解题方法来说，用得最熟的就是最好的，不能一味追求简便方法，平时做题要开阔思路，不能让自己的思维局限住了，尽力提升自己的多方面能力，比如计算一些较麻烦的题目提升自己的演算能力。另外对于某类问题要有一个用得最熟练的方法，这样自己在考试时就能够快速地完成一系列烦琐的工作，做到庖丁解牛，游刃有余。

三、积累解题时的二级结论

很多东西是不需要你在考试时自己去计算的，如果你能记住，那考试时直接用上就行了，又没人盯着你说："不能用二级结论啊，用了算你作弊！"所以自己要想提升，不妨在这方面下下功夫，让自己能够在最短的时间内解决最多的问题，获得最好的分数。同时呢，也使自己在较难的题目上能够有足够的时间来思考解答。

当然，应试的方法还有很多很多，这里只挑出我认为最重要的一些方面来讲解。我这里还有很多具体的解题方法分享，有没有很激动？欢迎观看我讲课的视频哦！

第 7 篇
河南省——喻恩帅

高中学校： 河南省罗山高级中学

就读院系： 北京大学元培学院经济方向

年　　级： 2015 级

高考分数： 684 分

荣　　誉： 2015 年信阳市物理单科状元；生物单科
状元；河南省三好学生

作者小传

我爱好广泛，喜欢天文和地理。最喜欢的电视节目就是央视十套的《动物世界》《走进科学》《探索发现》等等。我热爱体育运动，平时会积极地参加体育锻炼，特别是羽毛球、网球、长跑和健身。我觉得运动不仅仅能够增强一个人的身体素质，而且能够增强心理素质，运动过后，整个人的心情会变得更好。我也很喜欢一些文娱活动，喜欢弹吉他、听音乐、看动漫、K 歌。我的兴趣很广泛，不过这直接导致我并没有特别擅长的某个领域，只能说是各方面都有涉猎，却不精。不过在我看来，广泛的兴趣爱好是必要的，它能够让一个人始终保持新鲜感和活力，不断获得新知。

我性格开朗，会用积极乐观的态度去面对生活，喜欢与人交流。交流的过程是思想碰撞的过程，在这个过程中，我们能接触到自己所没有想过的东西。

高中三年，我的书桌上一直有这样一句话："你所失去的，终将以另一种方式回归。"这也是我信奉的人生格言。在漫漫征途中，我们常常会遇到阻遏与困难，感到迷茫或怅然。在追逐自己的梦想的过程中，我们必然会放下很多东西。与其说是"放下"，不如说是"失去"。因为有些东西我们不得不放下，像懦弱，像盲从，唯其如此，我们才能在人生旅途中轻装前行。

学习心得

在我看来，对我的学业影响最大的是我的高中。毕竟小学时还不谙世事，初中时依然懵懂无知，学习上的内容都由老师掌控着。到了高中之后，属于自己支配的时间才真正多了起来。

高一高二时，每当别人问起自己理想的大学，我都会支支吾吾答不上来。确实，那时的自己并没有认真想过这个问题，只是每天在自己的学习中忙得不亦乐乎，享受着一种简单的快乐。

后来到了高三，我对北大的感情莫名加深到不可收，我会小心翼翼地在书桌上贴一张小纸条，写上"北京大学"云云。在学习状态不佳、考试失利、心情低落之时，那个小小的纸条常常会给我希望和动力。也许有了明确的目标并不是一件好事，因为一个过于明晰的目标无形之中往往会增加很多压力。有时候，在一再受挫之时，我会把小纸条轻轻撕下，尽管不舍。慢慢地，我不再去想它，只知道我要努力。我渐渐明白，有时候，我无须立刻看到遥远的路的尽头，我只需要看到可以抵达那里的路就好了。这就是生活吧，前行的过程更为重要。

我从三年的高中生活中收获了很多，关于学习，关于生活。

一、一个合适的目标对于高中的学习十分重要。我们可以给自己设定一系列不同等级的目标，在课堂测验之前，在月考之前，在期中期末考之前，我们都要在心中给自己立下一个目标——这次考试我希望能处在什么名次，我希望我这门科目能得多少分数……但是尽力就好，不要把目标当成包袱，达到了固然值得开心，要是没有达到也不必灰心，认真思考自己还有哪些可以改进的地方。一个学生的学习状态不会一成不变，有巅峰，也有低谷。在学习状态达到高峰时，我们会更有信心朝着自己的方向努力。在成绩低迷时，心中的目标无疑会给我们坚持下去的动力，目标会警醒我们不能颓废，要努力。

二、学会合理地安排时间。欧阳文公曾经说过，"余生平所作文章，多在三上：乃马上，枕上，厕上也"。不要以为高中的三年很长，其实当你真正投身在学业中，三年时间转瞬即逝。高一和高二主要是授课阶段，在这两年我们应该打好基础。高三是全力复习的阶段。不要想着基础知识到了高三复习时再去补救。否则的话，到了高三，别的同学是在查漏补缺，而你可能就是在女娲补天了。

在日常学习中，也要注意时间的分配。记得每天都给每个学科一定的时间，因为俗话说"熟能生巧"，很多知识都是在日复一日的接触中才慢慢被掌握。合理地安排好学习和娱乐的时间，在学习时间要全身心地投入，达到最佳的学习状态，以提高学习效率。

三、根据不同学科的具体情况采取不同的应对策略。语文素养不是短时间就能提上来的，平时应该多读书，多练笔，敢写自己的所思所感。厚积才能薄发。英语的学习需要我们多加练习运用，找时间背诵单词短语和句型，听听力，试着用英语和同学们交流。因为语言的学习是需要一个相应的语言环境的。听说读写应当兼顾。

数理化生这几个学科有较强的相通性。掌握基础知识是关键，认真把握基础知识，了解分析思路，构建知识框架。只有在充分掌握基础知识的前提下，我们才能避免被题目牵着鼻子走。也就是说每当看到一道题时，我们在心里对这道题的架构有一个完整精确的把握，知道这道题目考查的是哪些知识点。多做一些练习题是必要的，通过练习我们能巩固所学知识，学会灵活运用它们，逐渐积累做题技巧与经验。

下面我想谈谈关于备考心态的调整。

在高考之前，不要想太多关于高考的种种，专注于自己的复习就好了。毕竟，高考充满着变数与未知，不到最后，谁也不能确定谁会怎样。平时的考试无论结果是好是坏，都不能让它们扰乱自己原先的计划，认真复习，查漏补缺，一直坚持到高考。在高考时，应该考一门放下一门，不去想这个学科考得怎么样，尽自己最大努力把接下来的学科考好，发挥出自己的正常水平。

学习方法

高中生物是一门很重要的课程，虽然被归为理科的范畴，但很类似于文科，因为有很多知识内容需要识记。同时，生物也是理科综合中最简单的一门（相对于物理化学而言），大家只要认真去学，掌握正确的学习方法，学好生物不是难事。

观察和比较在任何学科的学习中都起着至关重要的作用，因为观察可以让我们发现新事物，而比较能让我们发现新事物与旧事物的不同之处与相似的地方，有助于我们理解并掌握新的东西。因此，在生物学的学习中，我们要好好利用这两个技能。

我们知道，在生物的学习过程中，我们经常会做一些实验，去获取或验证一些结论，所以说在生物实验中观察能力是必不可少的一种能力。

高中生物学学习中，我们需要记住很多生物概念和生物知识，这些知识有些存在很大的相似性，如果不仔细加以辨别很有可能会混淆两者或多者，在这种情况下，比较能力就显得十分重要了。运用比较的方法能让我们对于所学习的知识掌握得更牢固，理解得更加透彻。

总之，生物并不是一门很难的学科，相信学弟学妹们只要好好努力，认真学，一定会把生物学好！

第 8 篇
贵州省——黄舒婧

高中学校：观山湖区第一高级中学
就读院系：清华大学经济管理学院经济与金融专业
年　　级：2015 级
高考分数：682 分
荣　　誉：2015 年随州市生物单科状元；全国中学
　　　　　生英语竞赛国家级二等奖；生物竞赛市二
　　　　　等奖

作者小传

　　我出生在高考大省湖北的一个小镇，因此小学是在湖北读完的。和其他湖北同学不同的是，我小学几乎没有参加过补习班，唯一补习过的就是英语，还是由于小镇到六年级才开英语课，面临市级统一升学考试，不得不补习。虽然几乎没有参加补习班，但是由于我父亲是物理老师，所以他从三年级开始会辅导我做一些奥赛习题以开发我的思维。功夫不负有心人，最终在小升初考试中我考取了镇上第一名。但是，由于父亲的外出务工，他将我带到了广东就读。广东的同学都是从小学一年级开始学习英语，因此，刚开始我的英语总是班上的倒数，这让自尊心强的我难以接受，于是每晚下自习后，我还会在家学 1 个小时英语，经过一个多月的努力，我的英语在班上已经可以名列前茅了。这也是我一直相信格言"天道酬勤"的原由。初一下学期我又转学到了广东的另一所学校，有些科目的进度不一样，但是通过自己钻研，向老师求教以及寻求同学的帮助，我克服了这一困难。初三时距中考还有 3 个月的时候，由于我没有广东户口，不得不返回湖北参加中考，面临着完全不同的英语教材，以及初二就结业了的地理生物，我又 3 个月足不出户以全 A 的成绩考取了当地最好的高中。不过后来父亲终于解决了户口问题，于是我高中跟随父亲到了贵州贵阳就读。我就读的学校是贵阳新区的一所新学校，聘用的老师大部分来自全国各地名校，管理也十分严格。高三第一次市模由于取得了全市第一的名次得到了北大的自招名额，这对于一所新学校可以说是来之不易的。来清华经管学院后，我觉得自己到了一个更大的平台，进入了一个更广阔的世界。由于就读过许多不同的学校，既有市级私立学校，也有乡镇中学，我可以深深感受到教育资源的差距。因此，也希望通过跟学弟学妹分享这篇文章，尽自己的一份微薄之力。

学习心得

　　也正如我在简历中所说，我认为好成绩的取得主要还是来自于勤奋和努力，努力是一切好成绩取得的基础。我一直信奉的一句话是：如果你不比别人更努力，那么你凭什么比别人更成功。但是我所指的努力不是简单的挑灯夜战，更为重要的是课堂上的专注和认真。因为老师在课堂上讲解的新知识点是基础，老师讲解的例题也更具有代表性，如果对知识理解得深入透彻，那么在做题时才会有事半功倍的效果，反之如果上课时另起炉灶，盲目地刷题，只会事倍功半。

当然，仅有努力是远远不够的，还要掌握一些好的学习方法。首先，在课堂上一定要专注认真，跟上老师的节奏，遇到不懂的地方时，可以做上标记然后跳过，等下课再向老师请教，如果因为纠结于一个知识点而错过了后面所有内容，就好比为了一棵树而放弃了一片森林，得不偿失。课上的时候要注意记好笔记，俗话说好记性不如烂笔头，这样可以方便将来的复习，除此之外，用笔写一遍可以加深印象。比如生物课上老师会带我们将有丝分裂、减数分裂的图从头到尾画一遍，有同学觉得书上有，再画一遍也没什么意义。可事实是当你自己画一遍时你才能注意到其中的许多细节，做题时这一系列图片就像电影一样在你脑海中回放，这样就不容易写错了，因此一定要勤于动手。还有就是要勤于动嘴，也就是回答老师提出的问题，这可以帮助你在课上更集中注意力，如果怕回答错，也可以自己先在下面小声回答，慢慢地你会对自己更有信心的。课间十分钟也十分关键，要好好加以利用。由于课间十分钟十分短暂，并不适合刷题，我一般是前三分钟简单地回顾一下上节课的内容，向老师问问题，把知识点弄懂。中间四分钟休息放松一下大脑，进行一下学科的切换。后三分钟可以用来简单预习一下下节课要学习的内容。课间十分钟刷题的话如果遇到难题，下节课容易不自觉地想起这道题目，从而影响整节课的学习效率。我一般选择自习课这种大块的时间来刷题，刷题也不一定要实施题海战术，而是根据题型来刷，同一题型超过三道题后每道题的边际收益就比较低了。老师讲解题目时也很重要，不能因为自己都会做就不听，习题课上老师往往会提供多种方法，以后解题时你就可以选择自己最喜欢掌握得最好的方法了，也可以选择最简单用时最少的方法。一道题目你自己做一遍，再听老师讲一遍，还可以加深印象，以避免下次出现的时候你记得你做过这道题，却记不得是怎么做的了，这种感觉是最让人后悔和遗憾的。

说起考试，心态确实很重要。我觉得重要的是要将考试看作对平时学习漏洞的一种检测吧，因此对于考试中出现的知识性错误，可以持一种高兴的态度。高兴之处在于又发现了知识漏洞，可以及时进行查漏补缺了。某次考试考得好也只能说明你对这一阶段的知识掌握得好一些，或者只是这张卷子比较对你的胃口罢了。当你怀着这样的心态时，你就能慢慢看淡分数，做到胜不骄败不馁了。再

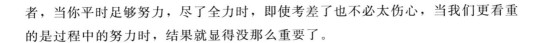

者，当你平时足够努力，尽了全力时，即使考差了也不必太伤心，当我们更看重的是过程中的努力时，结果就显得没那么重要了。

学习方法

　　生物历来被称为理科中的文科，所以背诵记忆在这门学科中显得尤为重要。你可能都不会相信，临近高考时，我们学校从宝贵的早自习中专门拿出一节用于背诵生物。而生物的理科特性又决定了生物的记忆方法绝对不同于死记硬背，需要我们理解性记忆，将一个个零碎的知识点串联起来形成知识的框架体系。

　　那么我先谈谈我自己觉得有用的一些记忆知识点的方法吧。首先，就是那句大家都知道的老话，好记性不如烂笔头，上课要勤于记笔记，一定不要偷懒，有些东西写过一遍和看过一遍的差别还是很大的。看一遍远远不如动笔写一遍记得多记得久。还记得我高一学生物时，老师专门花了一节课的时间带着我们画有丝分裂的图像，一边画一边强调动物、植物之间的分别，比如有无中心体，是在赤道板的位置形成细胞壁，还是从中央向内凹陷最终缢裂成两个细胞，这些细节都让我印象深刻，以至于时隔半年之久我竟然还能记得，后来做题时那些画过的图就像放电影般出现在我的脑海中，这样一来有丝分裂的过程自然就清晰了，做题自然也势如破竹。当时有些同学觉得书上有图，不需要这么麻烦，等后来体会到老师的良苦用心时又后悔不已。不仅仅是图像，书上的很多定理也是如此，只是画条横线固然简单，可是却远远比不上自己写一遍来得印象深刻。我要介绍的第二种记忆方法便是编顺口溜记忆法，生物的许多知识点很零碎，很多时候彼此之间又难以找到联系，要将它们记全不漏实在不是一件容易的事，而这时候一些简单的顺口溜就可以发挥大作用了。比如高一时我记忆原核生物老是记不全，为此苦恼了很久，后来高三复习时，偶然在资料上看到一句顺口溜"细线织蓝衣"，它们分别指细菌、放线菌、支原体、蓝藻、衣原体，一下子就记住了，有没有觉得很神奇呢？更为关键的是它还大大增加了我对生物的兴趣。我们老师还有一个独特的我觉得对我有所帮助的小技巧，他让我们每个人都准备了一支荧光笔，将书上笔记上的重点突出，十分醒目，到最后看着我们花花绿绿的书心里倒是十分踏实。生物的知识点确实比较多，但只要我们肯花心思、花工夫去记忆，这部分分数可以说是十拿九稳的。

　　生物除了背诵记忆的部分外，就属遗传的部分比较有难度了，与遗传相关的题往往是生物拉开差距的部分了。但遗传题也不是无迹可寻的，也有一定的套路在。比如对于遗传系谱图类的题目，一般先判断显隐性，有中生无为显性，无中生有为隐性。接下来再判断是在常染色体上还是性染色体上，显性遗传看男病，男性病而他的母亲或女儿正常则非伴性遗传，即致病基因在常染色体上。但是需要注意的是不能根据男性病人的母亲和女儿都患病判断出该病一定伴性，往往还要根据题目中的具体条件来确定。隐性遗传看女病，女病而父子正常则非伴性。当遇到无法确定的情况时也无须惊慌，只要分情况讨论并在计算时考虑每种情况的概率，再在每种情况下分别应用遗传定律即可。还有就是要配合我上文所说的口诀法记住几种常见的遗传病，比如常染色体隐性遗传的"白聋苯"（白化病、先天性聋哑、苯丙酮尿症），常染色体显性遗传的"多并软"（多指、并指、软骨发育不全），伴隐性遗传的"色友肌"（红绿色盲、血友病、进行性肌肉发育不全）以及伴 X 显性遗传的抗维生素佝偻症。其他遗传题如与孟德尔的遗传定律相关的题的套路也与此类似，基本都是先判断显隐性，再判断是否伴性。虽然根据不同的题目可以有不同的特殊技巧，如图解法、棋盘法、遗传平衡公式法等等，但是题目大体的思路还是相近的。

　　最后，我想聊聊生物学科中一些我认为对我有所帮助的考试小技巧吧，希望能对大家有所帮助。众所周知，生物的选择题在全国卷中是排在最前面的，而这时候我们刚刚开始考试，还没有完全冷静下来，错误率比较高，所以在做完所有选择题后再看一遍生物选择题是十分有必要的。做生物选择题最好将四个选项的内容都看完，而不能看到自己觉得正确的答案后就不往下看了，这样也可以起到一个检查作用。然后做理综卷，可以考虑答完所有选择题后先答生物，因为生物比较容易得分，答起来也比较快，将这些分数拿到手后，也可以在一定程度上缓解紧张情绪，但是遇到比较难的思考时间超过 5 分钟的遗传题也要敢于放弃，不能死死纠缠。

　　总之，生物这门学科是一门看得见收获的学科，你的付出和你的收获基本成正比，希望大家都能感受到生物的乐趣所在。

第9篇
重庆市——母艺文

高中学校：重庆市求精中学

就读院系：北京大学数学科学学院

年　　级：2014 级

高考分数：643 分

荣　　誉：2014 年重庆市生物单科状元；数学全国
联赛二等奖

作者小传

我来自美食之都重庆，是一个地地道道的重庆崽儿。平时喜欢健身、打羽毛球，也学过书法，不过都不算精通。虽然高中学的是理科，大学学的也是数学专业，但我本身是一个偏感性的人，喜欢尝试不同的东西，也喜欢和不同的人交往。偶尔有些 just follow heart，但我一直强调"为自己而活，为他人体现价值"。因此我比较热衷于志愿活动，从中收获快乐和友谊！

在学习方面，小学和初中的时候，我只是按部就班地按照老师的要求来，基本上就是玩耍过去的。在学校学习之余，由于对知识也比较感兴趣，想拓展自己的知识水平，初步学习了一些竞赛的知识，但最终并没有在这条路上走得太远。高一高二经过跟普通同学一模一样的学习，知识并不算牢固，基本上处于中等偏上水平。最开始也没有想进清华北大，但在不断的巩固中，渐渐在老师的帮助下掌握了各个学科的要点，做题目逐渐得心应手，毫无压力了。最后在幸运女神的眷顾下进入北大。进入北大以后，认识了许许多多学习上和工作中的"大神"，让我的的确确感受到进入北大带给我的更宽广的视野，在帝都，在北大，就这么痛痛快快地活着！

我比较喜欢《沉思录》中的一句话，送予高中学子共勉：人注定要忍受不可忍受的苦难，所以世上没有不可忍受的苦难。

学习心得

个人把高中学习阶段会遇到的问题分成两类，一个是基础不太好，自然分数上不去，一个是平时学得还不错但考试结果不尽如人意。当然，基础牢固，考试成绩高的那种"学霸"就不在讨论范围了。

首先，针对基础不太好的同学，就是学扎实基础。要知道高考基础题占70%，基本上决定了你能够去哪个层次的学校了，所以打好基础是最关键的一步。而事实上，打好基础对于很多同学来说却是最难的一步。很多同学即使天天不放下书本，收益也很微小，下面就提出个人的一些建议：

一、牢固掌握书本知识

很多人学习知识过程中往往会抛弃书本，然而事实上出题人在出题时都只有一本教科书，你说他出的题是不是源于教材？书上的知识往往简单并且分布散，因此需要你抽时间去阅读整理。其实很多平时考试中遇到的难题，往往就是书上一些板块涉及的内容，而基础的知识更是决定了你的基础分数，因此大家一定要多看教科书，多理解多思考。如果问到你一个知识点你能迅速反应过来在书的那个位置，有什么内容，有什么要注意的，我想你的分数绝对不会低。

二、紧跟老师

这一条无论成绩好坏都应该遵守。只有老师才能够让你用最少的时间学到更多的知识。而且往往老师对问题的解答更加全面深刻，在他们脑海中是有一套完整的知识体系的。因此一定要多跟老师交流，不要怕问问题，甚至你要多问问老师，我看到这类题目应该怎么思考才能向着答案靠拢。

三、总结技巧

技巧是实力不足的时刻用来提高分数的方法。技巧又分为应试的和解题的。解题的技巧就是对题目的理解，很多题目是有明确的解题思路的，而你把这一类思路进行总结以后，你就会发现考试的知识点就那么几个，尽力去记住别人解题的方法，学会模仿，再遇到这一类题也能够下笔。应试技巧就更多了，如何答题才能让老师给自己更多的分数？最重要的就是要写。只有写了试卷才有可能拿到分；然后字是否好看，卷面整洁也会影响到分数。这些都是平时应该注意积累的，最终探索出适合自己的方法才是真正的技巧。

其次，针对学得较好但分数不理想的同学，首先你要知道学习能力与最终分数并不是完全挂钩的，考试期间的状态、心态，以及试卷是否对你胃口都是十分重要的因素。所以这些同学的首要任务就是在巩固基础的同时，提高应试技巧，以及改变自己的心态。

四、心态要平稳

首先你可能会发现高考状元往往并不是那种平时常常拿第一的人，而是那些处于 10 名左右，学得比较轻松，没什么考试压力的同学。所以无论平时学习还是考试首先要保持自信，但也不能给自己心理上过重的负担，尽力而为就好。

每个人在高中阶段都可能会出现心理的烦躁期，我也在高三某个阶段异常烦躁和苦闷，学习始终上不去。这个时候就需要向父母、老师、同学寻求帮助了。其实或许只是简单的谈话就能够使你重新振作起来。我高二结束时是以年级第一进入最好的班级的，但就在高三开始一个月以后的月考中我就排到了班上倒数第二的位置。这对于即将高考的人来说是非常恐怖的事情。当时压力可想而知。但我始终没有放弃，我仔细分析了自己学科上的问题，发现原来我的时间安排不合理，导致很多科目的学习时间太少，并且晚上熬夜导致白天上课打瞌睡等等，在这期间老师、父母也和我进行了谈话，也帮助我重拾信心。于是接下来一个月我调整自己的作息，早睡早起，即使作业不能够全部完成也要尽量每个科目都要涉及，当心情烦躁的时候就出去走走或者锻炼身体，不断告诉自己"你有能力，千万要自信"。经过了这个阶段，我终于在接下来的考试中证明了自己，并且发现这个阶段中我甚至解决了超出我想象的问题，可以通过题目判断考点，将不同学科有机地联系起来，这都是以前心有余而力不足的。当然，这是需要积累，量变产生质变的过程。到最后，分数已经无法影响我的情绪了，完全以一种平和的，充满自信却不自负的心态应对考试，这样才是学到了真正的知识。

五、时间均衡

高中阶段大家都有学好数理化，语文不重要的说法，但事实是在一定程度上，语文成为决定你与别人差距的关键学科。一篇 50 分以上的作文，比 45 分的作文明显要高出太多，这个差距在大家其余科目都差不多的情况下很难缩小。因此一开始就得重视每一科。

学习方法

我们得对高中生物这门学科有一个定位：理科中需要大量记忆的学科。这是我们学习这门学科的基础。生物这门学科与理科其他科目联系很广阔，尤其是化学，可以说生物较多部分都和化学知识息息相关，而这些化学知识却是化学课上无法涉及或者涉及很少的。因此，化学学习的基础会较大程度上影响你对生物学科的理解的难易。值得指出的是，生物中的化学反应更强调过程，如在有氧呼吸中的水的来源和去向是不同的，这在化学式上是无法体现的，需要深刻理解反应流程，才能够弄清楚这个知识点。另外生物会有一些特定的数学计算问题。其中比较突出的就是氨基酸那一块的肽链、肽键个数的计算，只要掌握了基础的生物知识点再套用数学知识就不会很难。另一块突出的就是遗传中有关概率的计算，这不仅需要对这一块的概念充分理解，还需要数学知识的较好的运用。总的来说，生物这个学科是建立在记忆的基础上，需要和理科知识结合，综合运用的一门学科。下面将细致地讲一下生物的学习方法。

　　和学习所有科目一样，学习态度和学习习惯尤为重要。生物由于具有知识点多且零散的特点，因此需要较多的时间来记忆知识点。因此最初的生物学习一定要花足够的时间来理解和记忆零散的知识点，至少对各个知识点不陌生，能够准确地理解各个名词的含义，这是学好生物的第一步，虽然不至于对课本滚瓜烂熟，但一定要达到足够的记忆强度。例如生物书上一共有大大小小十多个实验，很多试剂或者名词只在某些特定实验中才出现，而这些往往是那个知识点的考试重点。因此，不放过书本上任何一个名词和概念十分必要。此外，知识的记忆需要结合生活，或者学校有做实验的条件的话不要错过实验的机会。像显微镜的操作这些知识点，完全靠记忆的话会非常不好理解以至于记忆效率低下，而通过自己动手的实验对于操作步骤会有非常深刻的印象，在一定程度上，能够帮助加强对实验过程的理解，将知识点更好地记住。无论是采用什么方法，顺口溜或者其余更加方便记忆的方法，达到应有效果就好。老师一般在这方面都会编有自己特色的顺口溜之类的，结合自己的理解去学习掌握，最终将知识点转化为自己掌握的能力。

　　关于课后练习。与其说课后作业是检验自己学习效果的，我更宁愿把课后的作业当成积累知识的来源。实际上作业中的许多题目往往包含多个知识点，这也是学习中容易出现知识点联系不紧密导致解题效果不好的原因。而且题目往往会涉及许多书本上没有的知识，这都是我们积累生物知识点的来源。通过某次特定的作业会加深我们的知识点掌握程度，同样，通过题目来验证自己对知识的理解是否正确，这也是对题目的一个充分利用。常常自己突然有了新的思考，这个时候就得通过题目来检验你的思考的正确性，这样不但能够提高自己的思考能力，还能够极大地增强自己的学习兴趣和自信。

　　总的来说，生物就是一门知识积累与能力积累并重的学科。它与其他学科紧密联系却又有独立不同之处。因此对生物保持良好的兴趣，努力学习，自然能够收获不错的结果。

后　记

　　我是孙其星，现就读于清华大学机械工程系本科四年级。我于 2012 年考入清华大学，2015 年通过清华大学直读博士面试（2016 年正式入学）。曾担任机械系团委副书记、团支书等职，现担任机械 21 班班长；本科期间累计获得各类奖学金共 7 项；被评为北京市三好学生、清华大学优秀学生干部、清华大学优秀共青团员；入选机械系骨干人才计划。应分豆教育状元计划课题组老师的邀请，借着这本书，与大家一块聊一聊高中学习。希望把我读这本书的感悟与收获，和对高中学习的感受与看法分享给大家，对大家的高中学习有所帮助。

　　首先聊一聊这本书。这本书客观、如实地记录了状元们的学习方法。细读本书，你会发现，有的状元的学习方法相近，但是也有的状元的学习方法相差甚远。你会诧异，为什么他们的学习方法可以相差这么大呢？到底哪一种学习方法更好呢？你会思索，我到底该采取什么样的学习方法呢？什么样的学习方法更适合我呢？如果这本书能够引起你这样的思考，那这本书就是有价值的，你也一定可以从这本书中探寻到可供自己借鉴的学习方法。

　　"条条大道通罗马"，学习也不例外。不同的人有不同的学习方法，这些学习方法不能简单地用"好"与"坏"来评价，最关键的，是"适合"。适合自己的学习方法才是最好的。就以错题笔记为例，同样是状元，有的状元整理错题笔记非常用心、细致，摸索出了一套自己的错题笔记整理方法；但是也有状元将错题笔记看得不怎么重要，整理得也一般；甚至还有状元从来不整理错题笔记。整理错题笔记本身并没有好坏之分，关键看自己是什么类型的学生，整理错题笔记的方法适不适合自己。

　　不同的人有不同的学习方法，这本书记录了 100 名状元的 100 种学习方法，为我们的学习和借鉴优秀同学的学习方法提供了足够的资源支持。问题的关键是我们应该如何从中选择、借鉴，为我所用。大家可以根据状元们的个人情况、学习经历，再分析自己的个人情况、学习经历，选择与自己的基本情况相近的状元，重点研究和分析，去了解他们的心路历程，去借鉴他们的学习方法。这样，自己可以省去很多探索学习方法的过程，较为快速地找到适合自己的学习方法；同时，通过了解状元们学习的心路历程，你会发现很多困难、疑惑，他们也曾遇到过、经历过、纠结过，并不是只有自己在学习上经历了"不幸"，他们的经历会引起你的共鸣，你也会更有信心地面对高中学习。

学习方法好比是"战术"，通过 100 种"战术"，我们可以归纳和总结出"战略"。什么是战略呢？学习态度是战略。除了从这本书中借鉴学习方法，我们还可以从中提炼出学习态度。状元们在学业上取得了令人羡慕的成就，尽管他们的学习方法不同，但是他们的学习态度是十分一致的，那就是"端正""认真""勤奋""用心"。他们的学习方法我们无法复制，但是他们的学习态度完全可以参考。除了极少数天资非常聪颖的同学之外，像我们绝大多数的学生要想取得一个比较理想的成绩，是离不开勤奋的。不同的人有不同的学习方法、不同的学习习惯、不同的求学经历与求学境遇等等，这些有的我们能够掌控，有的我们掌控不了，但是所有这些有一个共同的特点，那就是：因人而异。很多时候，我们关注的往往是这些因人而异的部分，反而忽略了更为关键的——学习态度。"态度决定一切"，这句话未免有些绝对，但是用在学习上，还是比较恰当的。

只有端正了学习态度，才会积极主动地学习；只有端正了学习态度，才有可能养成良好的学习习惯；只有端正了学习态度，才有可能取得理想的成绩。高中三年，是拼搏奋斗的三年；高中三年，是为将来人生做铺垫的三年。高考，决定不了一个人的终点，但可以决定一个人的起点。不同的学校对应着不同的起跑线，站在好的起跑线上，意味着更容易胜利。若起跑线落后了，要想与好的起跑线上的人取得同样的成功，意味着要付出更多的努力。学习态度也是人生态度的重要组成部分，学习态度好的人，不仅高中学业会受益，在大学乃至到社会上，都受益匪浅，这一点，我感触颇深。

希望大家拿到这本书的时候，能够常常翻翻，让它陪你走完高中剩下的时光。静静阅读，从中寻找值得自己借鉴的学习方法；从中寻找自己的心灵慰藉。当你累了、倦了、烦了、厌了的时候，看看它，让它为自己鼓鼓劲，打打气，坚定地走下去。

最后，愿大家都能够取得理想的成绩，考上理想的大学。

清华大学　孙其星
2016 年 1 月于清华园